# CAPTAIN AMERICA

## WINTER SOLDIER



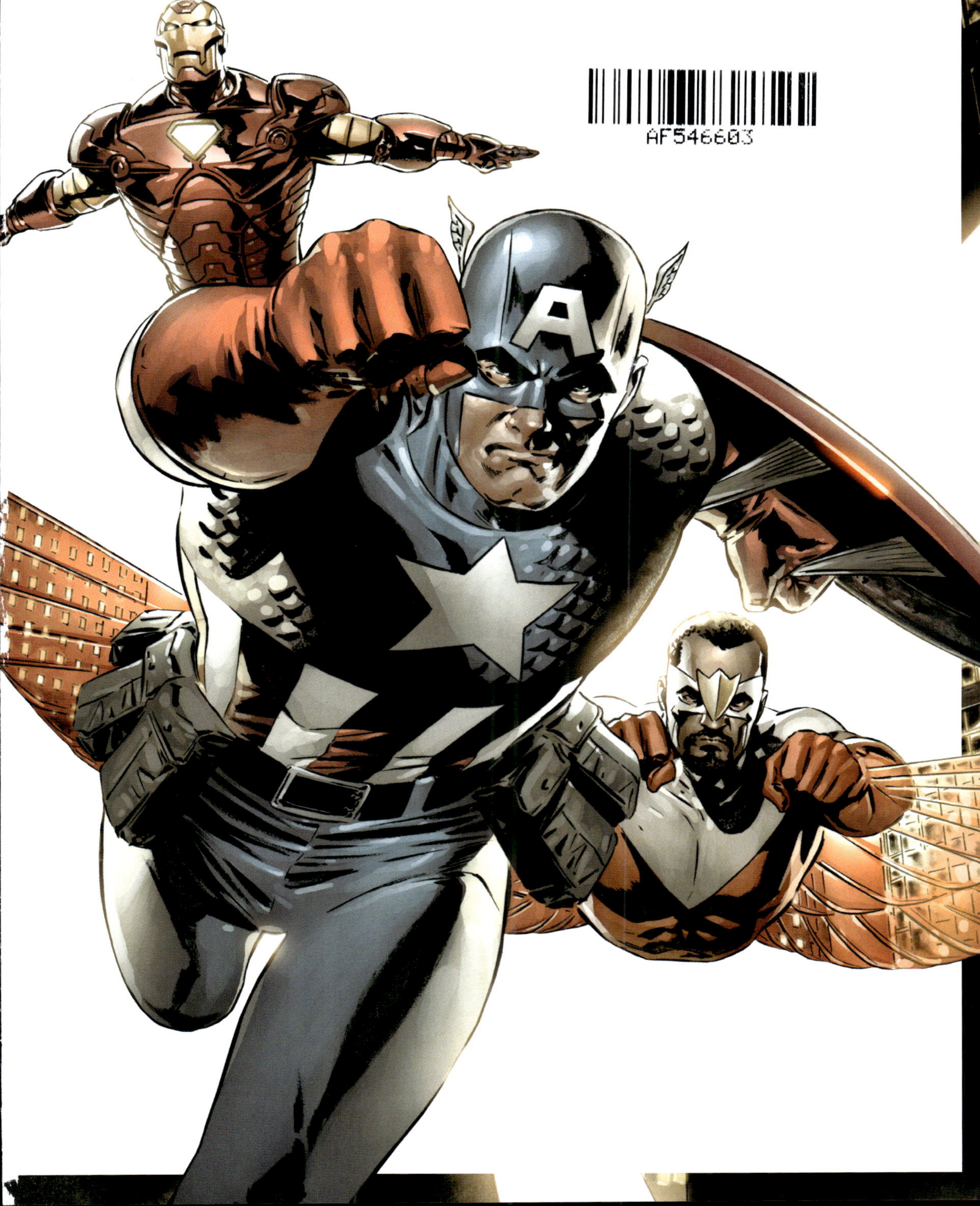

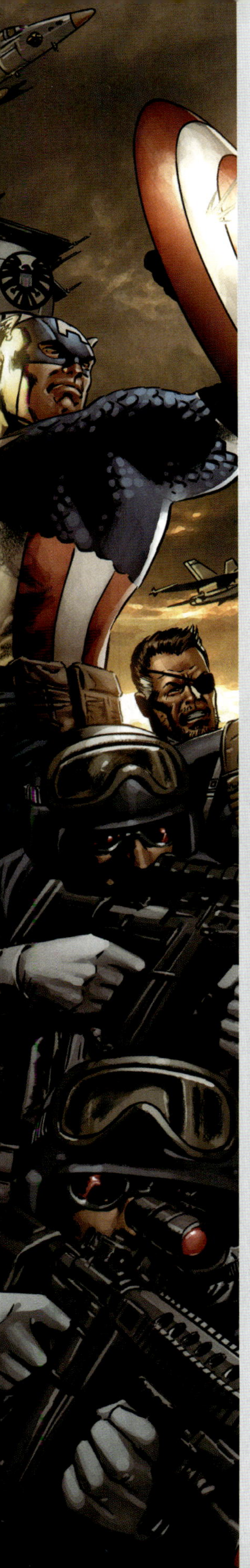

# INHALT



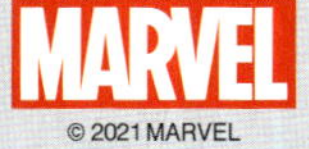
MARVEL



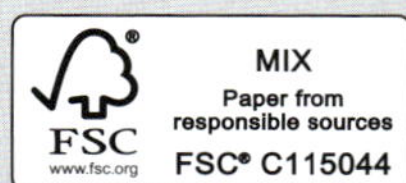
FSC
www.fsc.org
MIX
Paper from responsible sources
FSC® C115044

# CAPTAIN AMERICA
## WINTER SOLDIER

**ED BRUBAKER**
AUTOR

**STEVE EPTING** (8, 11-14)
**MICHAEL LARK** (9, 12)
ZEICHNER

**STEVE EPTING** (8, 11-14)
**MICHAEL LARK** (9, 12)
**MIKE PERKINS** (8, 11-13)
TUSCHE

**FRANK D'ARMATA**
FARBEN

**STUDIO RAM**
**WALPROJECT**
LETTERING

**FLORIAN BREITSAMETER**
ÜBERSETZUNG

**TOM BREVOORT**
**MOLLY LAZER**
**ANDY SCHMIDT**
**AUBREY SITTERSON**
REDAKTION USA

**C. B. CEBULSKI**
CHEFREDAKTEUR USA

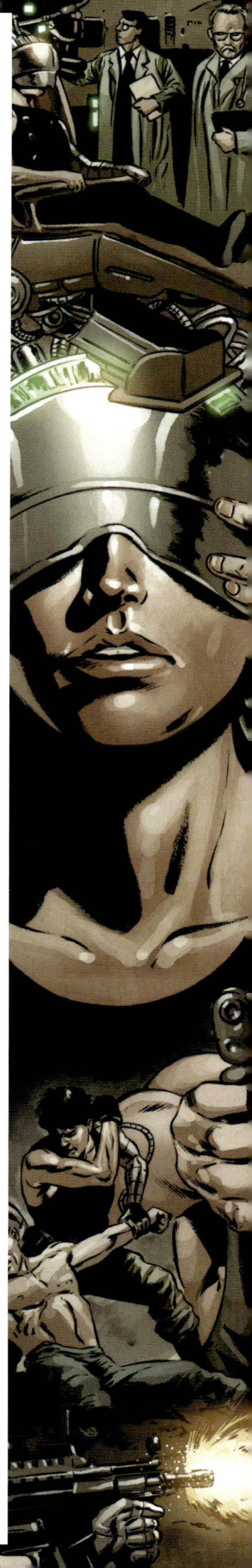

**MARVEL MUST-HAVE: CAPTAIN AMERICA – WINTER SOLDIER** erscheint bei **PANINI COMICS**, Schloßstraße 76, D-70176 Stuttgart. Druck: Lito Terrazzi Industria Grafica. Pressevertrieb: Stella Distribution GmbH, D-22297 Hamburg. Direkt-Abos auf **www.paninicomics.de.** Anzeigenverkauf: BLAUFEUER VERLAGSVERTRETUNGEN GmbH, info@blaufeuer.com. Es gilt die Anzeigenpreisliste Nr. 18 vom 01.10.2020. Geschäftsführer **Hermann Paul**, Publishing Director Europe **Marco M. Lupoi**, Finanzen **Felix Bauer**, Marketing Director **Holger Wiest**, Marketing **Fabio Cunetto**, Vertrieb **Alexander Bubenheimer**, Logistik **Ronald Schäffer**, PR/Presse **Steffen Volkmer**, Publishing Manager **Lisa Pancaldi**, Redaktion **Harald Gantzberg**, **Matthias Korn**, **Anja Seiffert**, **Kristina Starschinski**, **Ilaria Tavoni**, **Daniela Uhlmann**, **Thomas Witzler**, Übersetzung **Florian Breitsameter**, **Bernd Kronsbein**, Proofreading **Monja Reichert**, Lettering **Studio RAM**, **Walproject**, grafische Gestaltung **Marco Paroli**, **Barbara Sarti**, Art Director **Mario Corticelli**, Redaktion Panini Comics **Annalisa Califano** **Beatrice Doti**, Prepress **Cristina Bedini**, **Andrea Lusoli**, **Nicola Soressi**, Repro/Packager **Alessandro Nalli** (coordinator), **Mario Da Rin Zanco**, **Valentina Esposito**, **Luca Ficarelli**, **Linda Leporati**. Deutsche Edition bei Panini Verlags-GmbH unter Lizenz von Marvel Characters B.V. Cover von **Steve Epting**, *Captain America* (2004) 14.

**Bibliografische Information der Deutschen Nationalbibliothek**
Die Deutsche Nationalbibliothek verzeichnet diese Publikation in der Deutschen Nationalbibliografie; detaillierte bibliografische Daten sind im Internet über dnb.d-nb.de abrufbar.

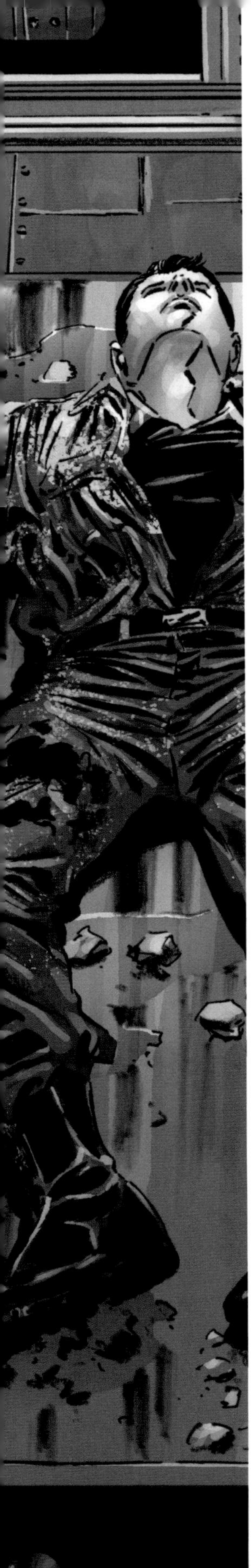

# DER SPION, DER AUS DER KÄLTE KAM

Als *Captain America Comics* 1 im März 1941 an den Start ging, erholten sich die USA gerade zaghaft von den Folgen der Großen Depression. Präsident **Roosevelts** New-Deal-Reformen hatten einer gebeutelten Nation neue Hoffnung geschenkt. Die Zahl der Arbeitslosen sank. Doch das nächste Unheil verdunkelte bereits den Horizont.

**Joe Simon** und **Jack Kirby** waren in der rauen Lower East Side von New York aufgewachsen. Beide waren Immigranten-Kinder jüdischer Herkunft und Söhne armer Schneider. In den Straßen galt das Recht des Stärkeren. Von 1880 bis 1920 hatten vier Millionen Juden dem wachsenden Antisemitismus in Europa den Rücken gekehrt und in den Staaten Zuflucht gesucht. Viele ließen sich im Südosten von Manhattan nieder. Jack hieß ursprünglich **Jacob Kurtzberg**. Seine Familie stammte aus Österreich, aber er wollte nur Amerikaner sein. Auch Joe hatte seinen Vornamen von **Hymie** in **Joseph Henry** geändert. Jetzt galt es, das Land für die Gräuel in Übersee zu sensibilisieren. Ein radikales, antisemitisches System hatte die alte Welt in Brand gesetzt. Doch die Mehrheit der US-Bürger lehnte es ab, in den Konflikt einzugreifen. Für die jungen Comic-Künstler war der Kriegseintritt der USA nur eine Frage der Zeit. Und **Captain America** sollte die Bevölkerung einen.

Als Identifikationsfigur für Jugendliche hatten sie dem Wächter der Freiheit den 16-jährigen Hitzkopf **James Buchanan Barnes** – genannt **Bucky** – zur Seite gestellt. Wie Simon und Kirby trennten das Duo nur vier bis fünf Jahre. Und das war nicht die einzige Parallele.

Barnes musste früh auf eigenen Beinen stehen. Die Mutter starb, als er klein war, der Vater 1937 als Soldat bei einem Fallschirmsprung. Das Waisenkind blieb als Staatsmündel im Armeecamp Lehigh. Doch James geriet auf die schiefe Bahn. Mehrfach fing er Streit an und verdingte sich als Schmuggler. An seinem 16. Geburtstag schlug Barnes zwei Seeleute k.o. und brach einem Militärpolizisten die Hand. Nachdem er in England von einer Spezialeinheit gedrillt wurde, nahm ihn Captain America als Partner an – quasi ein Gegenentwurf zur Hitlerjugend. Ganz Soldat durfte Bucky Dinge tun, die Cap aufgrund seiner Symbolfunktion untersagt waren. Eine Waffe benutzen. Töten. Auch Kirby hatte sich in der Jugend häufig geprügelt. Comics waren für ihn und Simon die Chance auf eine bessere Zukunft. Und tatsächlich … *Captain America Comics* wurde ein Hit. Neun Monate nach seinem Debüt erklärten die USA den Achsenmächten den Krieg. Als der Titel 1950 eingestellt wurde, waren Simon und Kirby nicht mehr an Bord. 1964 brachte **Stan Lee** den Träger des Sternenbanners zusammen mit Kirby zurück. Wie sich zeigte, hatte Bucky am Ende des Krieges vergeblich versucht, eine Rakete von Nazi **Baron Zemo** im Flug zu entschärfen. Die Bombe detonierte. Rogers, der rechtzeitig abgesprungen war und Bucky gewarnt hatte, wurde in den Ärmelkanal geschleudert und Jahrzehnte später in einem Eisblock von den **Avengers** geborgen. Barnes blieb verschollen. Der Verlust des Freundes ließ Cap nicht los. Doch dann kam **Ed Brubaker** und brach das ungeschriebene Gesetz, dass Bucky nie zurückkehren wird.

**Thomas Witzler**

## WINTER SOLDIER, TEIL 1

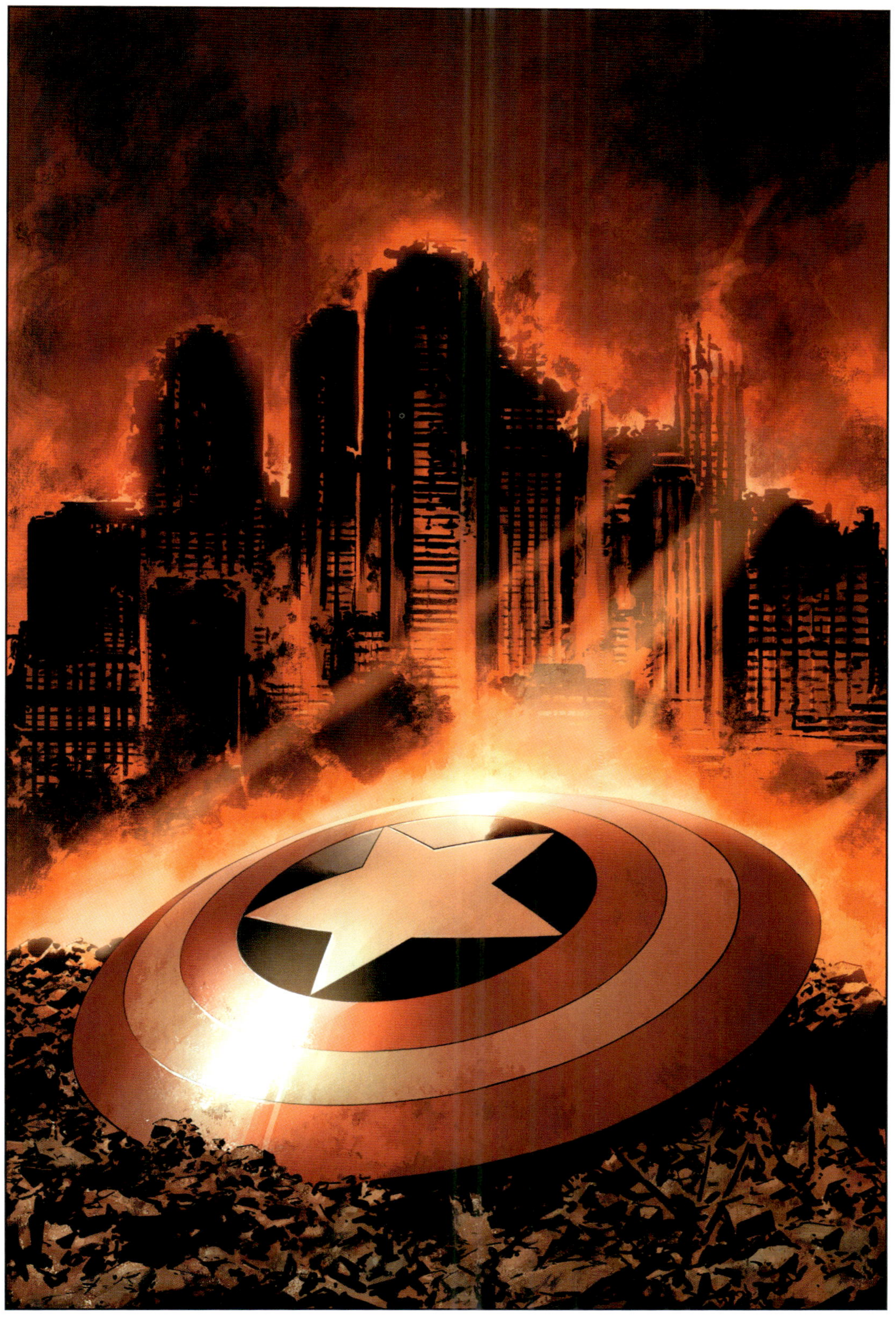

Captain America (2004) 8
Cover von **STEVE EPTING**

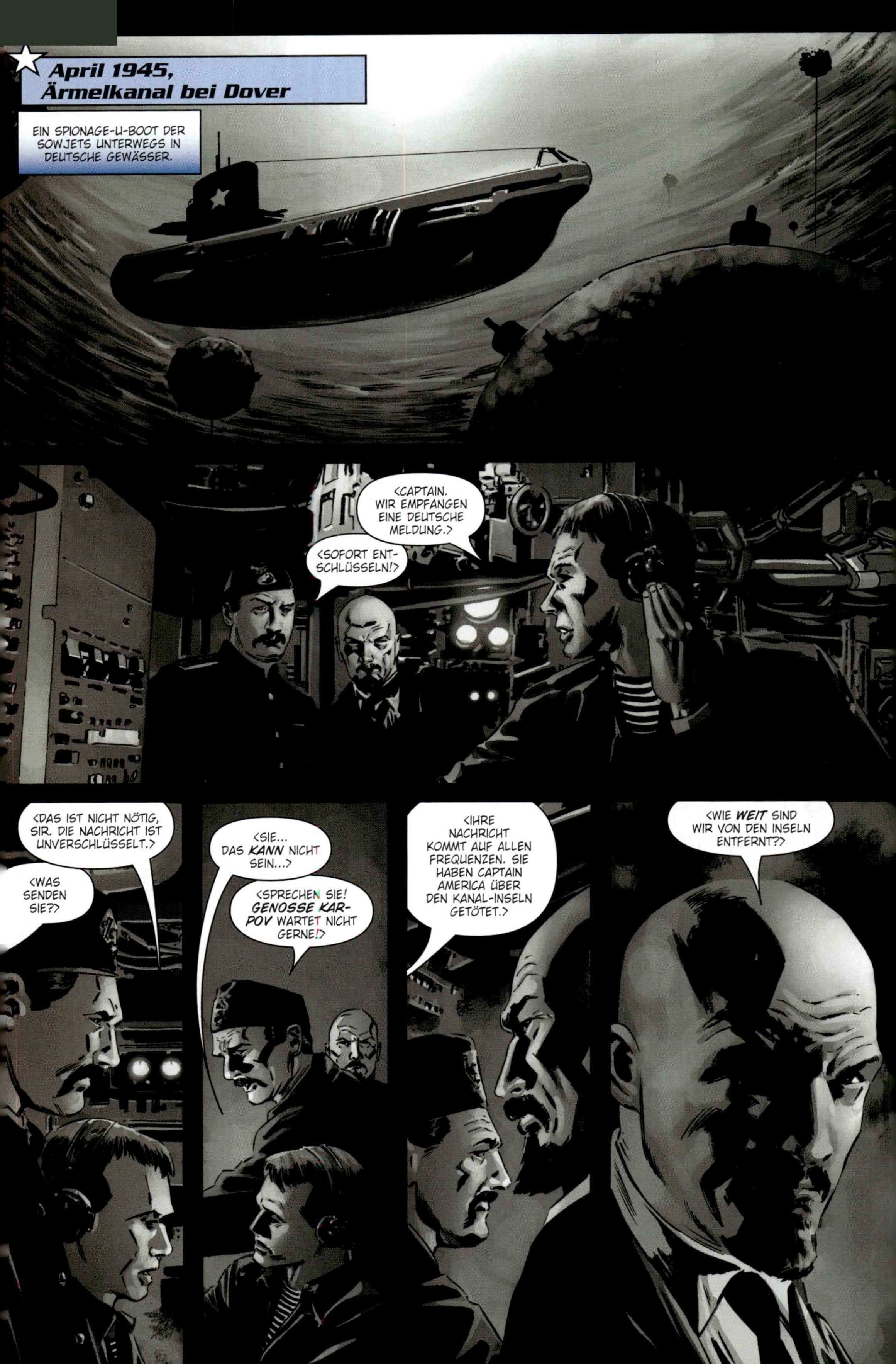
April 1945,
Ärmelkanal bei Dover
EIN SPIONAGE-U-BOOT DER SOWJETS UNTERWEGS IN DEUTSCHE GEWÄSSER.
<CAPTAIN. WIR EMPFANGEN EINE DEUTSCHE MELDUNG.>
<SOFORT ENTSCHLÜSSELN!>
<DAS IST NICHT NÖTIG, SIR. DIE NACHRICHT IST UNVERSCHLÜSSELT.>
<WAS SENDEN SIE?>
<SIE... DAS KANN NICHT SEIN...>
<SPRECHEN SIE! GENOSSE KARPOV WARTET NICHT GERNE!>
<IHRE NACHRICHT KOMMT AUF ALLEN FREQUENZEN. SIE HABEN CAPTAIN AMERICA ÜBER DEN KANAL-INSELN GETÖTET.>
<WIE WEIT SIND WIR VON DEN INSELN ENTFERNT?>

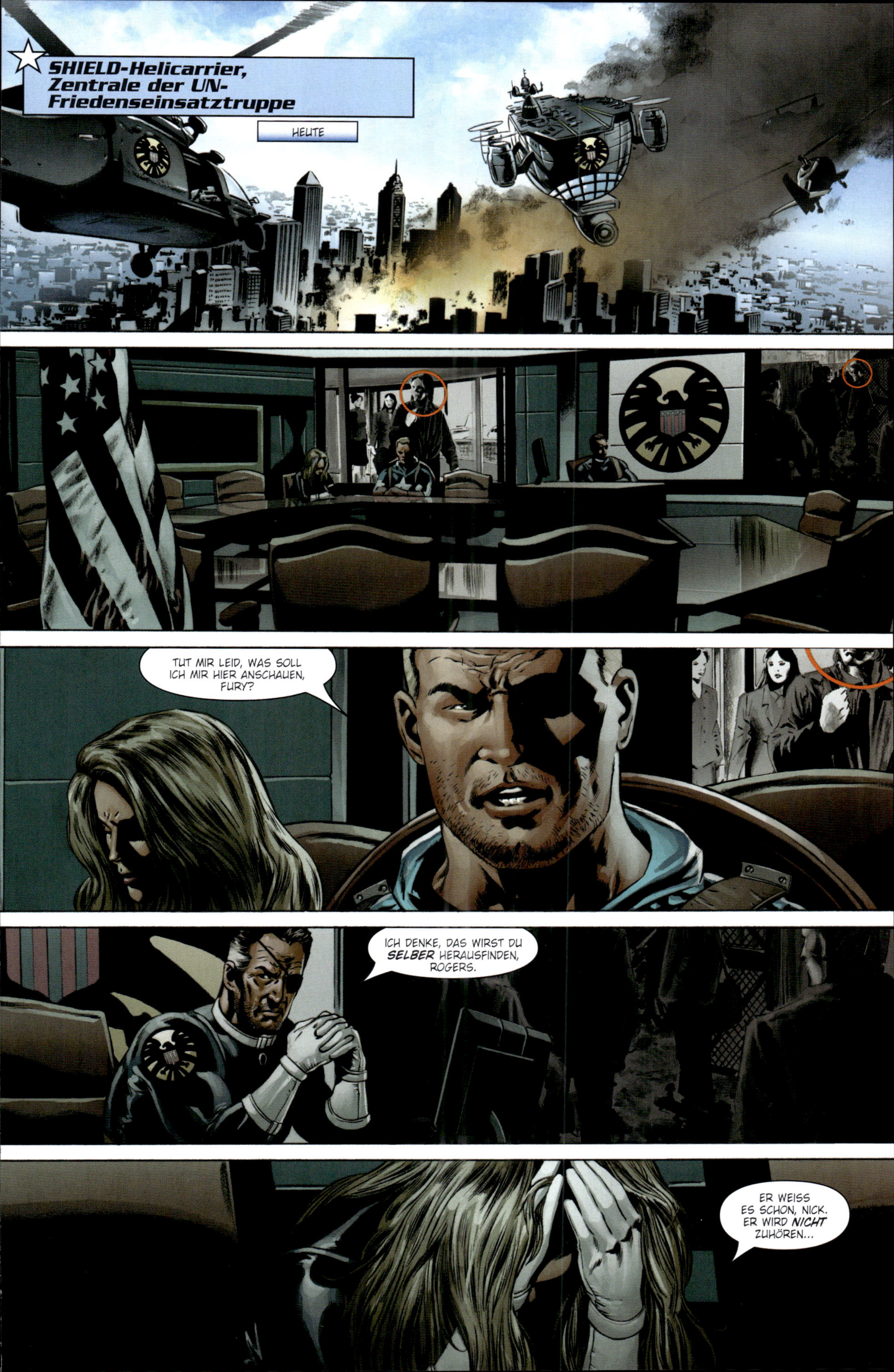

**SHIELD-Helicarrier, Zentrale der UN-Friedenseinsatztruppe**

HEUTE

TUT MIR LEID, WAS SOLL ICH MIR HIER ANSCHAUEN, FURY?

ICH DENKE, DAS WIRST DU *SELBER* HERAUSFINDEN, ROGERS.

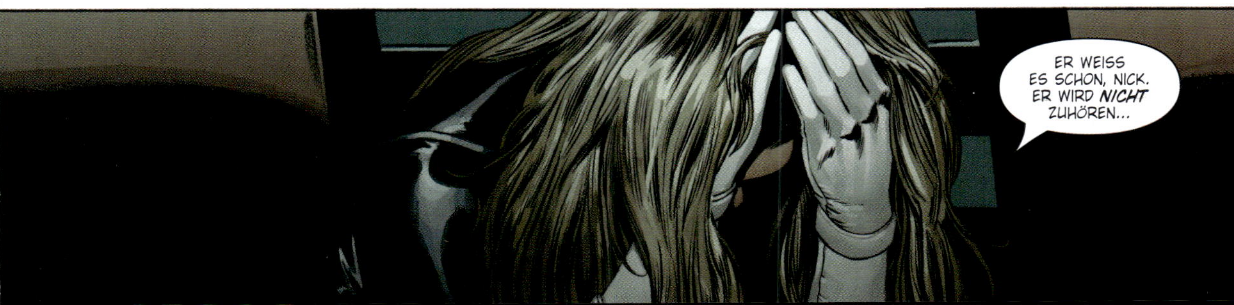

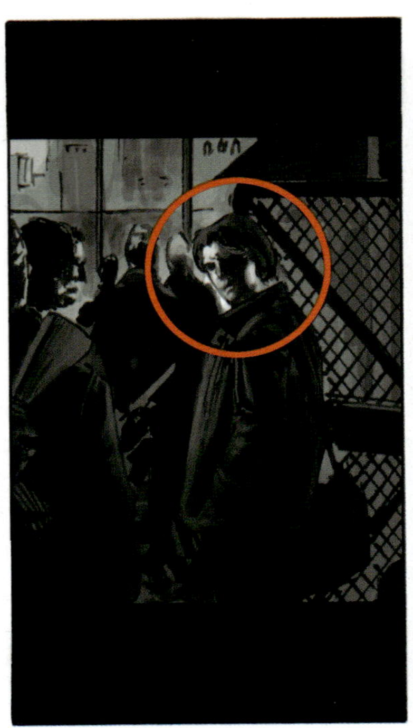
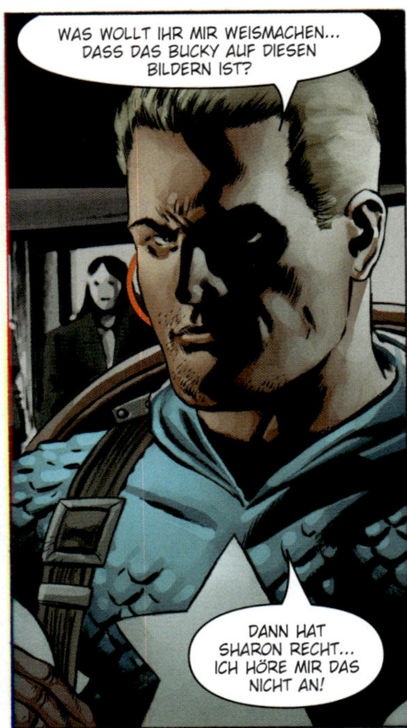
WAS WOLLT IHR MIR WEISMACHEN... DASS DAS BUCKY AUF DIESEN BILDERN IST?
DANN HAT SHARON RECHT... ICH HÖRE MIR DAS NICHT AN!
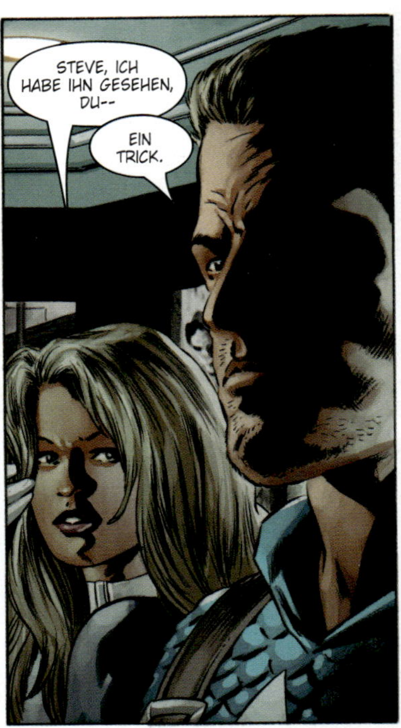
STEVE, ICH HABE IHN GESEHEN, DU--
EIN TRICK.
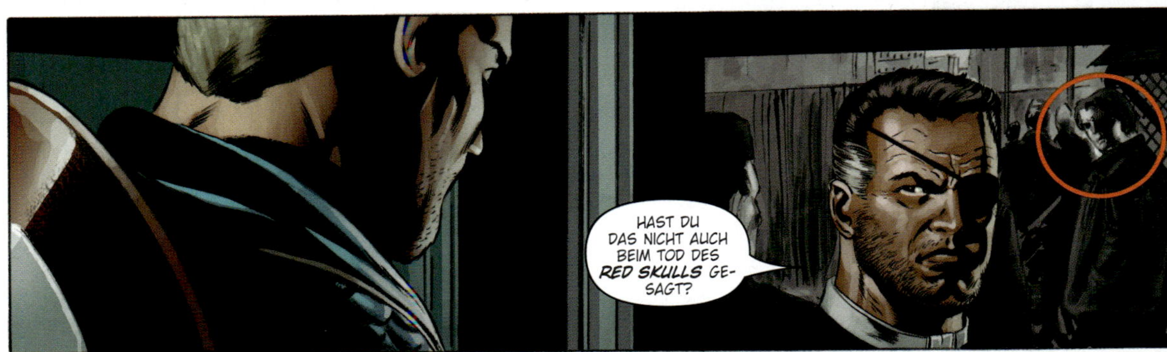
HAST DU DAS NICHT AUCH BEIM TOD DES RED SKULLS GESAGT?
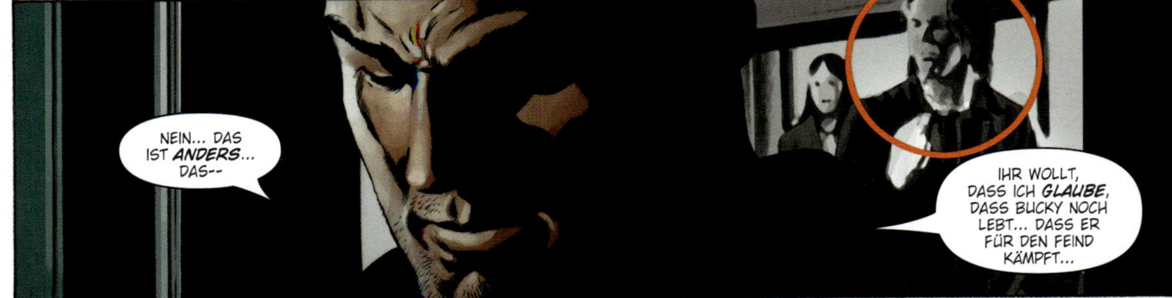
NEIN... DAS IST ANDERS... DAS--
IHR WOLLT, DASS ICH GLAUBE, DASS BUCKY NOCH LEBT... DASS ER FÜR DEN FEIND KÄMPFT...
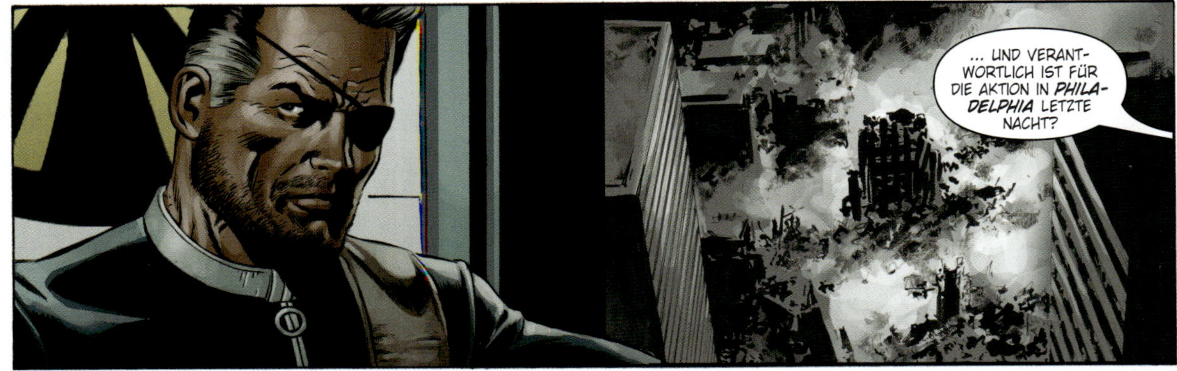
... UND VERANTWORTLICH IST FÜR DIE AKTION IN PHILADELPHIA LETZTE NACHT?

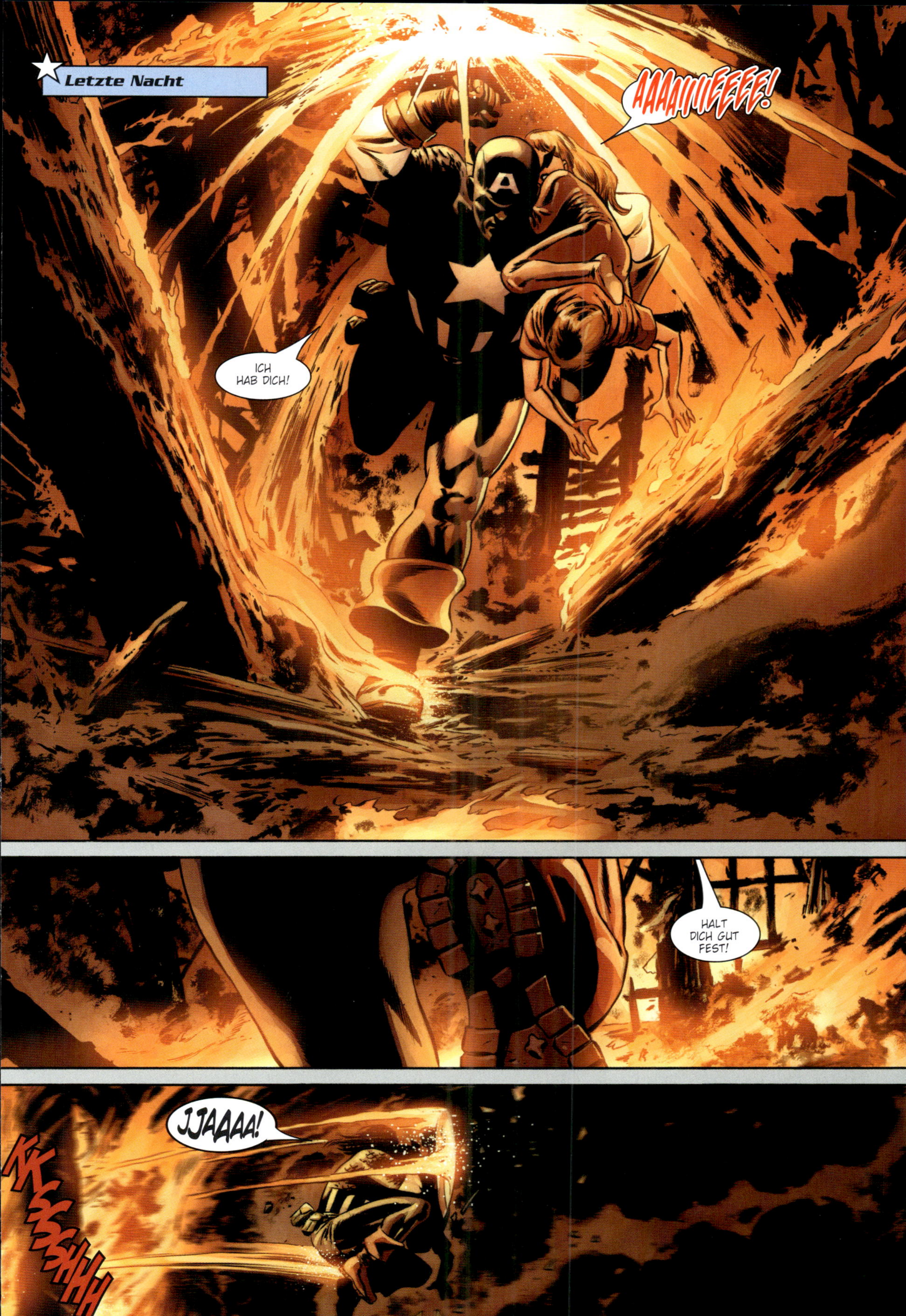
Letzte Nacht
AAAAIIIIEEEEE!
ICH HAB DICH!
HALT DICH GUT FEST!
JJAAAA!
KKSSSHHH

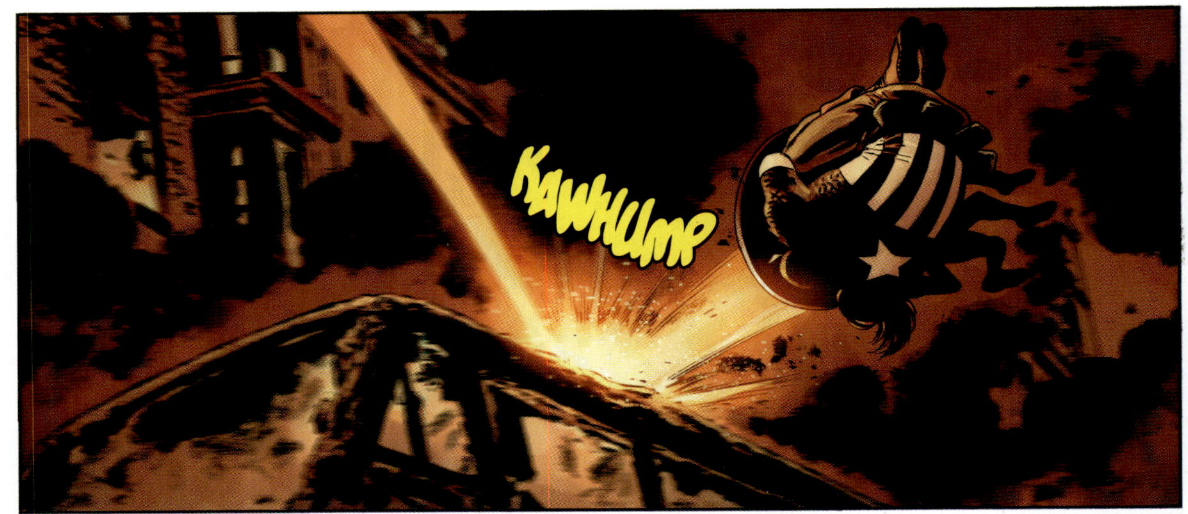
KAWHUMP

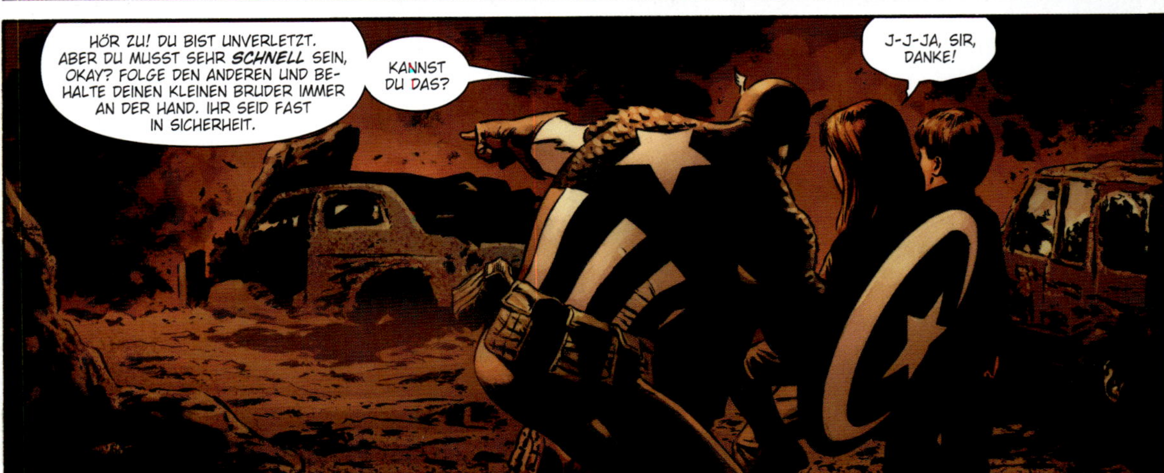
HÖR ZU! DU BIST UNVERLETZT. ABER DU MUSST SEHR **SCHNELL** SEIN, OKAY? FOLGE DEN ANDEREN UND BEHALTE DEINEN KLEINEN BRUDER IMMER AN DER HAND. IHR SEID FAST IN SICHERHEIT.
KANNST DU DAS?
J-J-JA, SIR, DANKE!

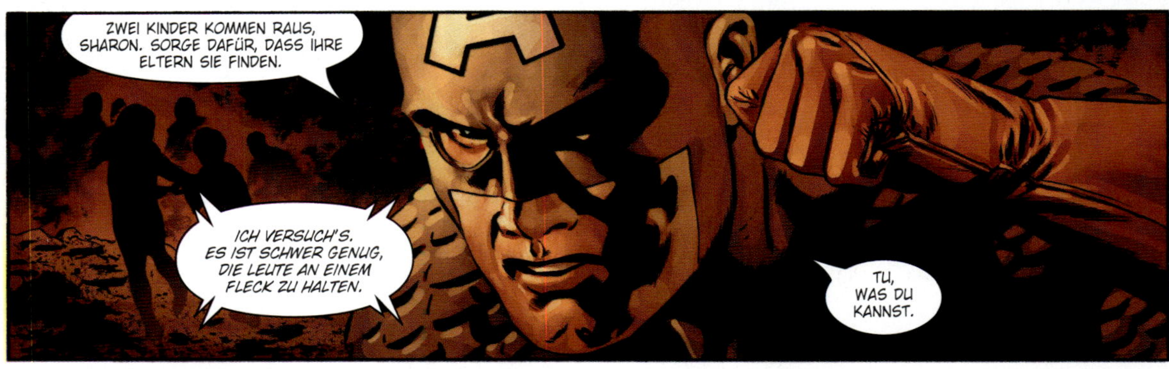
ZWEI KINDER KOMMEN RAUS, SHARON. SORGE DAFÜR, DASS IHRE ELTERN SIE FINDEN.
*ICH VERSUCH'S. ES IST SCHWER GENUG, DIE LEUTE AN EINEM FLECK ZU HALTEN.*
TU, WAS DU KANNST.

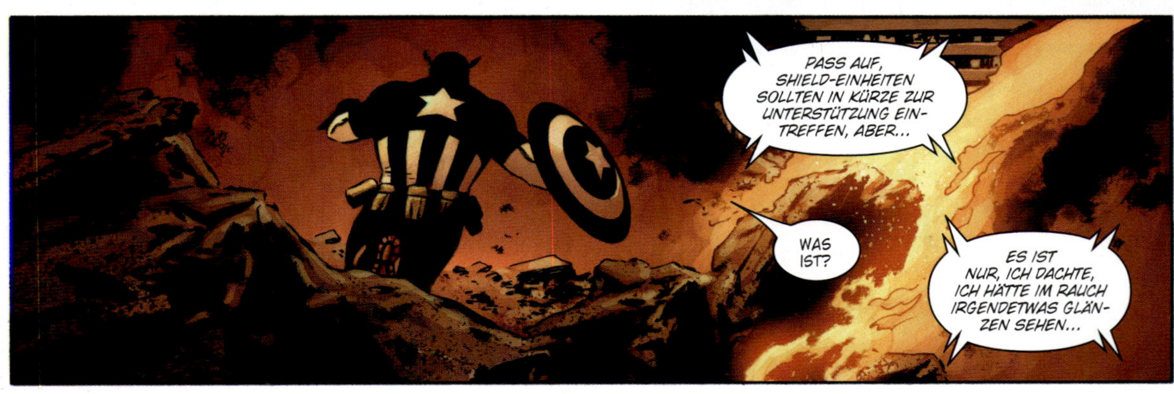
*PASS AUF, SHIELD-EINHEITEN SOLLTEN IN KÜRZE ZUR UNTERSTÜTZUNG EINTREFFEN, ABER...*
WAS IST?
*ES IST NUR, ICH DACHTE, ICH HÄTTE IM RAUCH IRGENDETWAS GLÄNZEN SEHEN...*

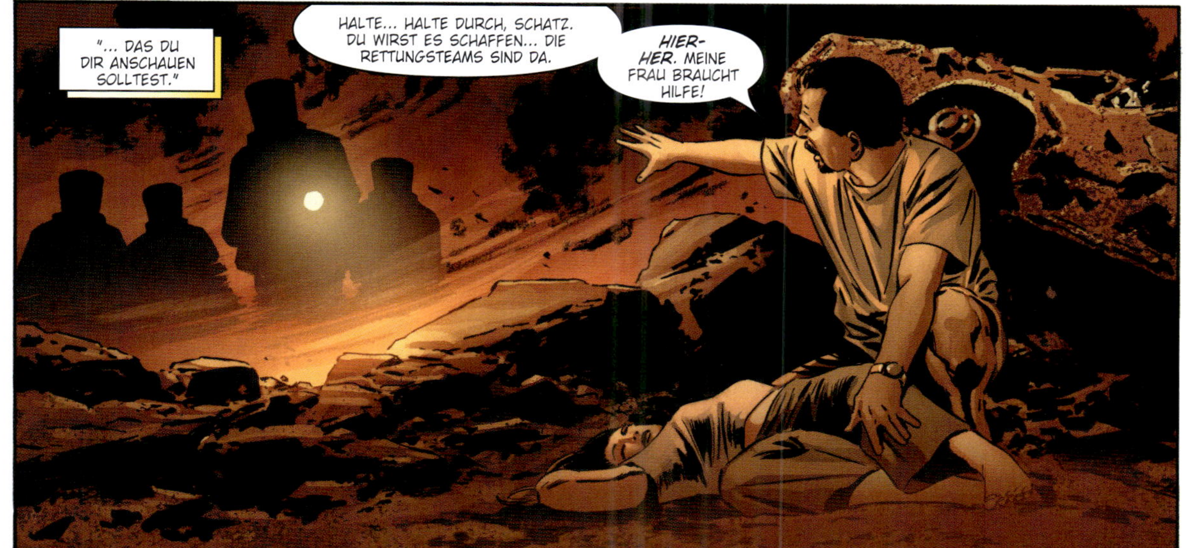
"... DAS DU DIR ANSCHAUEN SOLLTEST."
HALTE... HALTE DURCH, SCHATZ. DU WIRST ES SCHAFFEN... DIE RETTUNGSTEAMS SIND DA.
*HIER-HER*. MEINE FRAU BRAUCHT HILFE!

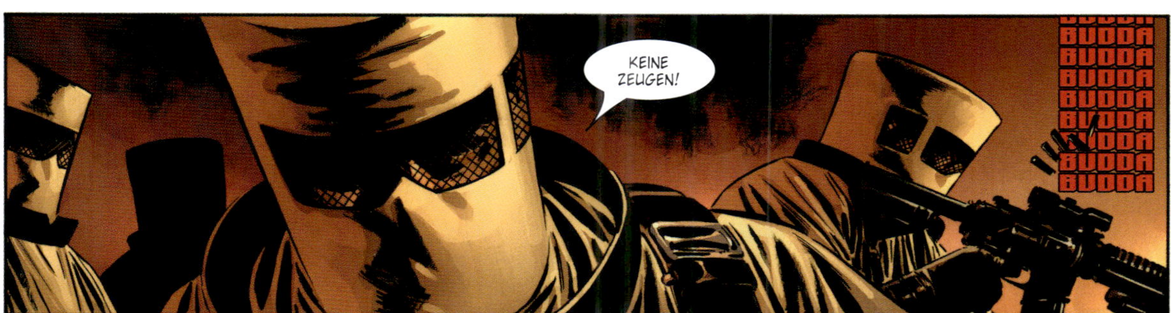
KEINE ZEUGEN!
BUDDA BUDDA BUDDA BUDDA BUDDA BUDDA BUDDA BUDDA

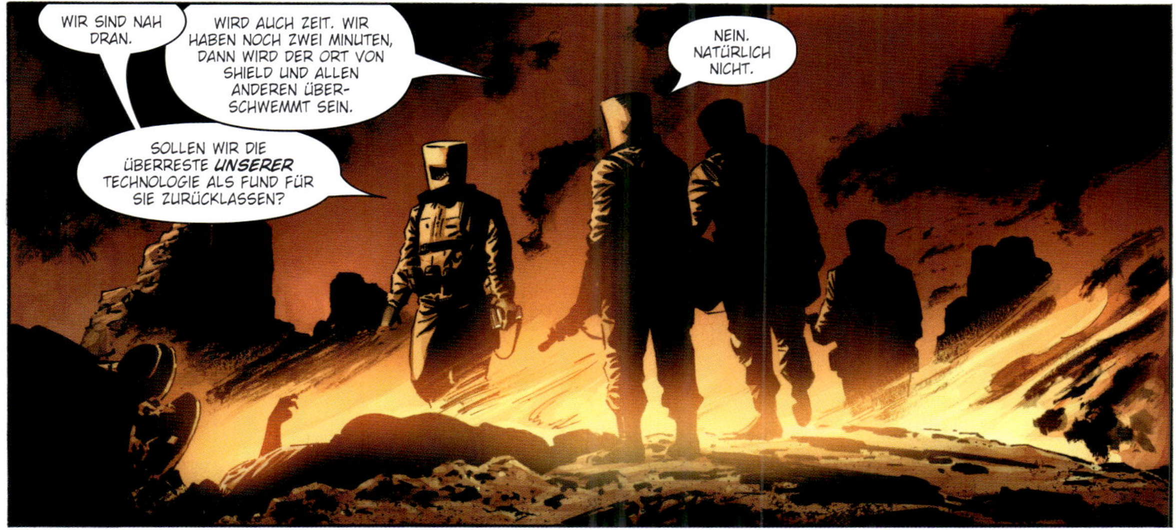
WIR SIND NAH DRAN.
WIRD AUCH ZEIT. WIR HABEN NOCH ZWEI MINUTEN, DANN WIRD DER ORT VON SHIELD UND ALLEN ANDEREN ÜBER-SCHWEMMT SEIN.
SOLLEN WIR DIE ÜBERRESTE *UNSERER* TECHNOLOGIE ALS FUND FÜR SIE ZURÜCKLASSEN?
NEIN. NATÜRLICH NICHT.

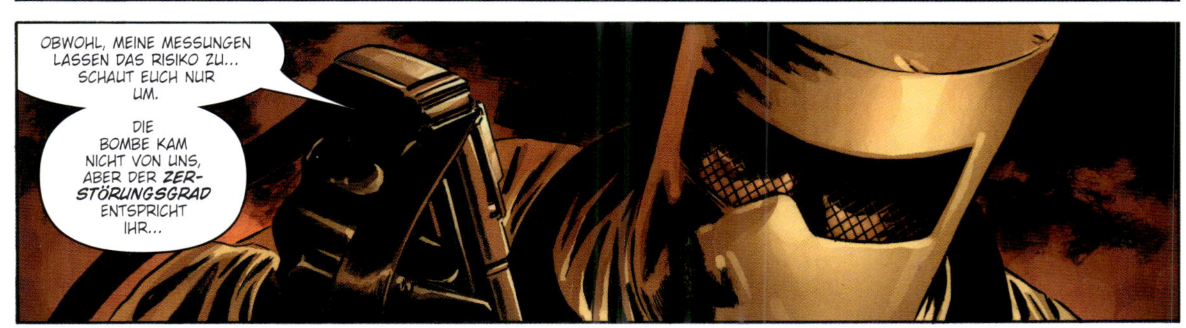
OBWOHL, MEINE MESSUNGEN LASSEN DAS RISIKO ZU... SCHAUT EUCH NUR UM.
DIE BOMBE KAM NICHT VON UNS, ABER DER *ZER-STÖRUNGSGRAD* ENTSPRICHT IHR...

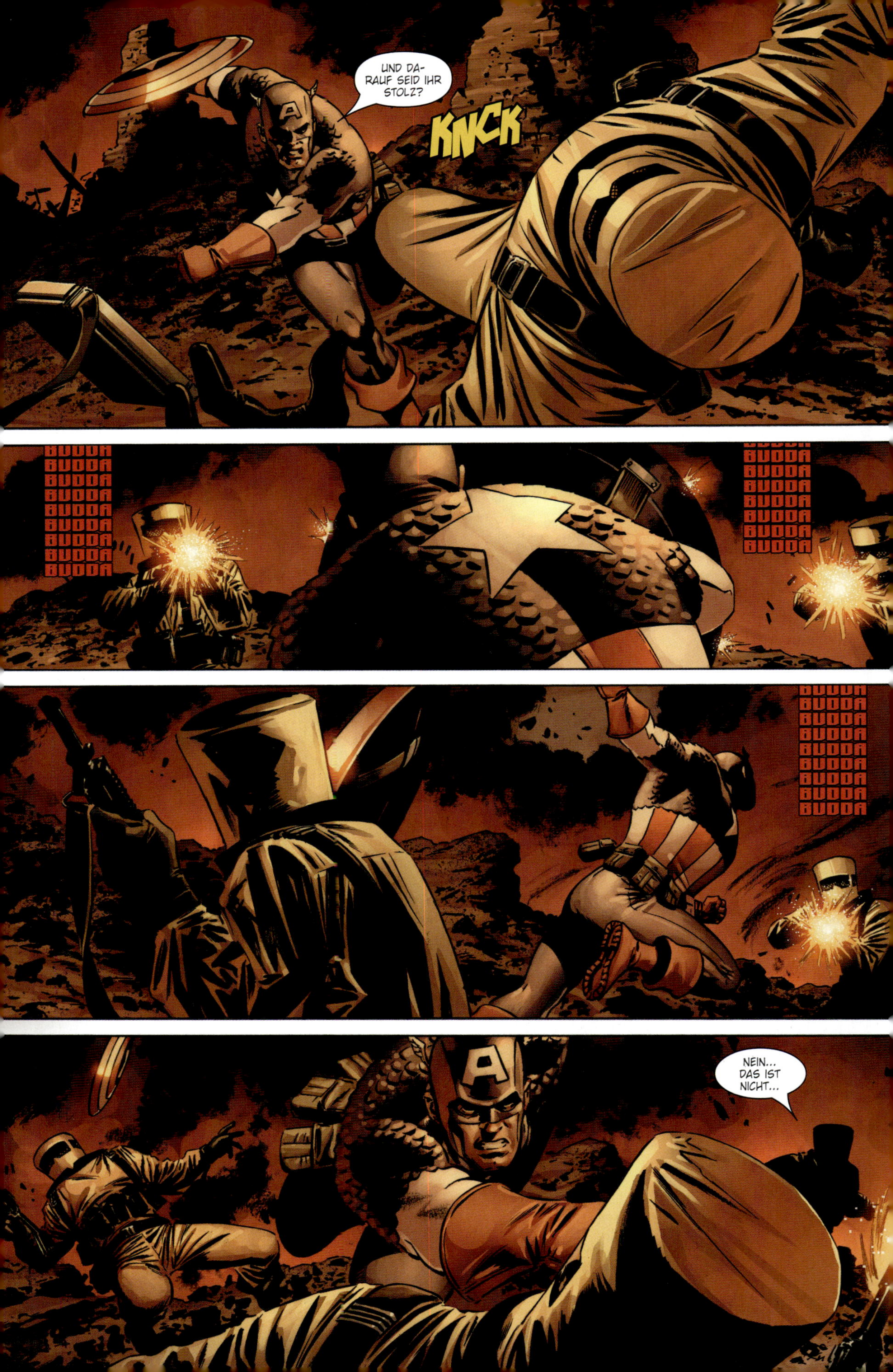

UND DA-
RAUF SEID IHR
STOLZ?

KNCK

BUDDA
BUDDA
BUDDA
BUDDA
BUDDA
BUDDA
BUDDA
BUDDA

BUDDA
BUDDA
BUDDA
BUDDA
BUDDA
BUDDA
BUDDA

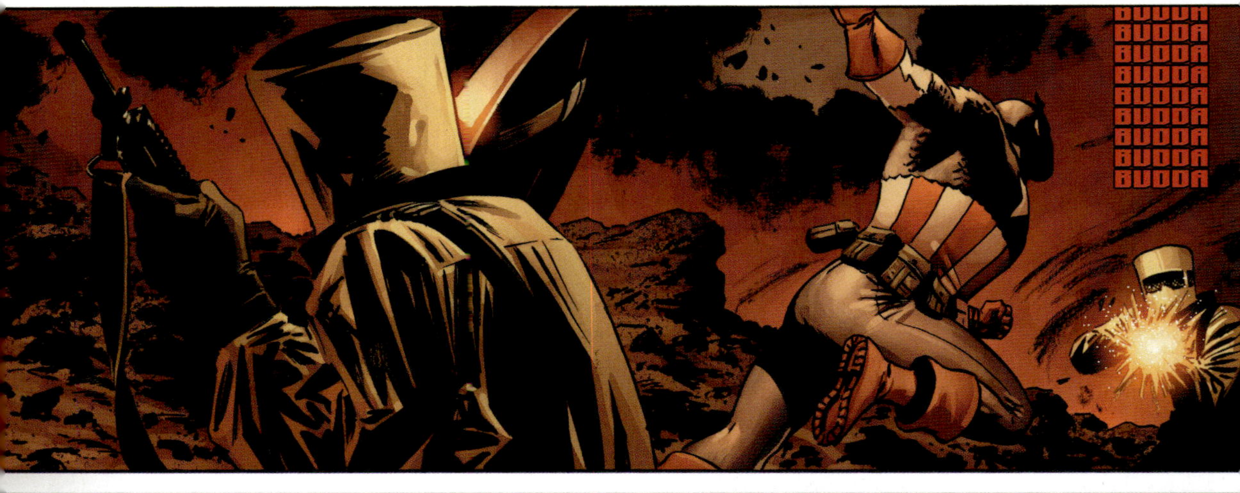


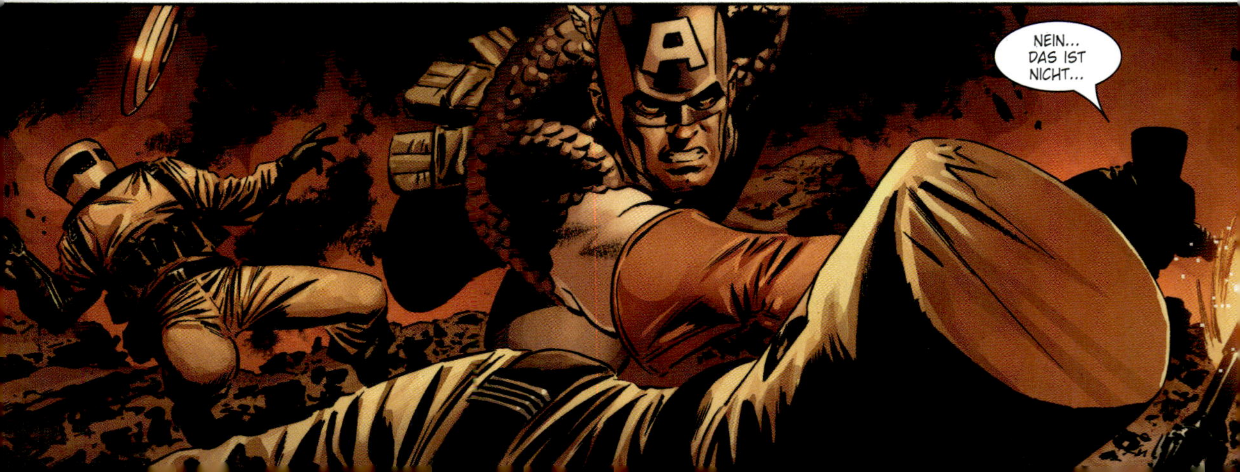

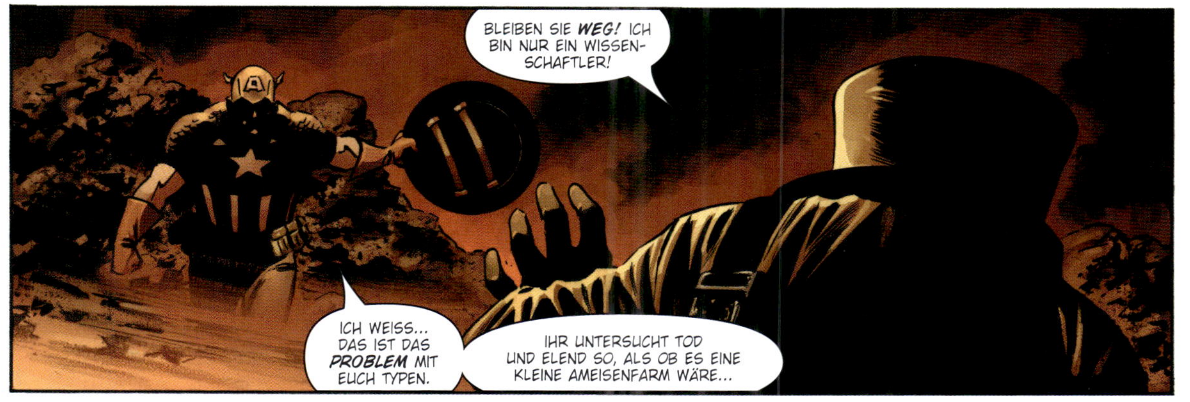
BLEIBEN SIE WEG! ICH BIN NUR EIN WISSEN-SCHAFTLER!
ICH WEISS... DAS IST DAS PROBLEM MIT EUCH TYPEN.
IHR UNTERSUCHT TOD UND ELEND SO, ALS OB ES EINE KLEINE AMEISENFARM WÄRE...

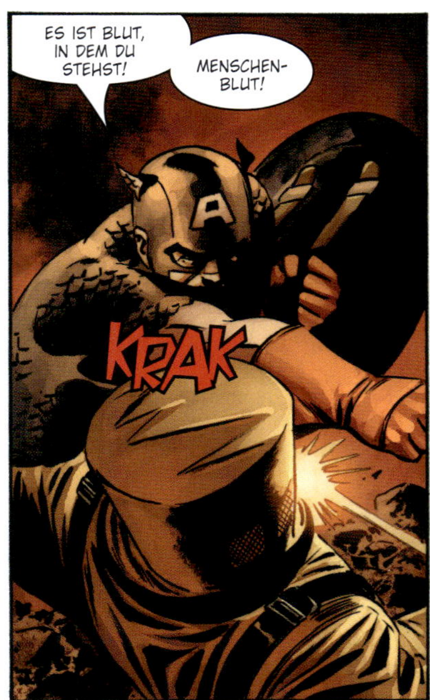
ES IST BLUT, IN DEM DU STEHST!
MENSCHEN-BLUT!
KRAK

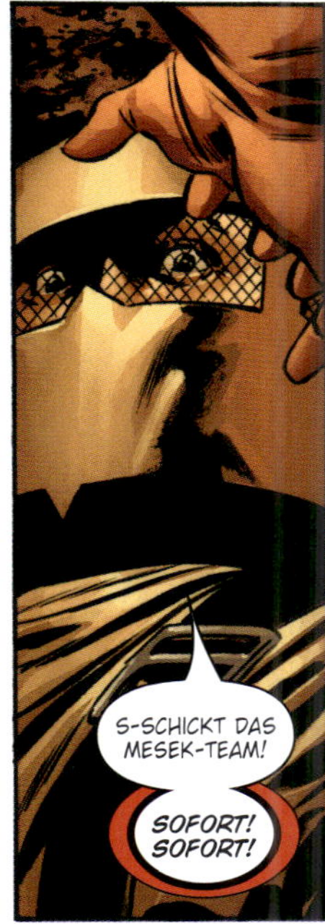
S-SCHICKT DAS MESEK-TEAM!
SOFORT! SOFORT!

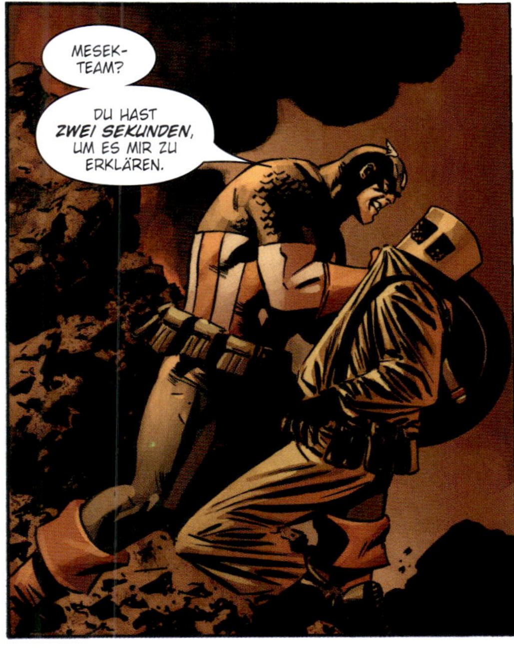
MESEK-TEAM?
DU HAST ZWEI SEKUNDEN, UM ES MIR ZU ERKLÄREN.

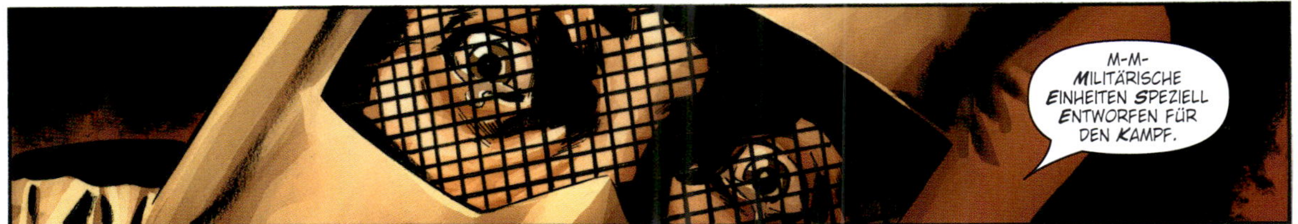
M-M-MILITÄRISCHE EINHEITEN SPEZIELL ENTWORFEN FÜR DEN KAMPF.

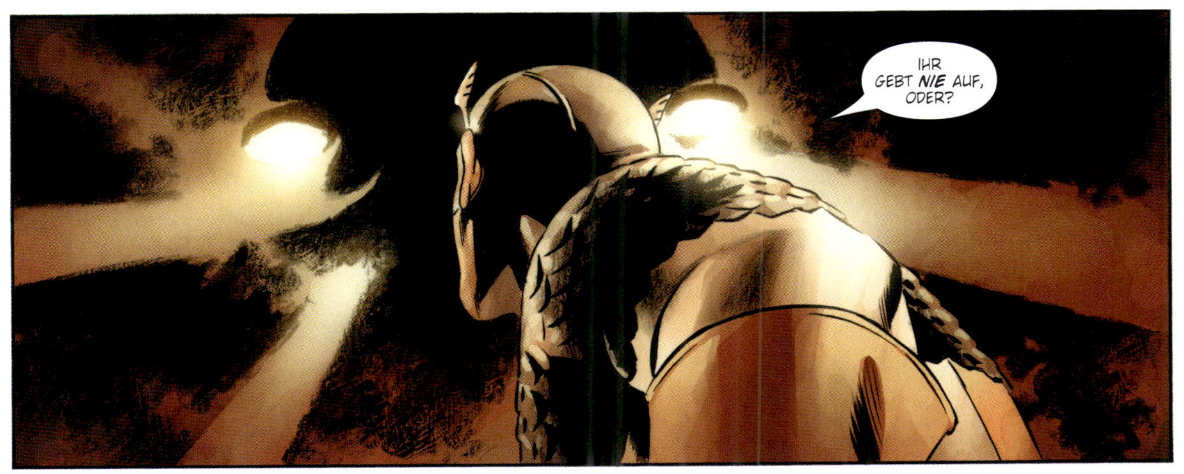
IHR GEBT NIE AUF, ODER?

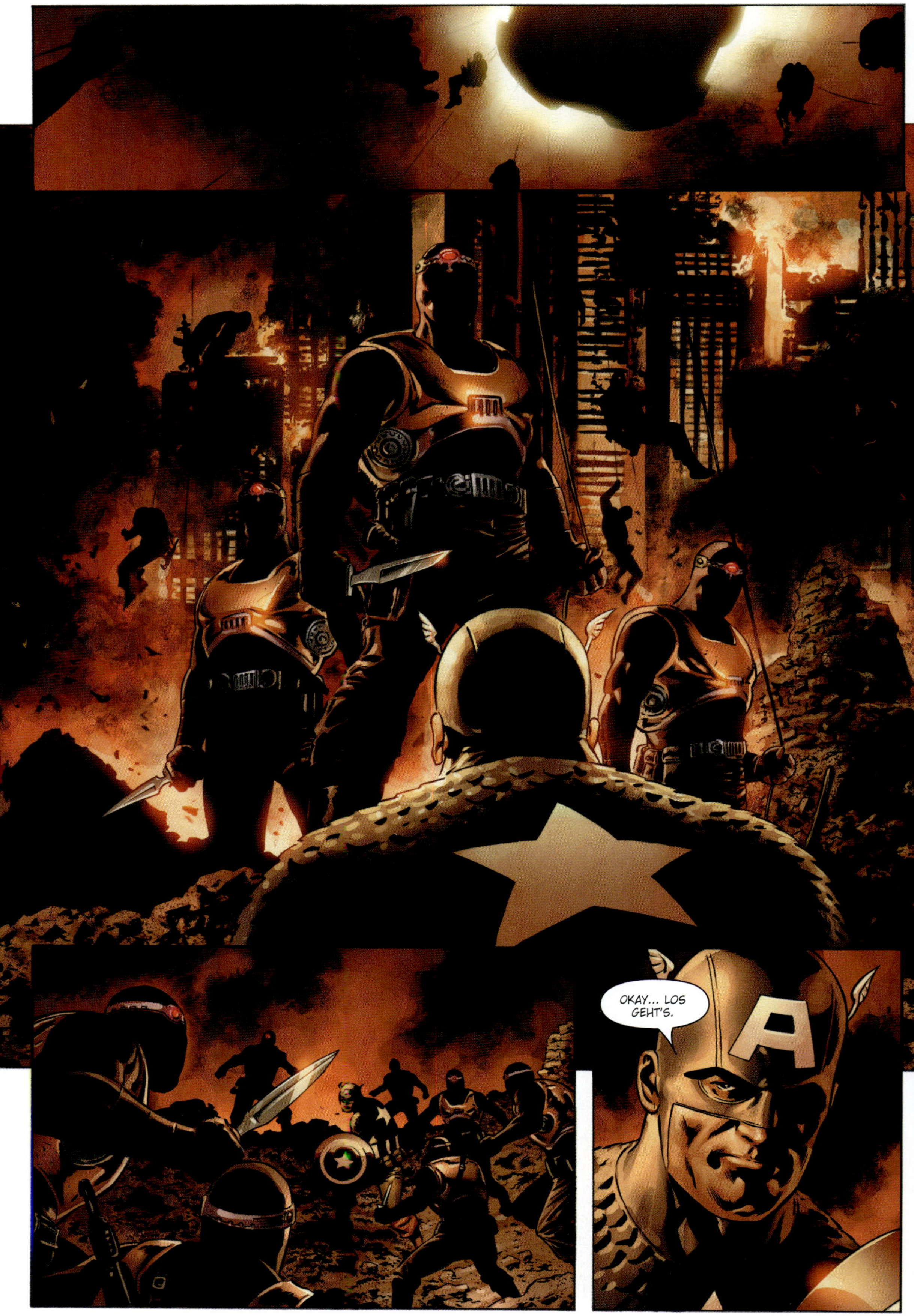
OKAY... LOS GEHT'S.

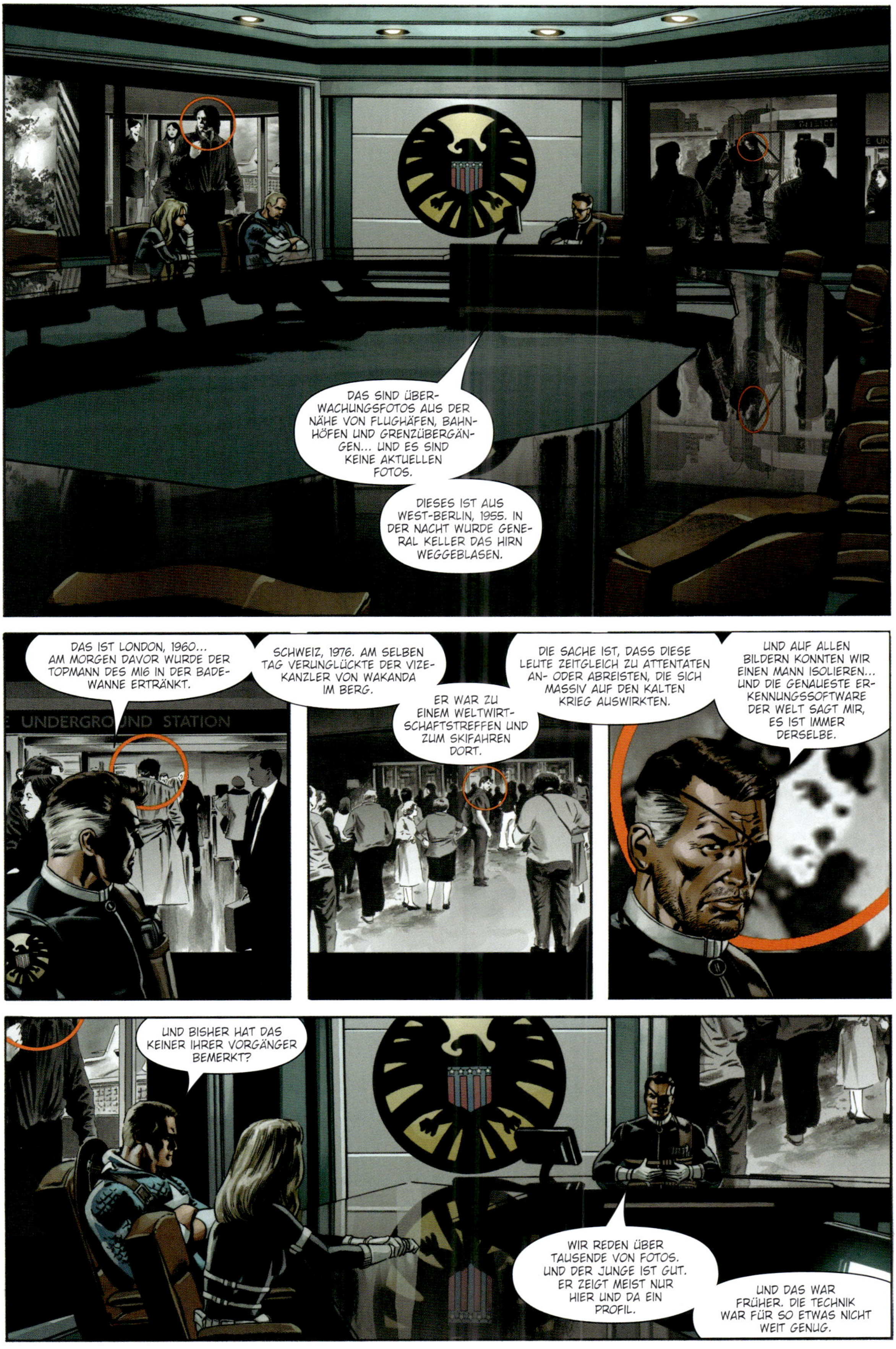

DAS SIND ÜBER-WACHUNGSFOTOS AUS DER NÄHE VON FLUGHÄFEN, BAHN-HÖFEN UND GRENZÜBERGÄN-GEN... UND ES SIND KEINE AKTUELLEN FOTOS.

DIESES IST AUS WEST-BERLIN, 1955. IN DER NACHT WURDE GENE-RAL KELLER DAS HIRN WEGGEBLASEN.

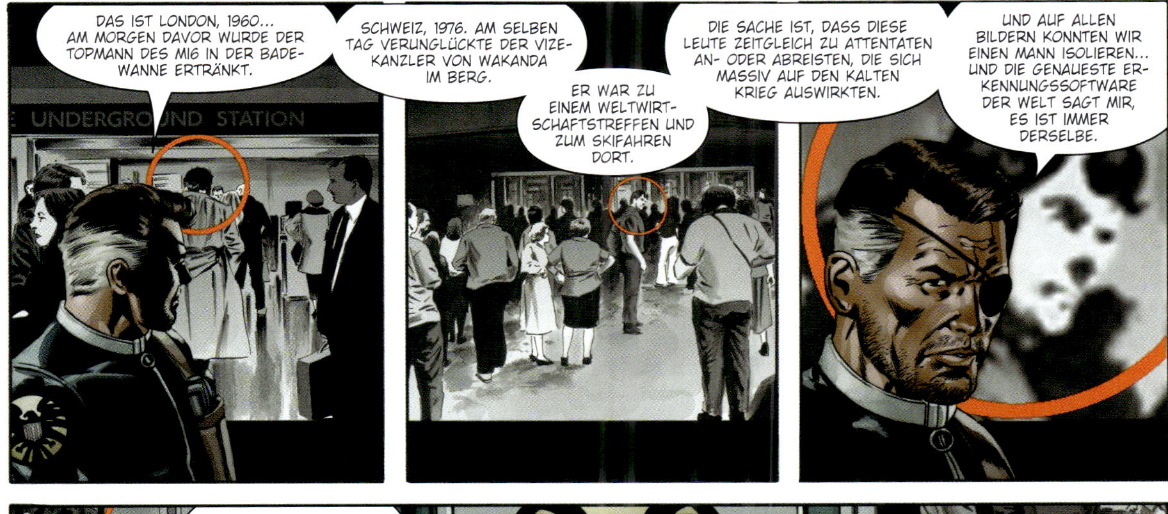


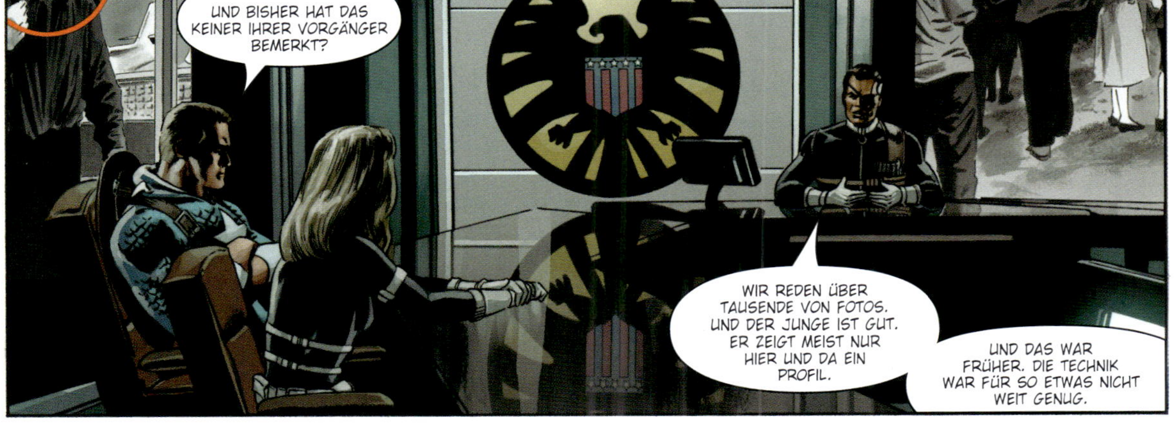

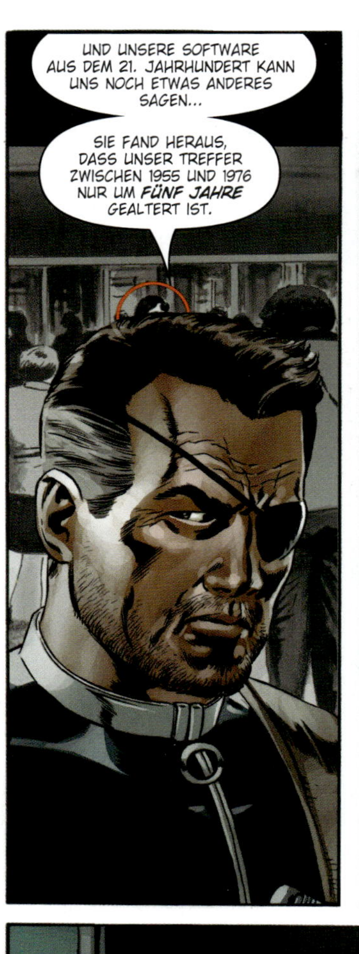
UND UNSERE SOFTWARE AUS DEM 21. JAHRHUNDERT KANN UNS NOCH ETWAS ANDERES SAGEN...
SIE FAND HERAUS, DASS UNSER TREFFER ZWISCHEN 1955 UND 1976 NUR UM *FÜNF JAHRE* GEALTERT IST.

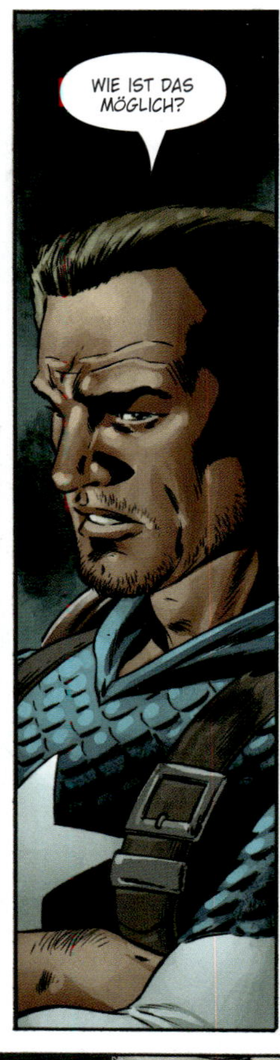
WIE IST DAS MÖGLICH?

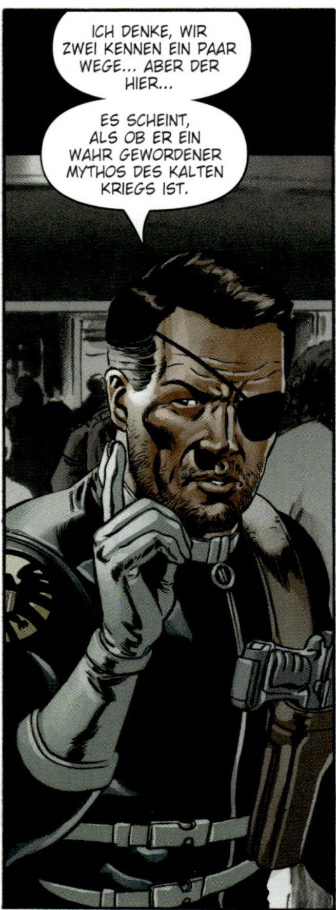
ICH DENKE, WIR ZWEI KENNEN EIN PAAR WEGE... ABER DER HIER...
ES SCHEINT, ALS OB ER EIN WAHR GEWORDENER MYTHOS DES KALTEN KRIEGS IST.

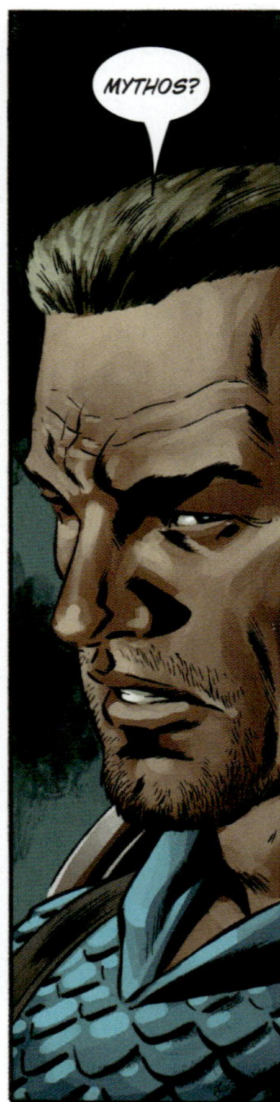
*MYTHOS?*

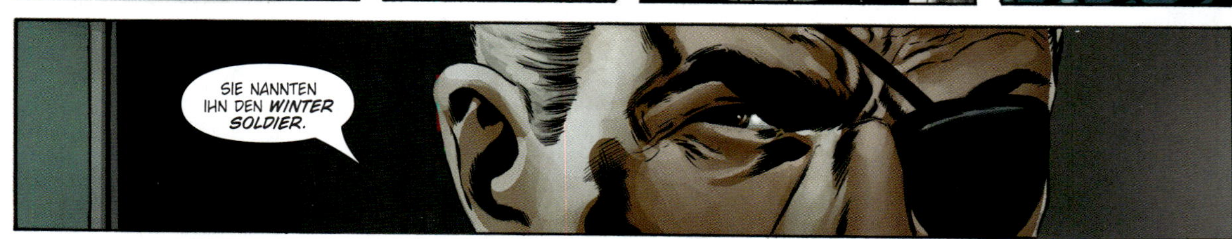
SIE NANNTEN IHN DEN *WINTER SOLDIER*.

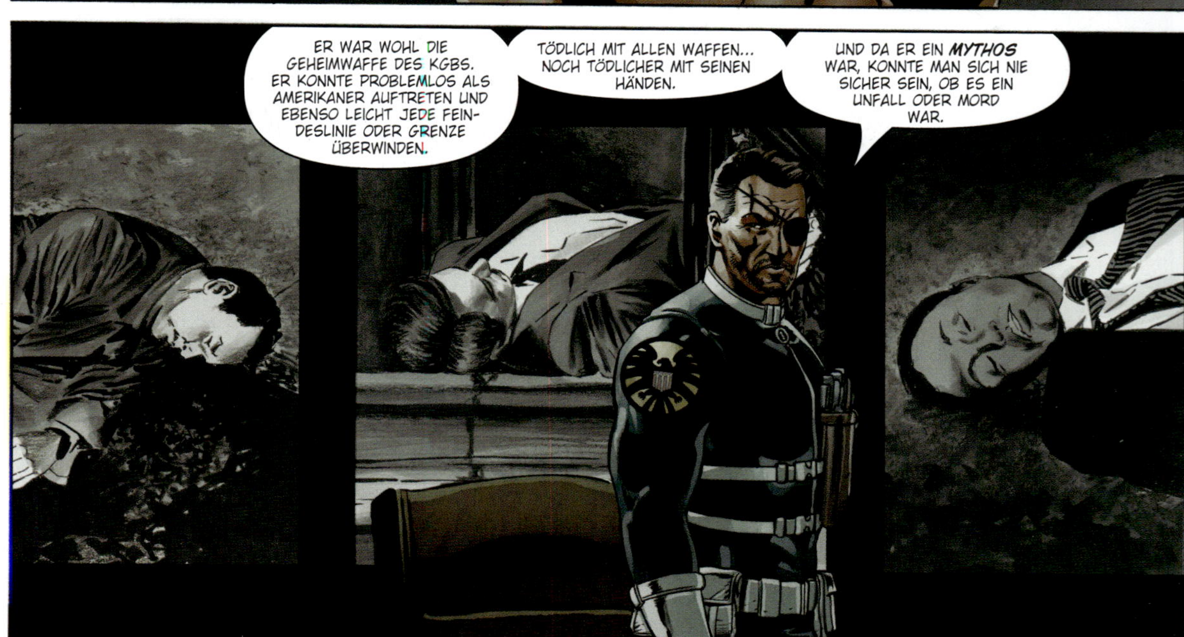
ER WAR WOHL DIE GEHEIMWAFFE DES KGBS. ER KONNTE PROBLEMLOS ALS AMERIKANER AUFTRETEN UND EBENSO LEICHT JEDE FEIND-DESLINIE ODER GRENZE ÜBERWINDEN.
TÖDLICH MIT ALLEN WAFFEN... NOCH TÖDLICHER MIT SEINEN HÄNDEN.
UND DA ER EIN *MYTHOS* WAR, KONNTE MAN SICH NIE SICHER SEIN, OB ES EIN UNFALL ODER MORD WAR.

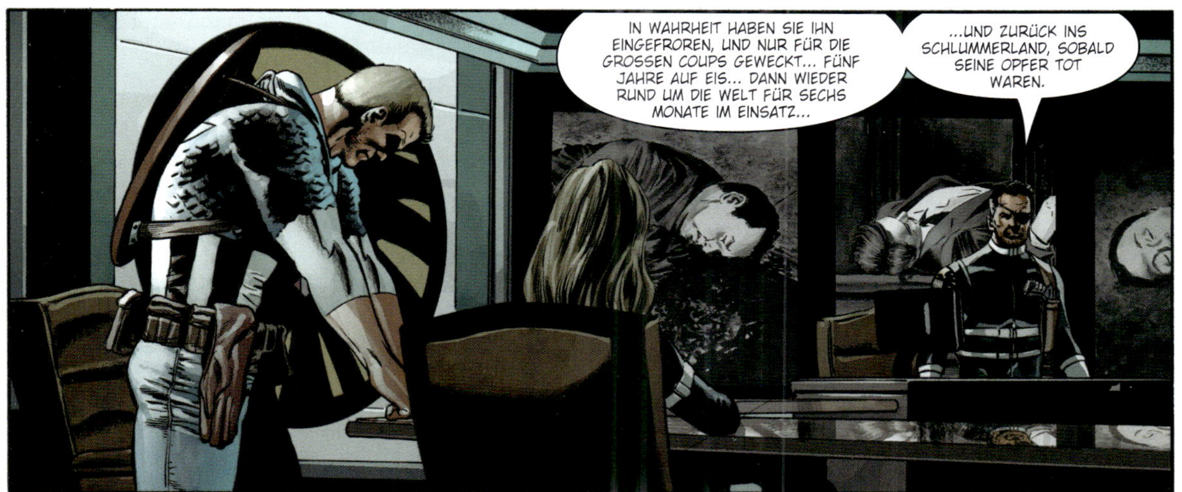
IN WAHRHEIT HABEN SIE IHN EINGEFROREN, UND NUR FÜR DIE GROSSEN COUPS GEWECKT... FÜNF JAHRE AUF EIS... DANN WIEDER RUND UM DIE WELT FÜR SECHS MONATE IM EINSATZ...
...UND ZURÜCK INS SCHLUMMERLAND, SOBALD SEINE OPFER TOT WAREN.

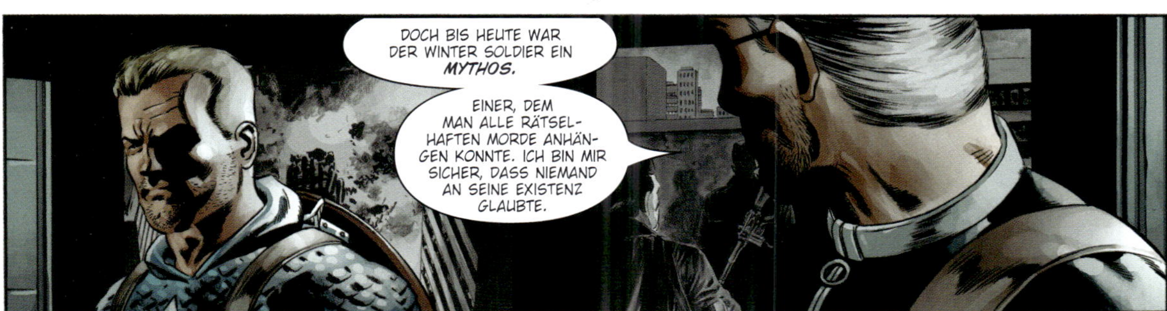
DOCH BIS HEUTE WAR DER WINTER SOLDIER EIN *MYTHOS.*
EINER, DEM MAN ALLE RÄTSEL-HAFTEN MORDE ANHÄN-GEN KONNTE. ICH BIN MIR SICHER, DASS NIEMAND AN SEINE EXISTENZ GLAUBTE.

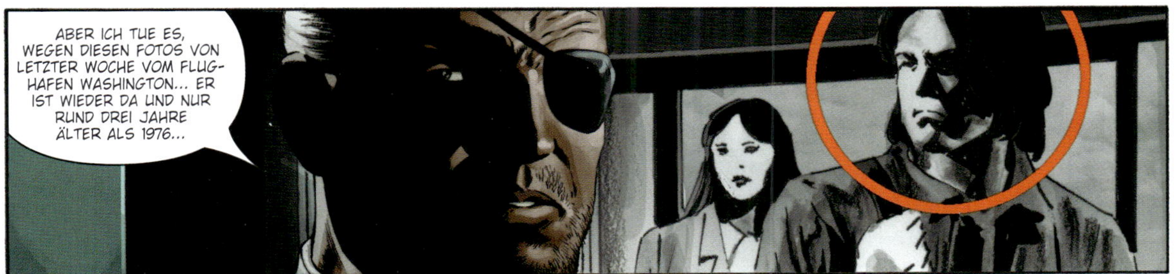
ABER ICH TUE ES, WEGEN DIESEN FOTOS VON LETZTER WOCHE VOM FLUG-HAFEN WASHINGTON... ER IST WIEDER DA UND NUR RUND DREI JAHRE ÄLTER ALS 1976...

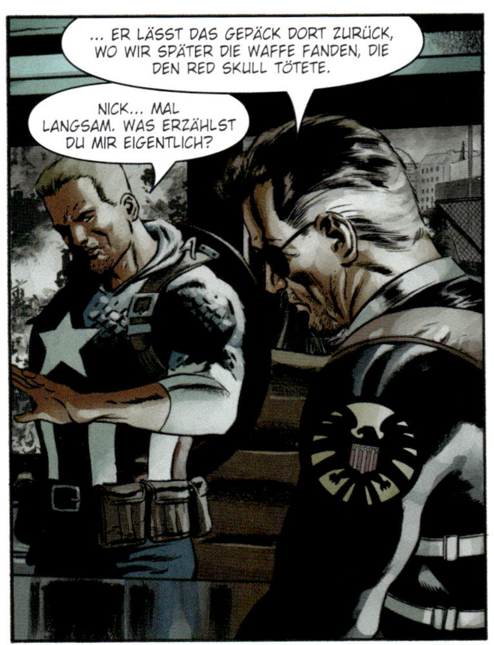
... ER LÄSST DAS GEPÄCK DORT ZURÜCK, WO WIR SPÄTER DIE WAFFE FANDEN, DIE DEN RED SKULL TÖTETE.
NICK... MAL LANGSAM. WAS ERZÄHLST DU MIR EIGENTLICH?

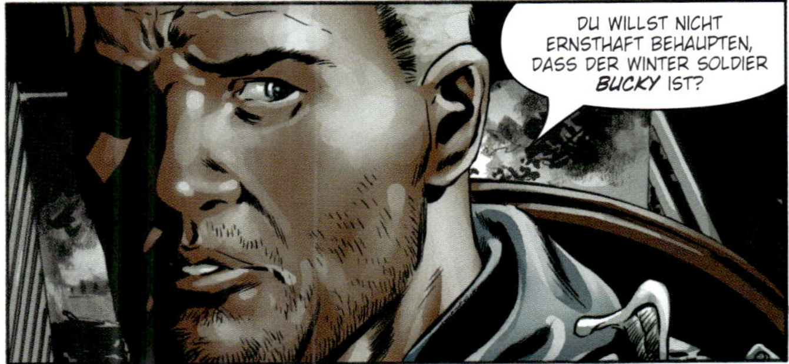
DU WILLST NICHT ERNSTHAFT BEHAUPTEN, DASS DER WINTER SOLDIER *BUCKY* IST?

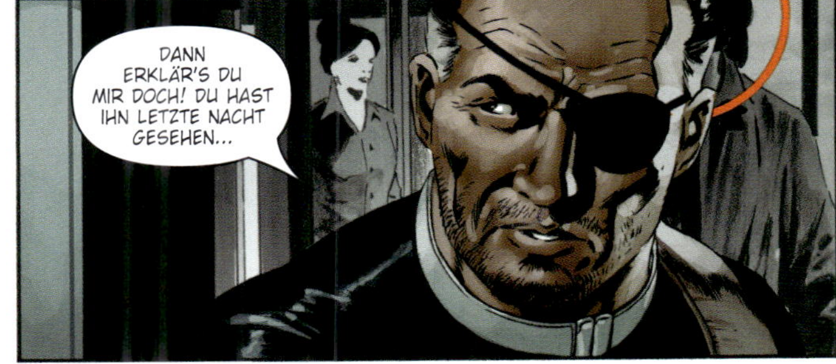
DANN ERKLÄR'S DU MIR DOCH! DU HAST IHN LETZTE NACHT GESEHEN...

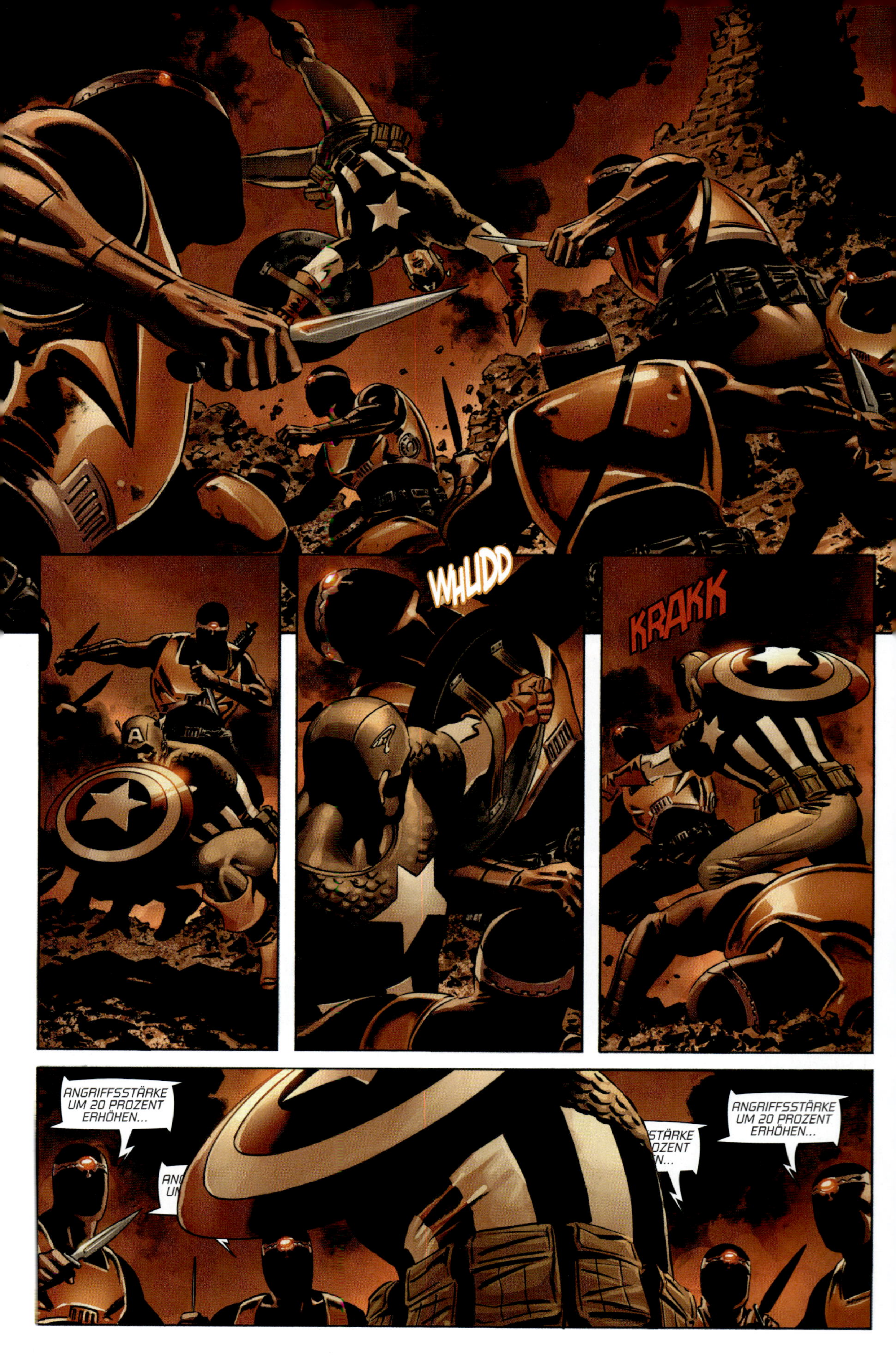

WHUDD

KRAKK

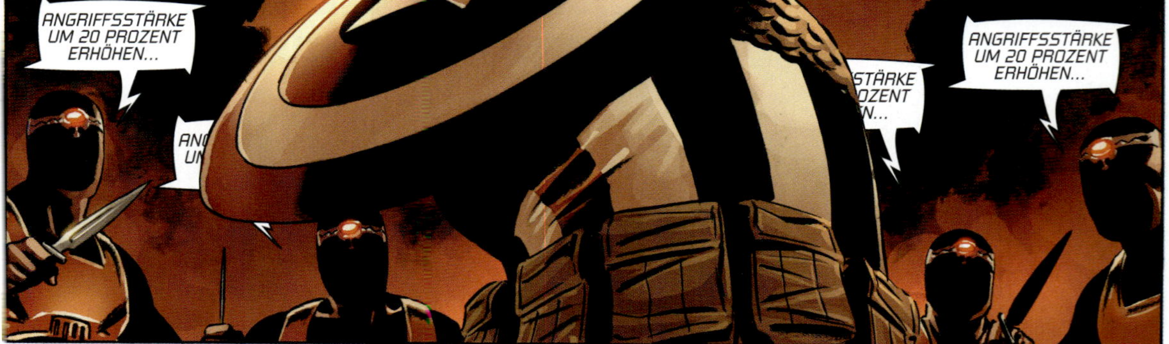

ANGRIFFSSTÄRKE UM 20 PROZENT ERHÖHEN...
ANGRIFFSSTÄRKE UM 20 PROZENT ERHÖHEN...

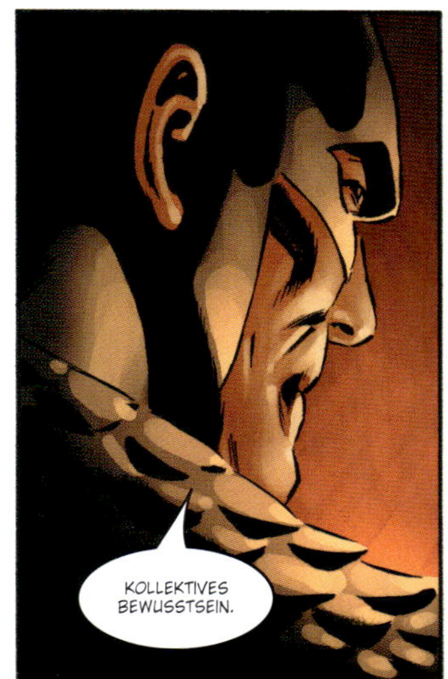
KOLLEKTIVES BEWUSSTSEIN.

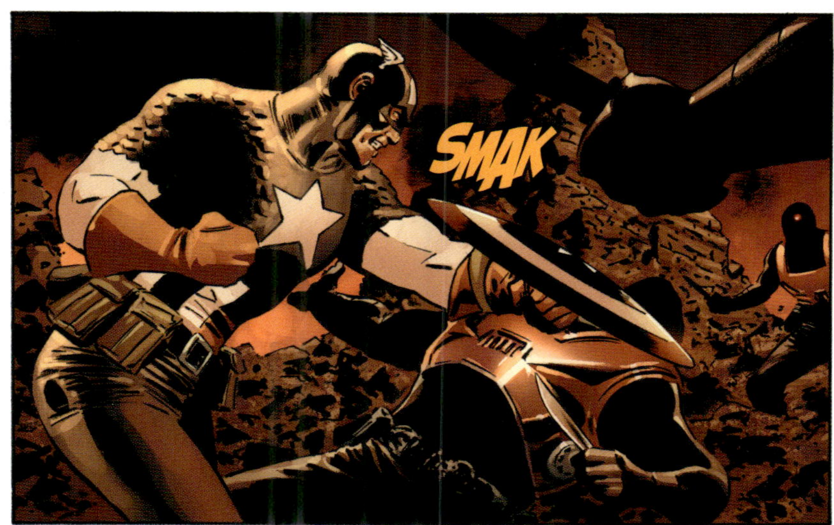
SMAK

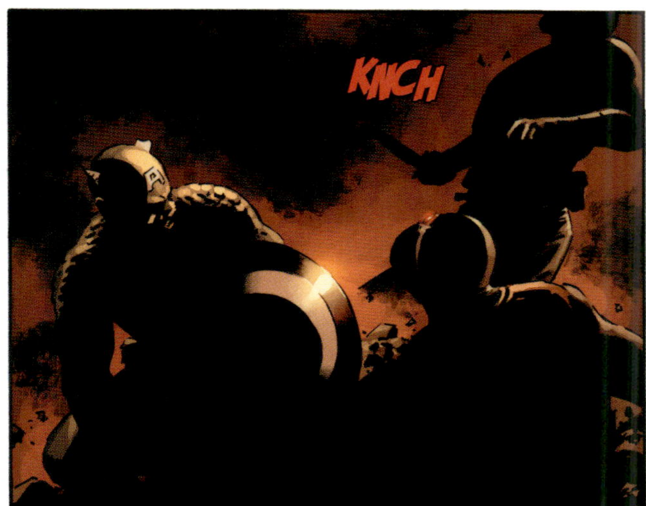
KNCH

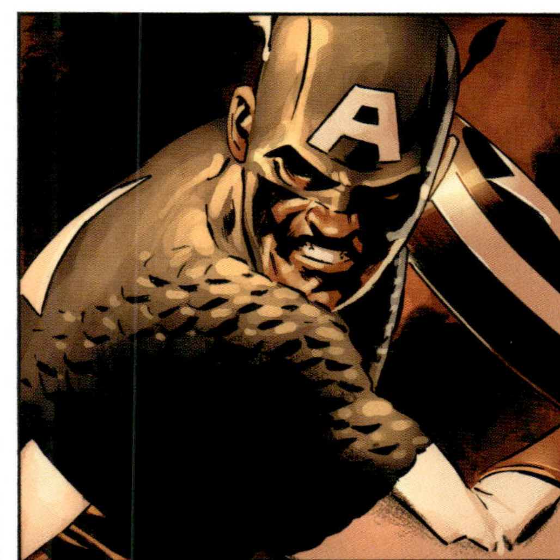

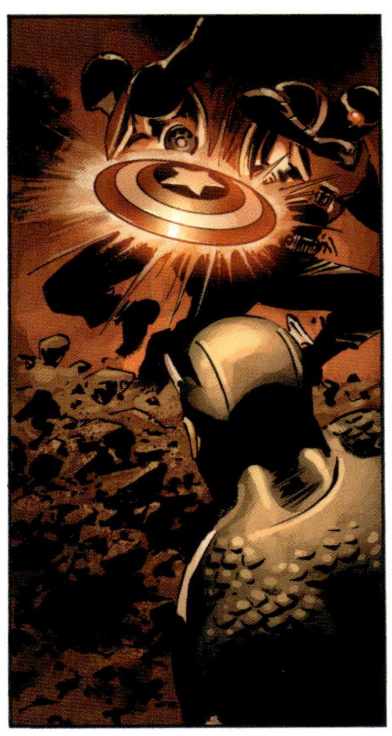

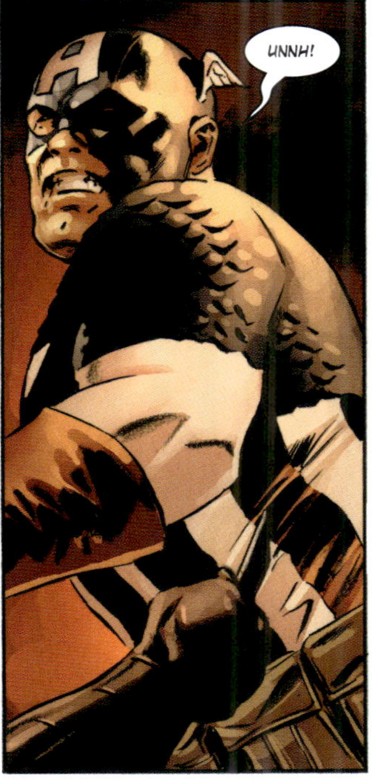
UNNH!

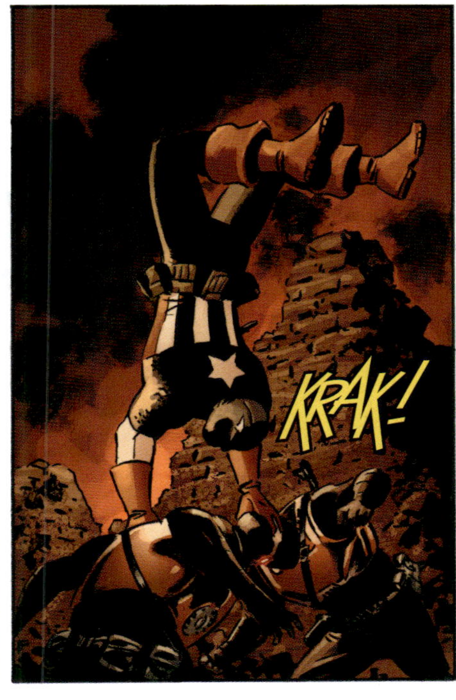
KRAK!

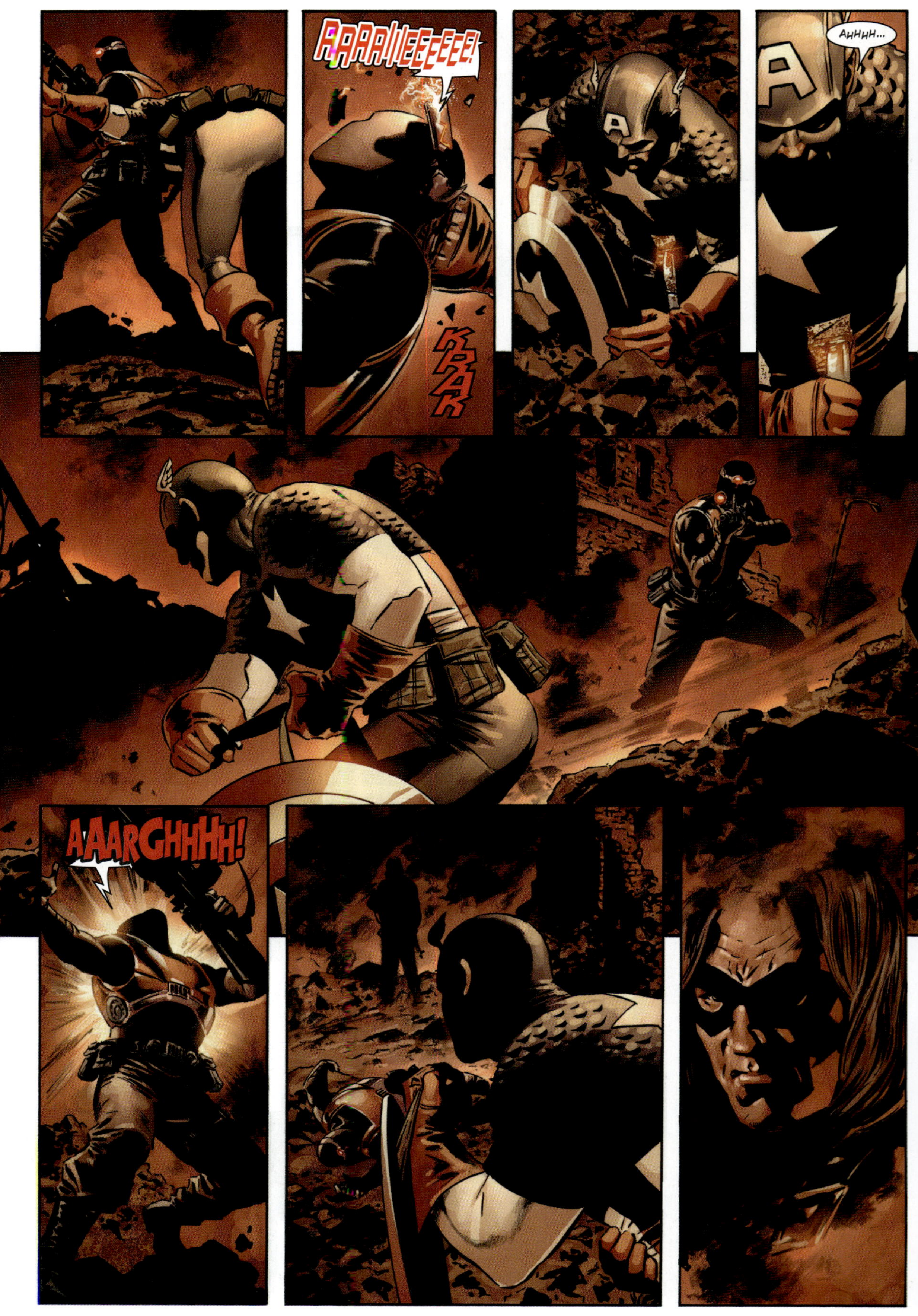

RAAAIIIEEEEEEE!
KRAK
AHHHH...
AAARGHHHH!

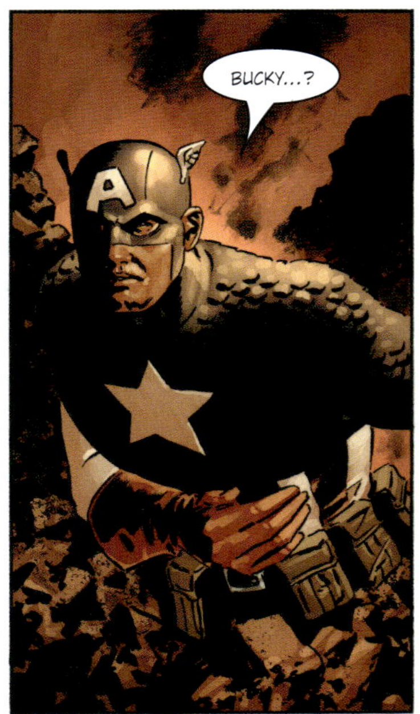
BUCKY…?
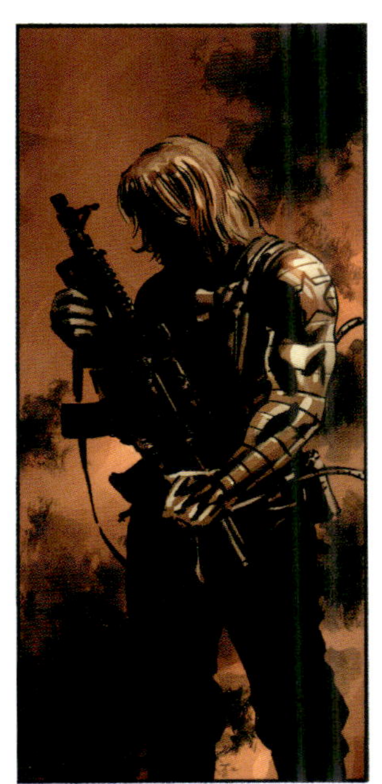
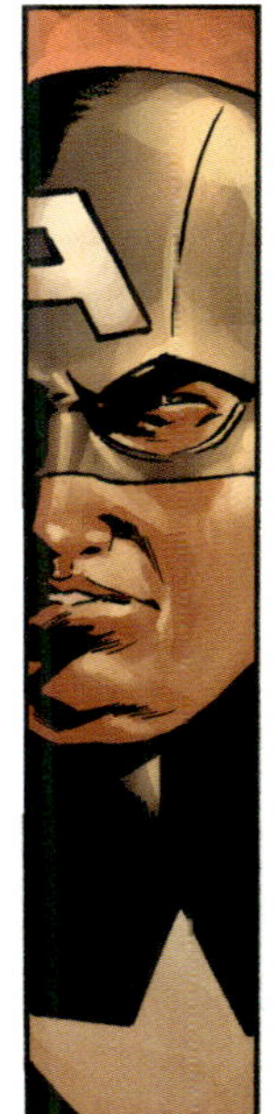
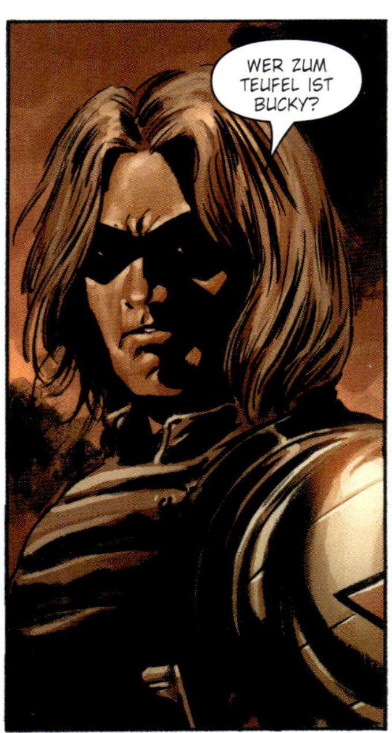
WER ZUM TEUFEL IST BUCKY?
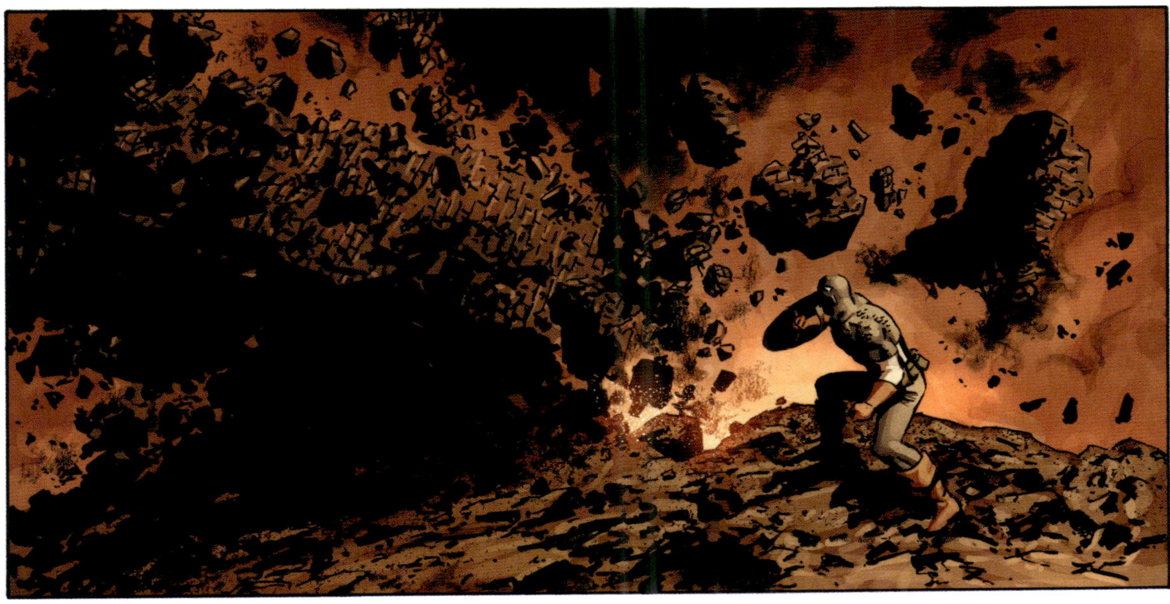
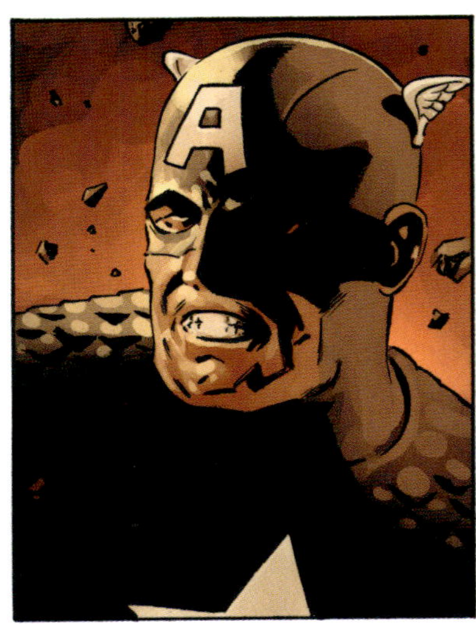
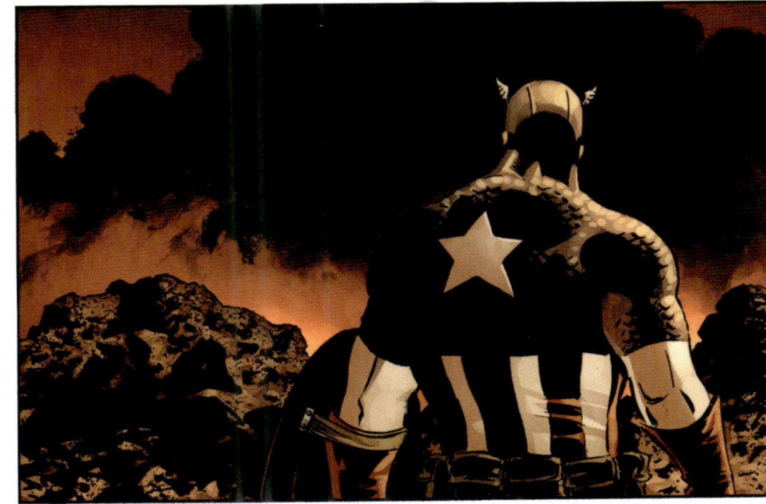

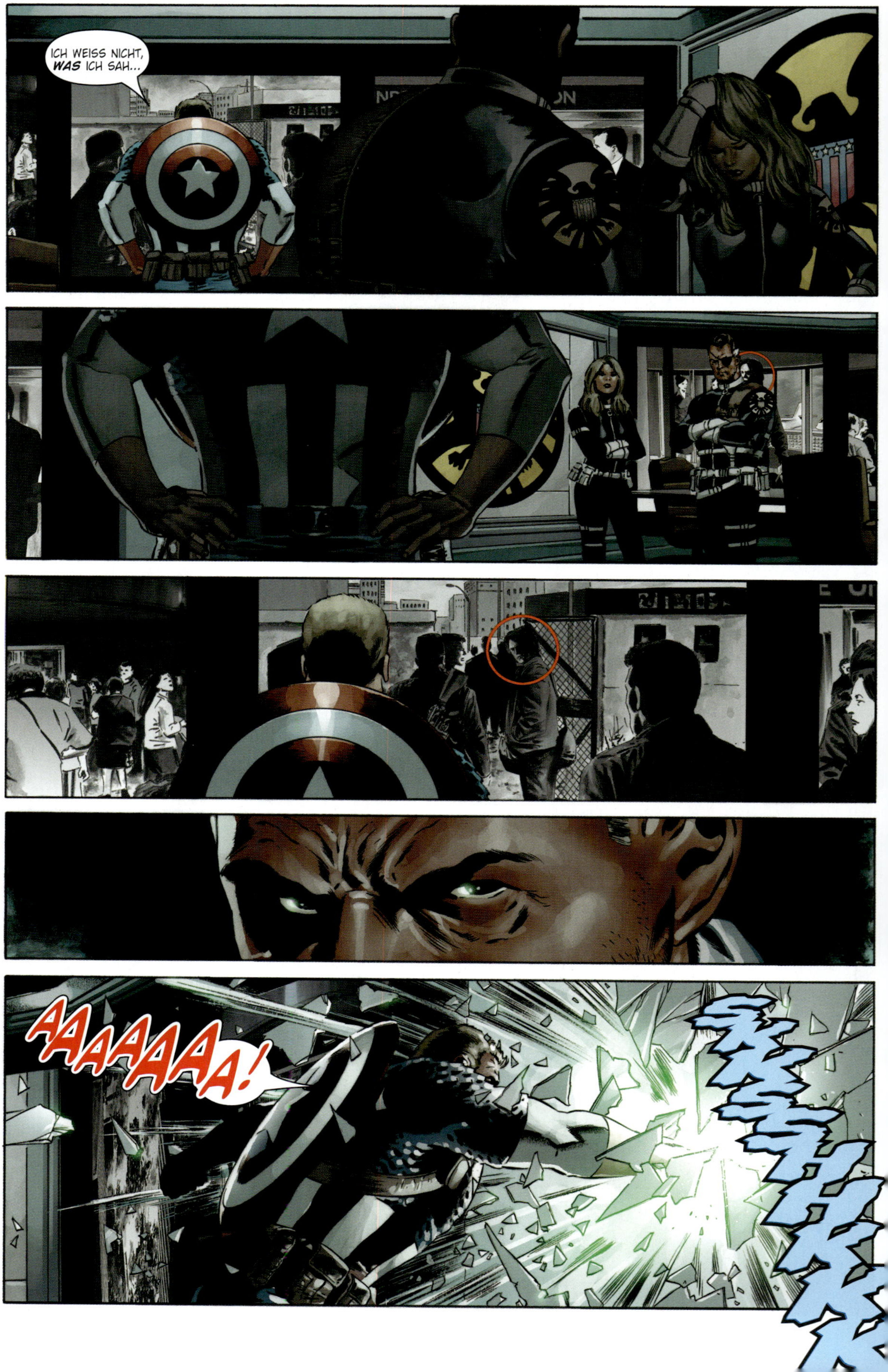

ICH WEISS NICHT, ***WAS*** ICH SAH...

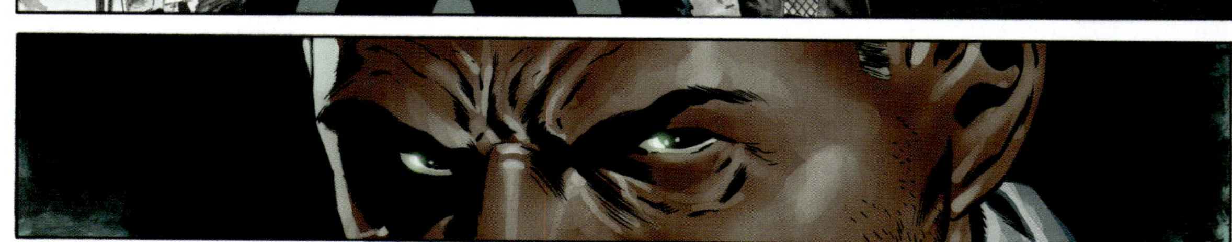

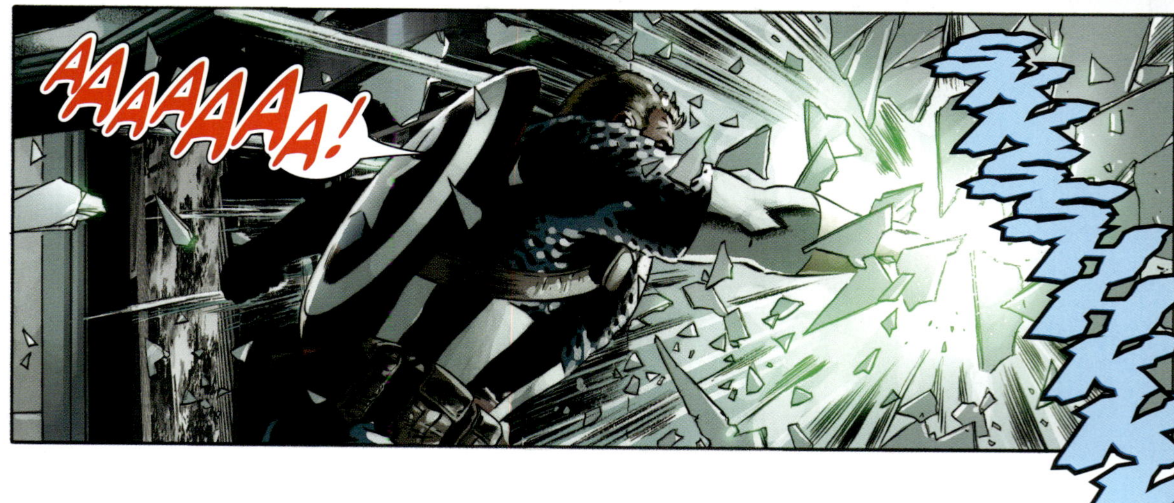

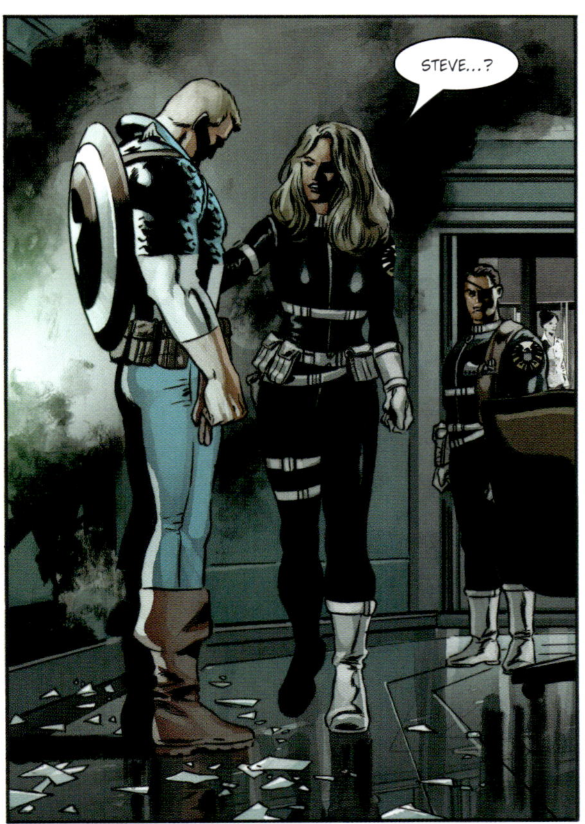
STEVE...?

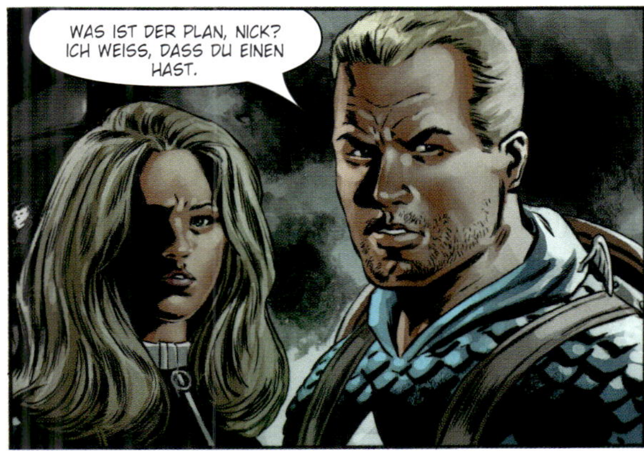
WAS IST DER PLAN, NICK? ICH WEISS, DASS DU EINEN HAST.

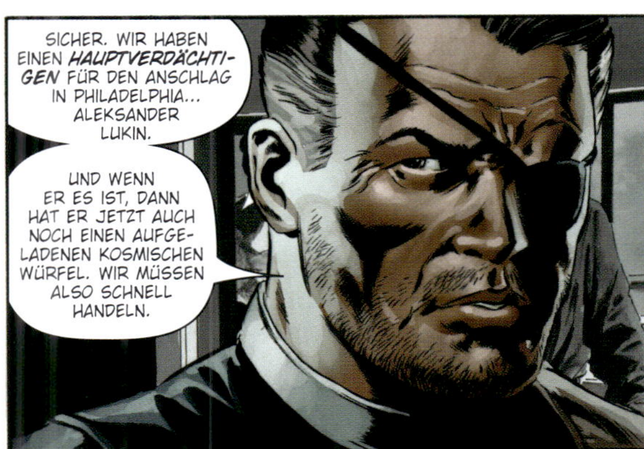
SICHER. WIR HABEN EINEN HAUPTVERDÄCHTIGEN FÜR DEN ANSCHLAG IN PHILADELPHIA... ALEKSANDER LUKIN.
UND WENN ER ES IST, DANN HAT ER JETZT AUCH NOCH EINEN AUFGELADENEN KOSMISCHEN WÜRFEL. WIR MÜSSEN ALSO SCHNELL HANDELN.

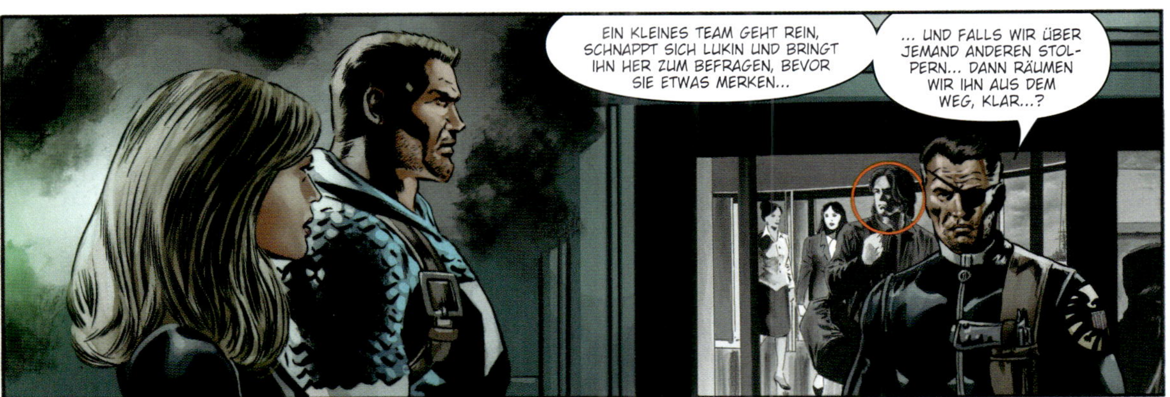
EIN KLEINES TEAM GEHT REIN, SCHNAPPT SICH LUKIN UND BRINGT IHN HER ZUM BEFRAGEN, BEVOR SIE ETWAS MERKEN...
... UND FALLS WIR ÜBER JEMAND ANDEREN STOLPERN... DANN RÄUMEN WIR IHN AUS DEM WEG, KLAR...?

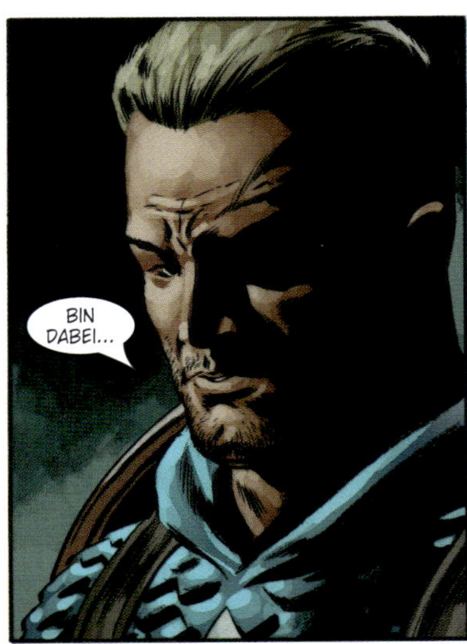
BIN DABEI...

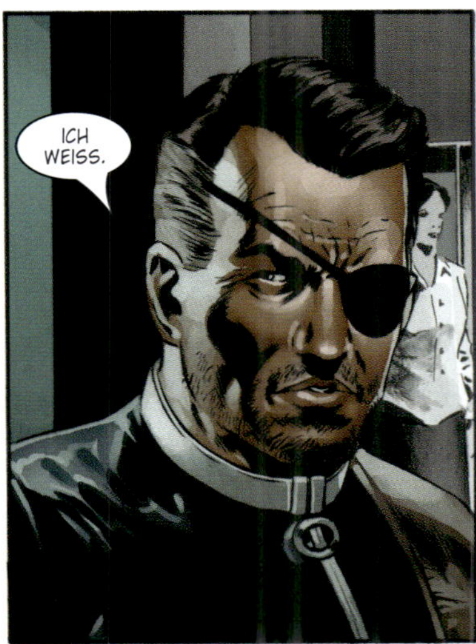
ICH WEISS.

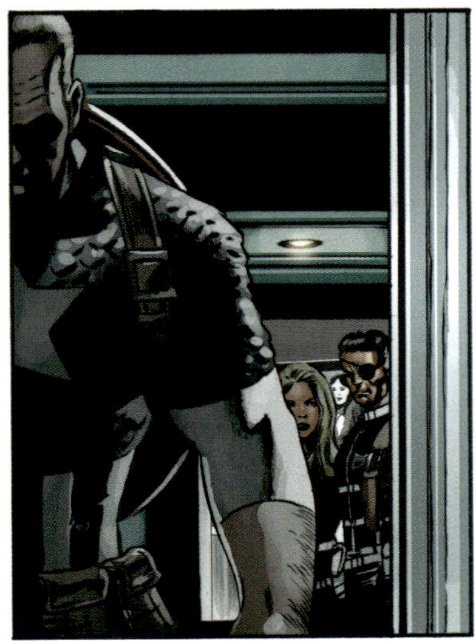

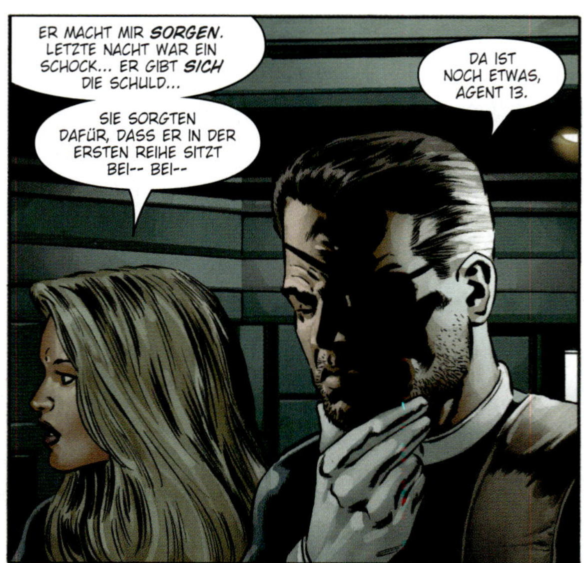
ER MACHT MIR SORGEN. LETZTE NACHT WAR EIN SCHOCK... ER GIBT SICH DIE SCHULD...
SIE SORGTEN DAFÜR, DASS ER IN DER ERSTEN REIHE SITZT BEI-- BEI--
DA IST NOCH ETWAS, AGENT 13.
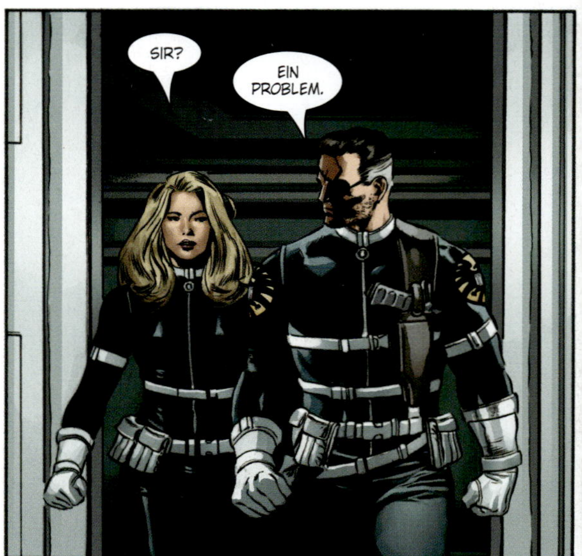
SIR?
EIN PROBLEM.
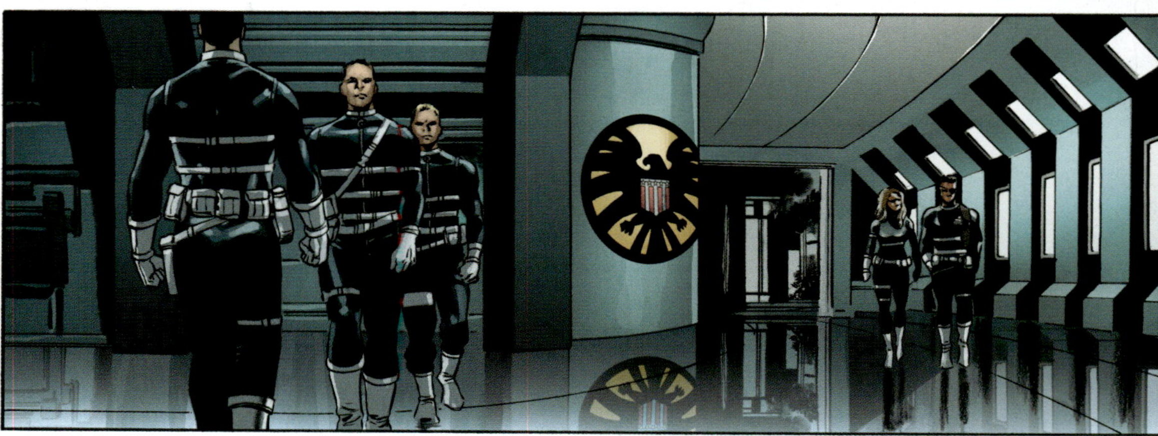
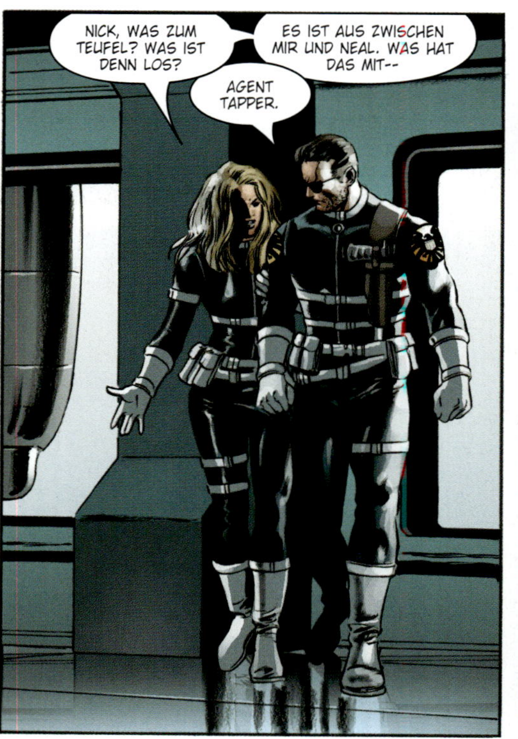
NICK, WAS ZUM TEUFEL? WAS IST DENN LOS?
ES IST AUS ZWISCHEN MIR UND NEAL. WAS HAT DAS MIT--
AGENT TAPPER.
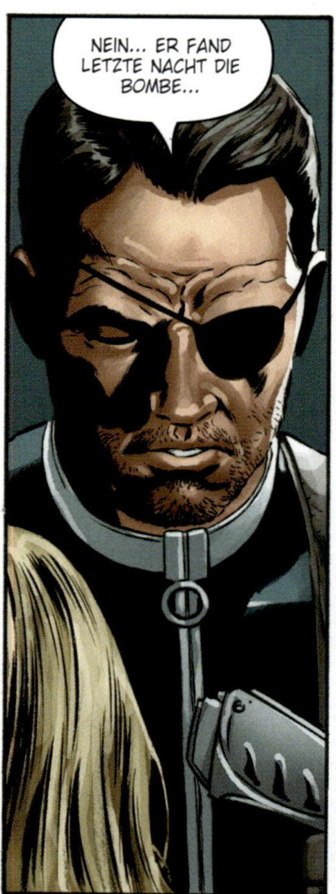
NEIN... ER FAND LETZTE NACHT DIE BOMBE...
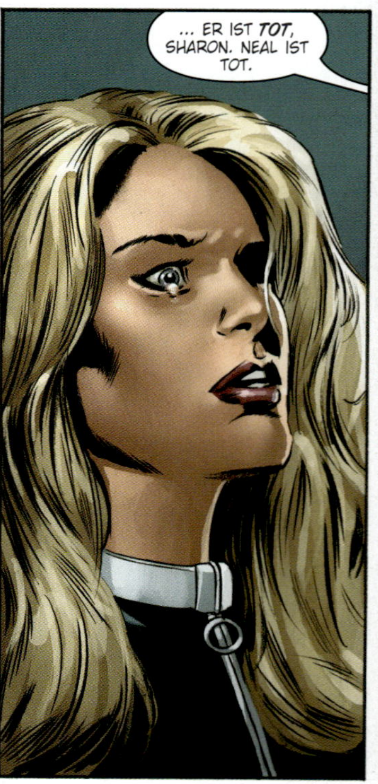
... ER IST TOT, SHARON. NEAL IST TOT.

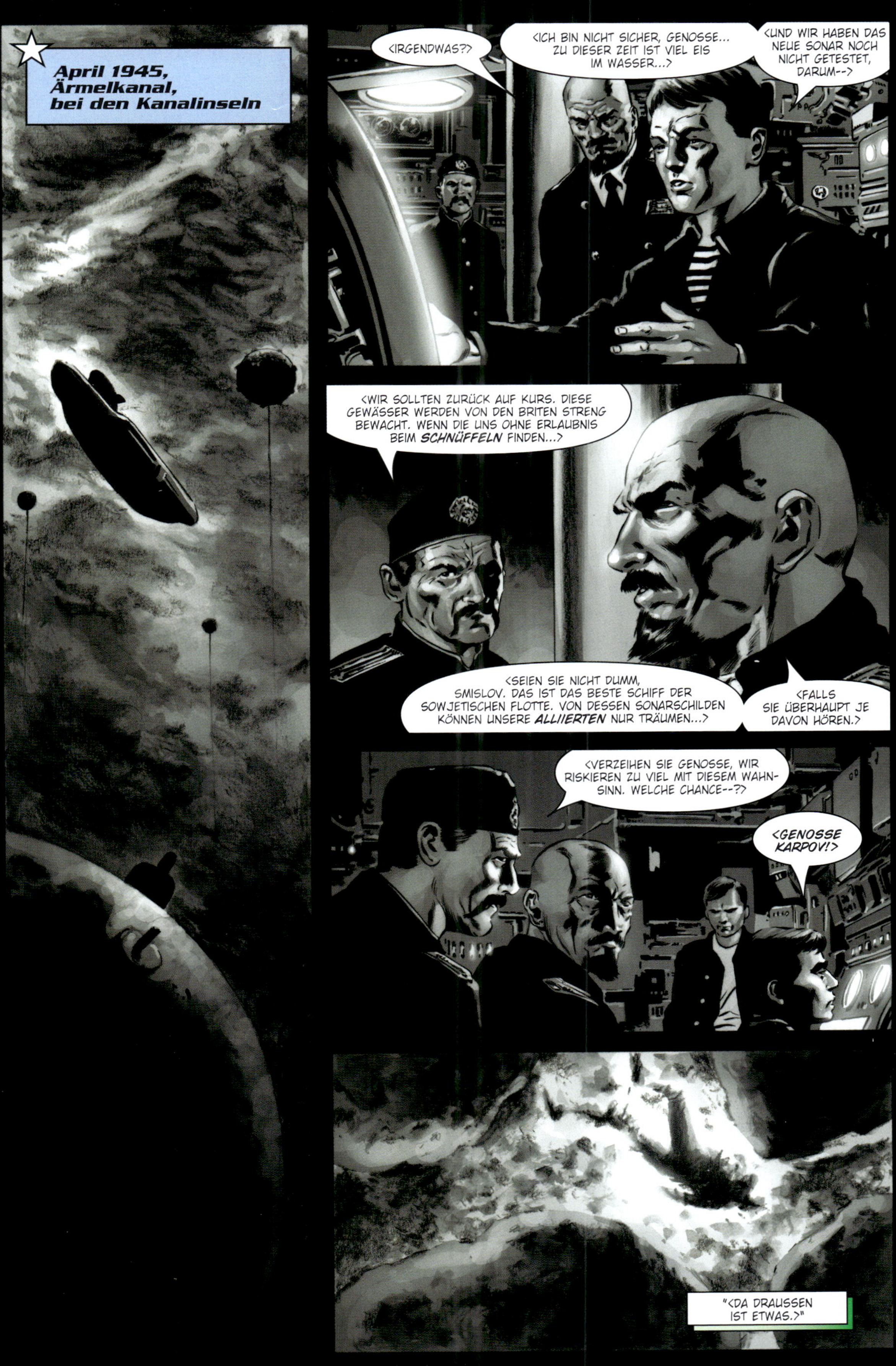
April 1945, Ärmelkanal, bei den Kanalinseln
<IRGENDWAS?>
<ICH BIN NICHT SICHER, GENOSSE... ZU DIESER ZEIT IST VIEL EIS IM WASSER...>
<UND WIR HABEN DAS NEUE SONAR NOCH NICHT GETESTET, DARUM-->
<WIR SOLLTEN ZURÜCK AUF KURS. DIESE GEWÄSSER WERDEN VON DEN BRITEN STRENG BEWACHT. WENN DIE UNS OHNE ERLAUBNIS BEIM SCHNÜFFELN FINDEN...>
<SEIEN SIE NICHT DUMM, SMISLOV. DAS IST DAS BESTE SCHIFF DER SOWJETISCHEN FLOTTE. VON DESSEN SONARSCHILDEN KÖNNEN UNSERE ALLIIERTEN NUR TRÄUMEN...>
<FALLS SIE ÜBERHAUPT JE DAVON HÖREN.>
<VERZEIHEN SIE GENOSSE, WIR RISKIEREN ZU VIEL MIT DIESEM WAHNSINN. WELCHE CHANCE--?>
<GENOSSE KARPOV!>
"<DA DRAUSSEN IST ETWAS.>"

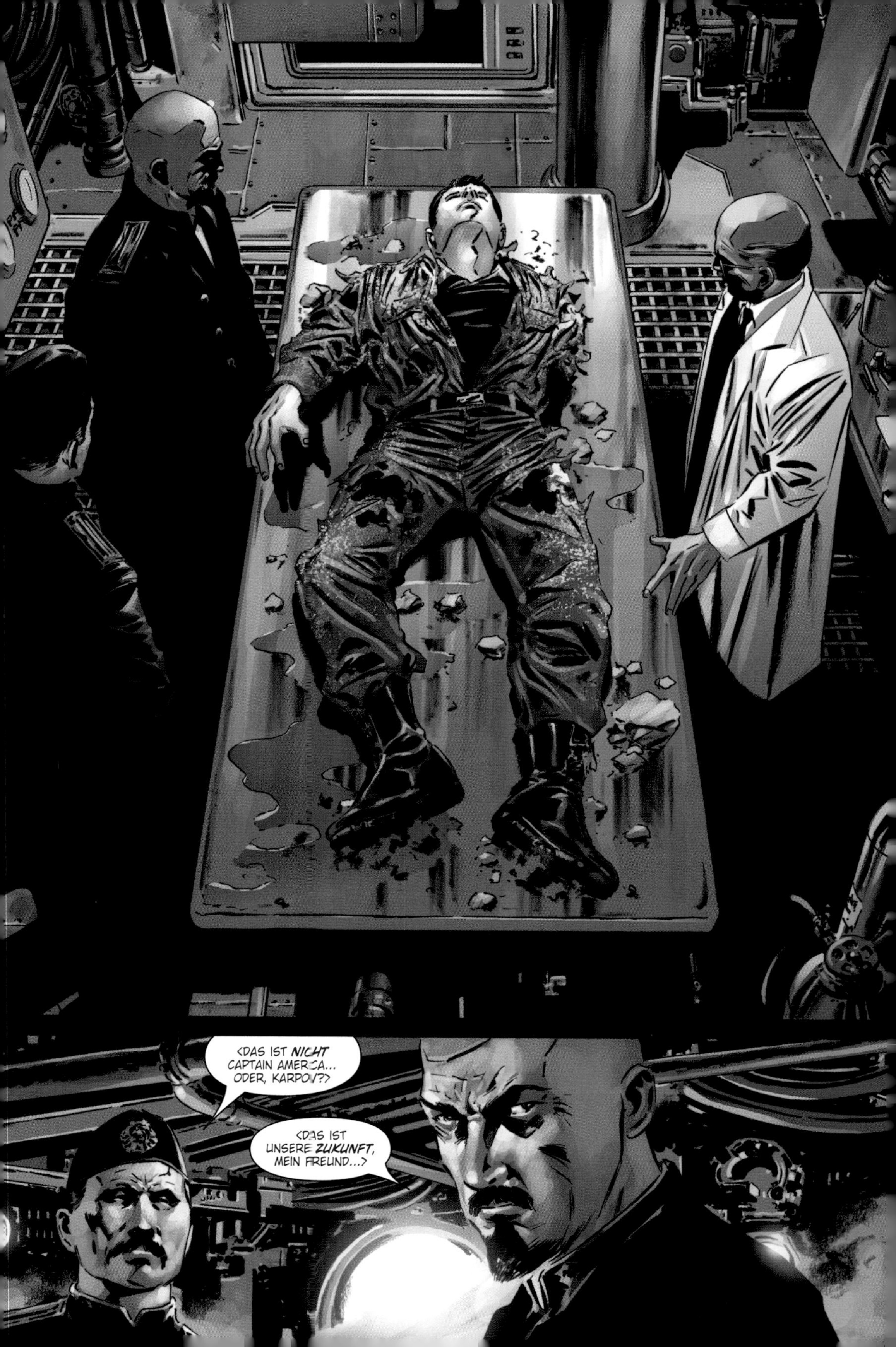
<DAS IST *NICHT* CAPTAIN AMERICA... ODER, KARPOV?>
<DAS IST UNSERE ***ZUKUNFT***, MEIN FREUND...>

## WINTER SOLDIER, TEIL 2

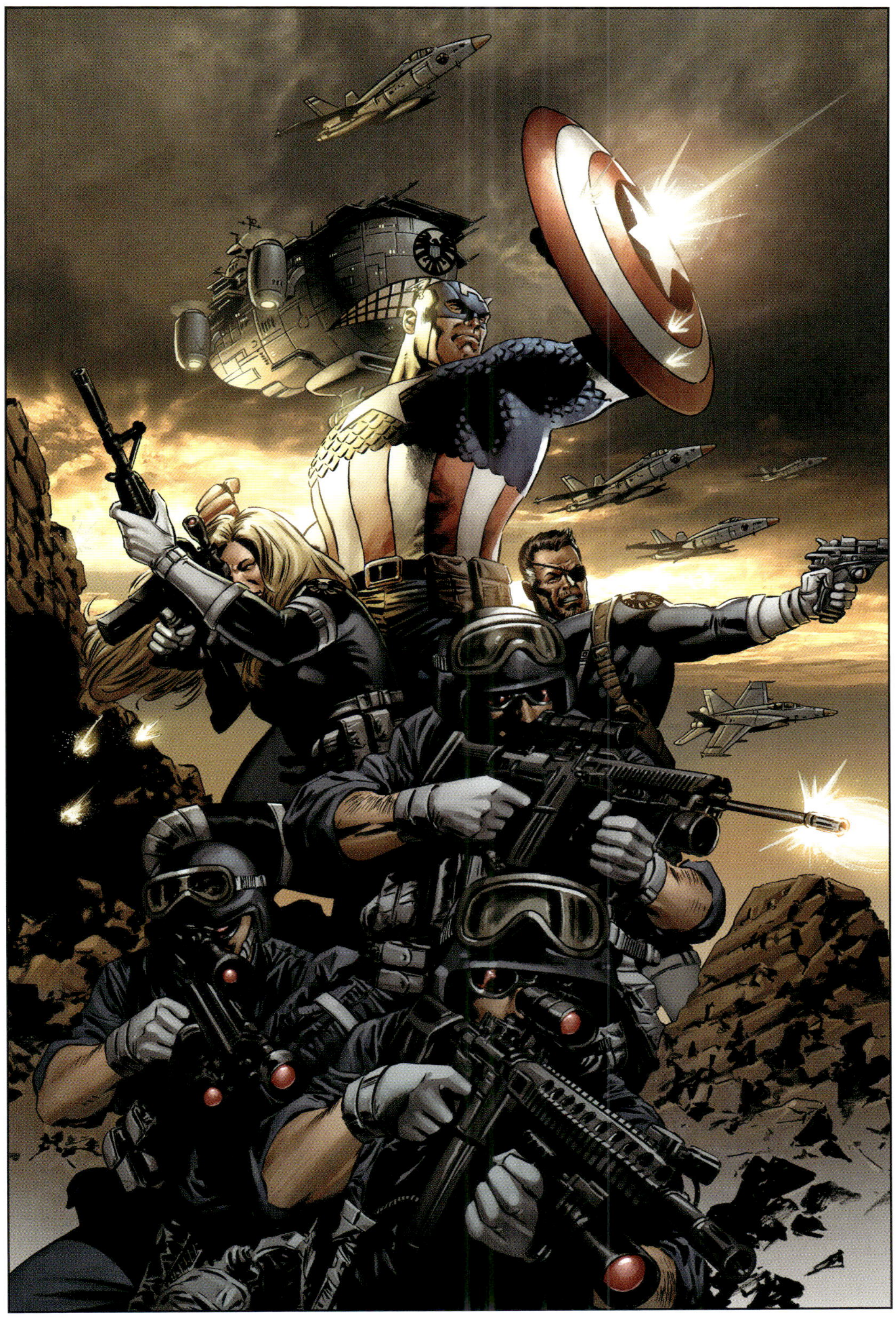

Captain America (2004) 9
Cover von **STEVE EPTING**

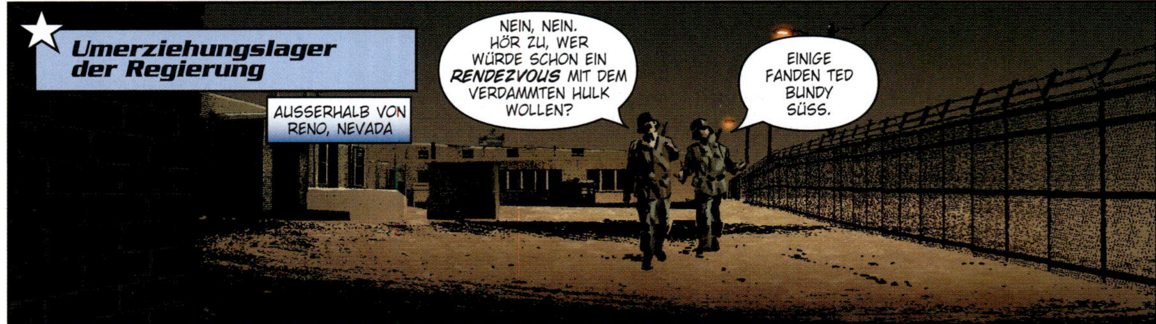
Umerziehungslager der Regierung
AUSSERHALB VON RENO, NEVADA
NEIN, NEIN. HÖR ZU, WER WÜRDE SCHON EIN RENDEZVOUS MIT DEM VERDAMMTEN HULK WOLLEN?
EINIGE FANDEN TED BUNDY SÜSS.

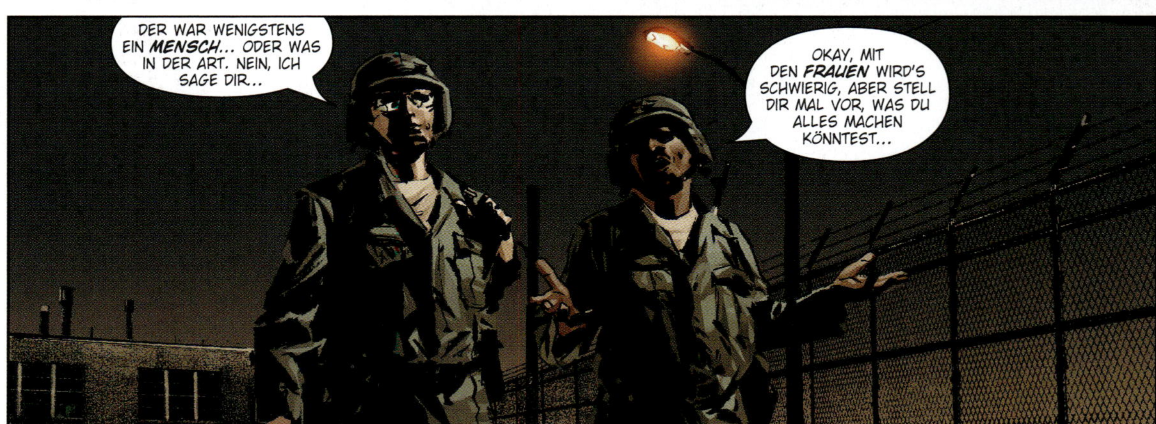
DER WAR WENIGSTENS EIN MENSCH... ODER WAS IN DER ART. NEIN, ICH SAGE DIR...
OKAY, MIT DEN FRAUEN WIRD'S SCHWIERIG, ABER STELL DIR MAL VOR, WAS DU ALLES MACHEN KÖNNTEST...

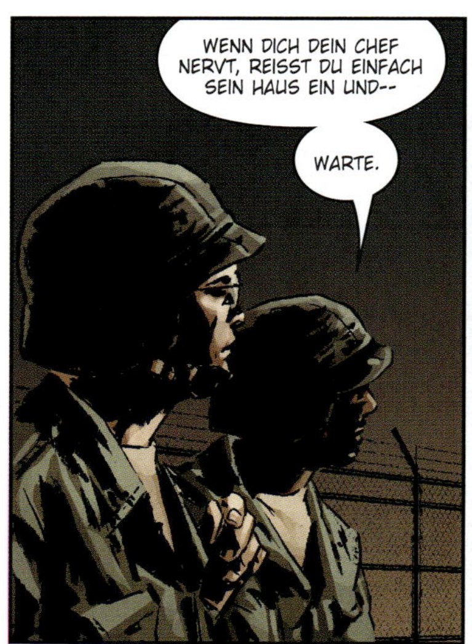
WENN DICH DEIN CHEF NERVT, REISST DU EINFACH SEIN HAUS EIN UND--
WARTE.

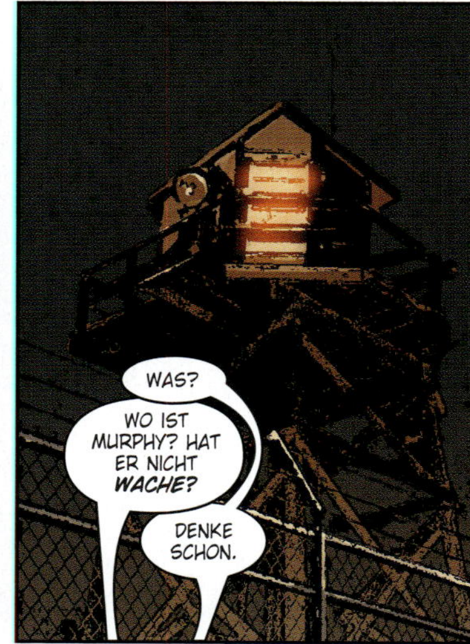
WAS?
WO IST MURPHY? HAT ER NICHT WACHE?
DENKE SCHON.

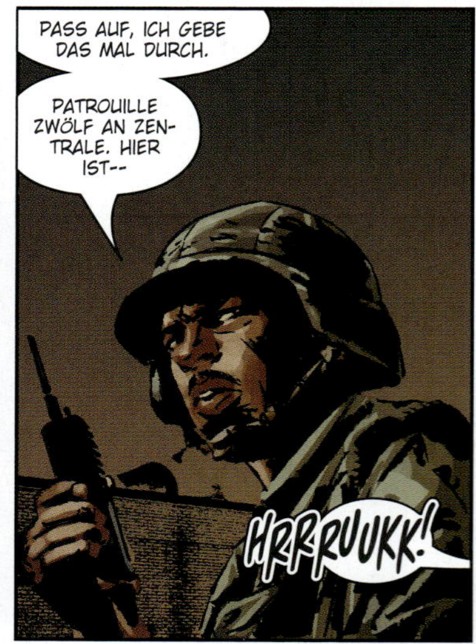
PASS AUF, ICH GEBE DAS MAL DURCH.
PATROUILLE ZWÖLF AN ZENTRALE. HIER IST--
HRRRUUKK!

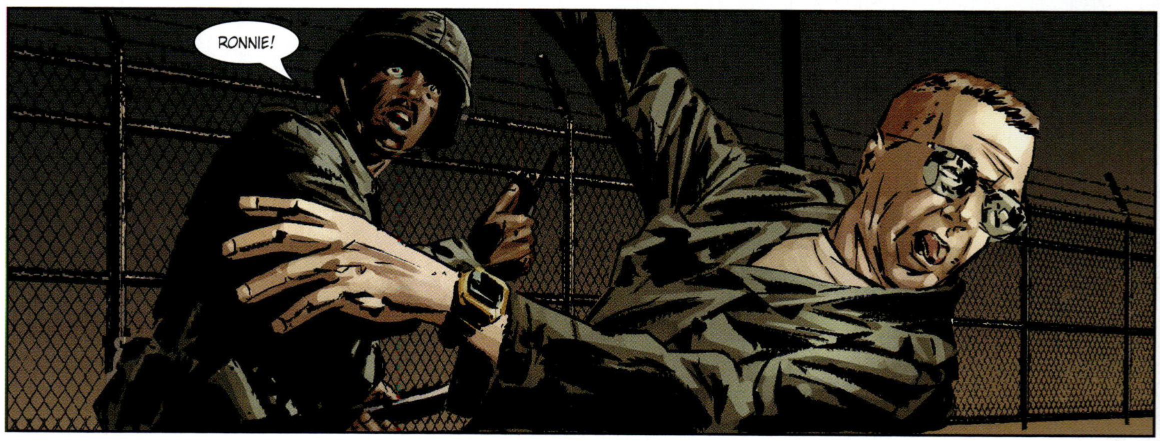
RONNIE!

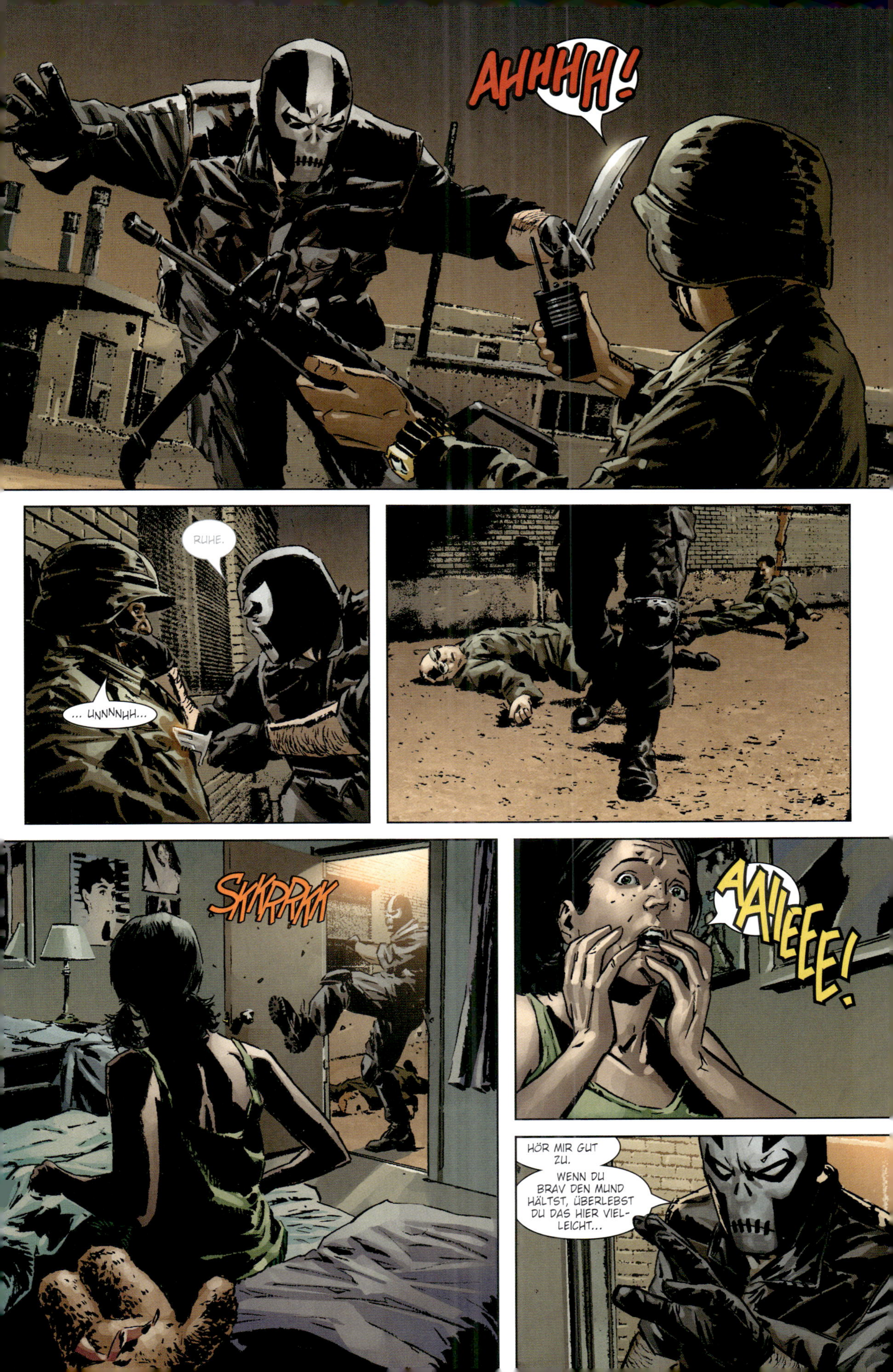

AHHHH!

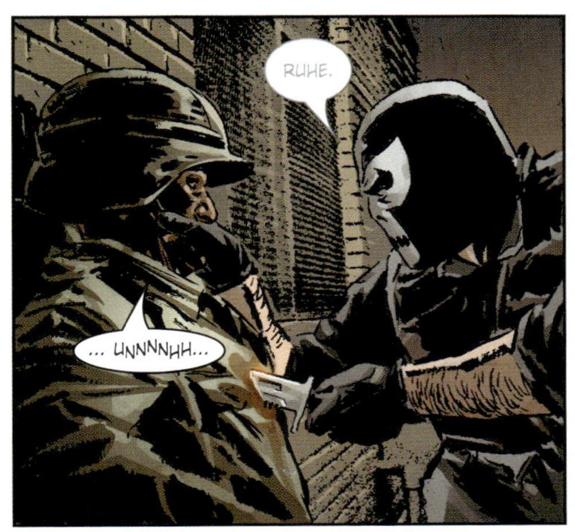
RUHE.
... UNNNNHH...

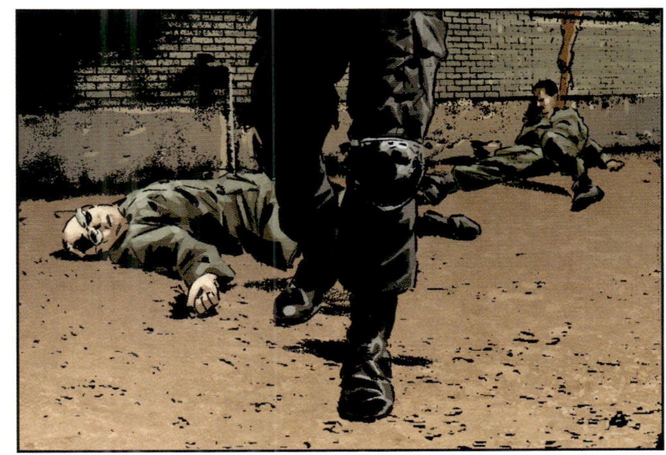

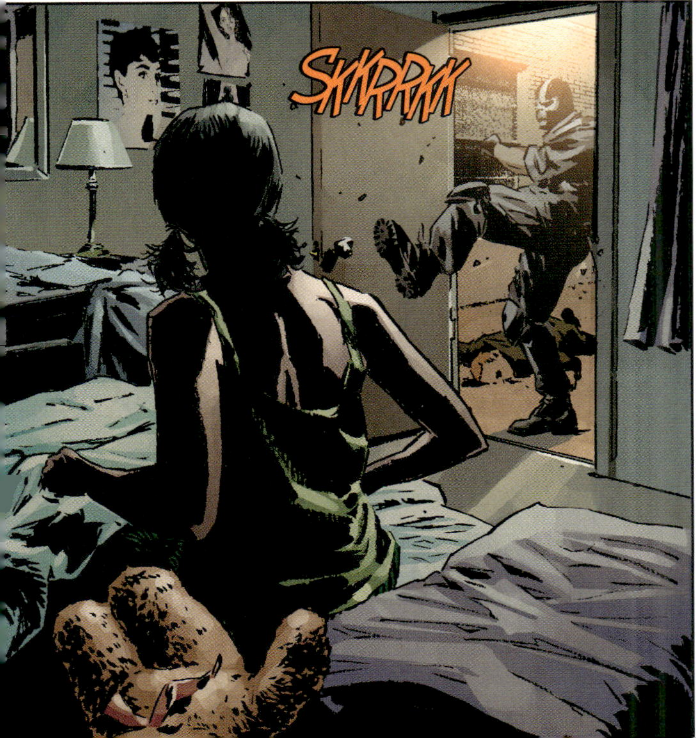
SKKRRKK

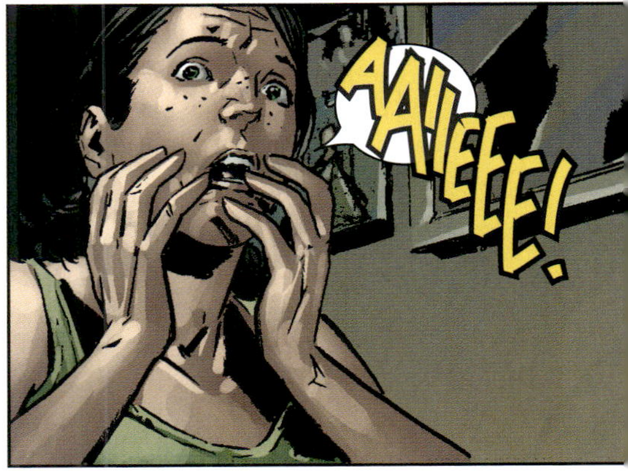
AAIIEEEE!

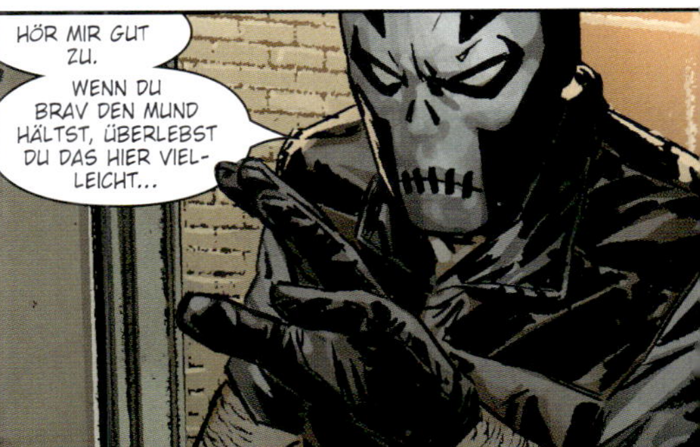
HÖR MIR GUT ZU.
WENN DU BRAV DEN MUND HÄLTST, ÜBERLEBST DU DAS HIER VIELLEICHT...

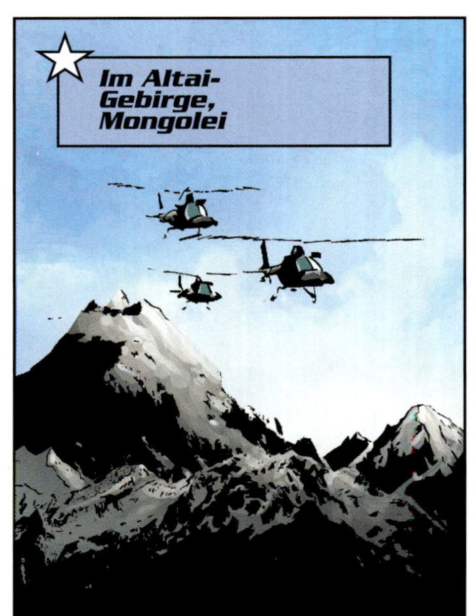
Im Altai-Gebirge, Mongolei

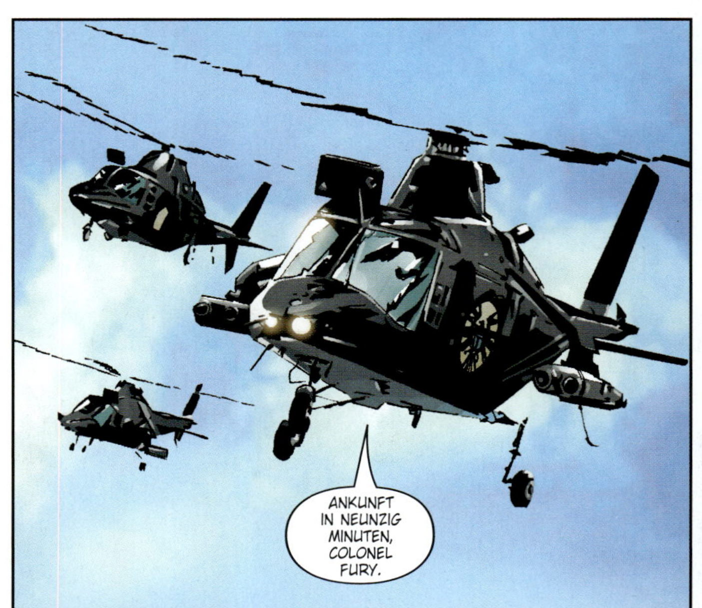
ANKUNFT IN NEUNZIG MINUTEN, COLONEL FURY.

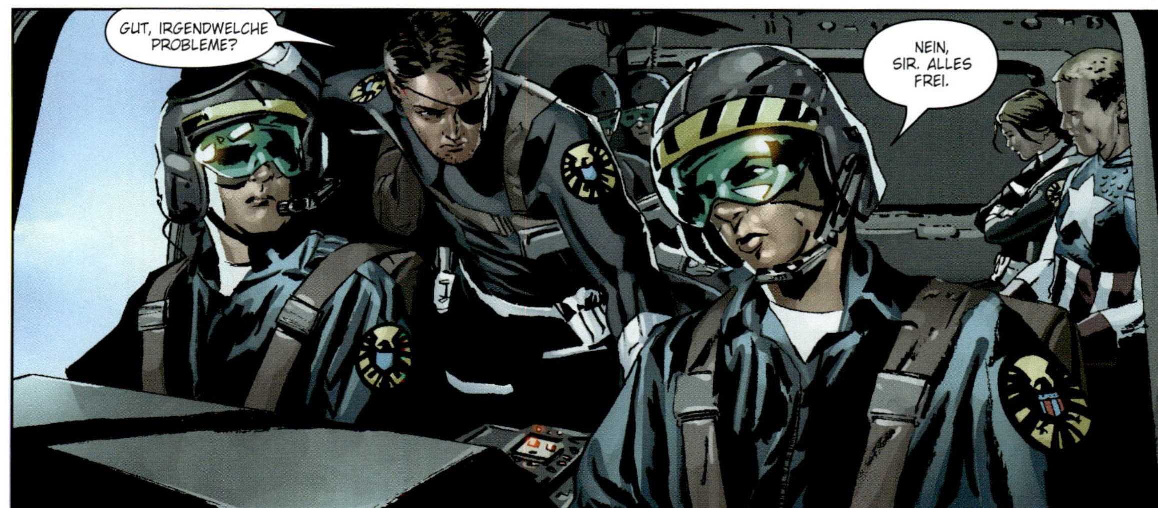
GUT, IRGENDWELCHE PROBLEME?
NEIN, SIR. ALLES FREI.

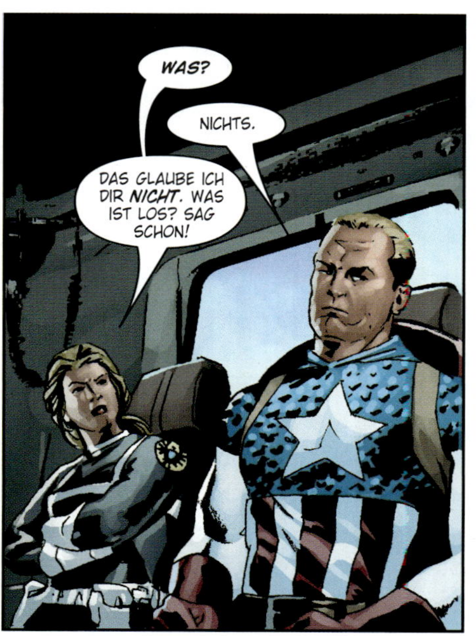
WAS?
NICHTS.
DAS GLAUBE ICH DIR NICHT. WAS IST LOS? SAG SCHON!

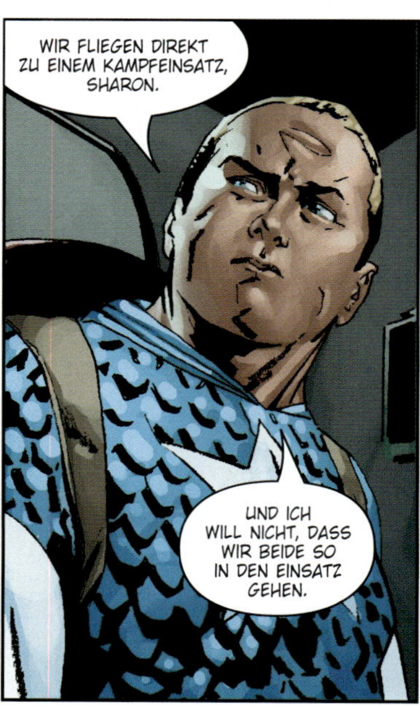
WIR FLIEGEN DIREKT ZU EINEM KAMPFEINSATZ, SHARON.
UND ICH WILL NICHT, DASS WIR BEIDE SO IN DEN EINSATZ GEHEN.

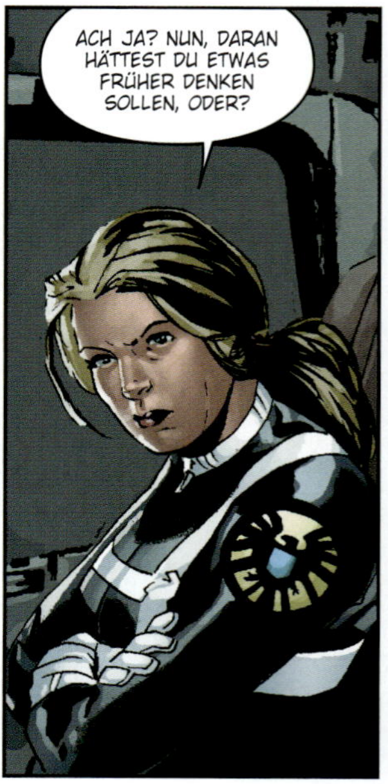
ACH JA? NUN, DARAN HÄTTEST DU ETWAS FRÜHER DENKEN SOLLEN, ODER?

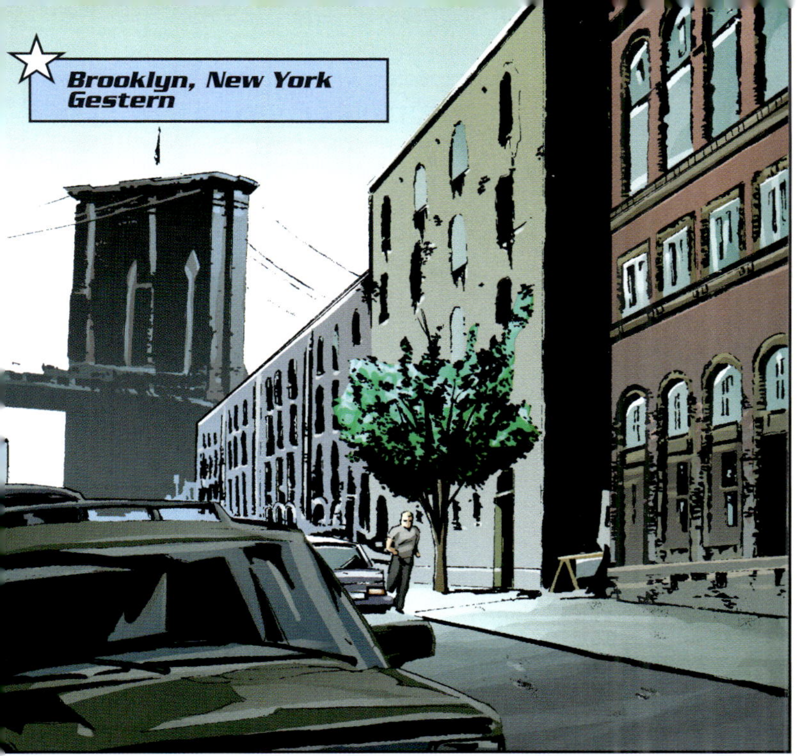
Brooklyn, New York
Gestern

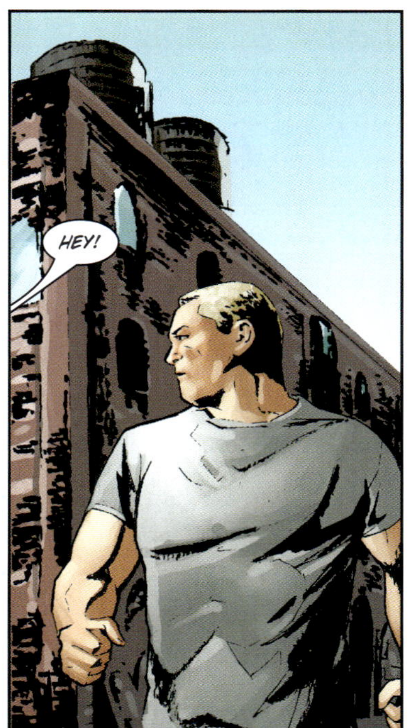
HEY!

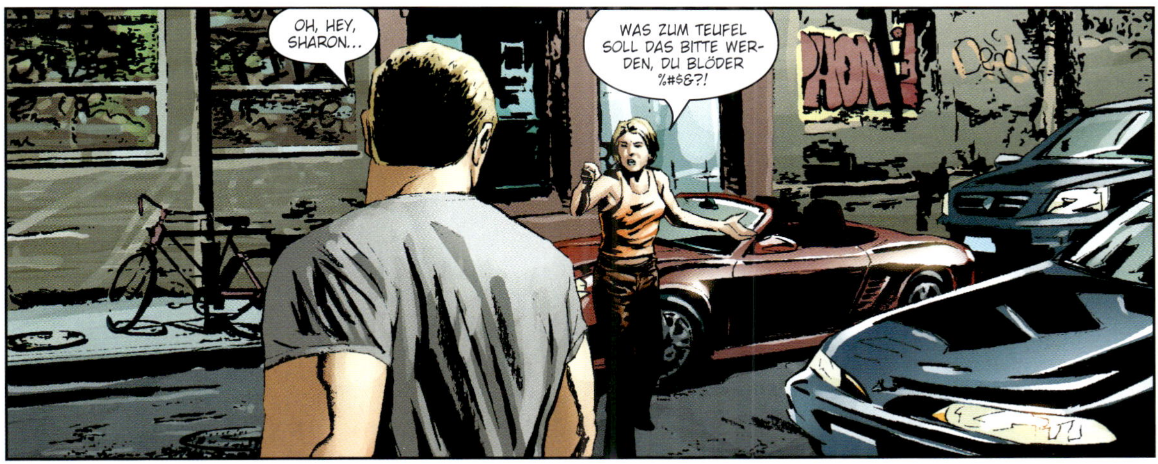
OH, HEY, SHARON...
WAS ZUM TEUFEL SOLL DAS BITTE WERDEN, DU BLÖDER %#$&?!

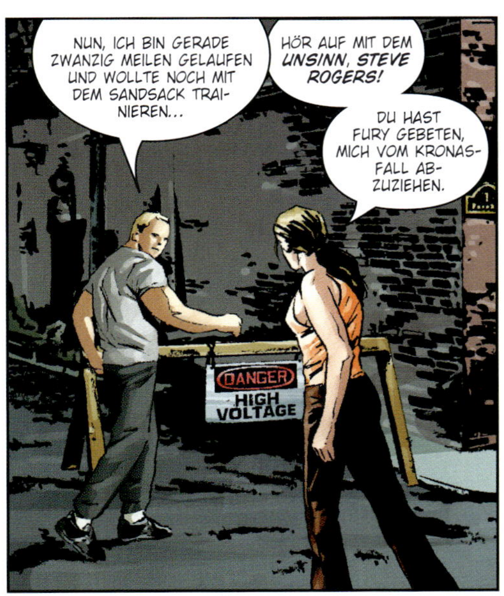
NUN, ICH BIN GERADE ZWANZIG MEILEN GELAUFEN UND WOLLTE NOCH MIT DEM SANDSACK TRAINIEREN...
HÖR AUF MIT DEM UNSINN, STEVE ROGERS!
DU HAST FURY GEBETEN, MICH VOM KRONAS-FALL ABZUZIEHEN.
DANGER
HIGH VOLTAGE

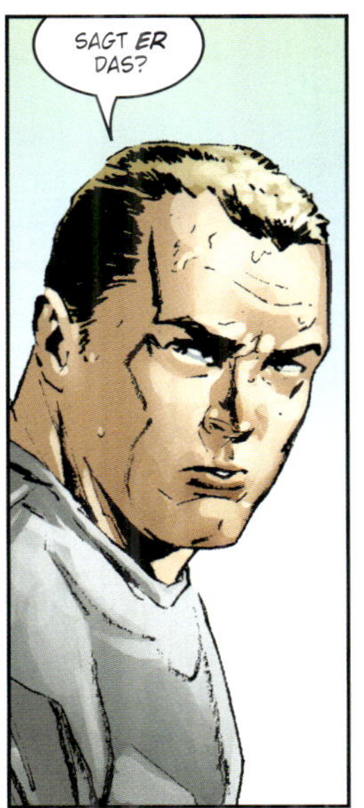
SAGT ER DAS?

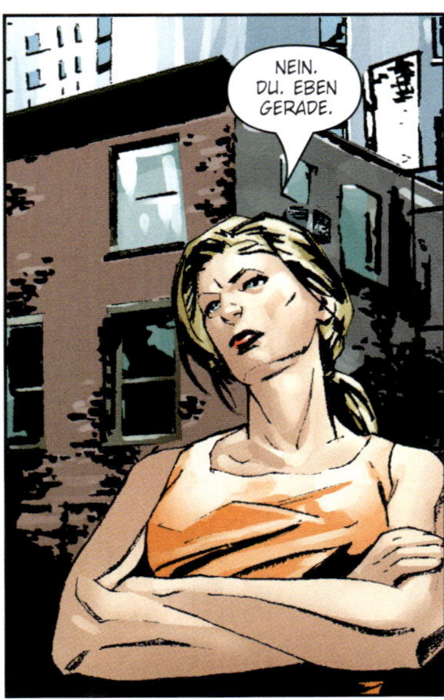
NEIN. DU. EBEN GERADE.

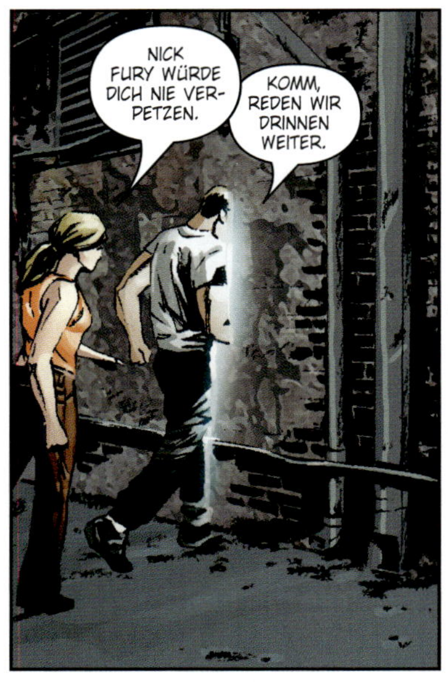
NICK FURY WÜRDE DICH NIE VERPETZEN.
KOMM, REDEN WIR DRINNEN WEITER.

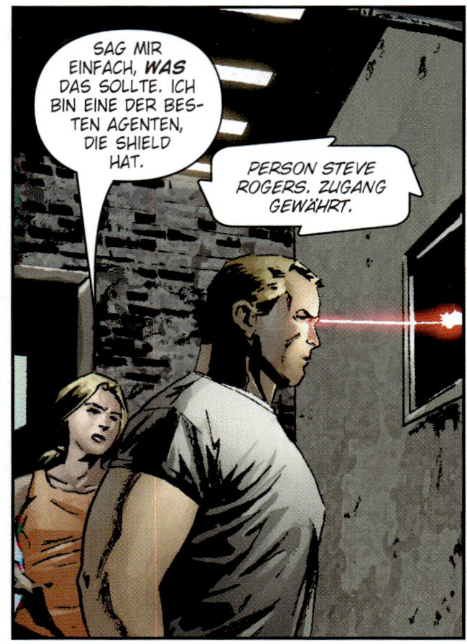
SAG MIR EINFACH, WAS DAS SOLLTE. ICH BIN EINE DER BESTEN AGENTEN, DIE SHIELD HAT.
PERSON STEVE ROGERS. ZUGANG GEWÄHRT.

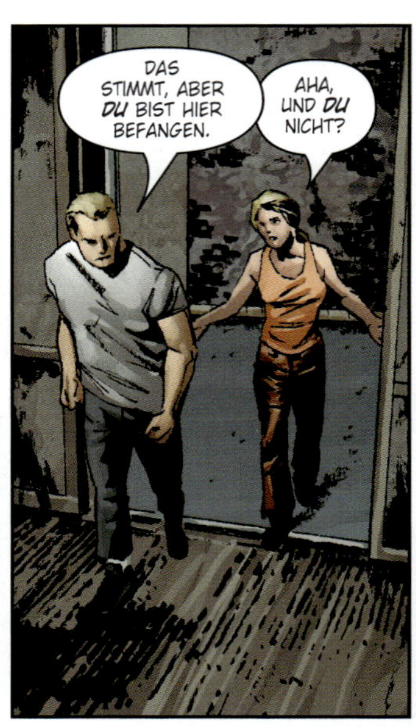
DAS STIMMT, ABER DU BIST HIER BEFANGEN.
AHA, UND DU NICHT?

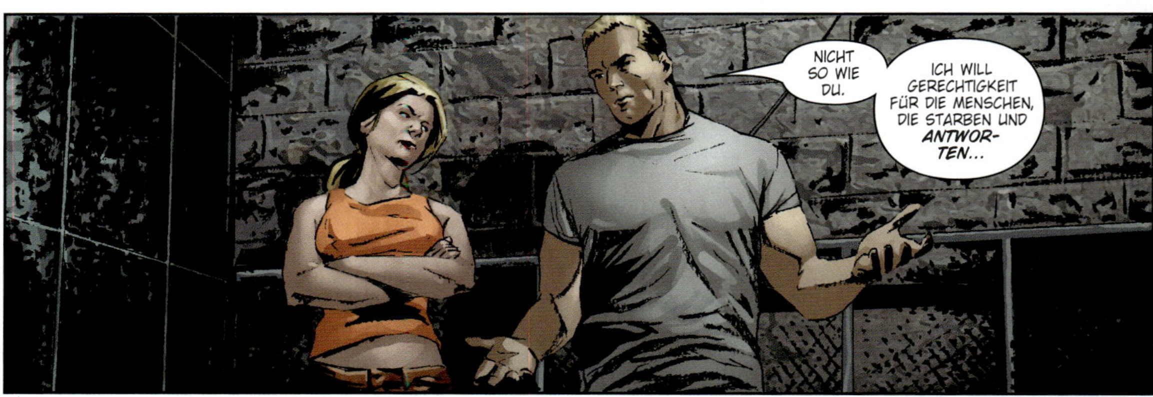
NICHT SO WIE DU.
ICH WILL GERECHTIGKEIT FÜR DIE MENSCHEN, DIE STARBEN UND ANTWORTEN...

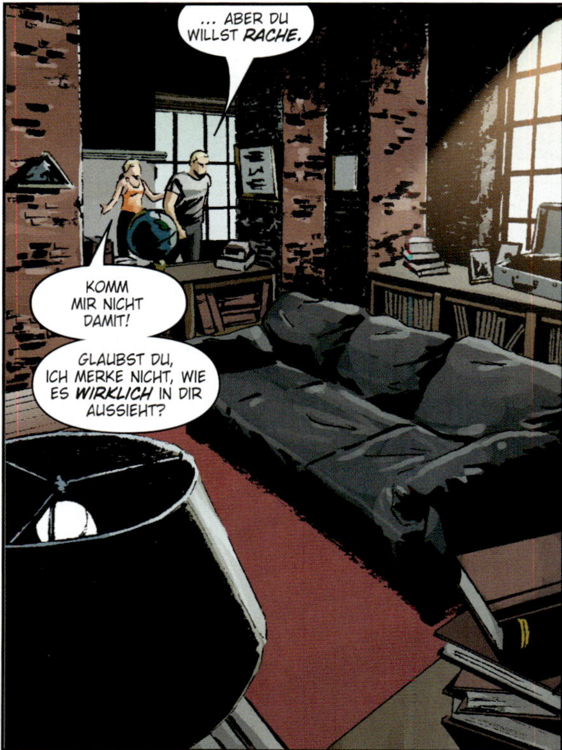
... ABER DU WILLST RACHE.
KOMM MIR NICHT DAMIT!
GLAUBST DU, ICH MERKE NICHT, WIE ES WIRKLICH IN DIR AUSSIEHT?

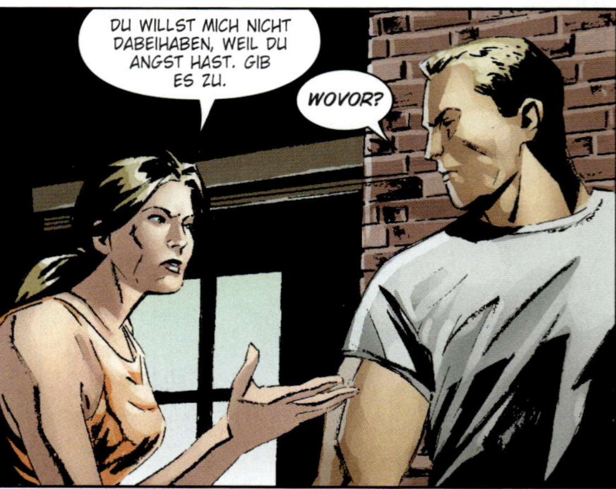
DU WILLST MICH NICHT DABEIHABEN, WEIL DU ANGST HAST. GIB ES ZU.
WOVOR?

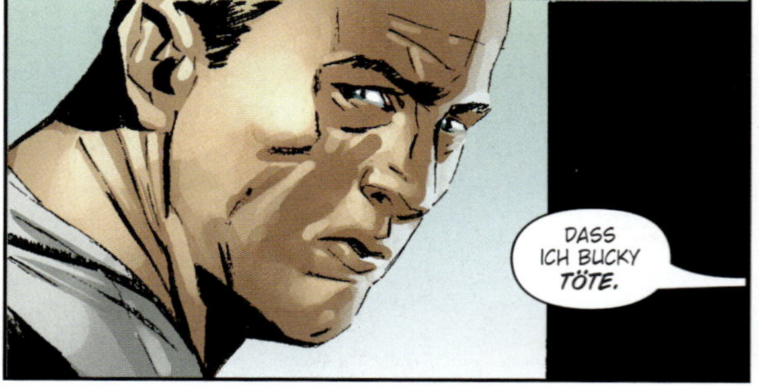
DASS ICH BUCKY TÖTE.

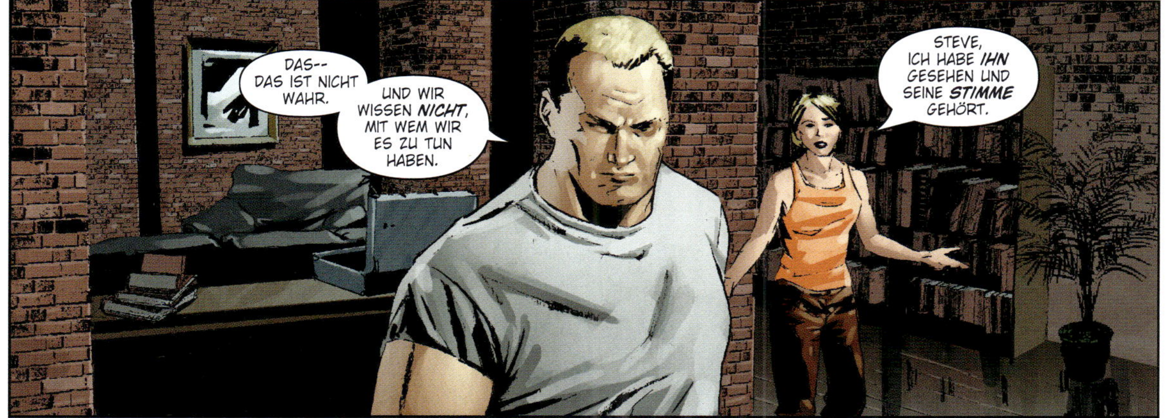
DAS--
DAS IST NICHT WAHR.
UND WIR WISSEN NICHT, MIT WEM WIR ES ZU TUN HABEN.
STEVE, ICH HABE IHN GESEHEN UND SEINE STIMME GEHÖRT.

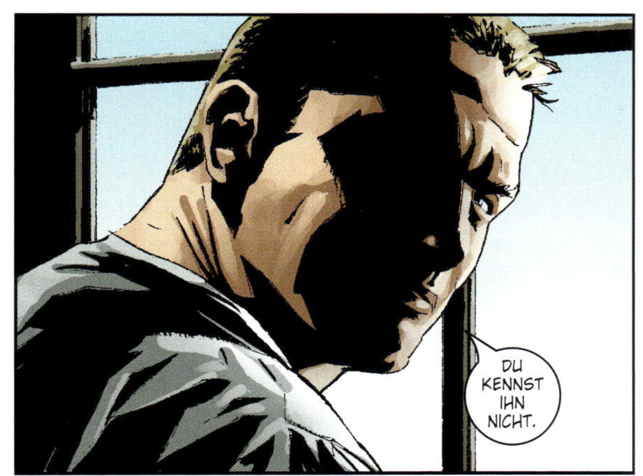
DU KENNST IHN NICHT.

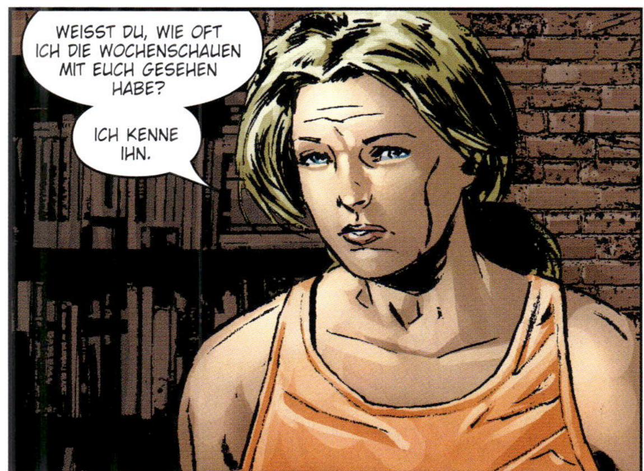
WEISST DU, WIE OFT ICH DIE WOCHENSCHAUEN MIT EUCH GESEHEN HABE?
ICH KENNE IHN.

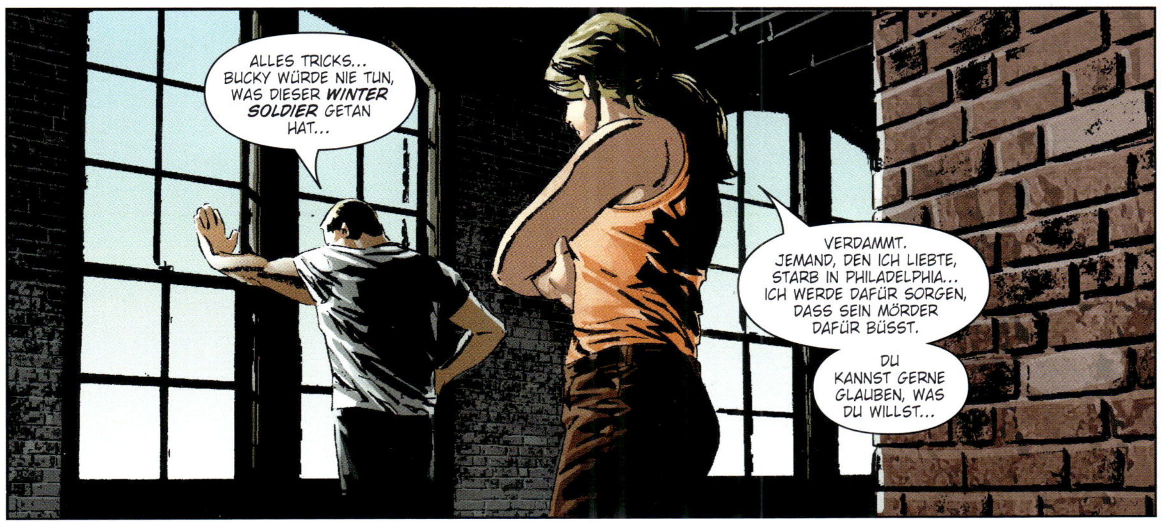
ALLES TRICKS... BUCKY WÜRDE NIE TUN, WAS DIESER WINTER SOLDIER GETAN HAT...
VERDAMMT. JEMAND, DEN ICH LIEBTE, STARB IN PHILADELPHIA... ICH WERDE DAFÜR SORGEN, DASS SEIN MÖRDER DAFÜR BÜSST.
DU KANNST GERNE GLAUBEN, WAS DU WILLST...

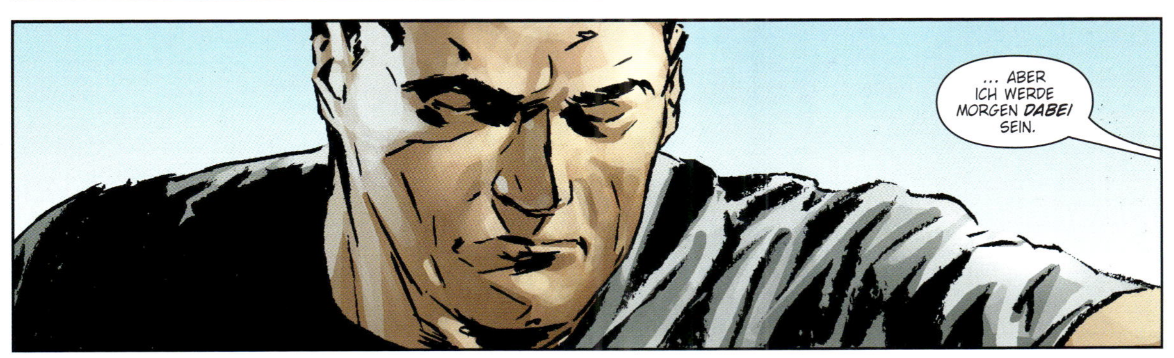
... ABER ICH WERDE MORGEN DABEI SEIN.

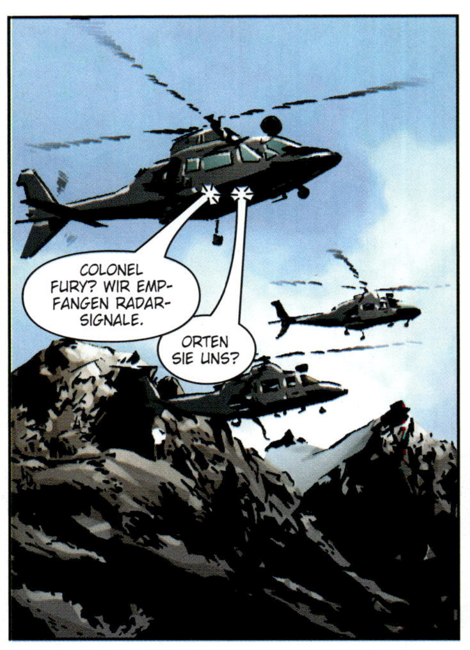
COLONEL FURY? WIR EMPFANGEN RADARSIGNALE.
ORTEN SIE UNS?

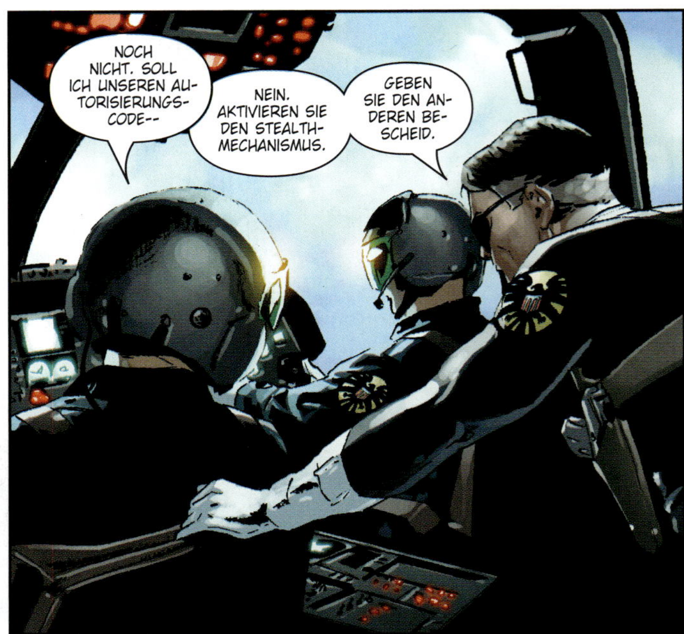
NOCH NICHT. SOLL ICH UNSEREN AUTORISIERUNGSCODE--
NEIN. AKTIVIEREN SIE DEN STEALTH-MECHANISMUS.
GEBEN SIE DEN ANDEREN BESCHEID.

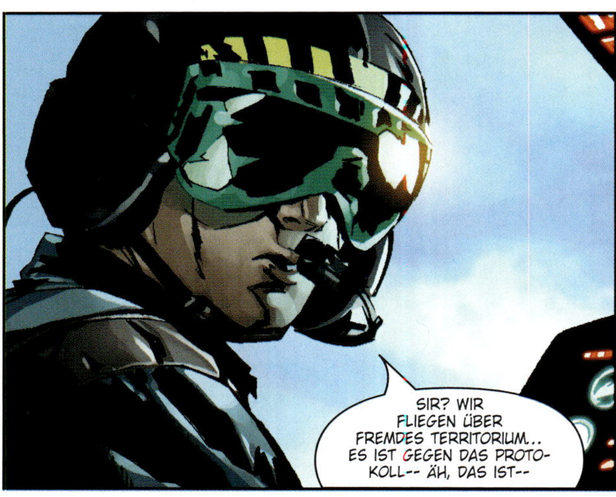
SIR? WIR FLIEGEN ÜBER FREMDES TERRITORIUM... ES IST GEGEN DAS PROTOKOLL-- ÄH, DAS IST--

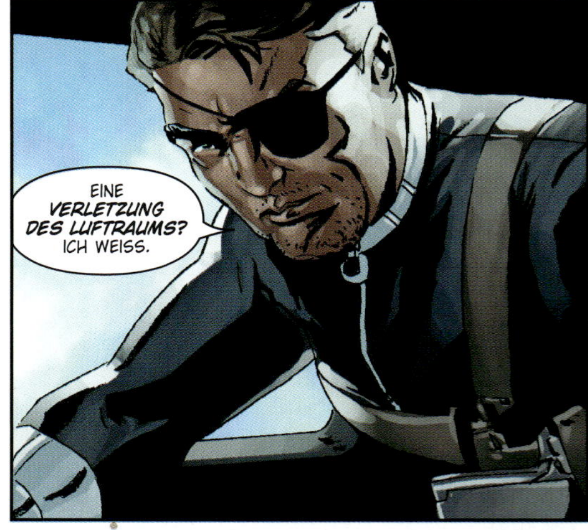
EINE ***VERLETZUNG DES LUFTRAUMS?*** ICH WEISS.

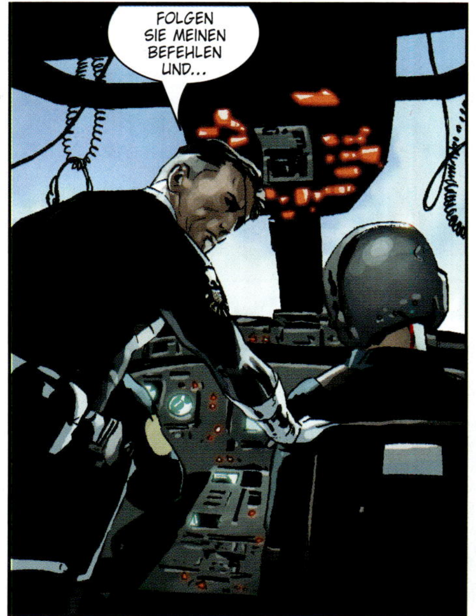
FOLGEN SIE MEINEN BEFEHLEN UND...

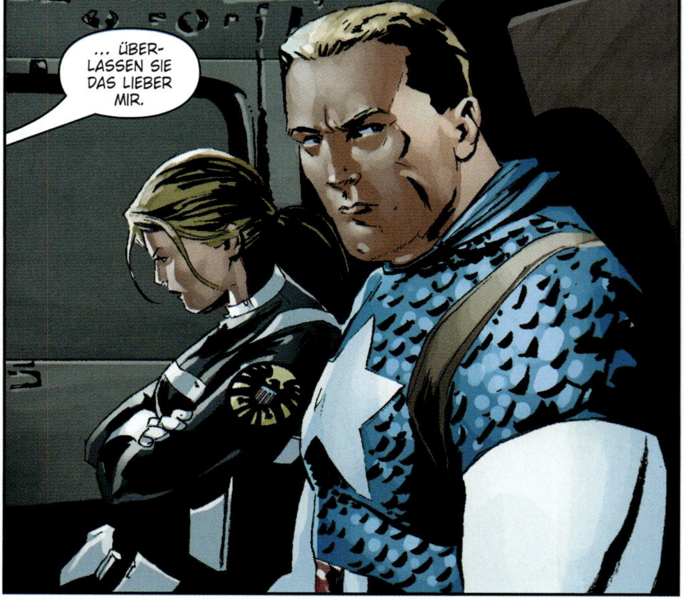
... ÜBERLASSEN SIE DAS LIEBER MIR.

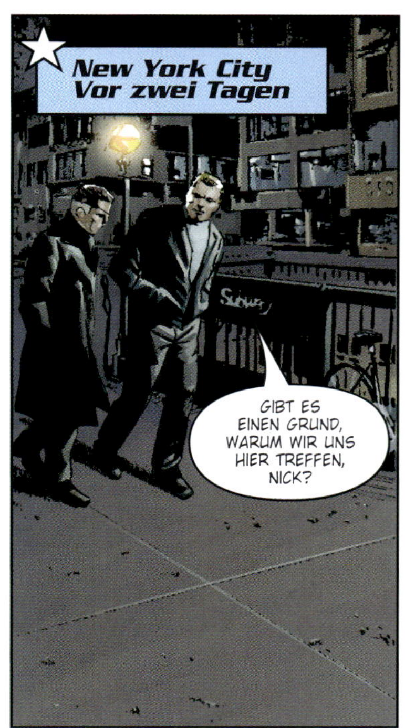
New York City
Vor zwei Tagen
GIBT ES EINEN GRUND, WARUM WIR UNS HIER TREFFEN, NICK?

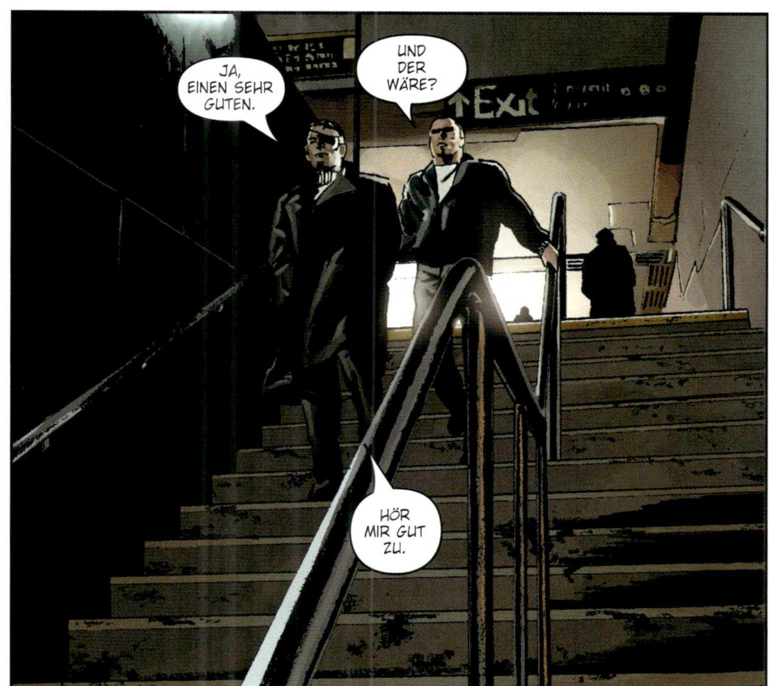
JA, EINEN SEHR GUTEN.
UND DER WÄRE?
HÖR MIR GUT ZU.

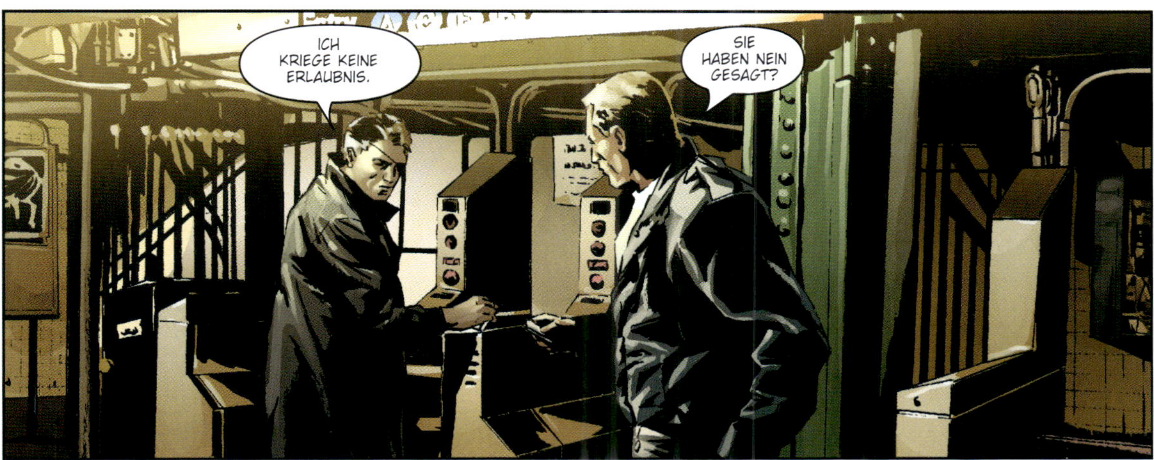
ICH KRIEGE KEINE ERLAUBNIS.
SIE HABEN NEIN GESAGT?

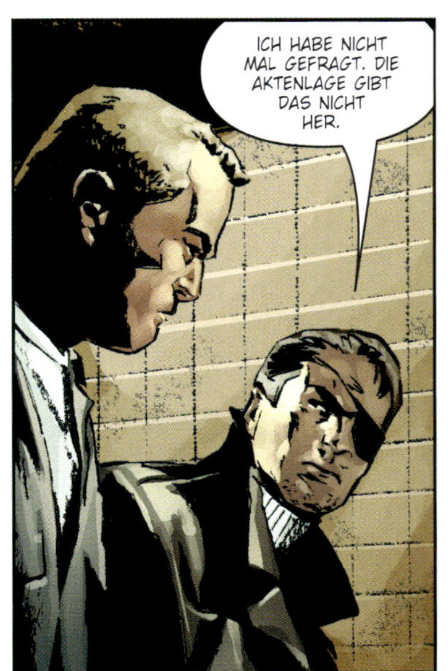
ICH HABE NICHT MAL GEFRAGT. DIE AKTENLAGE GIBT DAS NICHT HER.

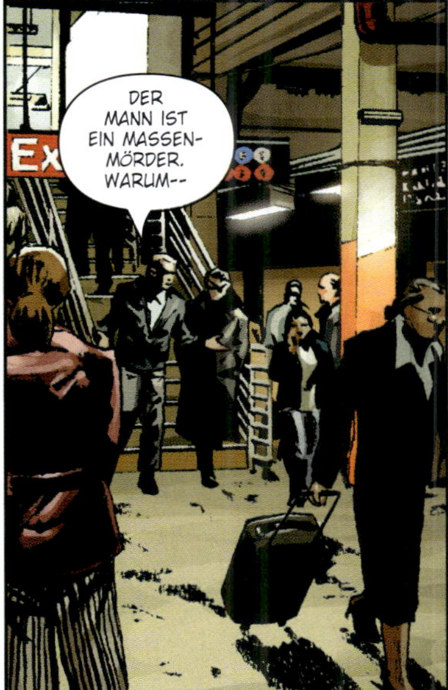
DER MANN IST EIN MASSEN-MÖRDER. WARUM--

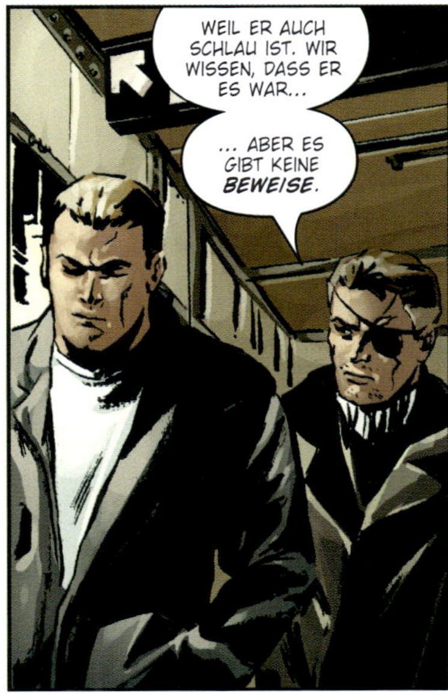
WEIL ER AUCH SCHLAU IST. WIR WISSEN, DASS ER ES WAR...
... ABER ES GIBT KEINE **BEWEISE**.

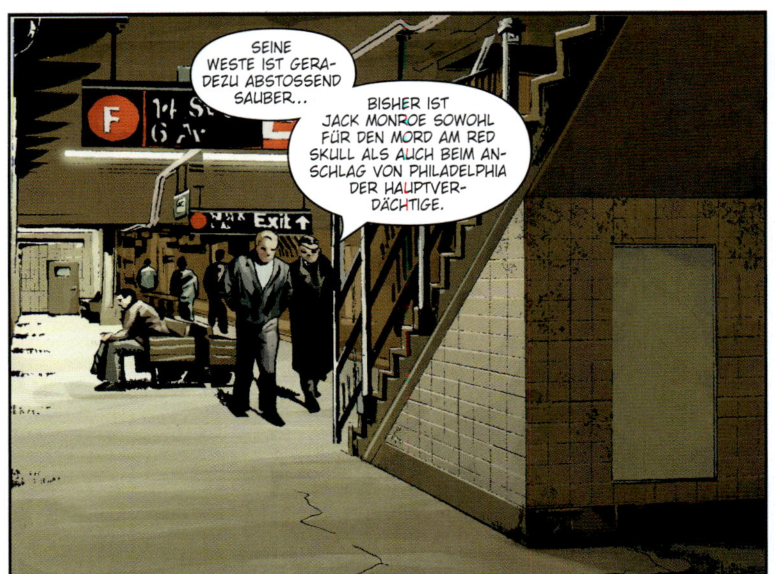

F
Exit
SEINE WESTE IST GERADEZU ABSTOSSEND SAUBER...
BISHER IST JACK MONROE SOWOHL FÜR DEN MORD AM RED SKULL ALS AUCH BEIM ANSCHLAG VON PHILADELPHIA DER HAUPTVERDÄCHTIGE.


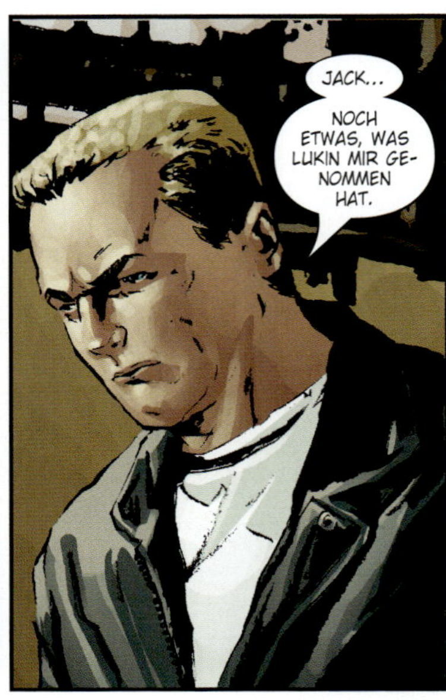

JACK...
NOCH ETWAS, WAS LUKIN MIR GENOMMEN HAT.


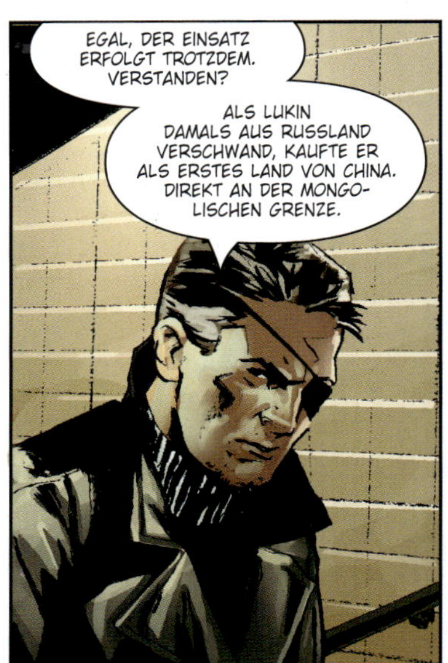

EGAL, DER EINSATZ ERFOLGT TROTZDEM. VERSTANDEN?
ALS LUKIN DAMALS AUS RUSSLAND VERSCHWAND, KAUFTE ER ALS ERSTES LAND VON CHINA. DIREKT AN DER MONGOLISCHEN GRENZE.


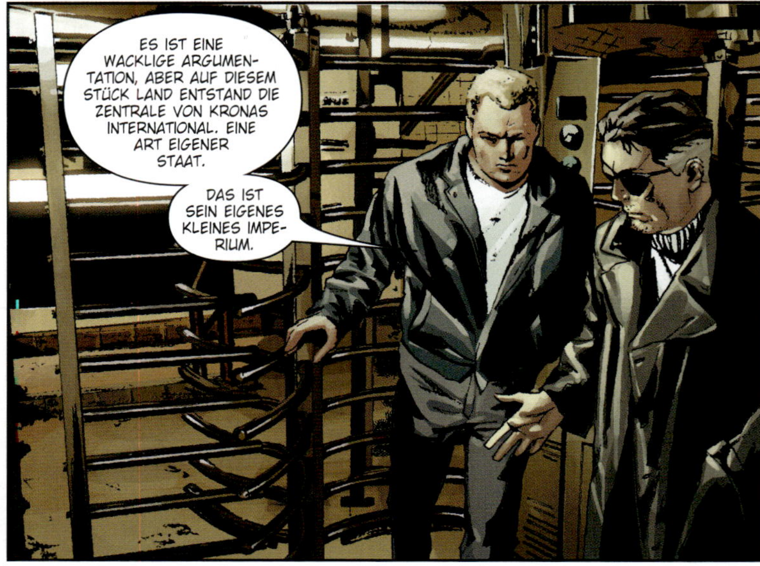

ES IST EINE WACKLIGE ARGUMENTATION, ABER AUF DIESEM STÜCK LAND ENTSTAND DIE ZENTRALE VON KRONAS INTERNATIONAL. EINE ART EIGENER STAAT.
DAS IST SEIN EIGENES KLEINES IMPERIUM.


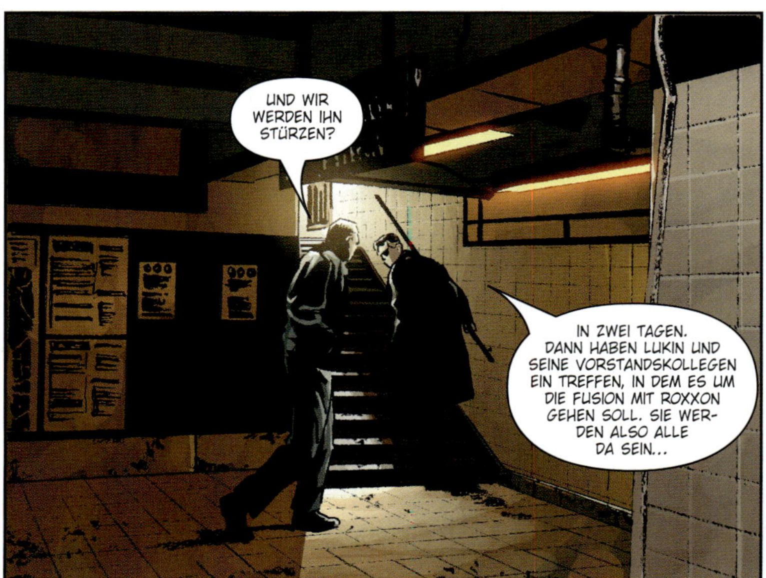

UND WIR WERDEN IHN STÜRZEN?
IN ZWEI TAGEN. DANN HABEN LUKIN UND SEINE VORSTANDSKOLLEGEN EIN TREFFEN, IN DEM ES UM DIE FUSION MIT ROXXON GEHEN SOLL. SIE WERDEN ALSO ALLE DA SEIN...


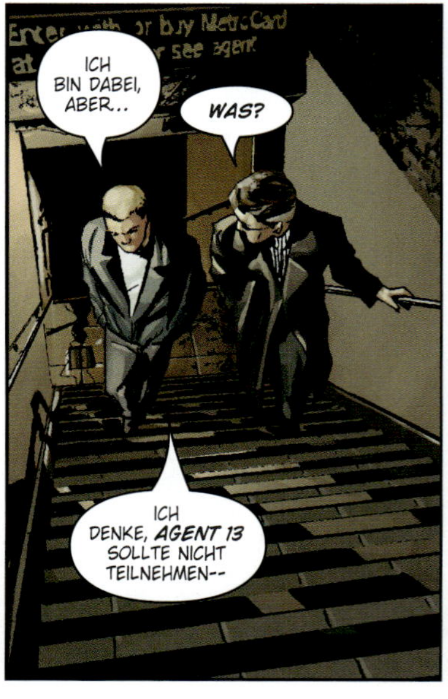

ICH BIN DABEI, ABER...
**WAS?**
ICH DENKE, ***AGENT 13*** SOLLTE NICHT TEILNEHMEN--

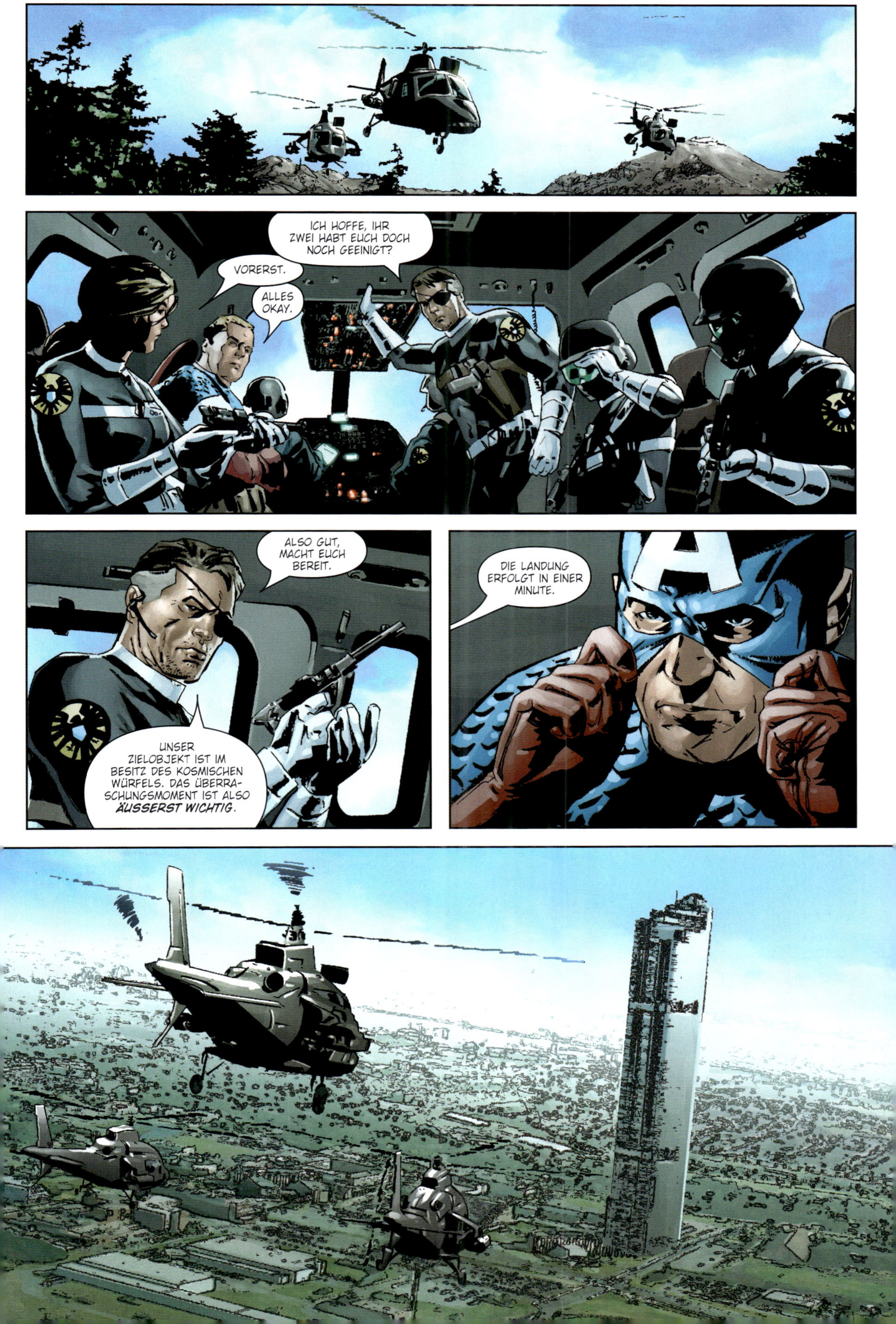

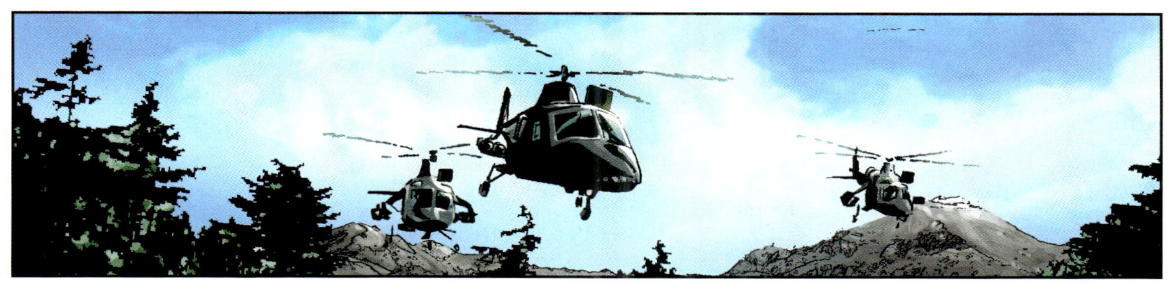

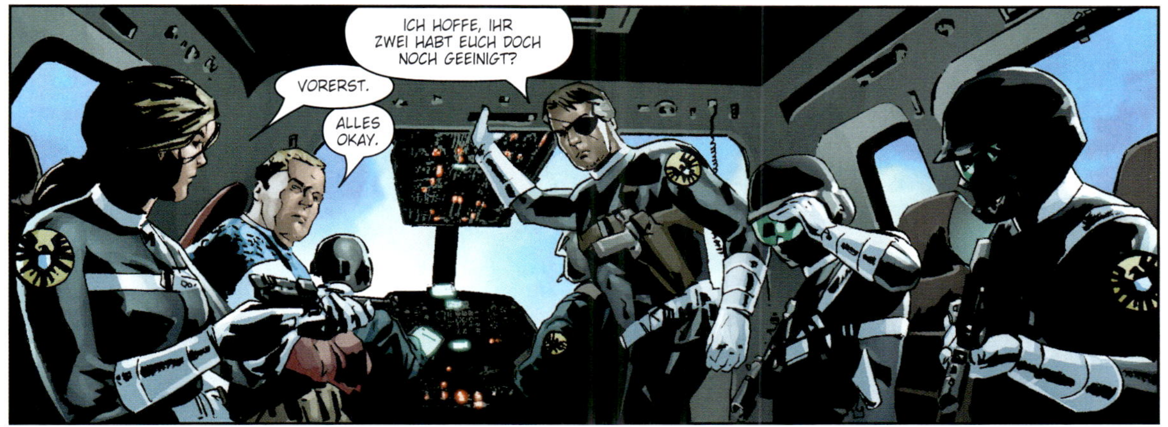

ICH HOFFE, IHR ZWEI HABT EUCH DOCH NOCH GEEINIGT?
VORERST.
ALLES OKAY.


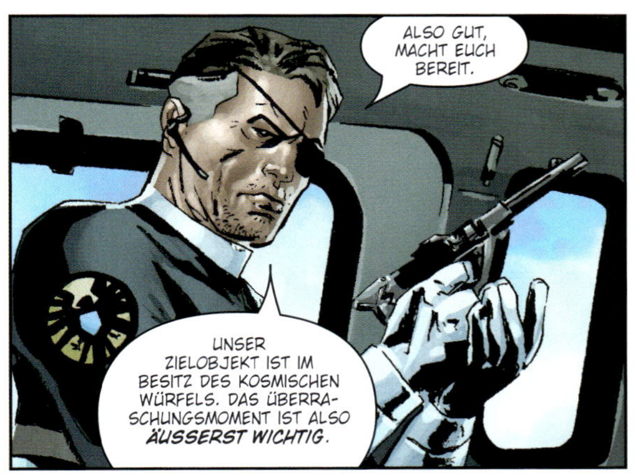

ALSO GUT, MACHT EUCH BEREIT.
UNSER ZIELOBJEKT IST IM BESITZ DES KOSMISCHEN WÜRFELS. DAS ÜBERRASCHUNGSMOMENT IST ALSO ***ÄUSSERST WICHTIG***.


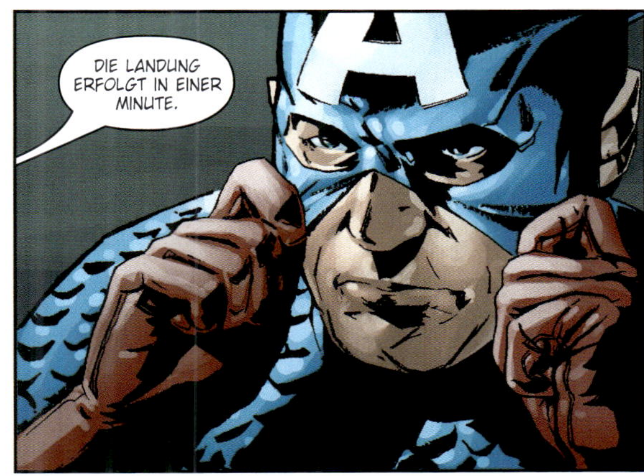

DIE LANDUNG ERFOLGT IN EINER MINUTE.

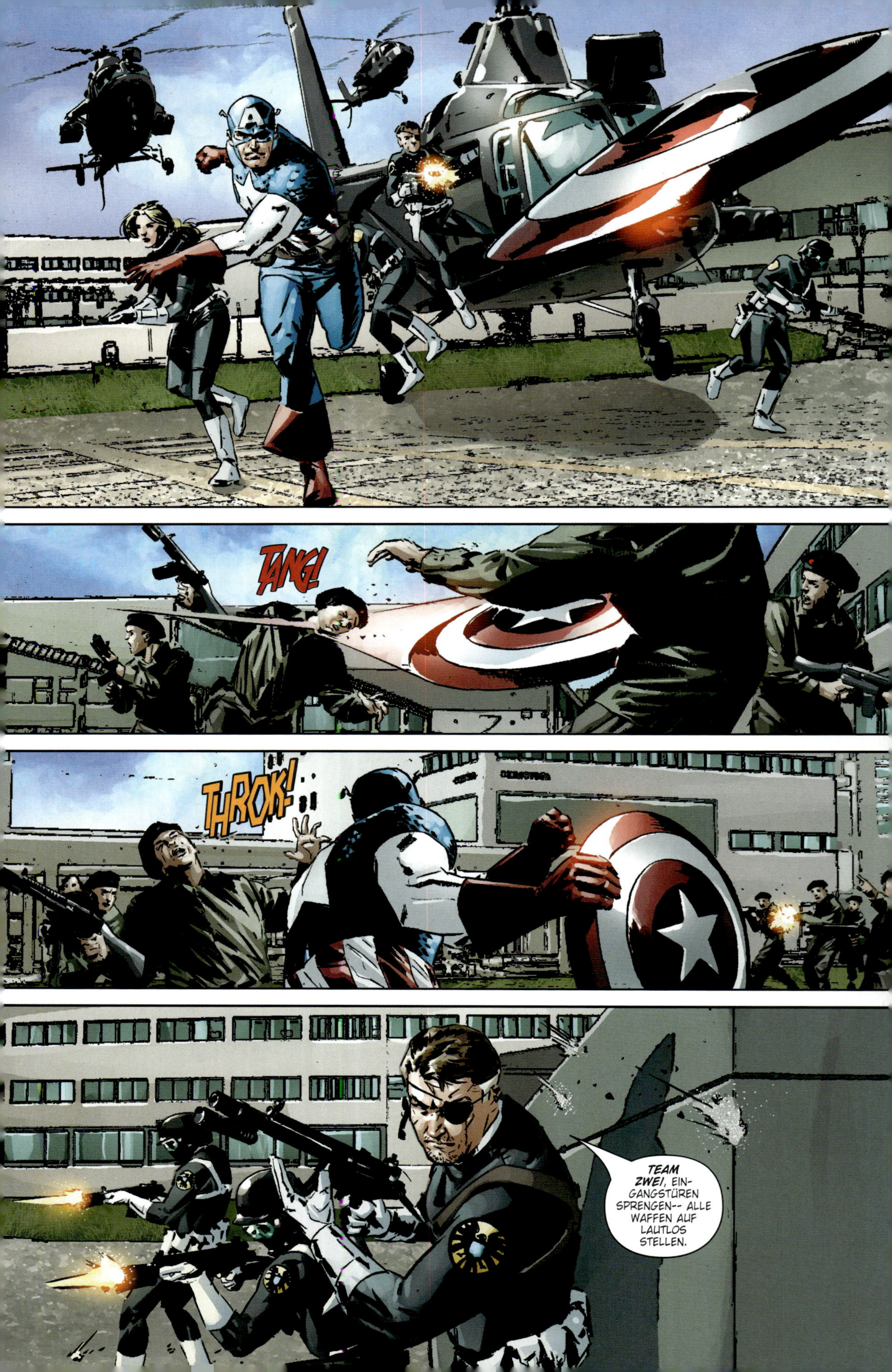

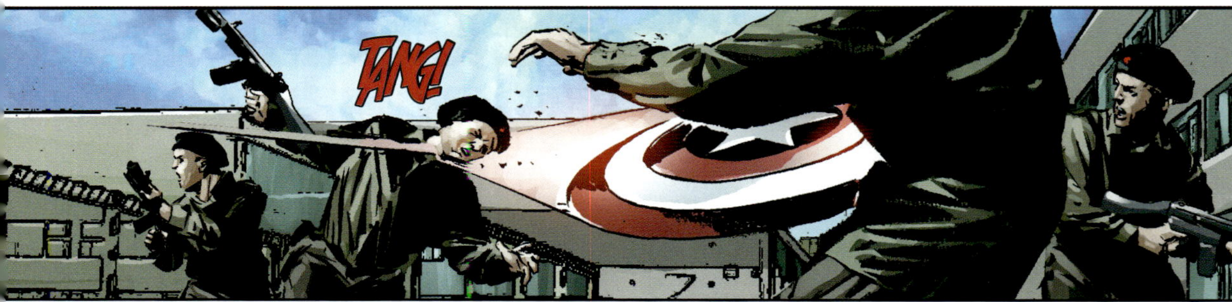
TANG!

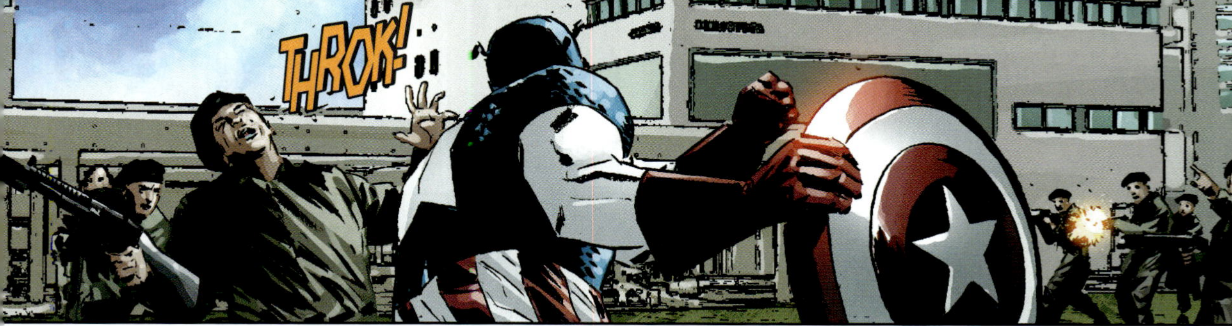
THROK!

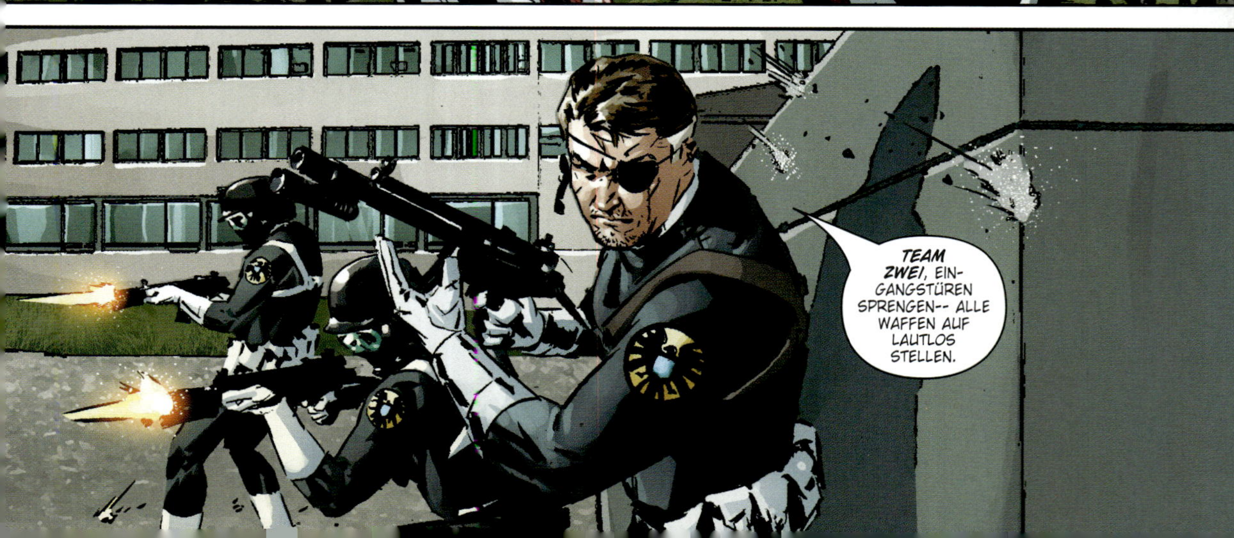
TEAM ZWEI, EINGANGSTÜREN SPRENGEN-- ALLE WAFFEN AUF LAUTLOS STELLEN.

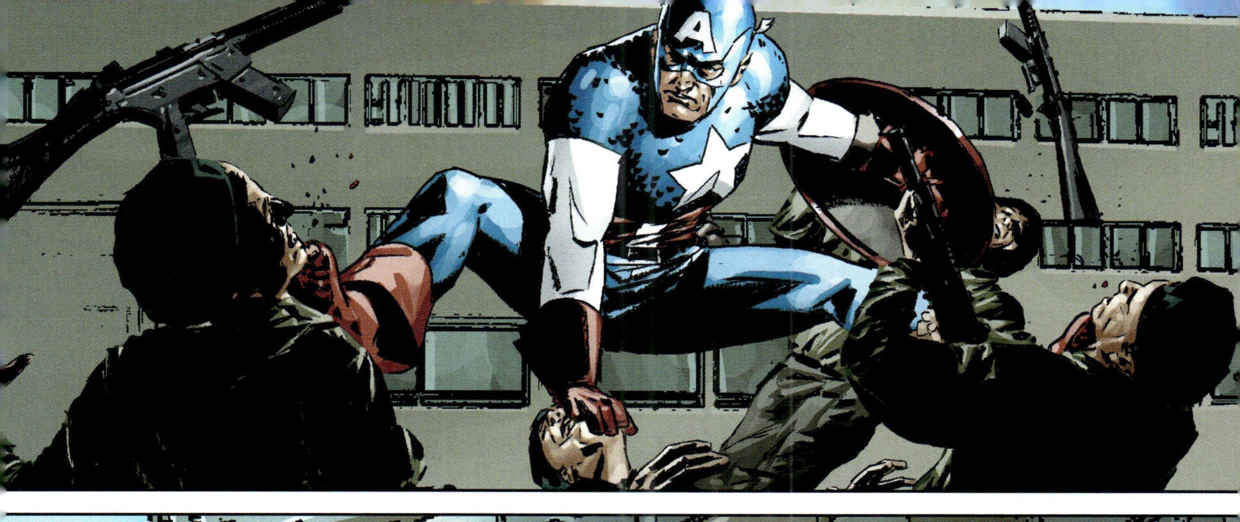

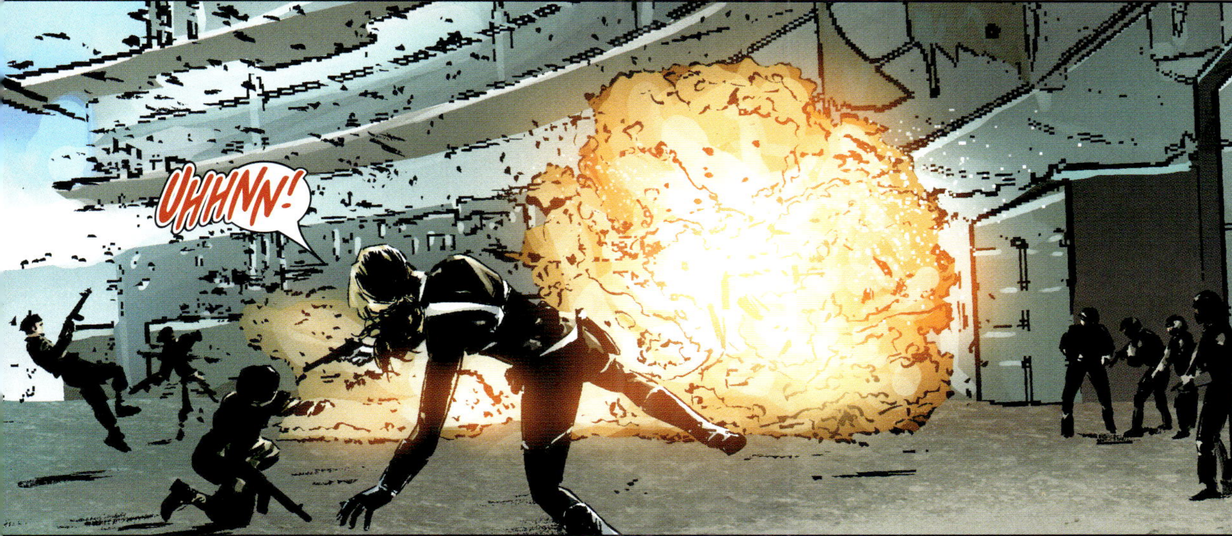
UHHNN!

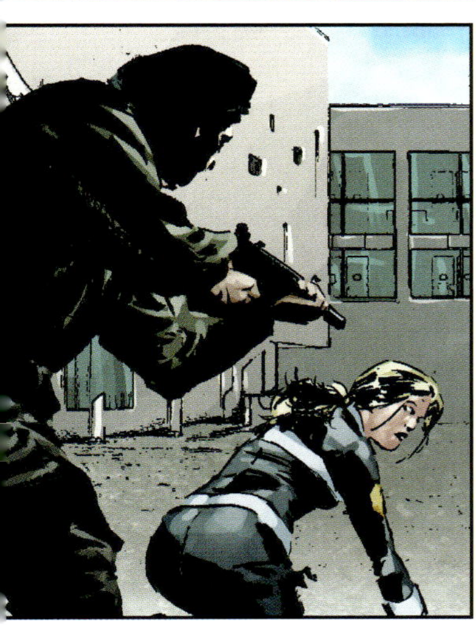

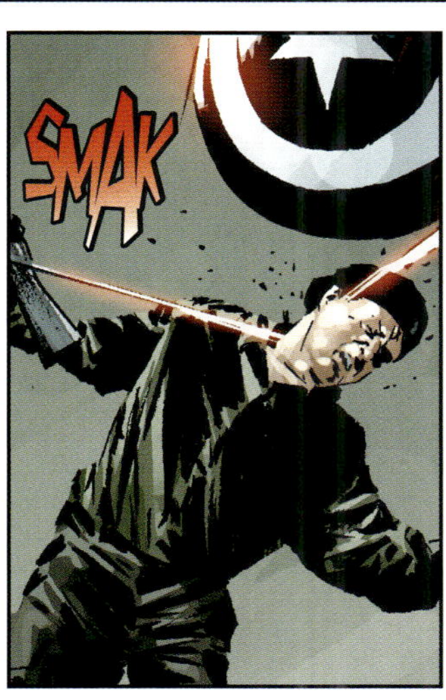
SMAK

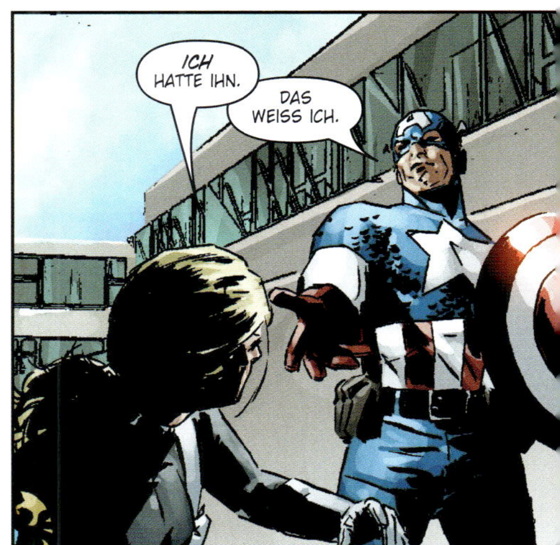
ICH HATTE IHN.
DAS WEISS ICH.

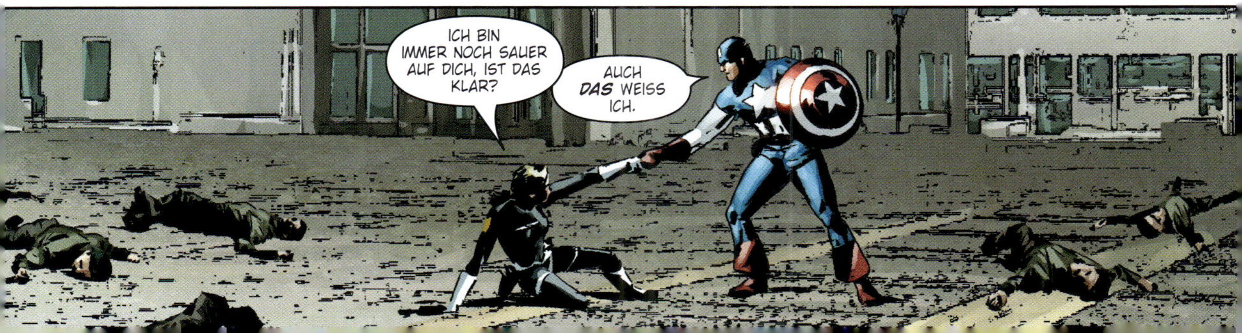
ICH BIN IMMER NOCH SAUER AUF DICH, IST DAS KLAR?
AUCH DAS WEISS ICH.

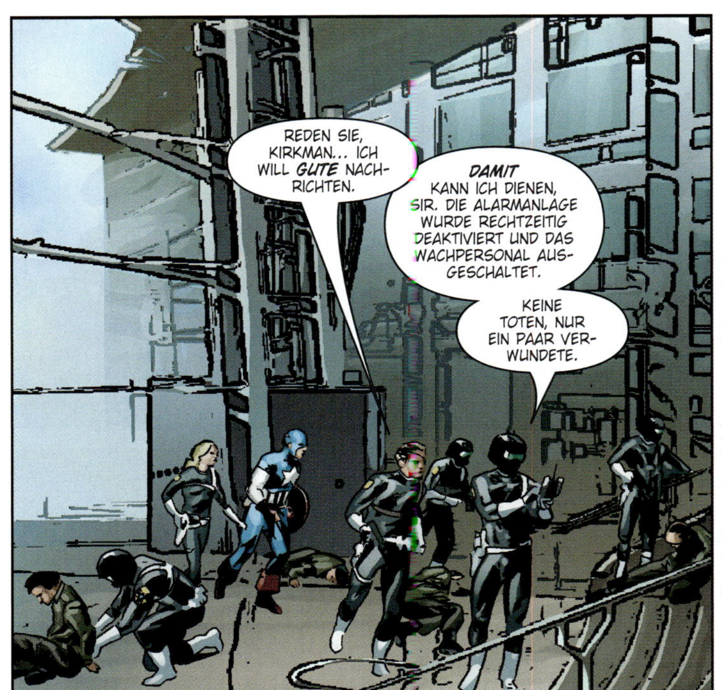

REDEN SIE, KIRKMAN... ICH WILL GUTE NACHRICHTEN.
DAMIT KANN ICH DIENEN, SIR. DIE ALARMANLAGE WURDE RECHTZEITIG DEAKTIVIERT UND DAS WACHPERSONAL AUSGESCHALTET.
KEINE TOTEN, NUR EIN PAAR VERWUNDETE.


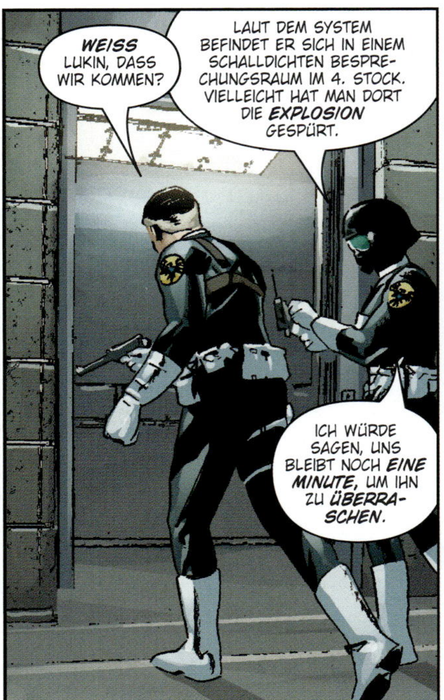

WEISS LUKIN, DASS WIR KOMMEN?
LAUT DEM SYSTEM BEFINDET ER SICH IN EINEM SCHALLDICHTEN BESPRECHUNGSRAUM IM 4. STOCK. VIELLEICHT HAT MAN DORT DIE EXPLOSION GESPÜRT.
ICH WÜRDE SAGEN, UNS BLEIBT NOCH EINE MINUTE, UM IHN ZU ÜBERRASCHEN.


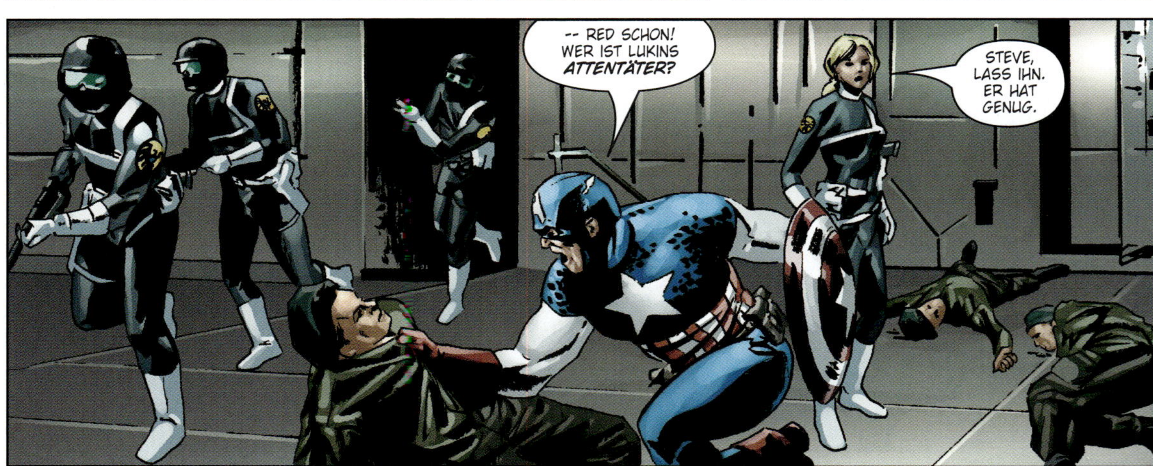

-- RED SCHON! WER IST LUKINS ATTENTÄTER?
STEVE, LASS IHN. ER HAT GENUG.


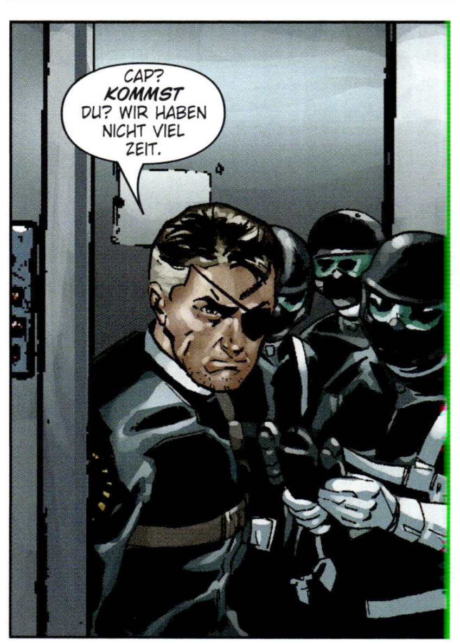

CAP? KOMMST DU? WIR HABEN NICHT VIEL ZEIT.


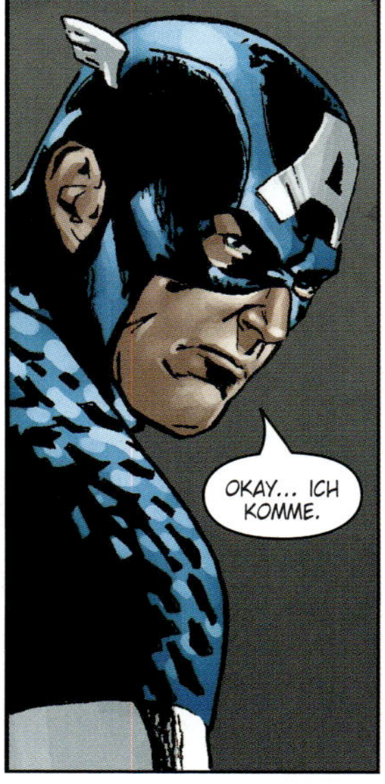

OKAY... ICH KOMME.


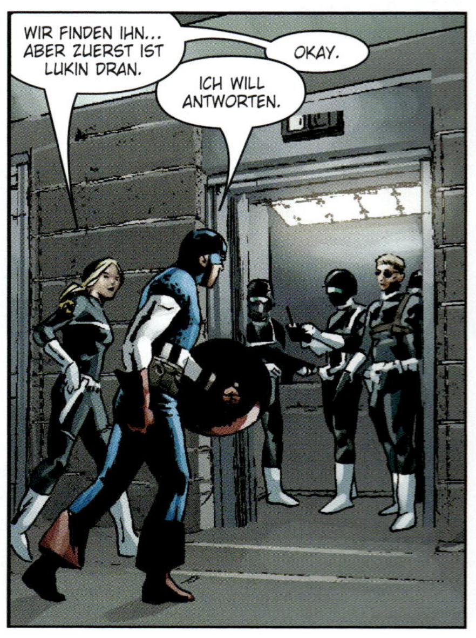

WIR FINDEN IHN... ABER ZUERST IST LUKIN DRAN.
OKAY.
ICH WILL ANTWORTEN.

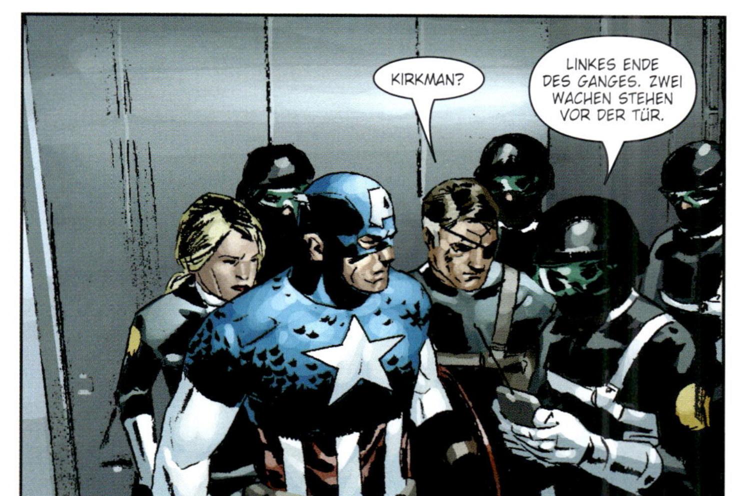
KIRKMAN?
LINKES ENDE DES GANGES. ZWEI WACHEN STEHEN VOR DER TÜR.

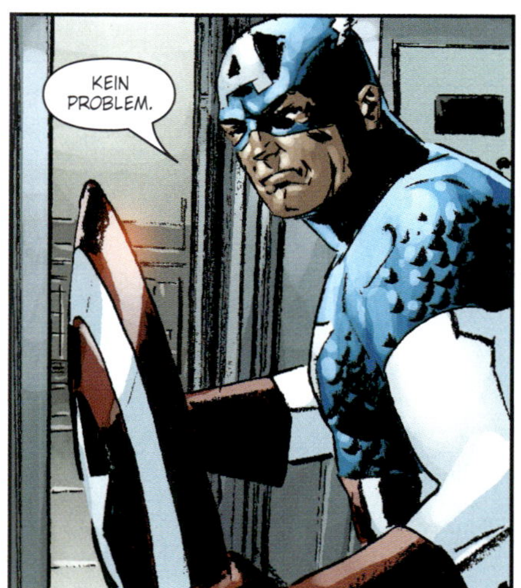
KEIN PROBLEM.

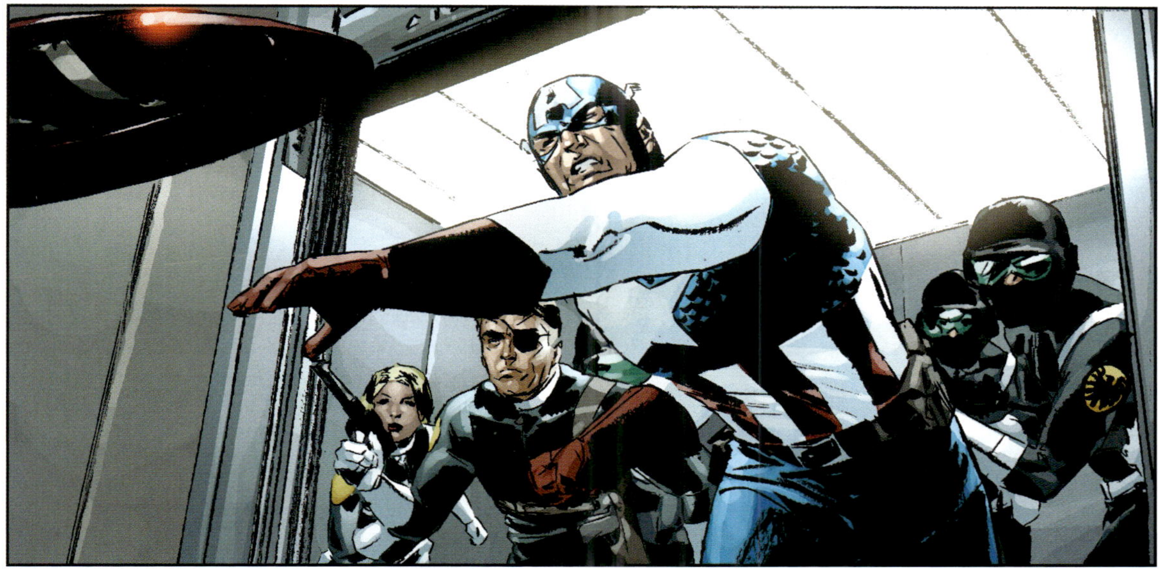

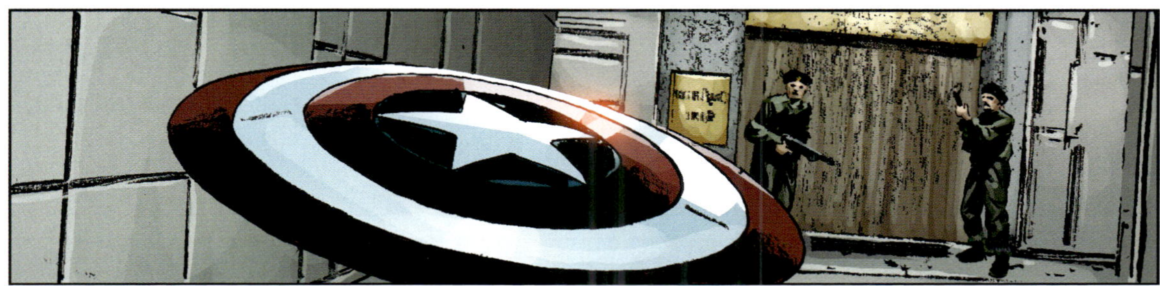

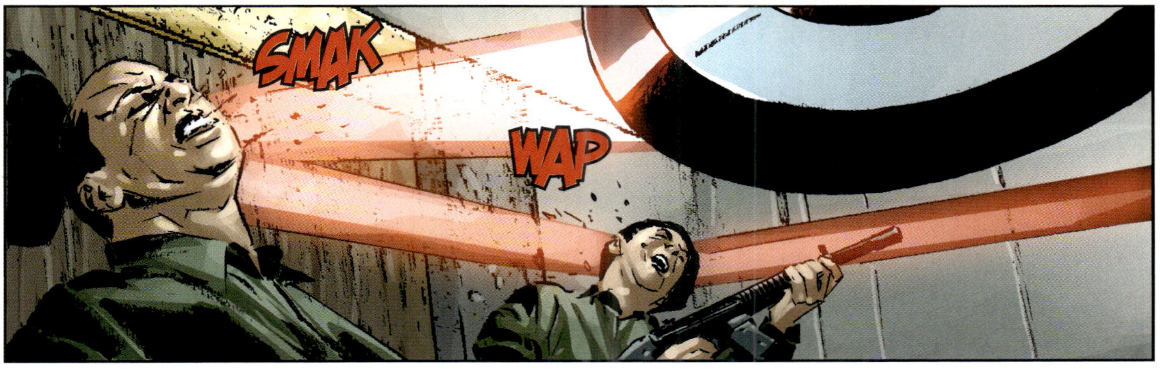
SMAK
WAP

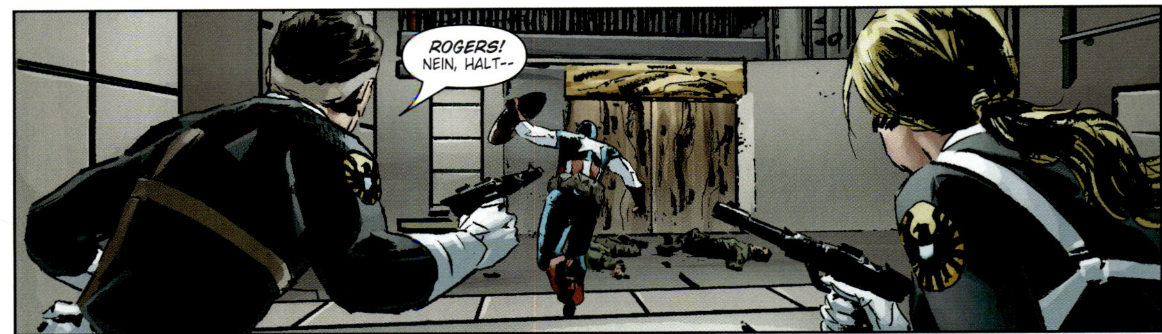
ROGERS!
NEIN, HALT--

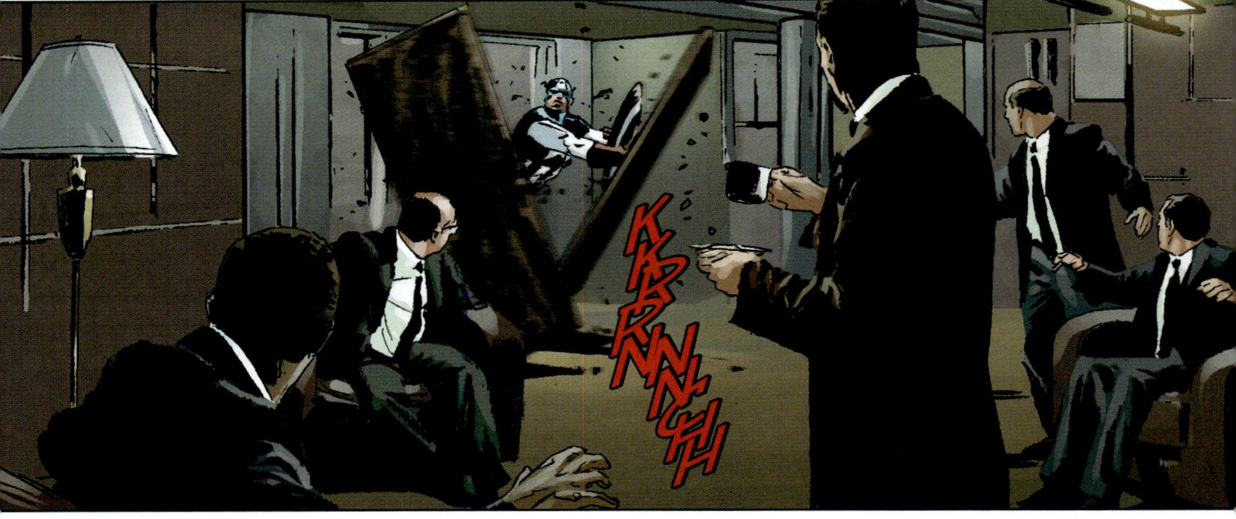
KKRRNNCHH

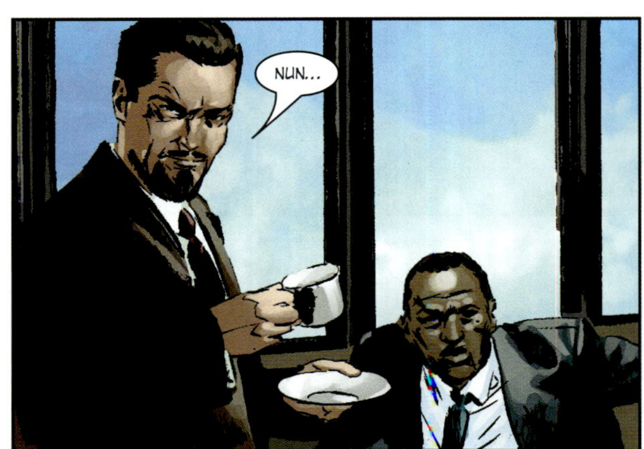
NUN...

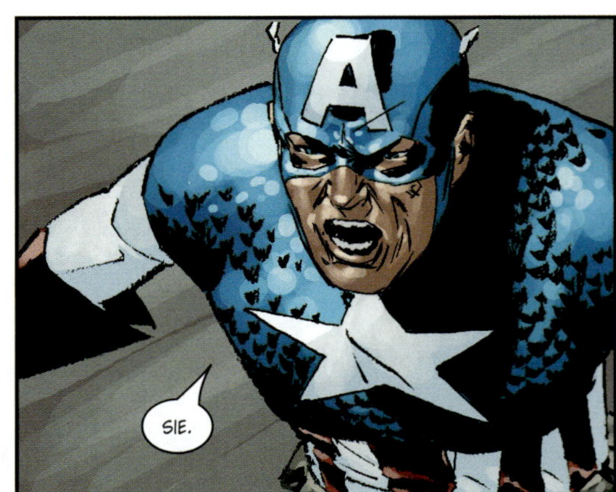
SIE.

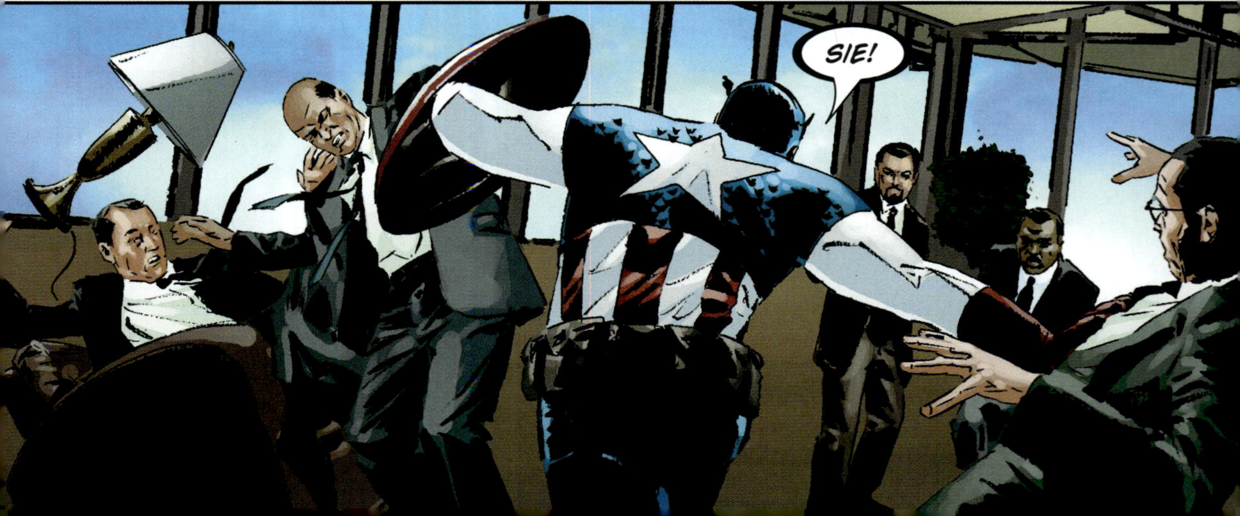
SIE!

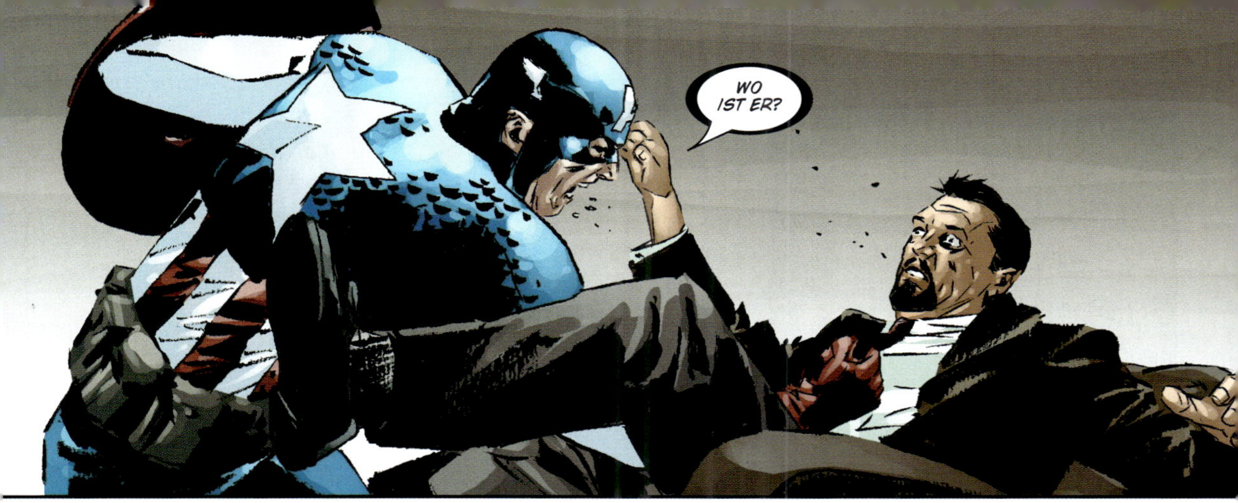
WO IST ER?

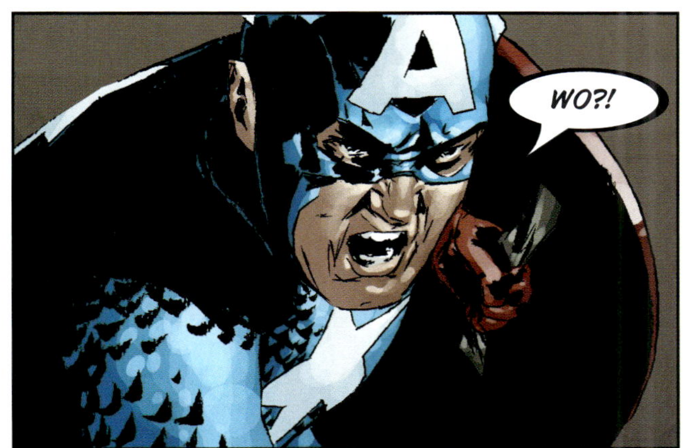
WO?!

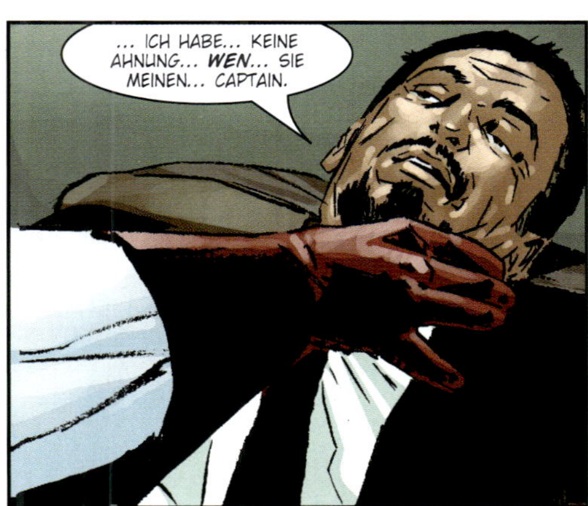
... ICH HABE... KEINE AHNUNG... WEN... SIE MEINEN... CAPTAIN.

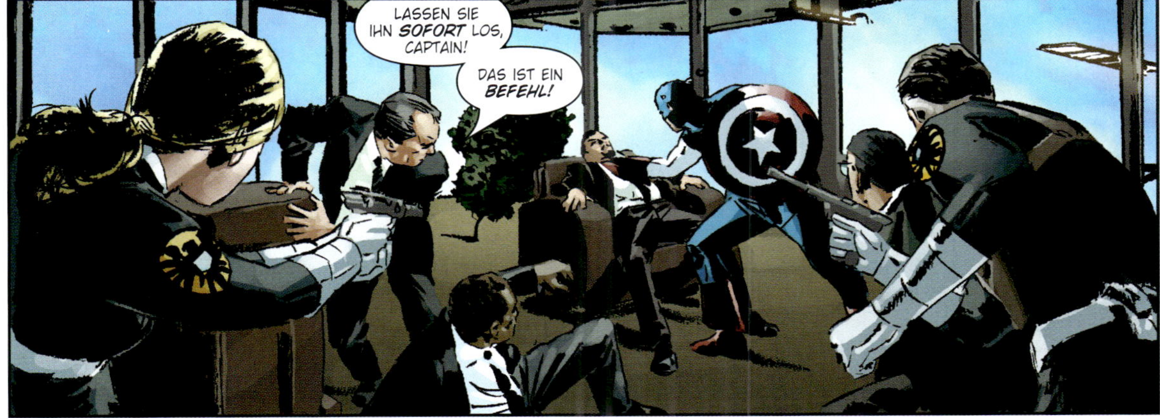
LASSEN SIE IHN SOFORT LOS, CAPTAIN!
DAS IST EIN BEFEHL!

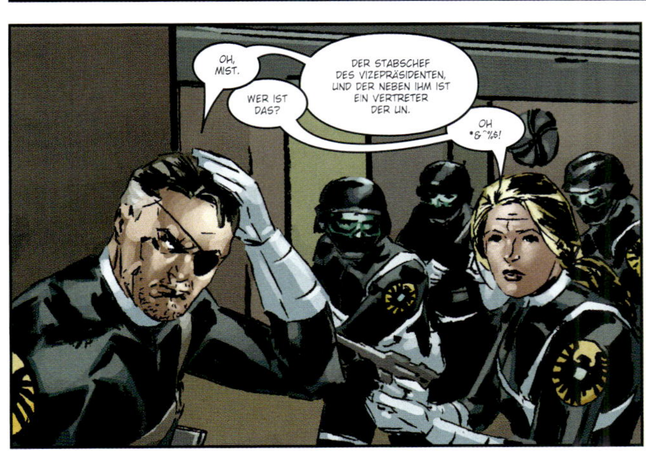
OH, MIST.
WER IST DAS?
DER STABSCHEF DES VIZEPRÄSIDENTEN, UND DER NEBEN IHM IST EIN VERTRETER DER UN.
OH *&^%$!

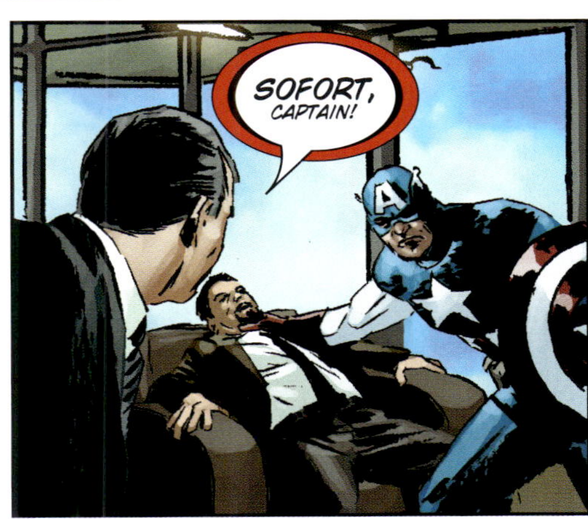
SOFORT, CAPTAIN!

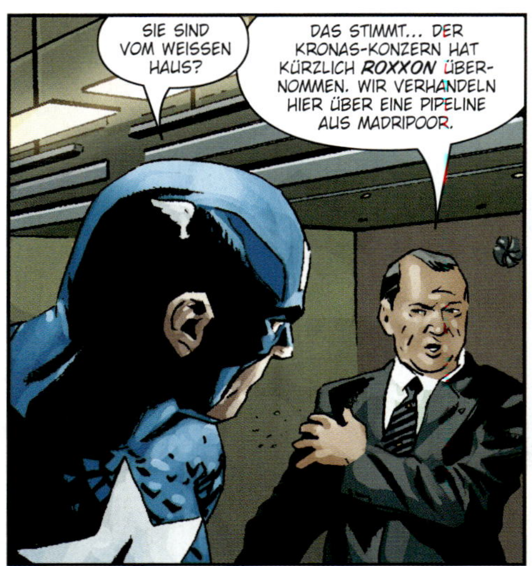
SIE SIND VOM WEISSEN HAUS?
DAS STIMMT... DER KRONAS-KONZERN HAT KÜRZLICH ROXXON ÜBERNOMMEN. WIR VERHANDELN HIER ÜBER EINE PIPELINE AUS MADRIPOOR.

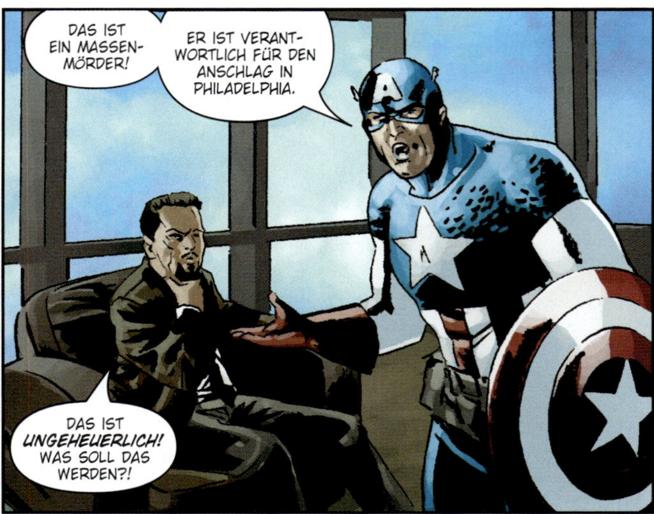
DAS IST EIN MASSENMÖRDER!
ER IST VERANTWORTLICH FÜR DEN ANSCHLAG IN PHILADELPHIA.
DAS IST UNGEHEUERLICH! WAS SOLL DAS WERDEN?!

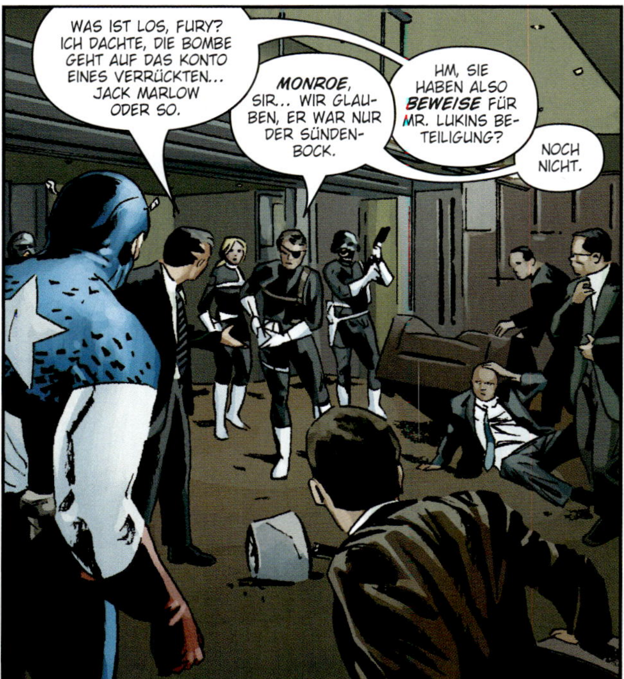
WAS IST LOS, FURY? ICH DACHTE, DIE BOMBE GEHT AUF DAS KONTO EINES VERRÜCKTEN... JACK MARLOW ODER SO.
MONROE, SIR... WIR GLAUBEN, ER WAR NUR DER SÜNDENBOCK.
HM, SIE HABEN ALSO BEWEISE FÜR MR. LUKINS BETEILIGUNG?
NOCH NICHT.

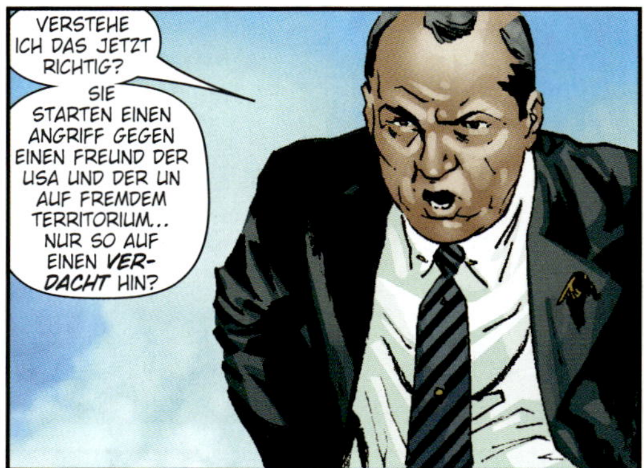
VERSTEHE ICH DAS JETZT RICHTIG?
SIE STARTEN EINEN ANGRIFF GEGEN EINEN FREUND DER USA UND DER UN AUF FREMDEM TERRITORIUM.. NUR SO AUF EINEN VERDACHT HIN?

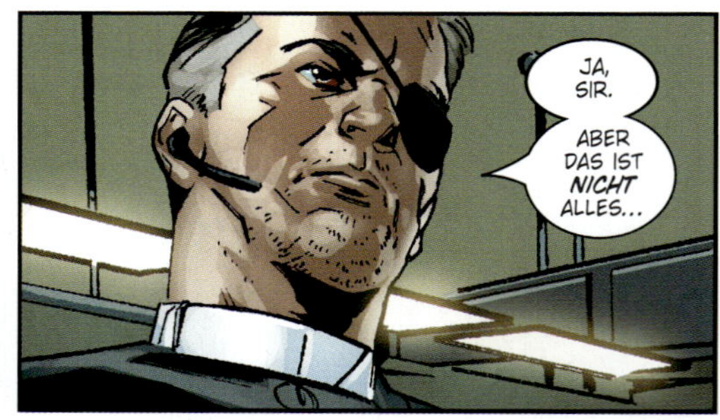
JA, SIR.
ABER DAS IST NICHT ALLES...

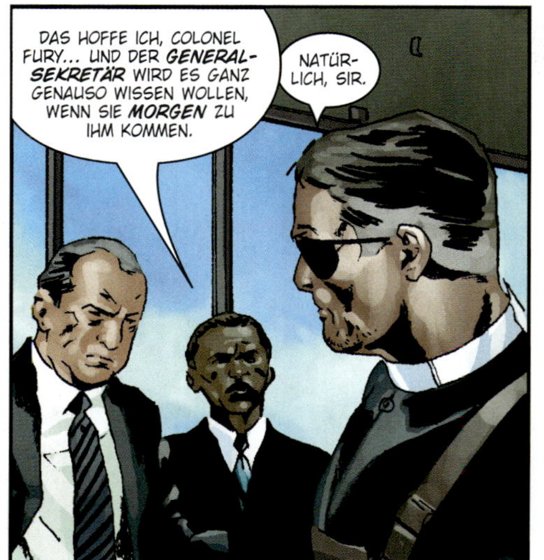
DAS HOFFE ICH, COLONEL FURY... UND DER GENERALSEKRETÄR WIRD ES GANZ GENAUSO WISSEN WOLLEN, WENN SIE MORGEN ZU IHM KOMMEN.
NATÜRLICH, SIR.

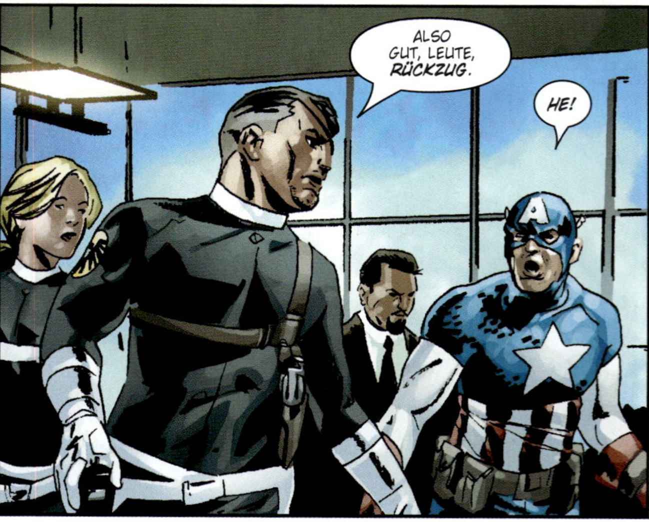
ALSO GUT, LEUTE, RÜCKZUG.
HE!

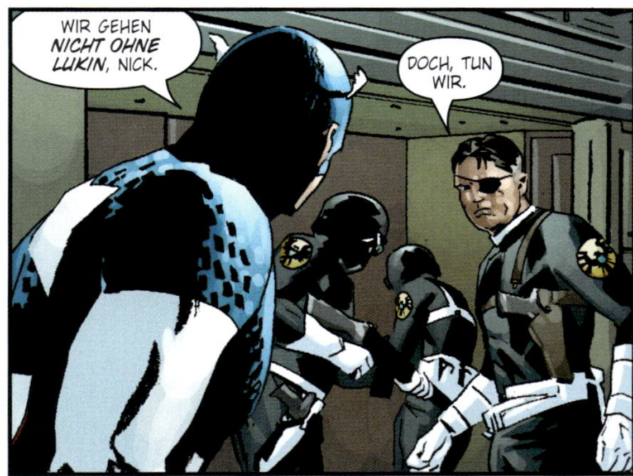
WIR GEHEN NICHT OHNE LUKIN, NICK.
DOCH, TUN WIR.
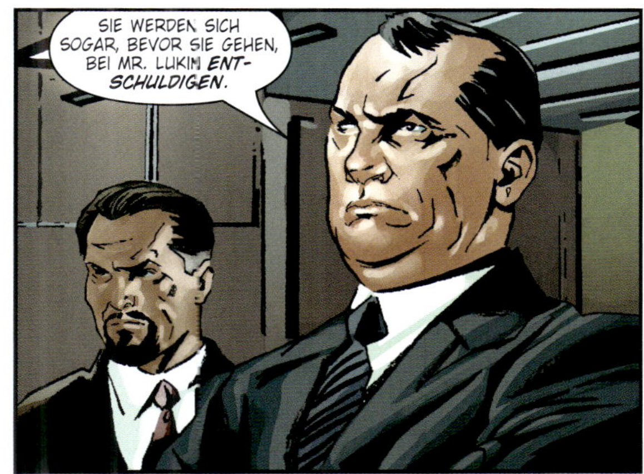
SIE WERDEN SICH SOGAR, BEVOR SIE GEHEN, BEI MR. LUKIN ENT-SCHULDIGEN.
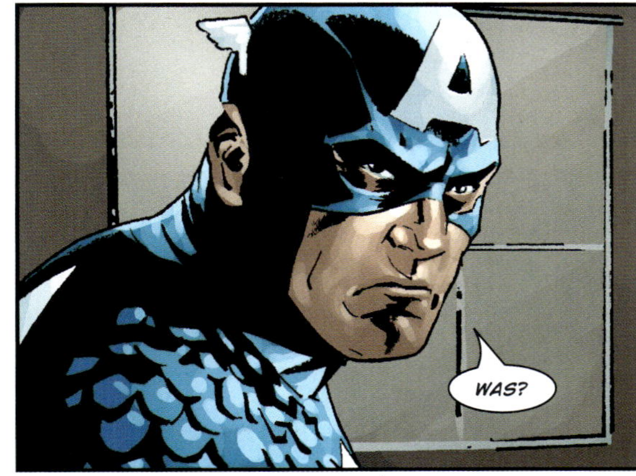
WAS?
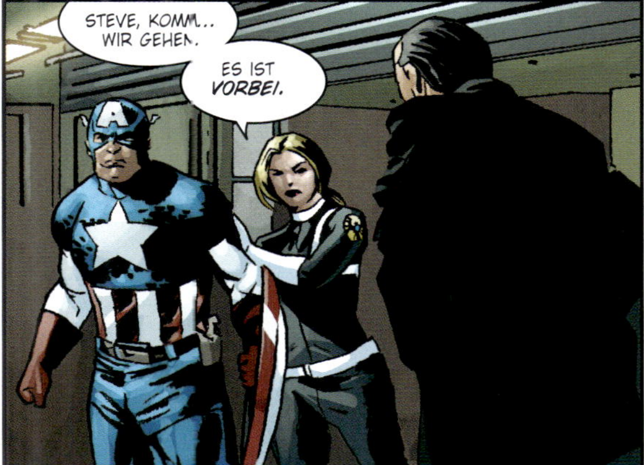
STEVE, KOMM... WIR GEHEN.
ES IST VORBEI.
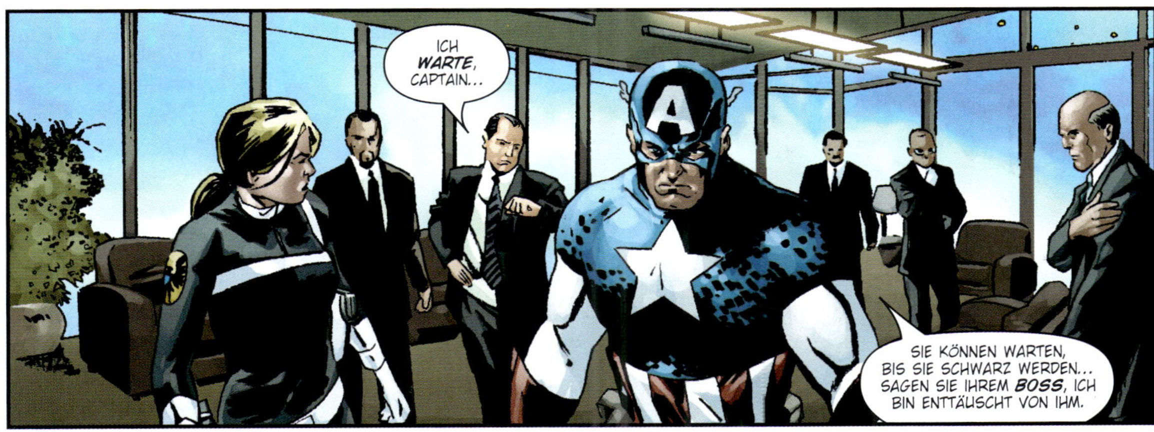
ICH WARTE, CAPTAIN...
SIE KÖNNEN WARTEN, BIS SIE SCHWARZ WERDEN... SAGEN SIE IHREM BOSS, ICH BIN ENTTÄUSCHT VON IHM.
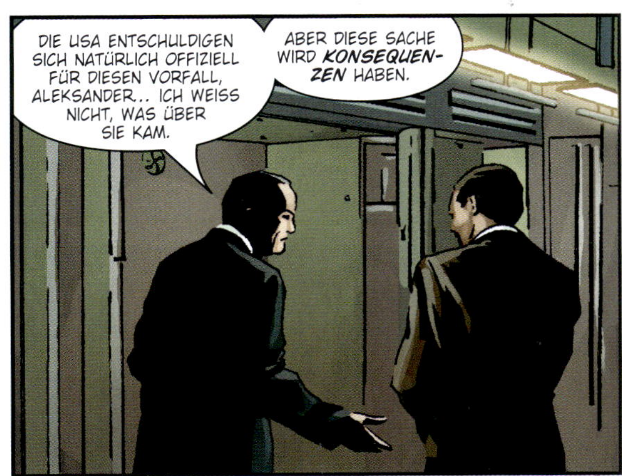
DIE USA ENTSCHULDIGEN SICH NATÜRLICH OFFIZIELL FÜR DIESEN VORFALL, ALEKSANDER... ICH WEISS NICHT, WAS ÜBER SIE KAM.
ABER DIESE SACHE WIRD KONSEQUEN-ZEN HABEN.
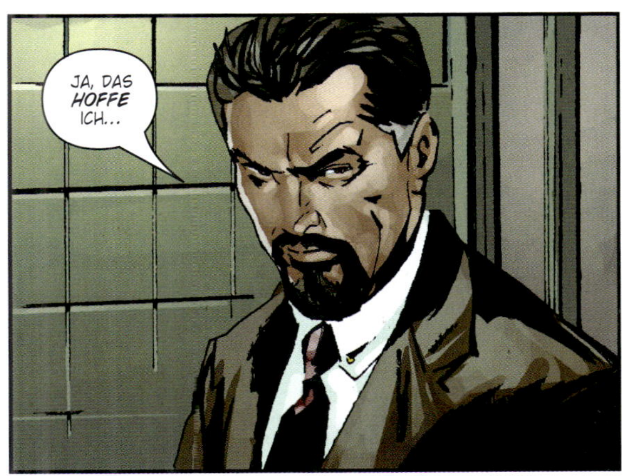
JA, DAS HOFFE ICH...

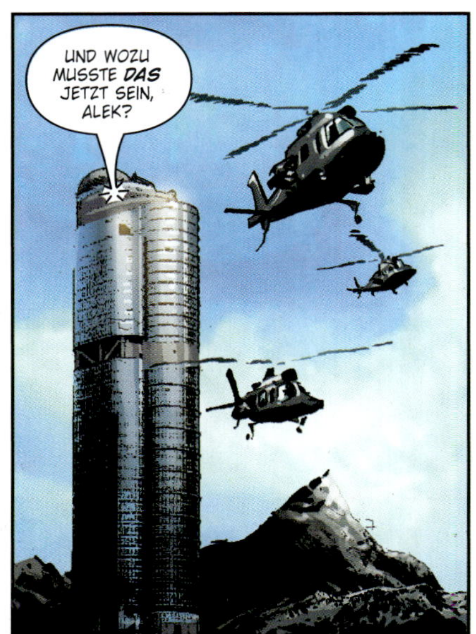
UND WOZU MUSSTE DAS JETZT SEIN, ALEK?

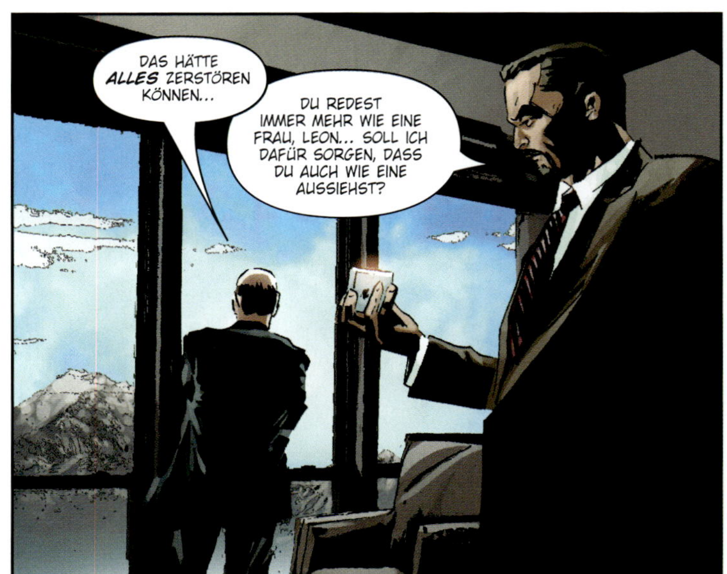
DAS HÄTTE ALLES ZERSTÖREN KÖNNEN...
DU REDEST IMMER MEHR WIE EINE FRAU, LEON... SOLL ICH DAFÜR SORGEN, DASS DU AUCH WIE EINE AUSSIEHST?

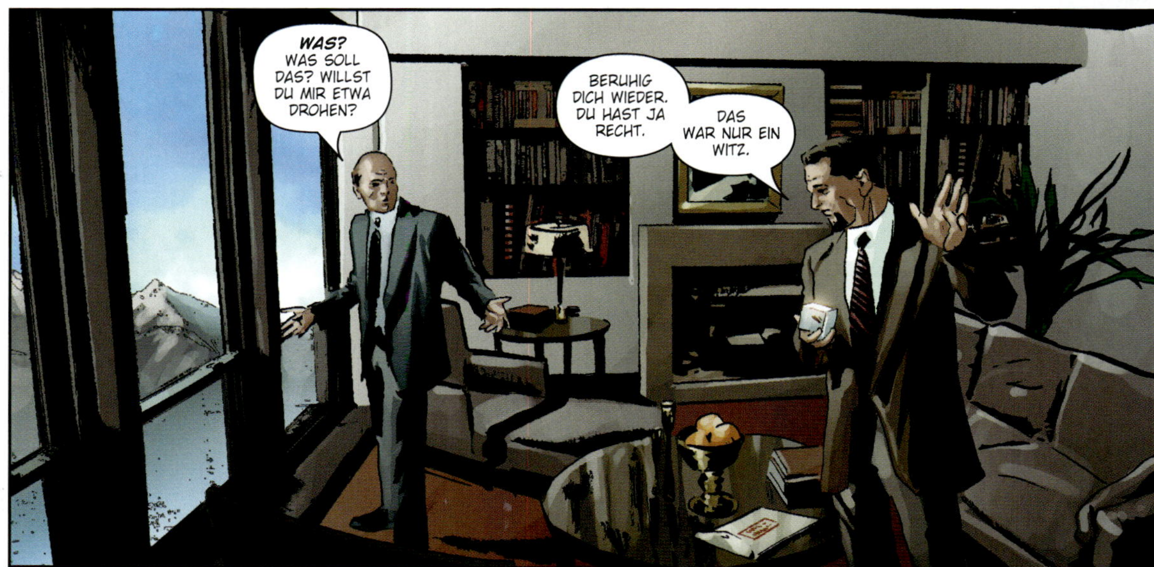
WAS? WAS SOLL DAS? WILLST DU MIR ETWA DROHEN?
BERUHIG DICH WIEDER. DU HAST JA RECHT.
DAS WAR NUR EIN WITZ.

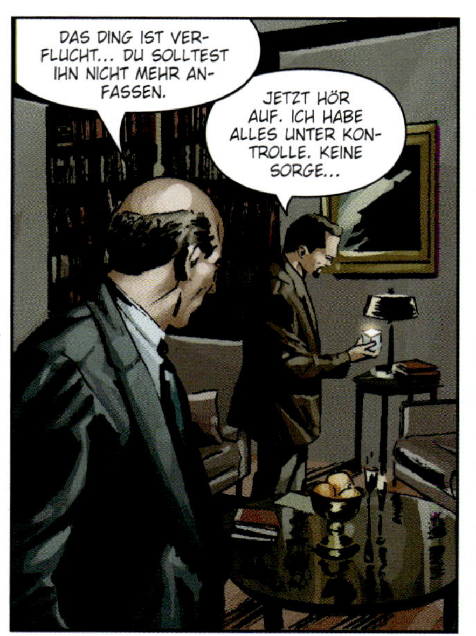
DAS DING IST VERFLUCHT... DU SOLLTEST IHN NICHT MEHR ANFASSEN.
JETZT HÖR AUF. ICH HABE ALLES UNTER KONTROLLE. KEINE SORGE...

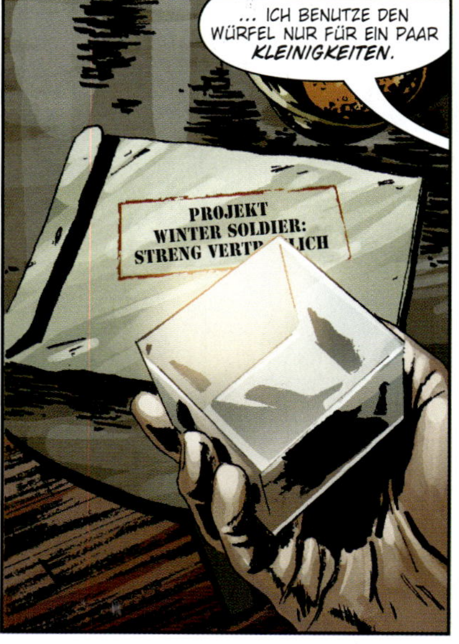
... ICH BENUTZE DEN WÜRFEL NUR FÜR EIN PAAR KLEINIGKEITEN.
PROJEKT
WINTER SOLDIER:
STRENG VERTR

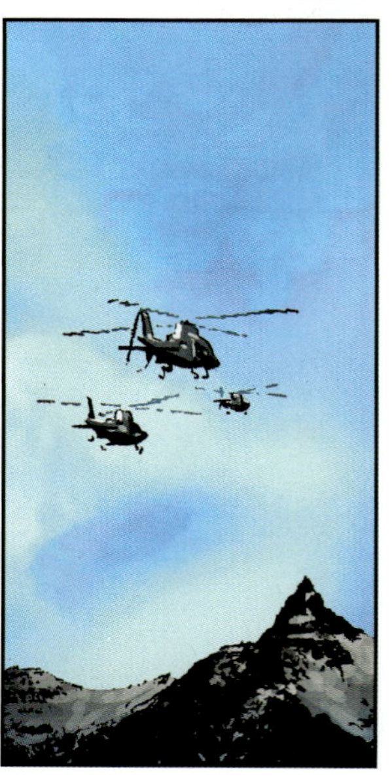

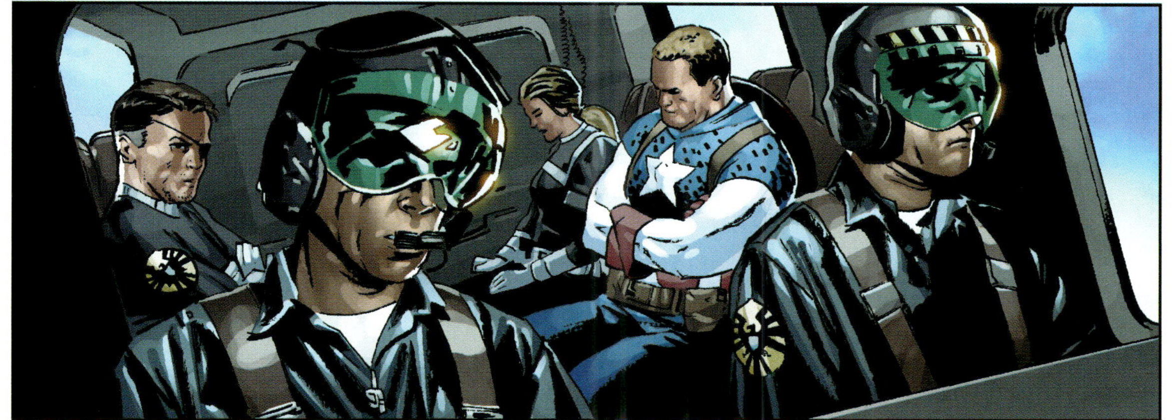

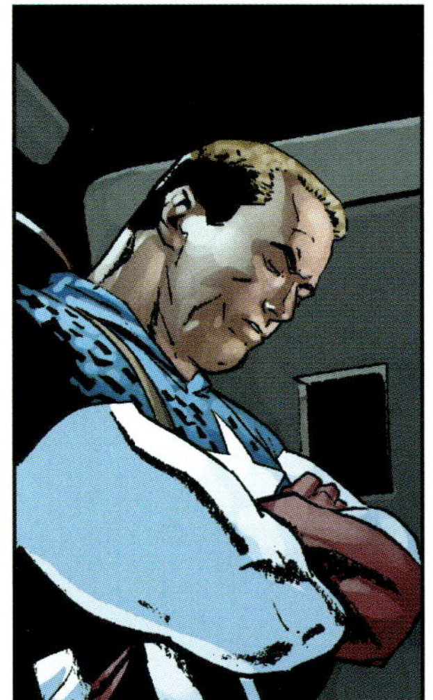

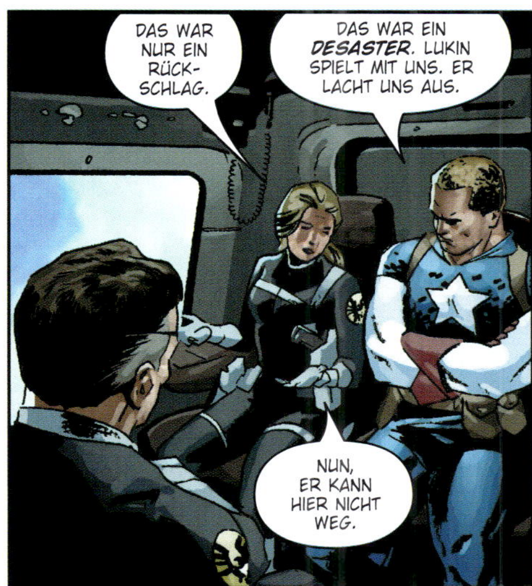

DAS WAR NUR EIN RÜCK-SCHLAG.
DAS WAR EIN DESASTER. LUKIN SPIELT MIT UNS. ER LACHT UNS AUS.
NUN, ER KANN HIER NICHT WEG.


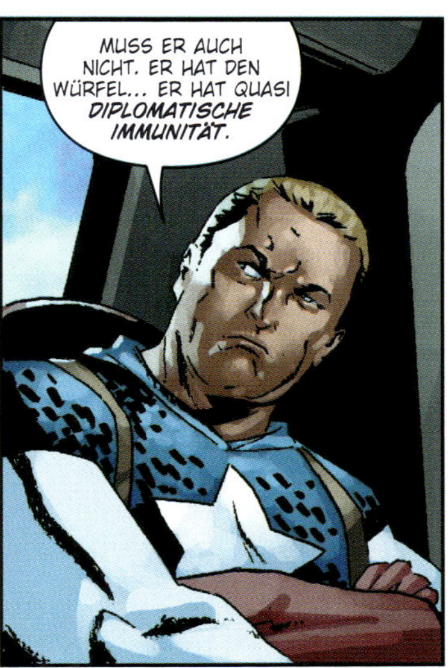

MUSS ER AUCH NICHT. ER HAT DEN WÜRFEL... ER HAT QUASI DIPLOMATISCHE IMMUNITÄT.


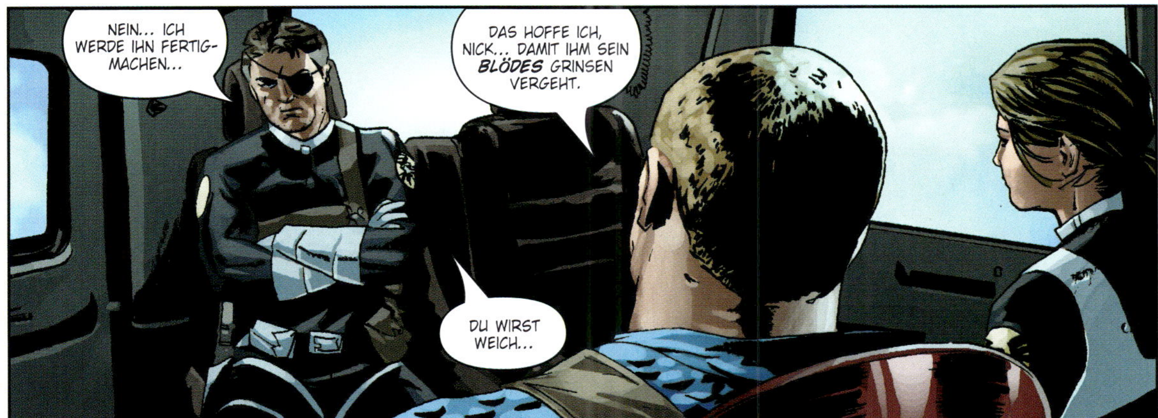

NEIN... ICH WERDE IHN FERTIG-MACHEN...
DAS HOFFE ICH, NICK... DAMIT IHM SEIN BLÖDES GRINSEN VERGEHT.
DU WIRST WEICH...


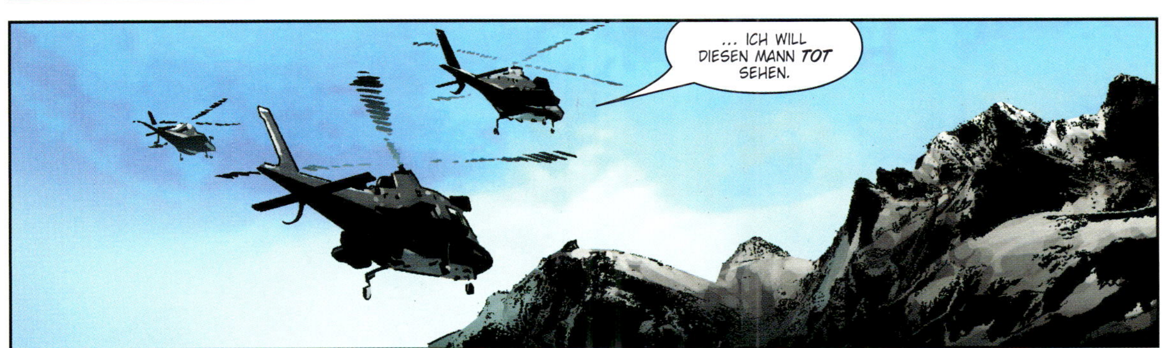

... ICH WILL DIESEN MANN TOT SEHEN.

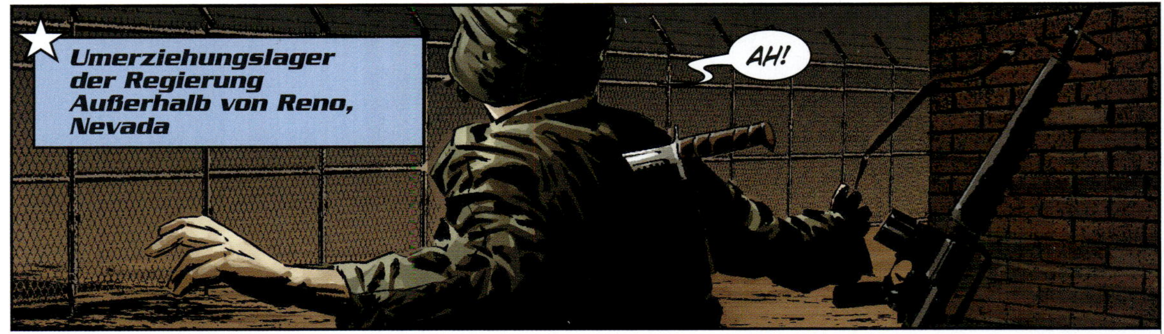
Umerziehungslager der Regierung Außerhalb von Reno, Nevada
AH!

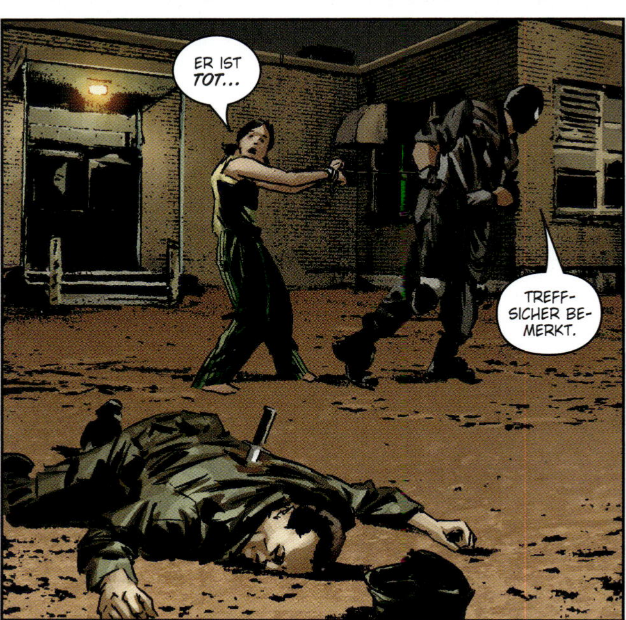
ER IST TOT…
TREFF-SICHER BE-MERKT.

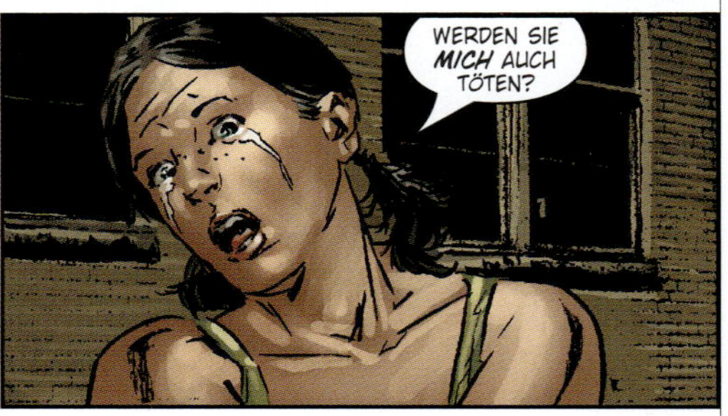
WERDEN SIE MICH AUCH TÖTEN?

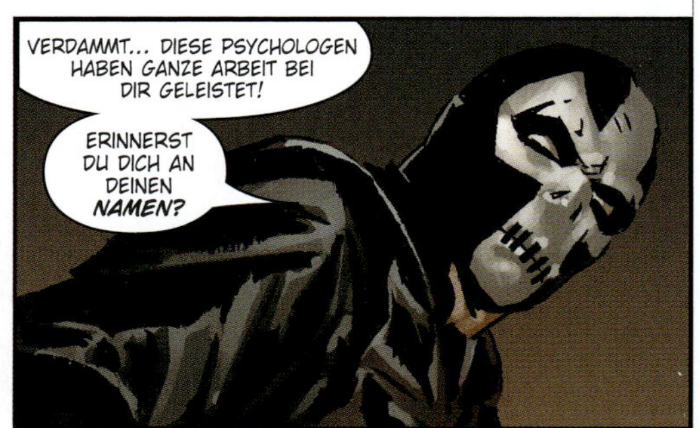
VERDAMMT… DIESE PSYCHOLOGEN HABEN GANZE ARBEIT BEI DIR GELEISTET!
ERINNERST DU DICH AN DEINEN NAMEN?

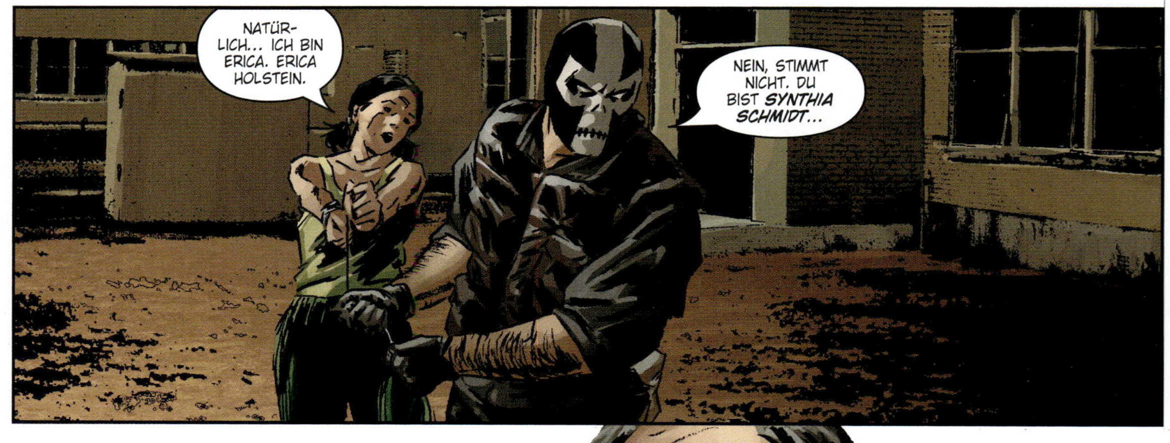
NATÜR-LICH… ICH BIN ERICA. ERICA HOLSTEIN.
NEIN, STIMMT NICHT. DU BIST SYNTHIA SCHMIDT…

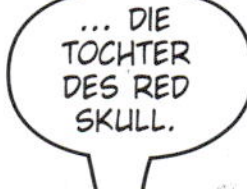
… DIE TOCHTER DES RED SKULL.

# WINTER SOLDIER, TEIL 3

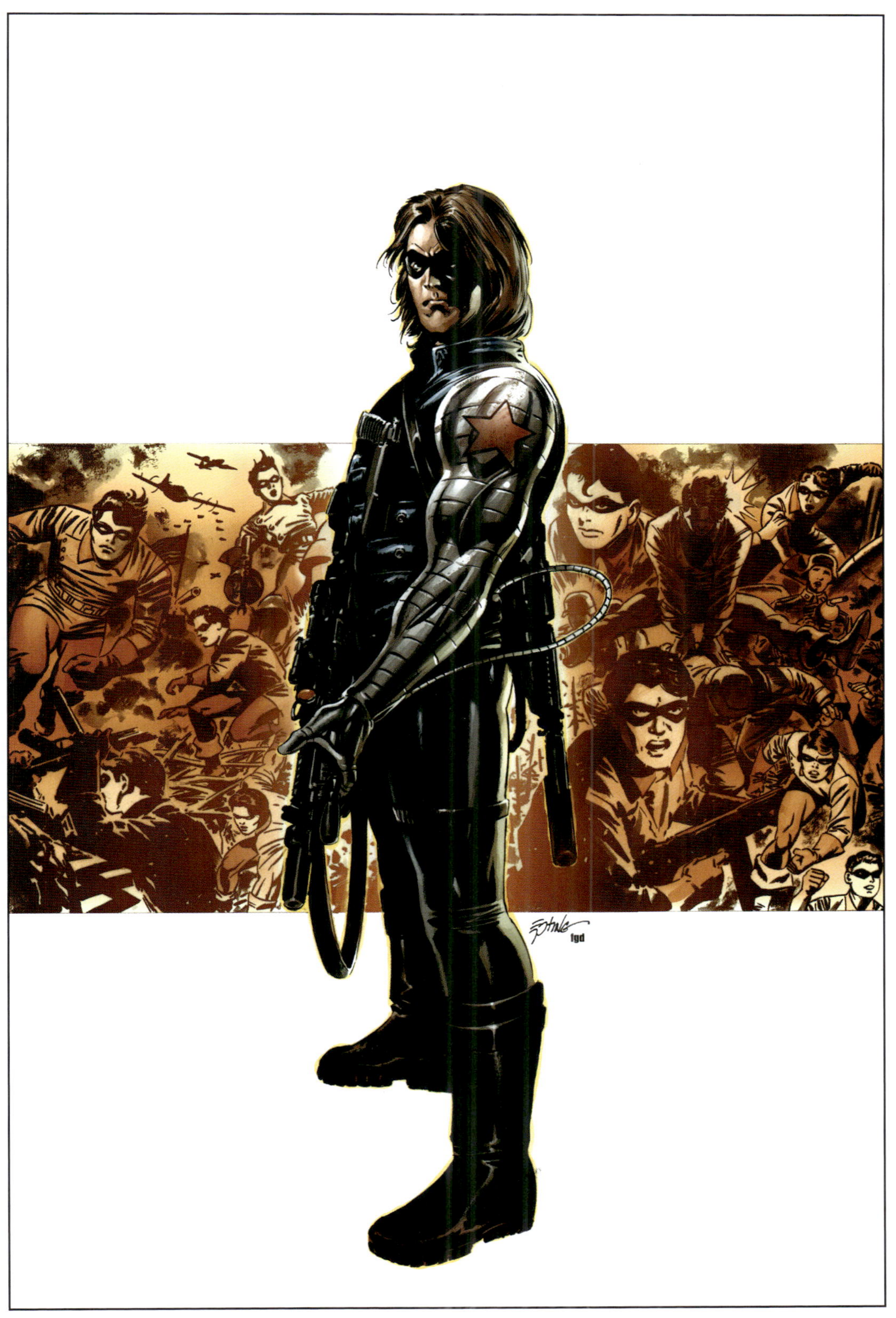

Captain America (2004) 11
Cover von **STEVE EPTING**

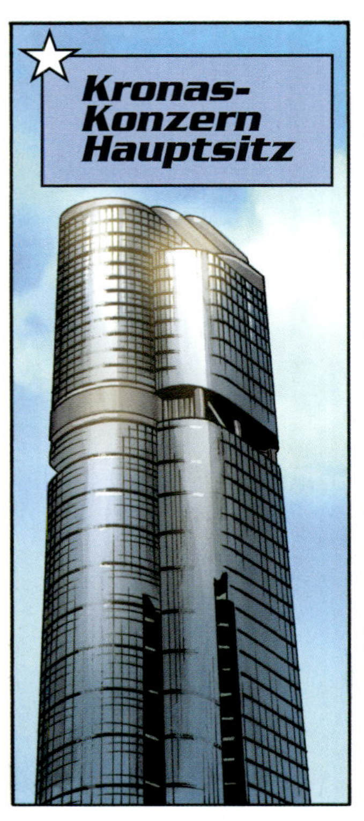
Kronas-
Konzern
Hauptsitz

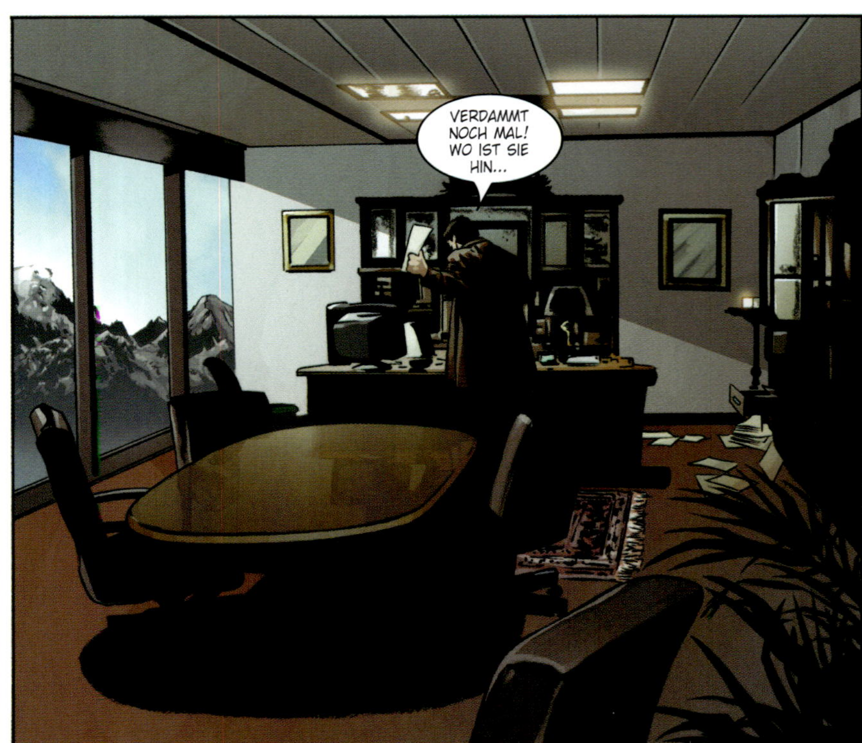
VERDAMMT NOCH MAL! WO IST SIE HIN...

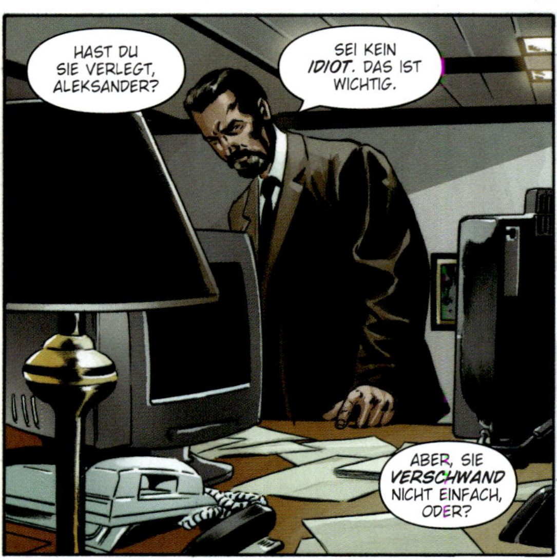
HAST DU SIE VERLEGT, ALEKSANDER?
SEI KEIN IDIOT. DAS IST WICHTIG.
ABER, SIE VERSCHWAND NICHT EINFACH, ODER?

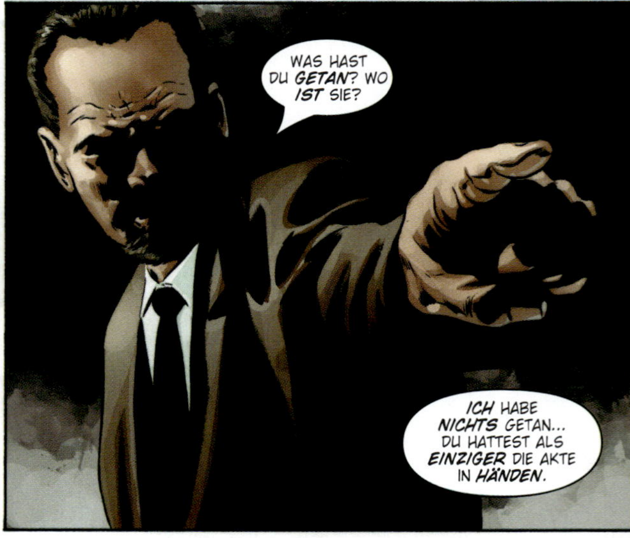
WAS HAST DU GETAN? WO IST SIE?
ICH HABE NICHTS GETAN... DU HATTEST ALS EINZIGER DIE AKTE IN HÄNDEN.

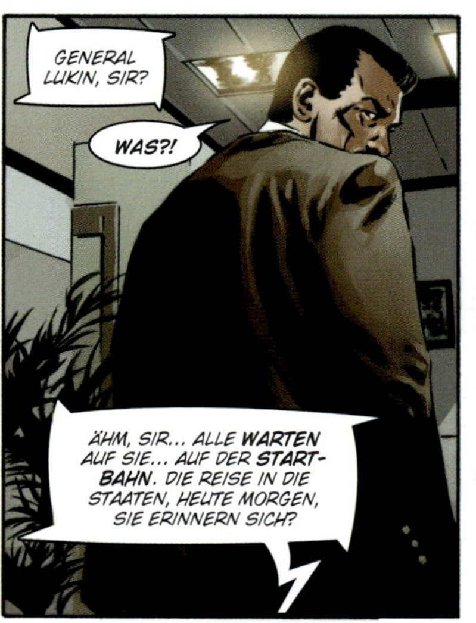
GENERAL LUKIN, SIR?
WAS?!
ÄHM, SIR... ALLE WARTEN AUF SIE... AUF DER START-BAHN. DIE REISE IN DIE STAATEN, HEUTE MORGEN, SIE ERINNERN SICH?

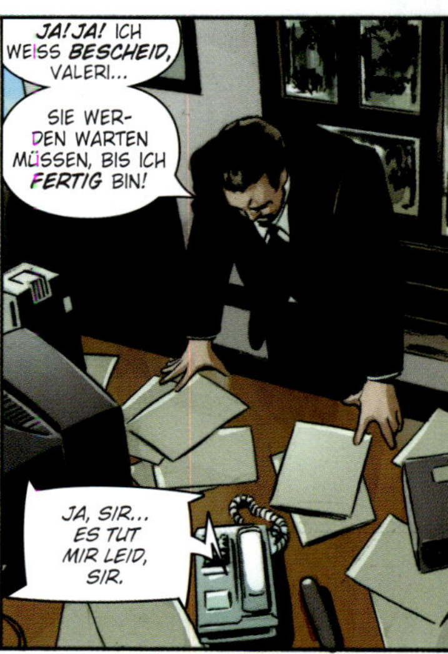
JA! JA! ICH WEISS BESCHEID, VALERI...
SIE WER-DEN WARTEN MÜSSEN, BIS ICH FERTIG BIN!
JA, SIR... ES TUT MIR LEID, SIR.

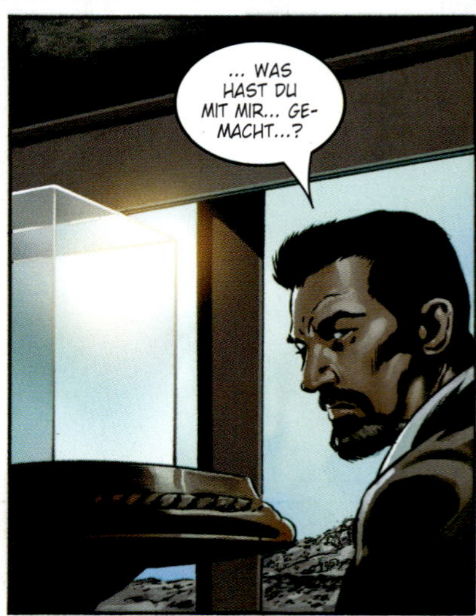
... WAS HAST DU MIT MIR... GE-MACHT...?

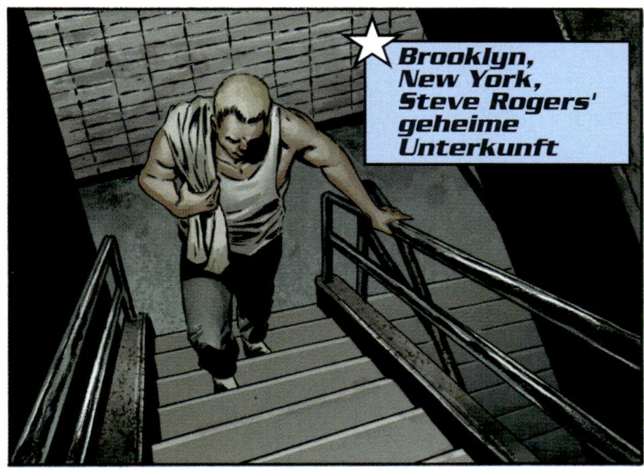
Brooklyn, New York, Steve Rogers' geheime Unterkunft

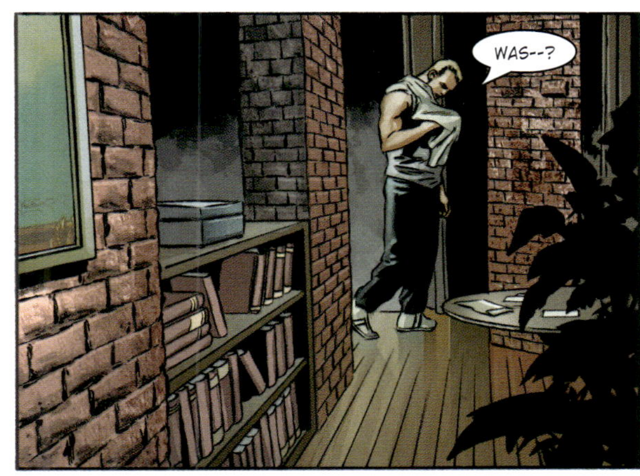
WAS--?

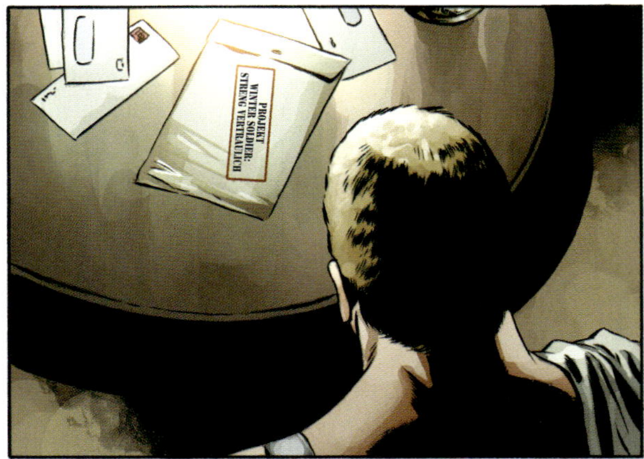
PROJEKT WINTER SOLDIER: STRENG VERTRAULICH

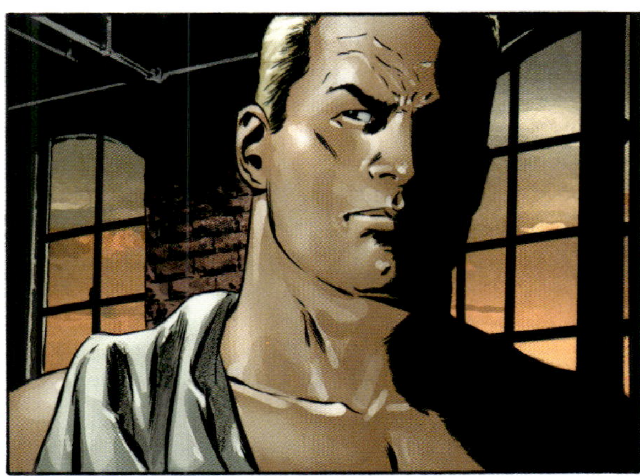

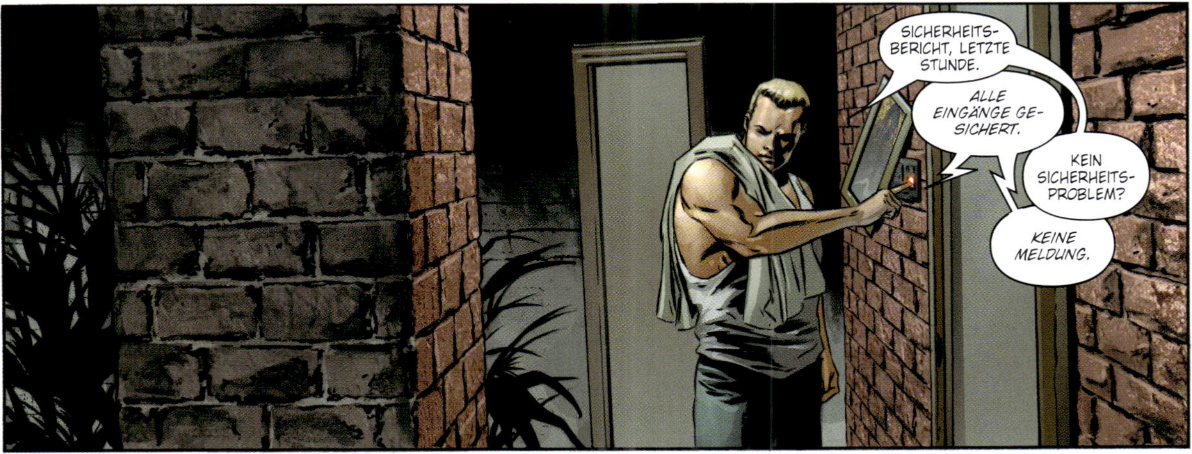
SICHERHEITS-BERICHT, LETZTE STUNDE.
ALLE EINGÄNGE GE-SICHERT.
KEIN SICHERHEITS-PROBLEM?
KEINE MELDUNG.

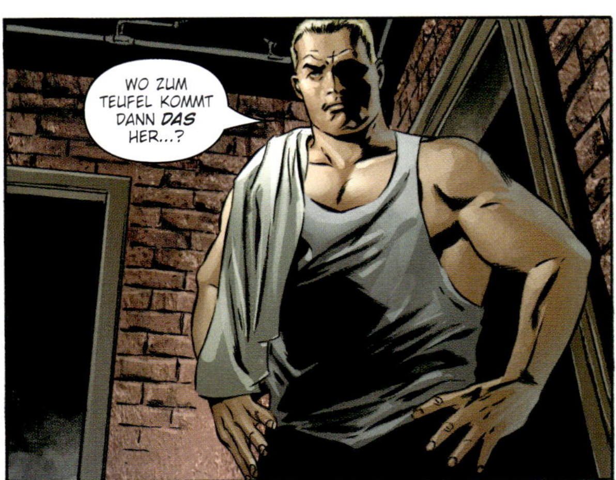
WO ZUM TEUFEL KOMMT DANN DAS HER...?

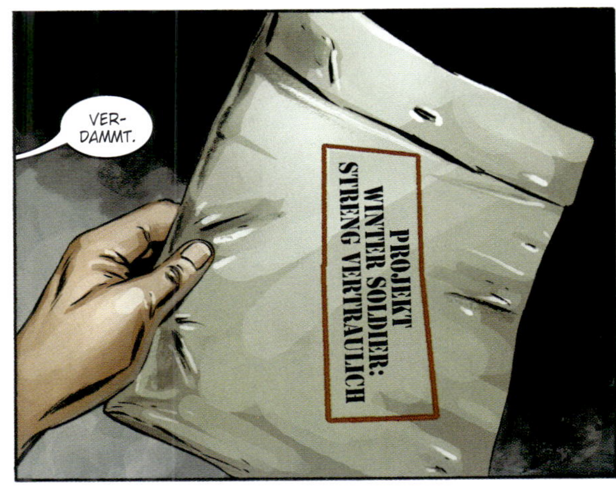
VER-DAMMT.
PROJEKT WINTER SOLDIER: STRENG VERTRAULICH

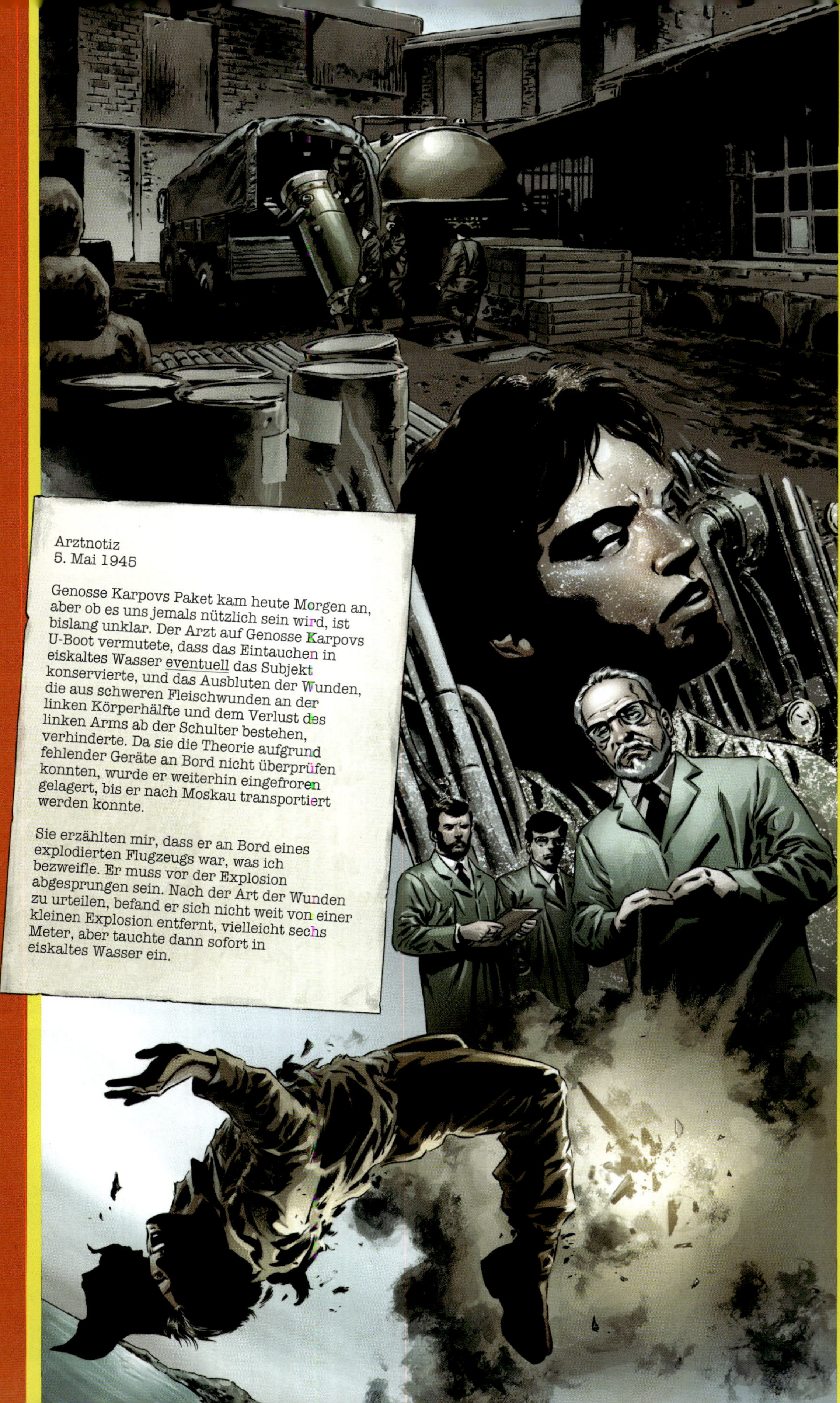
Arztnotiz
5. Mai 1945
Genosse Karpovs Paket kam heute Morgen an, aber ob es uns jemals nützlich sein wird, ist bislang unklar. Der Arzt auf Genosse Karpovs U-Boot vermutete, dass das Eintauchen in eiskaltes Wasser eventuell das Subjekt konservierte, und das Ausbluten der Wunden, die aus schweren Fleischwunden an der linken Körperhälfte und dem Verlust des linken Arms ab der Schulter bestehen, verhinderte. Da sie die Theorie aufgrund fehlender Geräte an Bord nicht überprüfen konnten, wurde er weiterhin eingefroren gelagert, bis er nach Moskau transportiert werden konnte.
Sie erzählten mir, dass er an Bord eines explodierten Flugzeugs war, was ich bezweifle. Er muss vor der Explosion abgesprungen sein. Nach der Art der Wunden zu urteilen, befand er sich nicht weit von einer kleinen Explosion entfernt, vielleicht sechs Meter, aber tauchte dann sofort in eiskaltes Wasser ein.

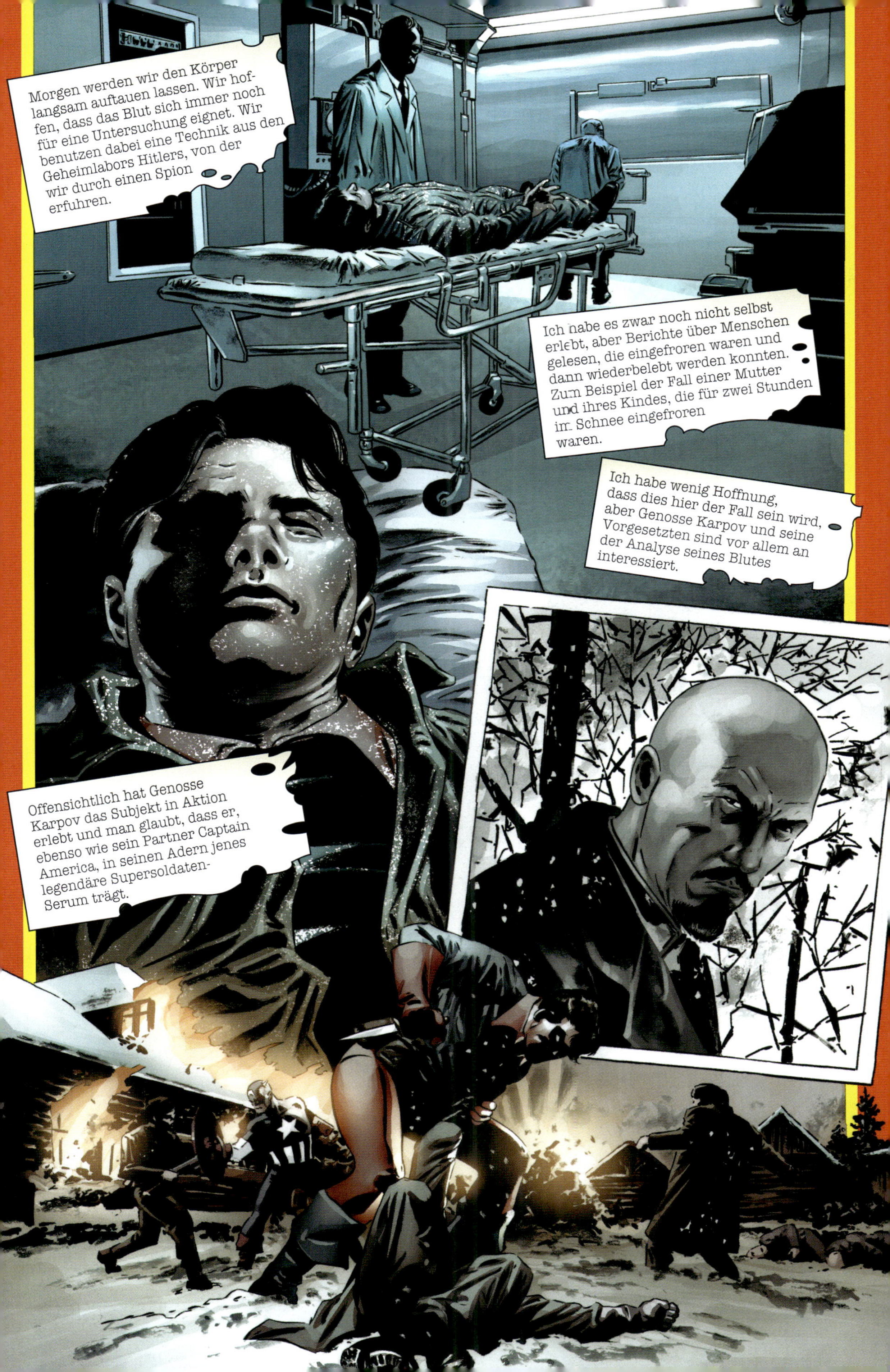
Morgen werden wir den Körper langsam auftauen lassen. Wir hoffen, dass das Blut sich immer noch für eine Untersuchung eignet. Wir benutzen dabei eine Technik aus den Geheimlabors Hitlers, von der wir durch einen Spion erfuhren.
Ich habe es zwar noch nicht selbst erlebt, aber Berichte über Menschen gelesen, die eingefroren waren und dann wiederbelebt werden konnten. Zum Beispiel der Fall einer Mutter und ihres Kindes, die für zwei Stunden im Schnee eingefroren waren.
Ich habe wenig Hoffnung, dass dies hier der Fall sein wird, aber Genosse Karpov und seine Vorgesetzten sind vor allem an der Analyse seines Blutes interessiert.
Offensichtlich hat Genosse Karpov das Subjekt in Aktion erlebt und man glaubt, dass er, ebenso wie sein Partner Captain America, in seinen Adern jenes legendäre Supersoldaten-Serum trägt.

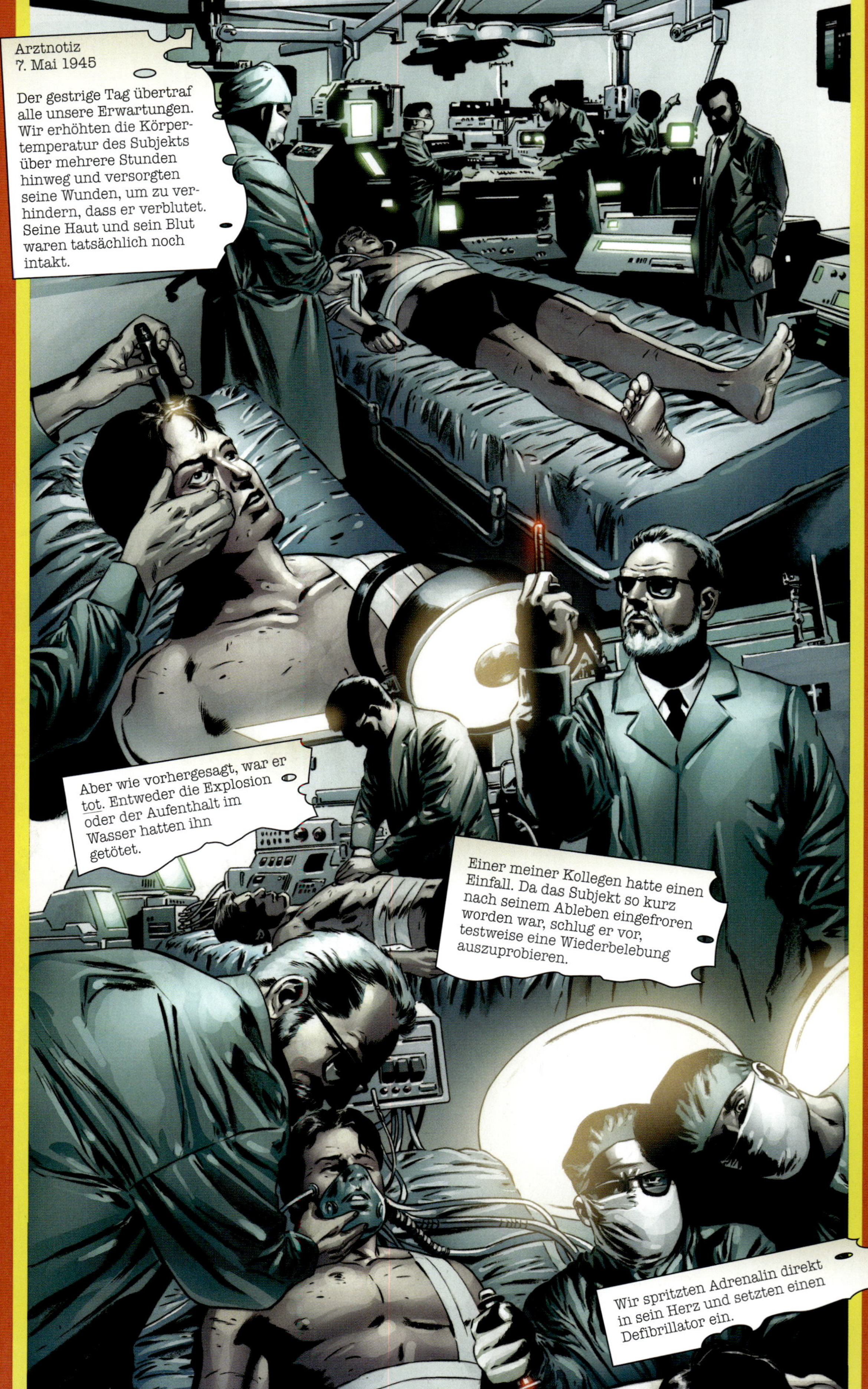
Arztnotiz
7. Mai 1945
Der gestrige Tag übertraf alle unsere Erwartungen. Wir erhöhten die Körpertemperatur des Subjekts über mehrere Stunden hinweg und versorgten seine Wunden, um zu verhindern, dass er verblutet. Seine Haut und sein Blut waren tatsächlich noch intakt.
Aber wie vorhergesagt, war er tot. Entweder die Explosion oder der Aufenthalt im Wasser hatten ihn getötet.
Einer meiner Kollegen hatte einen Einfall. Da das Subjekt so kurz nach seinem Ableben eingefroren worden war, schlug er vor, testweise eine Wiederbelebung auszuprobieren.
Wir spritzten Adrenalin direkt in sein Herz und setzten einen Defibrillator ein.

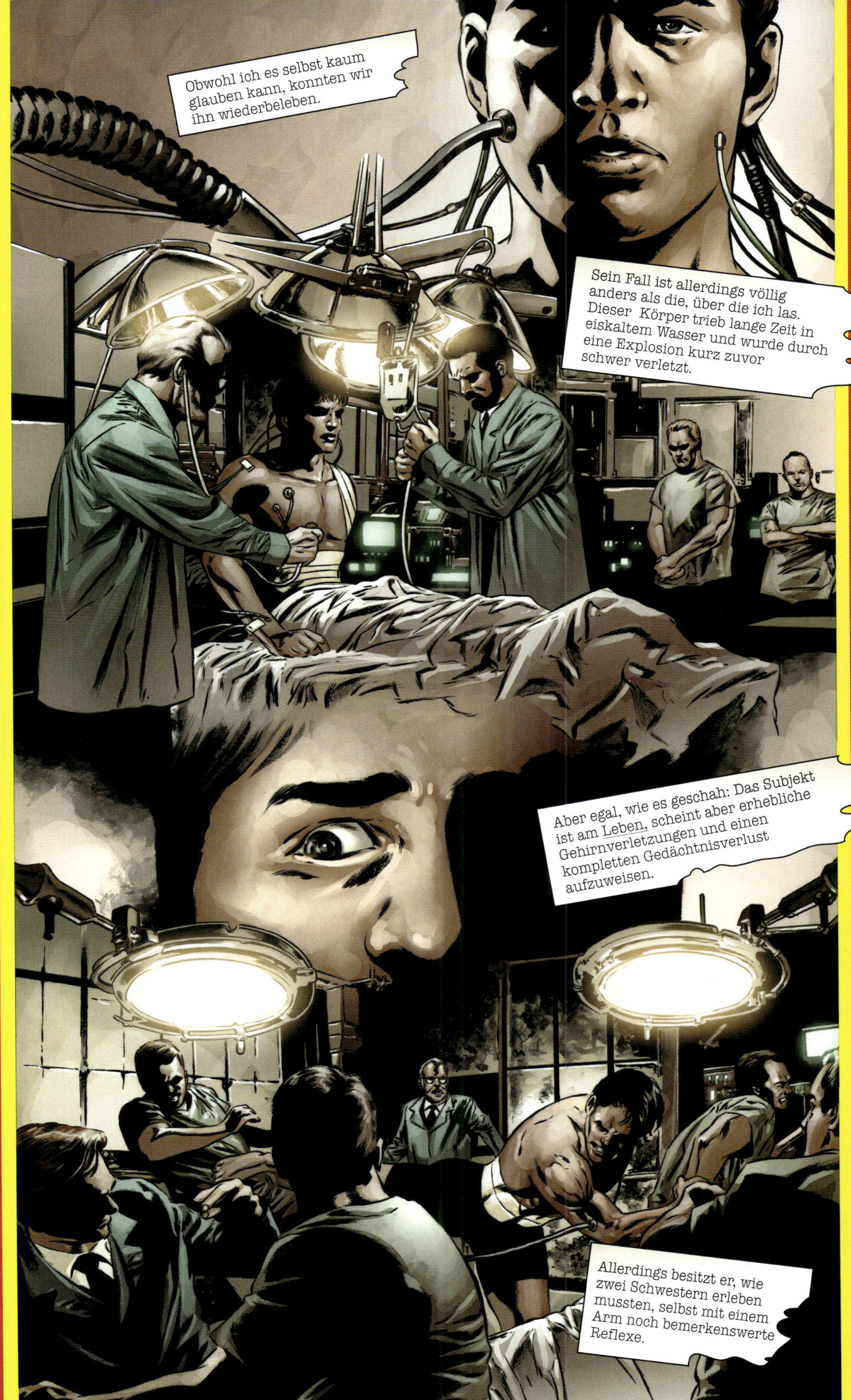
Obwohl ich es selbst kaum glauben kann, konnten wir ihn wiederbeleben.
Sein Fall ist allerdings völlig anders als die, über die ich las. Dieser Körper trieb lange Zeit in eiskaltem Wasser und wurde durch eine Explosion kurz zuvor schwer verletzt.
Aber egal, wie es geschah: Das Subjekt ist am Leben, scheint aber erhebliche Gehirnverletzungen und einen kompletten Gedächtnisverlust aufzuweisen.
Allerdings besitzt er, wie zwei Schwestern erleben mussten, selbst mit einem Arm noch bemerkenswerte Reflexe.

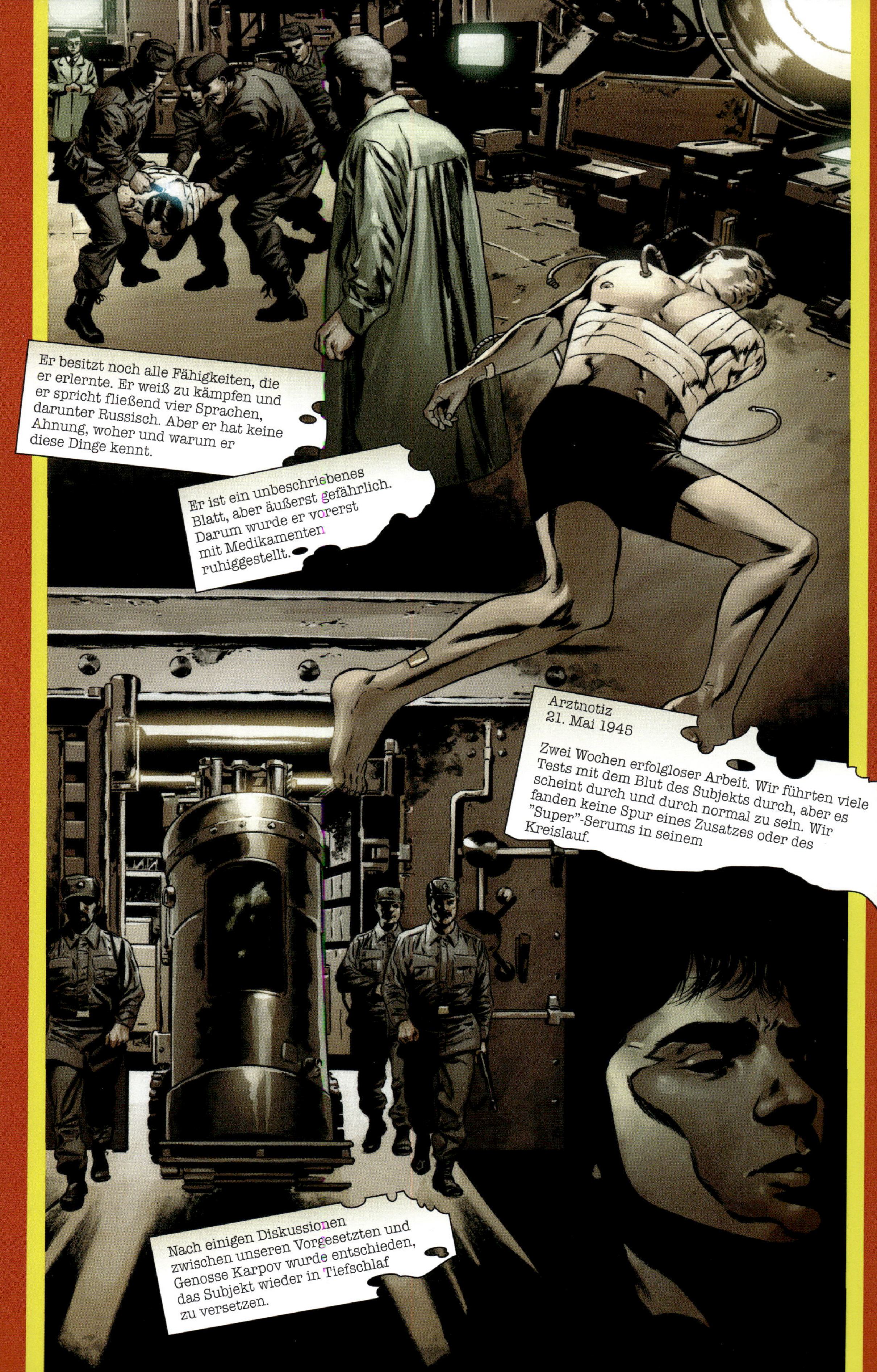
Er besitzt noch alle Fähigkeiten, die er erlernte. Er weiß zu kämpfen und er spricht fließend vier Sprachen, darunter Russisch. Aber er hat keine Ahnung, woher und warum er diese Dinge kennt.
Er ist ein unbeschriebenes Blatt, aber äußerst gefährlich. Darum wurde er vorerst mit Medikamenten ruhiggestellt.
Arztnotiz
21. Mai 1945
Zwei Wochen erfolgloser Arbeit. Wir führten viele Tests mit dem Blut des Subjekts durch, aber es scheint durch und durch normal zu sein. Wir fanden keine Spur eines Zusatzes oder des "Super"-Serums in seinem Kreislauf.
Nach einigen Diskussionen zwischen unseren Vorgesetzten und Genosse Karpov wurde entschieden, das Subjekt wieder in Tiefschlaf zu versetzen.

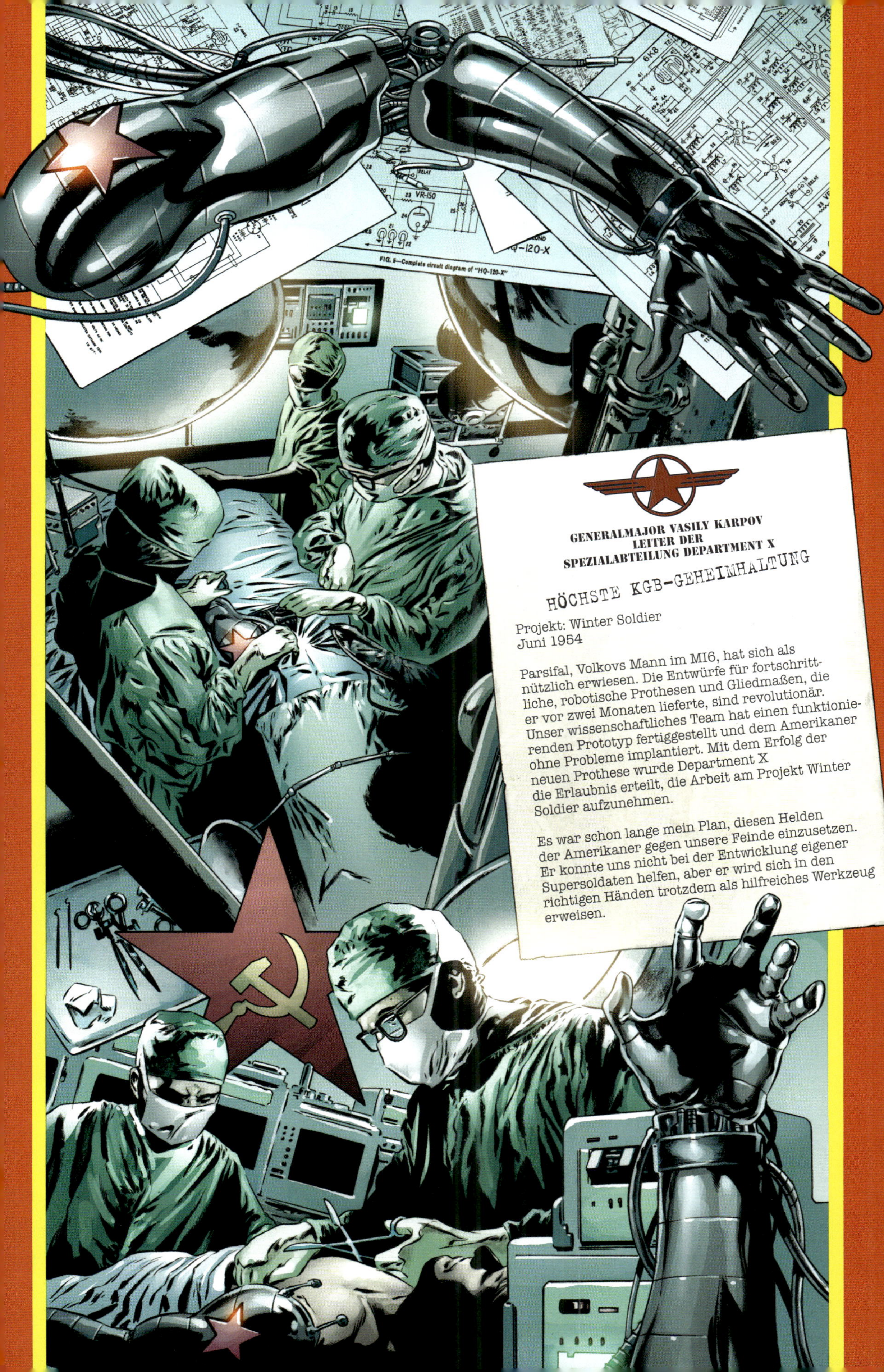
GENERALMAJOR VASILY KARPOV
LEITER DER
SPEZIALABTEILUNG DEPARTMENT X
HÖCHSTE KGB-GEHEIMHALTUNG
Projekt: Winter Soldier
Juni 1954
Parsifal, Volkovs Mann im MI6, hat sich als nützlich erwiesen. Die Entwürfe für fortschrittliche, robotische Prothesen und Gliedmaßen, die er vor zwei Monaten lieferte, sind revolutionär. Unser wissenschaftliches Team hat einen funktionierenden Prototyp fertiggestellt und dem Amerikaner ohne Probleme implantiert. Mit dem Erfolg der neuen Prothese wurde Department X die Erlaubnis erteilt, die Arbeit am Projekt Winter Soldier aufzunehmen.
Es war schon lange mein Plan, diesen Helden der Amerikaner gegen unsere Feinde einzusetzen. Er konnte uns nicht bei der Entwicklung eigener Supersoldaten helfen, aber er wird sich in den richtigen Händen trotzdem als hilfreiches Werkzeug erweisen.

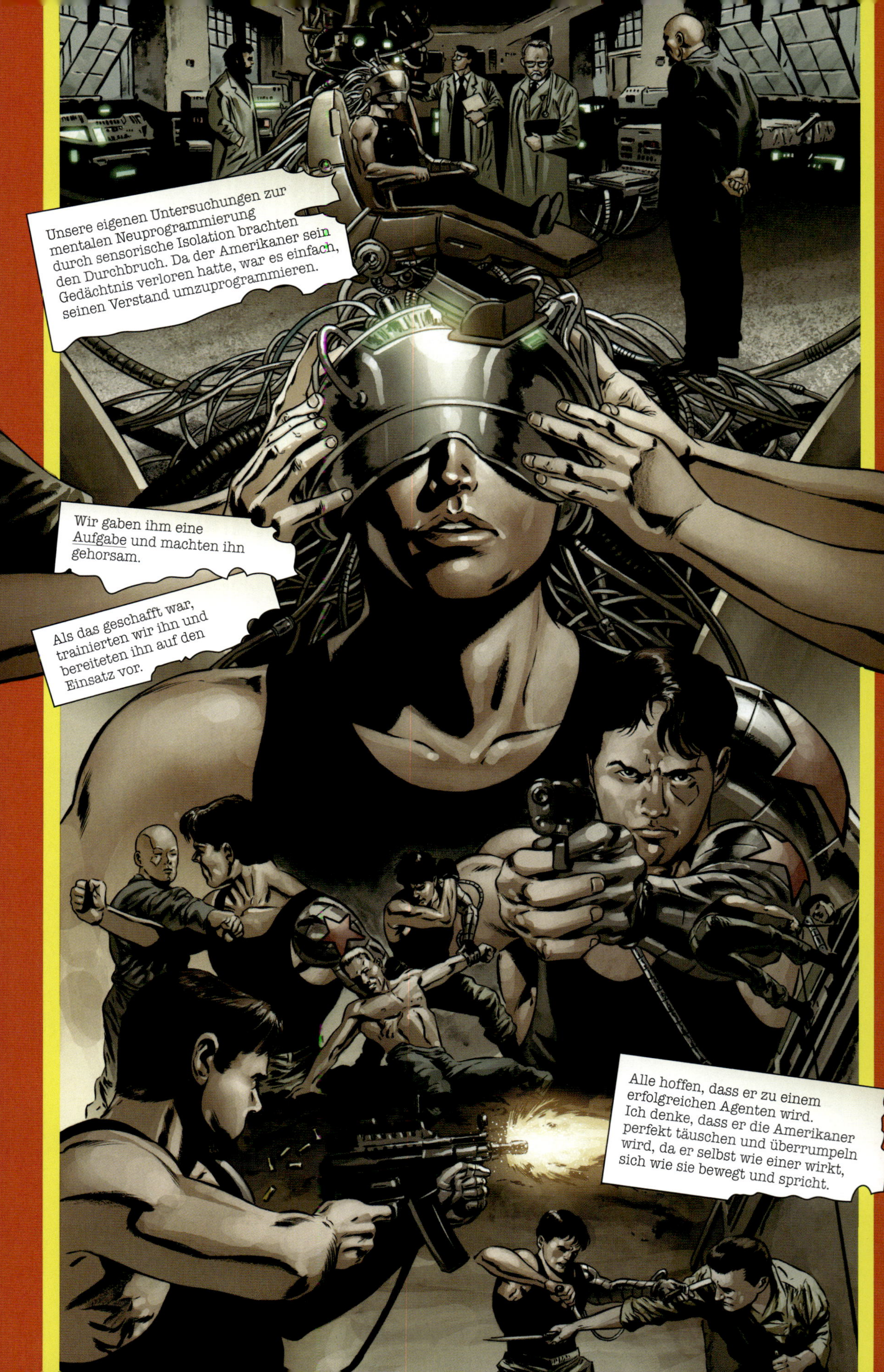
Unsere eigenen Untersuchungen zur mentalen Neuprogrammierung durch sensorische Isolation brachten den Durchbruch. Da der Amerikaner sein Gedächtnis verloren hatte, war es einfach, seinen Verstand umzuprogrammieren.
Wir gaben ihm eine Aufgabe und machten ihn gehorsam.
Als das geschafft war, trainierten wir ihn und bereiteten ihn auf den Einsatz vor.
Alle hoffen, dass er zu einem erfolgreichen Agenten wird. Ich denke, dass er die Amerikaner perfekt täuschen und überrumpeln wird, da er selbst wie einer wirkt, sich wie sie bewegt und spricht.

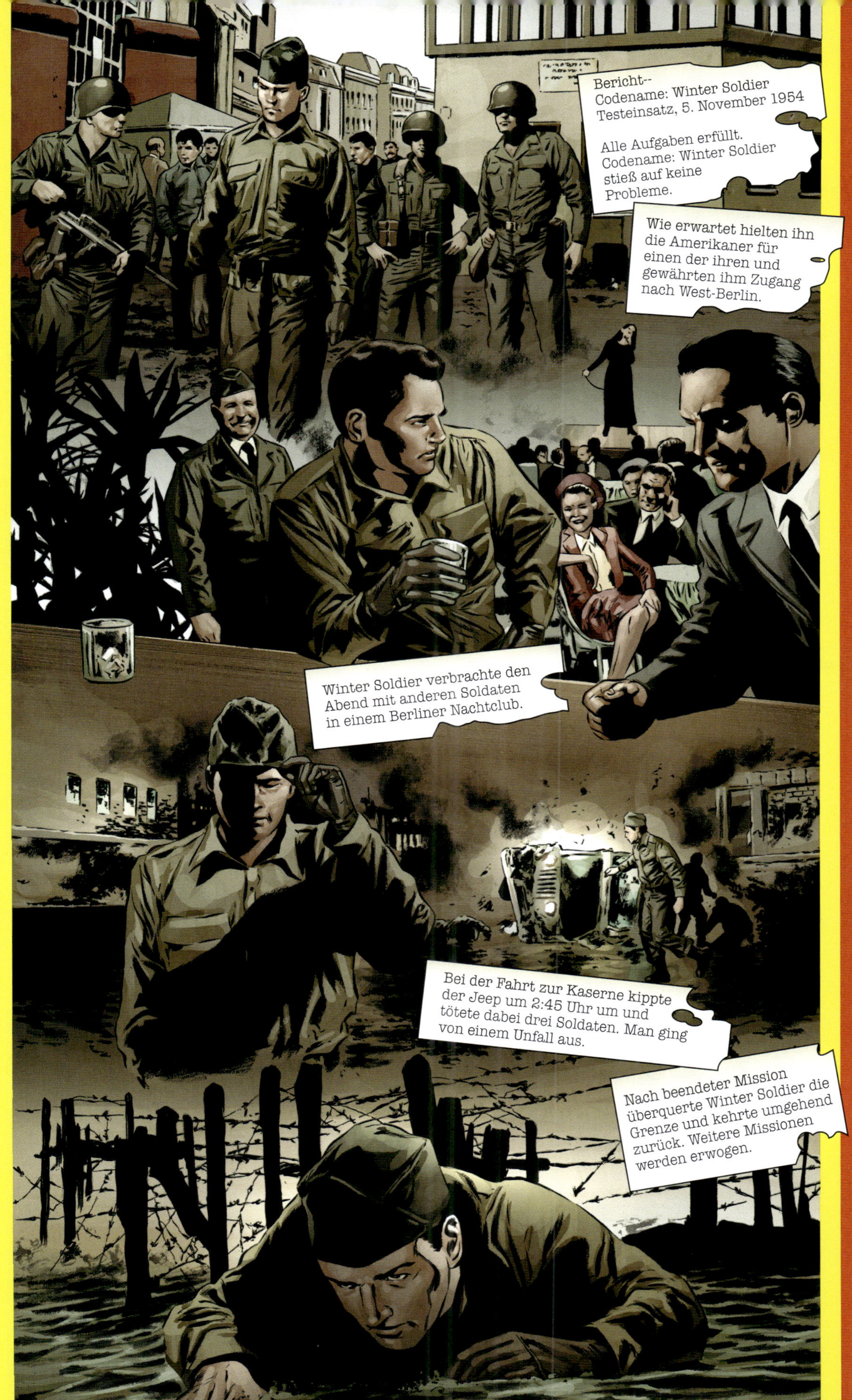
Bericht--
Codename: Winter Soldier
Testeinsatz, 5. November 1954
Alle Aufgaben erfüllt. Codename: Winter Soldier stieß auf keine Probleme.
Wie erwartet hielten ihn die Amerikaner für einen der ihren und gewährten ihm Zugang nach West-Berlin.
Winter Soldier verbrachte den Abend mit anderen Soldaten in einem Berliner Nachtclub.
Bei der Fahrt zur Kaserne kippte der Jeep um 2:45 Uhr um und tötete dabei drei Soldaten. Man ging von einem Unfall aus.
Nach beendeter Mission überquerte Winter Soldier die Grenze und kehrte umgehend zurück. Weitere Missionen werden erwogen.

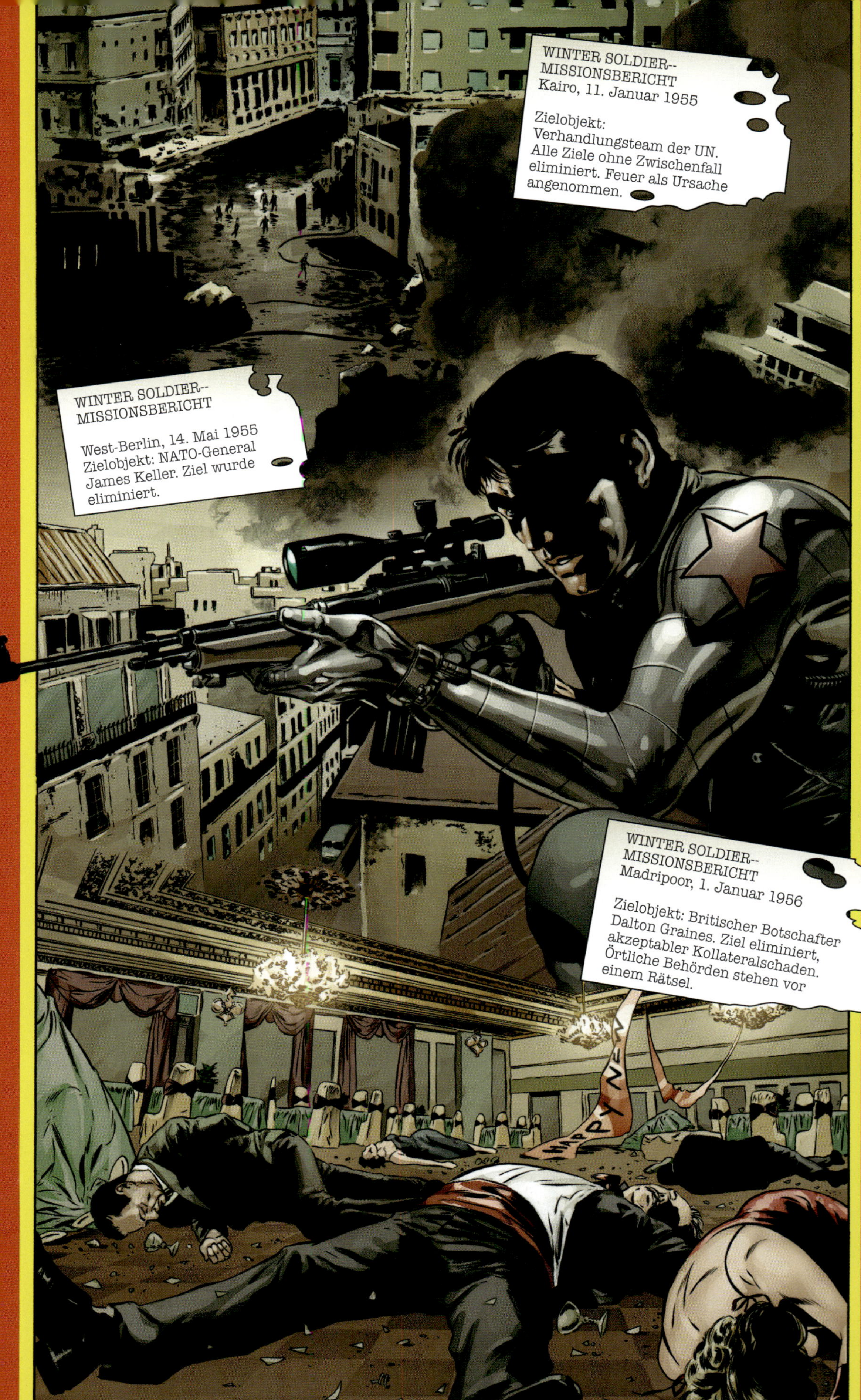

WINTER SOLDIER--
MISSIONSBERICHT
Kairo, 11. Januar 1955
Zielobjekt:
Verhandlungsteam der UN.
Alle Ziele ohne Zwischenfall
eliminiert. Feuer als Ursache
angenommen.
WINTER SOLDIER--
MISSIONSBERICHT
West-Berlin, 14. Mai 1955
Zielobjekt: NATO-General
James Keller. Ziel wurde
eliminiert.
WINTER SOLDIER--
MISSIONSBERICHT
Madripoor, 1. Januar 1956
Zielobjekt: Britischer Botschafter
Dalton Graines. Ziel eliminiert,
akzeptabler Kollateralschaden.
Örtliche Behörden stehen vor
einem Rätsel.
HAPPY NEW

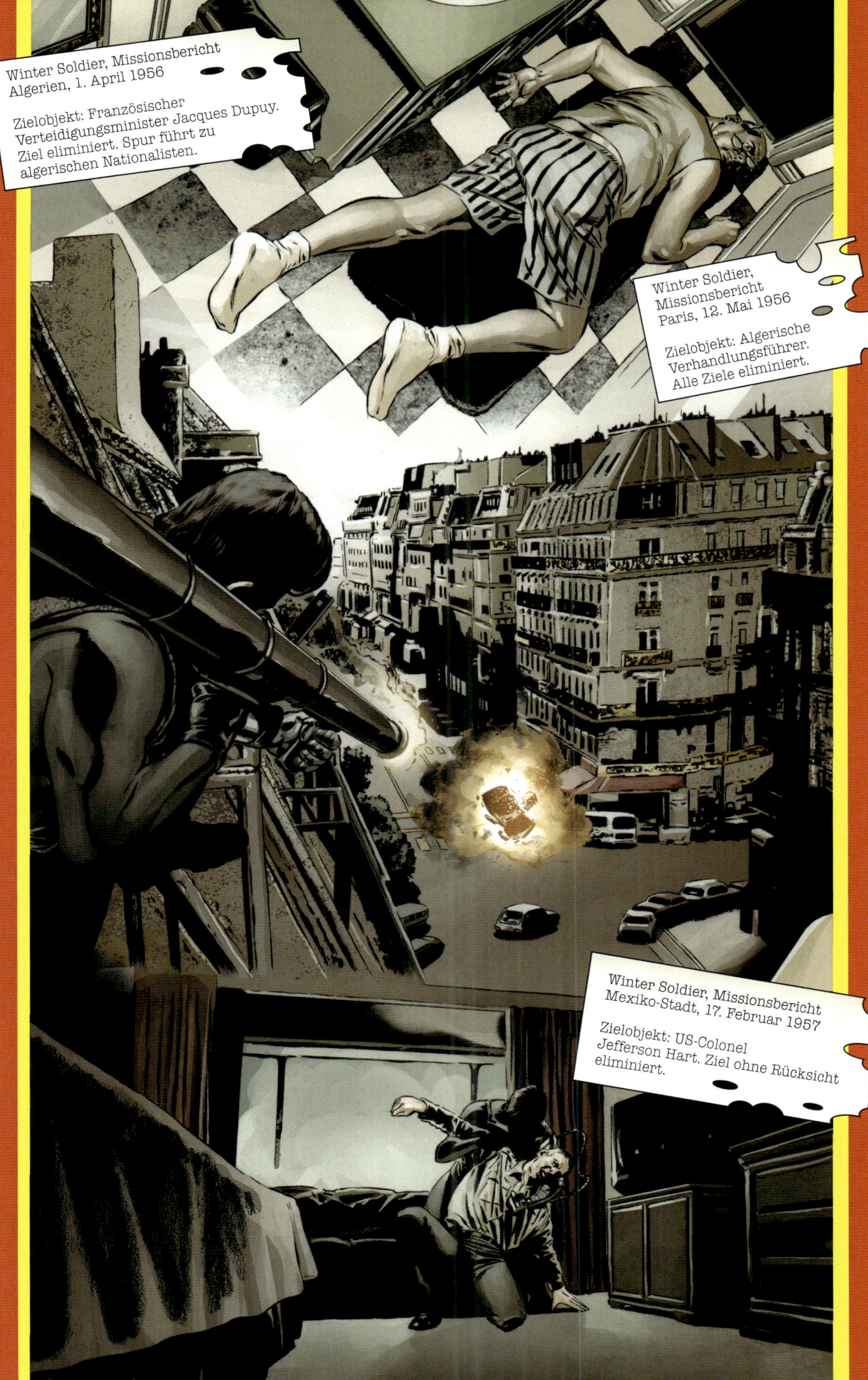
Winter Soldier, Missionsbericht
Algerien, 1. April 1956
Zielobjekt: Französischer Verteidigungsminister Jacques Dupuy. Ziel eliminiert. Spur führt zu algerischen Nationalisten.
Winter Soldier, Missionsbericht
Paris, 12. Mai 1956
Zielobjekt: Algerische Verhandlungsführer. Alle Ziele eliminiert.
Winter Soldier, Missionsbericht
Mexiko-Stadt, 17. Februar 1957
Zielobjekt: US-Colonel Jefferson Hart. Ziel ohne Rücksicht eliminiert.

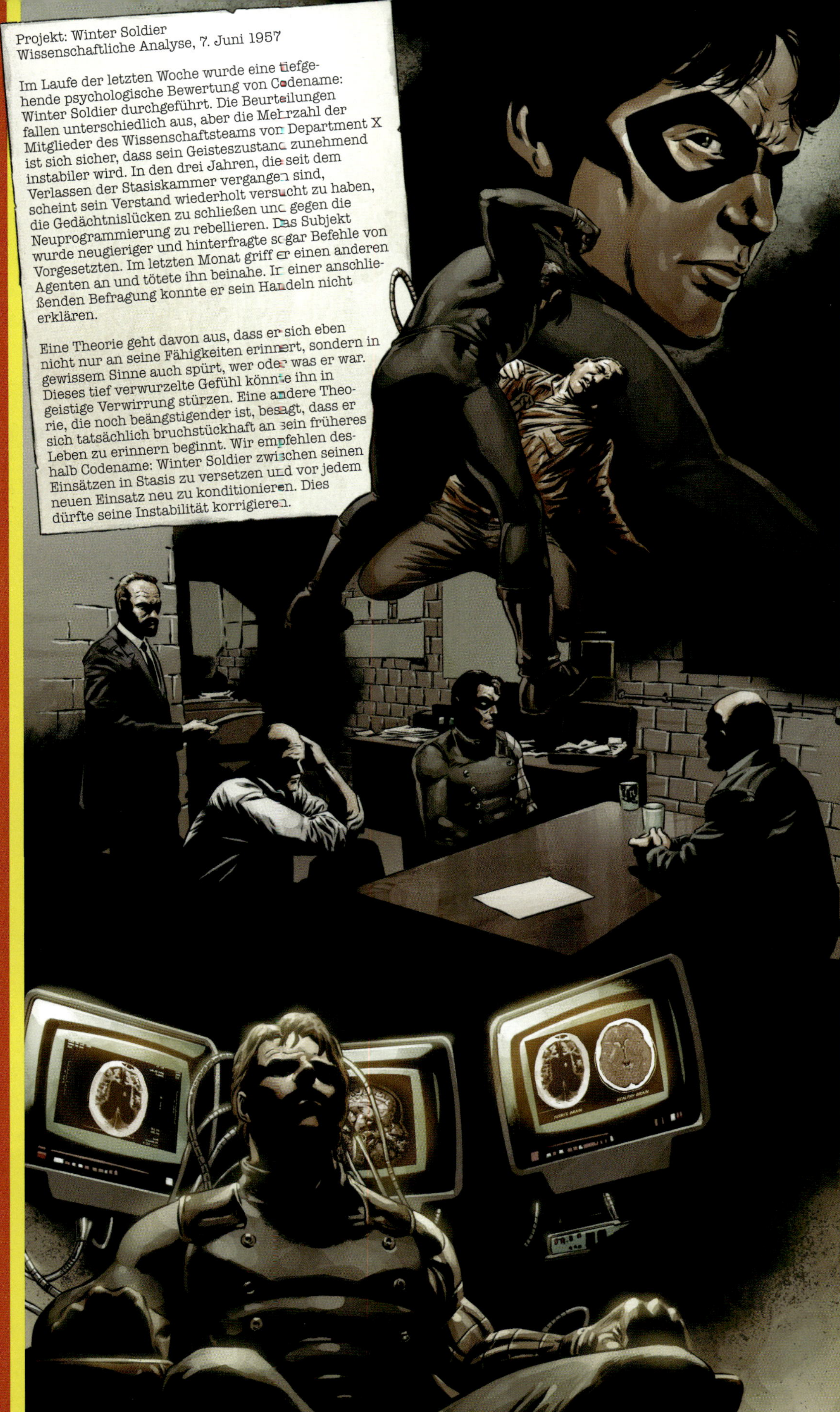

Projekt: Winter Soldier
Wissenschaftliche Analyse, 7. Juni 1957

Im Laufe der letzten Woche wurde eine tiefgehende psychologische Bewertung von Codename: Winter Soldier durchgeführt. Die Beurteilungen fallen unterschiedlich aus, aber die Mehrzahl der Mitglieder des Wissenschaftsteams von Department X ist sich sicher, dass sein Geisteszustand zunehmend instabiler wird. In den drei Jahren, die seit dem Verlassen der Stasiskammer vergangen sind, scheint sein Verstand wiederholt versucht zu haben, die Gedächtnislücken zu schließen und gegen die Neuprogrammierung zu rebellieren. Das Subjekt wurde neugieriger und hinterfragte sogar Befehle von Vorgesetzten. Im letzten Monat griff er einen anderen Agenten an und tötete ihn beinahe. In einer anschließenden Befragung konnte er sein Handeln nicht erklären.

Eine Theorie geht davon aus, dass er sich eben nicht nur an seine Fähigkeiten erinnert, sondern in gewissem Sinne auch spürt, wer oder was er war. Dieses tief verwurzelte Gefühl könnte ihn in geistige Verwirrung stürzen. Eine andere Theorie, die noch beängstigender ist, besagt, dass er sich tatsächlich bruchstückhaft an sein früheres Leben zu erinnern beginnt. Wir empfehlen deshalb Codename: Winter Soldier zwischen seinen Einsätzen in Stasis zu versetzen und vor jedem neuen Einsatz neu zu konditionieren. Dies dürfte seine Instabilität korrigieren.

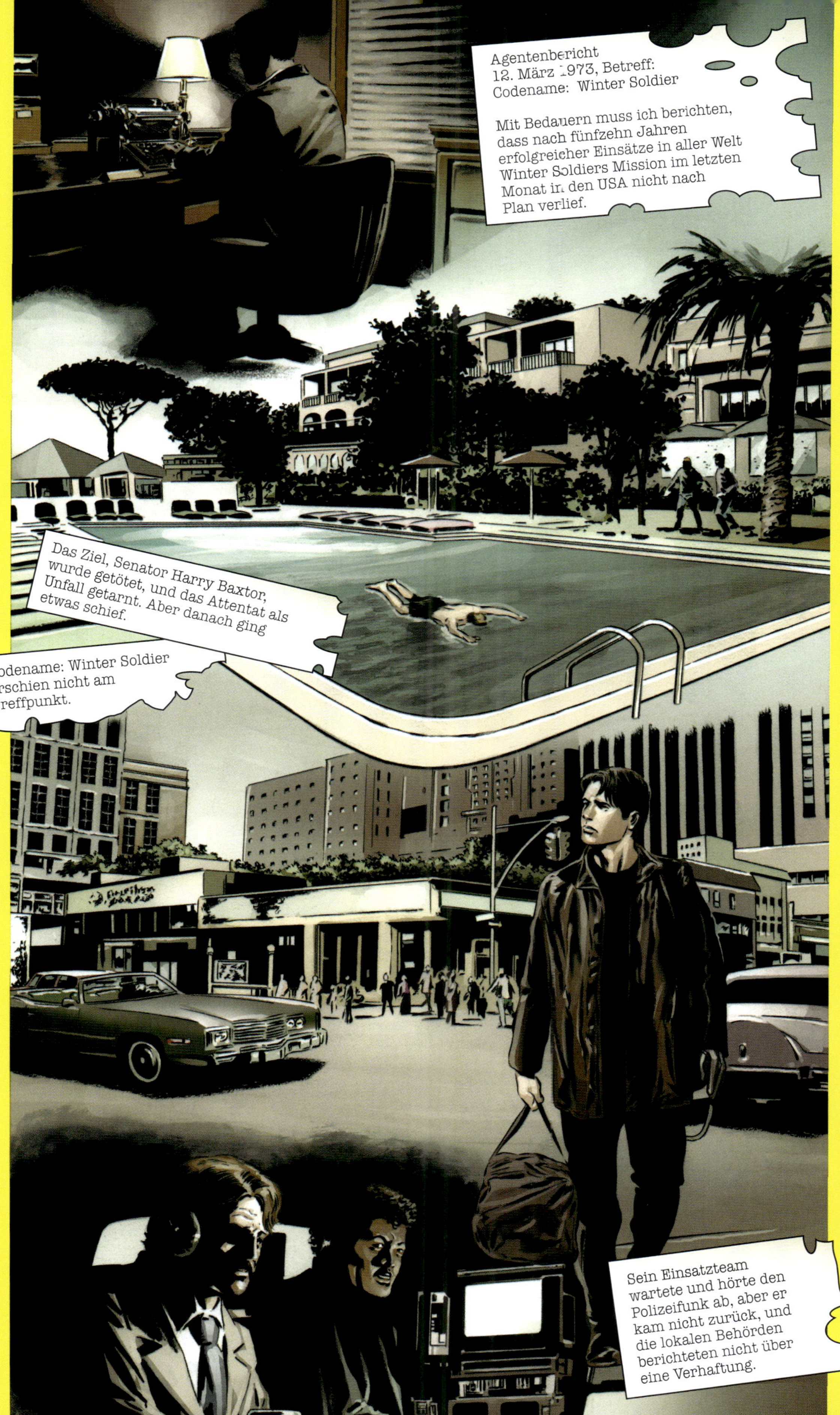
Agentenbericht
12. März 1973, Betreff:
Codename: Winter Soldier
Mit Bedauern muss ich berichten, dass nach fünfzehn Jahren erfolgreicher Einsätze in aller Welt Winter Soldiers Mission im letzten Monat in den USA nicht nach Plan verlief.
Das Ziel, Senator Harry Baxtor, wurde getötet, und das Attentat als Unfall getarnt. Aber danach ging etwas schief.
Codename: Winter Soldier erschien nicht am Treffpunkt.
Sein Einsatzteam wartete und hörte den Polizeifunk ab, aber er kam nicht zurück, und die lokalen Behörden berichteten nicht über eine Verhaftung.

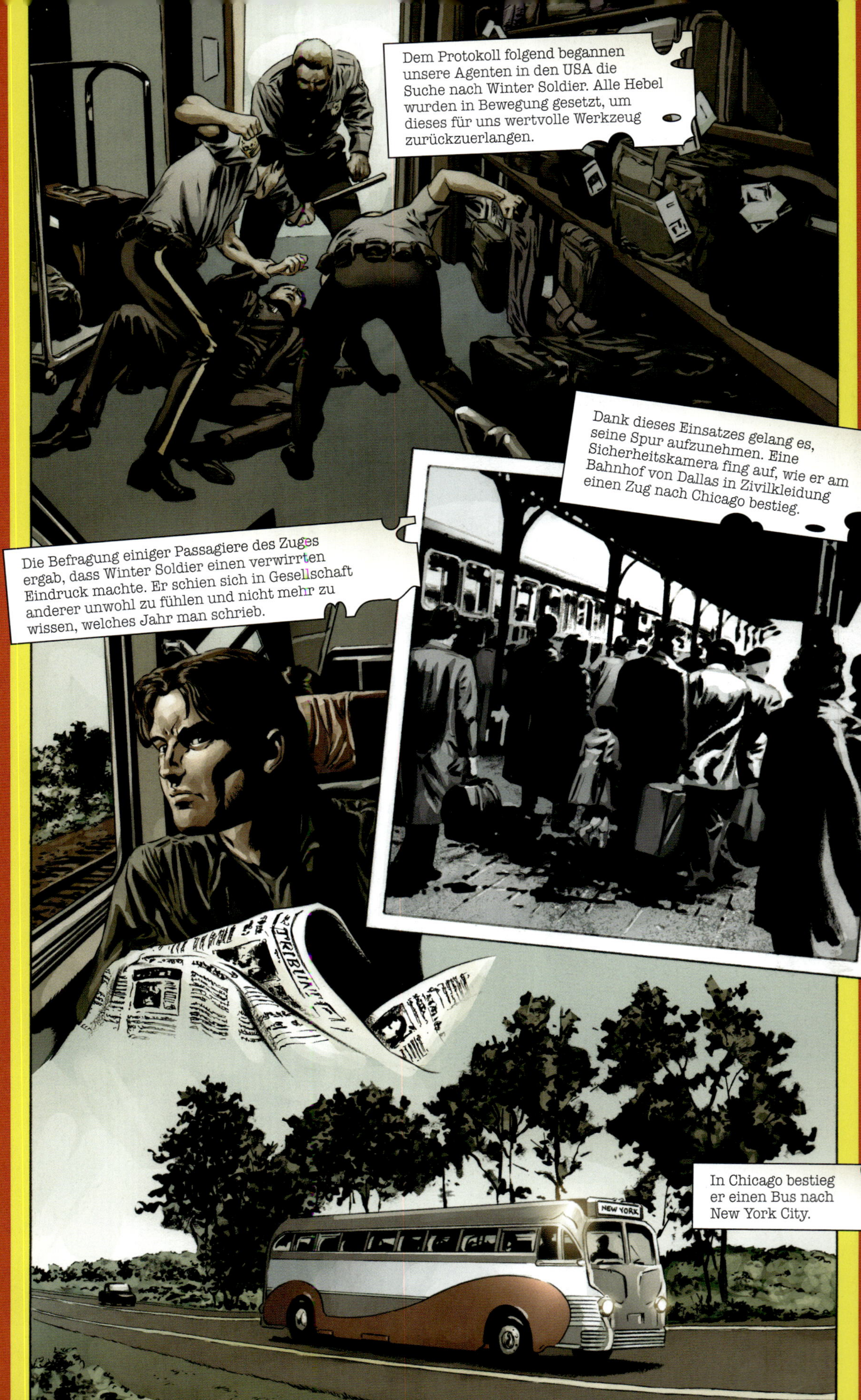
Dem Protokoll folgend begannen unsere Agenten in den USA die Suche nach Winter Soldier. Alle Hebel wurden in Bewegung gesetzt, um dieses für uns wertvolle Werkzeug zurückzuerlangen.
Dank dieses Einsatzes gelang es, seine Spur aufzunehmen. Eine Sicherheitskamera fing auf, wie er am Bahnhof von Dallas in Zivilkleidung einen Zug nach Chicago bestieg.
Die Befragung einiger Passagiere des Zuges ergab, dass Winter Soldier einen verwirrten Eindruck machte. Er schien sich in Gesellschaft anderer unwohl zu fühlen und nicht mehr zu wissen, welches Jahr man schrieb.
TRIBUNE
In Chicago bestieg er einen Bus nach New York City.
NEW YORK

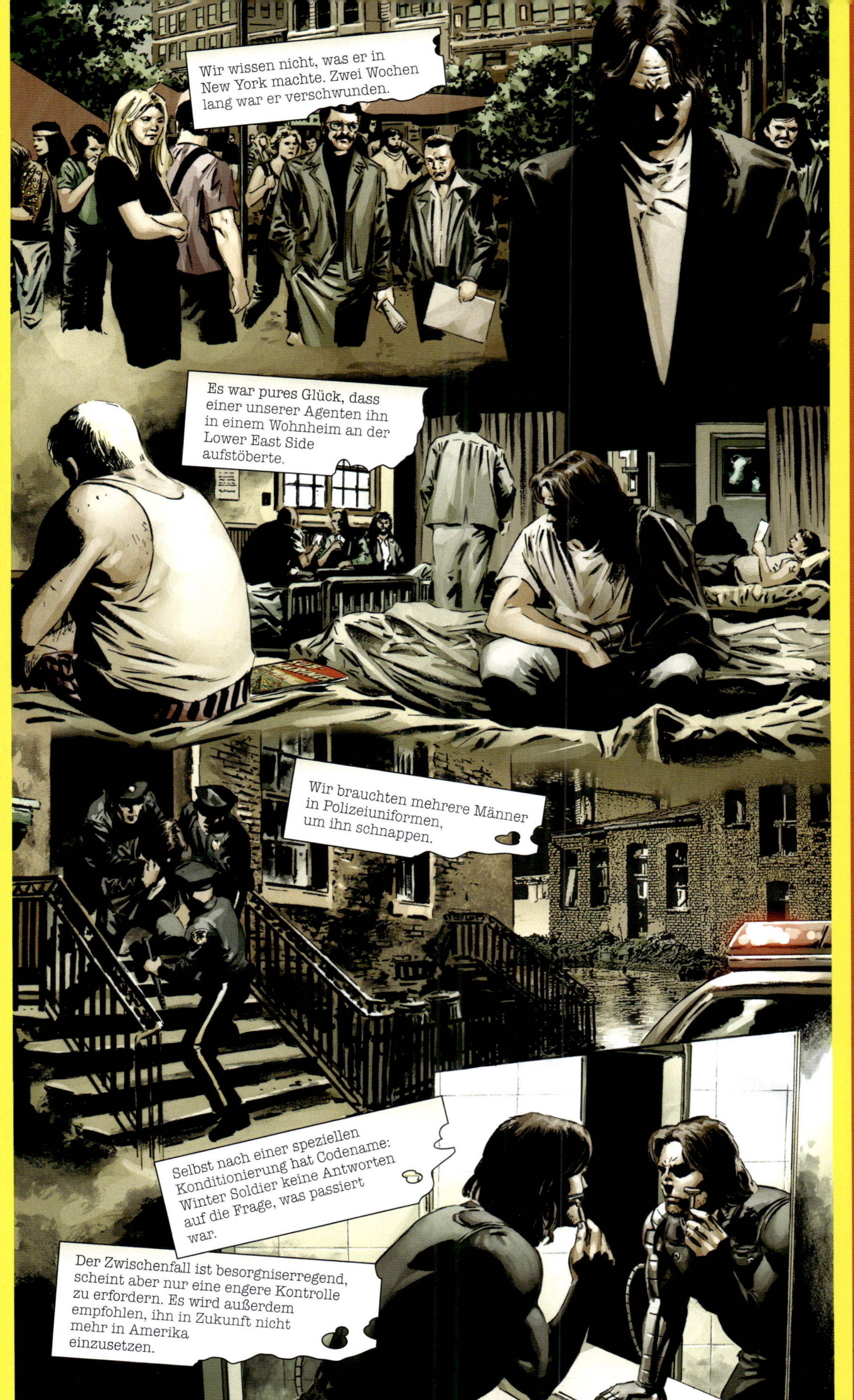
Wir wissen nicht, was er in New York machte. Zwei Wochen lang war er verschwunden.
Es war pures Glück, dass einer unserer Agenten ihn in einem Wohnheim an der Lower East Side aufstöberte.
Wir brauchten mehrere Männer in Polizeiuniformen, um ihn schnappen.
Selbst nach einer speziellen Konditionierung hat Codename: Winter Soldier keine Antworten auf die Frage, was passiert war.
Der Zwischenfall ist besorgniserregend, scheint aber nur eine engere Kontrolle zu erfordern. Es wird außerdem empfohlen, ihn in Zukunft nicht mehr in Amerika einzusetzen.

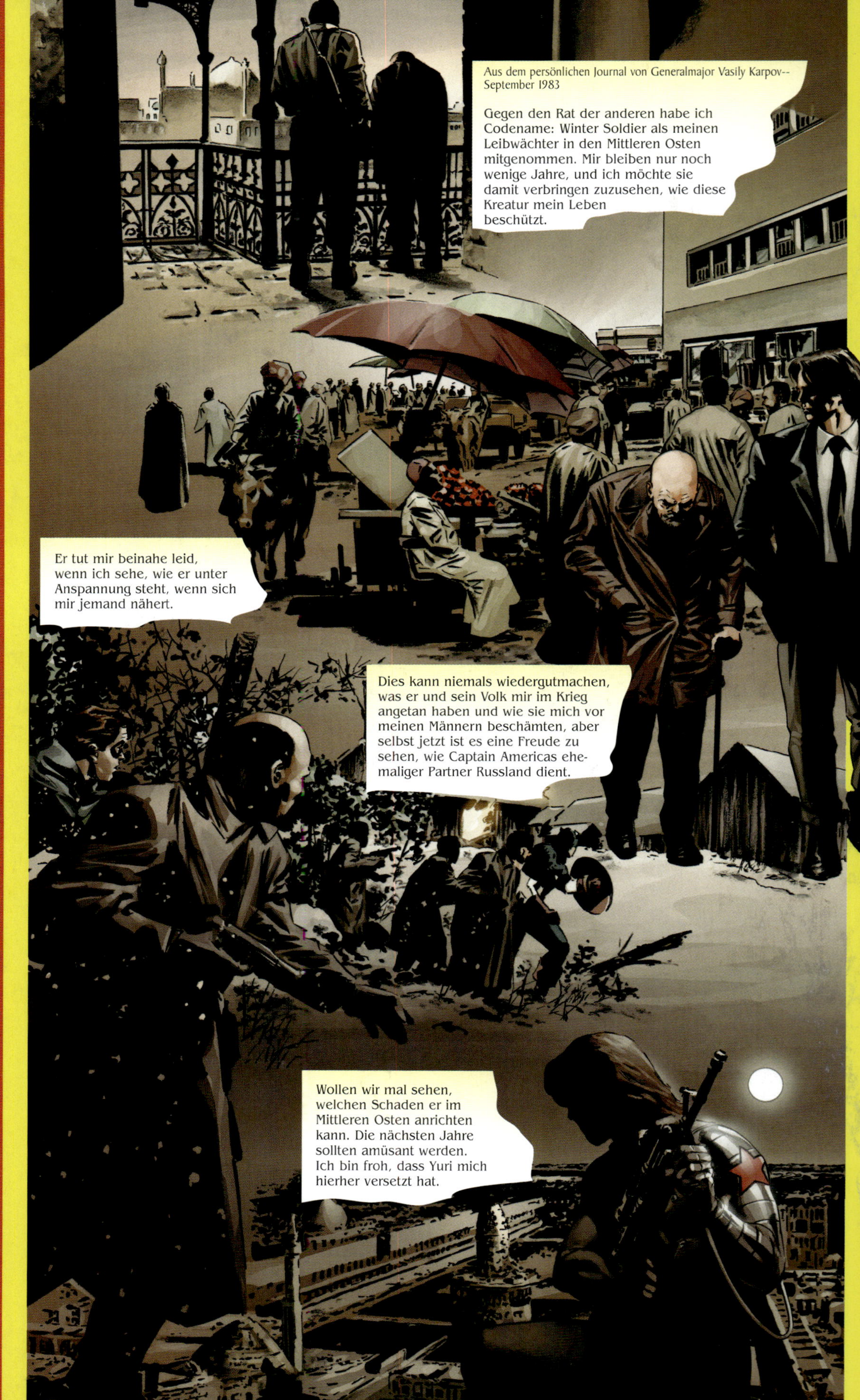
Aus dem persönlichen Journal von Generalmajor Vasily Karpov--
September 1983
Gegen den Rat der anderen habe ich Codename: Winter Soldier als meinen Leibwächter in den Mittleren Osten mitgenommen. Mir bleiben nur noch wenige Jahre, und ich möchte sie damit verbringen zuzusehen, wie diese Kreatur mein Leben beschützt.
Er tut mir beinahe leid, wenn ich sehe, wie er unter Anspannung steht, wenn sich mir jemand nähert.
Dies kann niemals wiedergutmachen, was er und sein Volk mir im Krieg angetan haben und wie sie mich vor meinen Männern beschämten, aber selbst jetzt ist es eine Freude zu sehen, wie Captain Americas ehemaliger Partner Russland dient.
Wollen wir mal sehen, welchen Schaden er im Mittleren Osten anrichten kann. Die nächsten Jahre sollten amüsant werden. Ich bin froh, dass Yuri mich hierher versetzt hat.

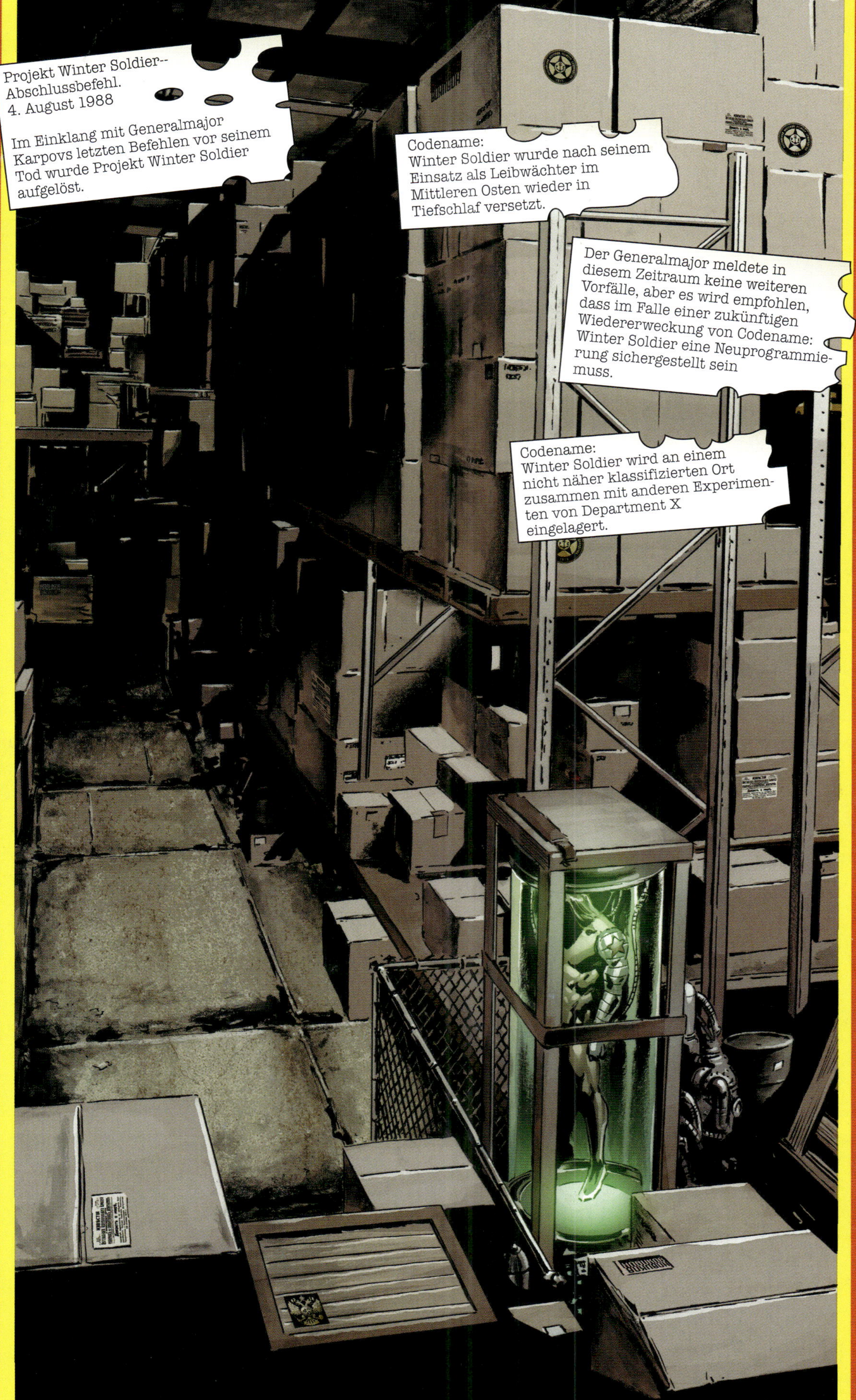

Projekt Winter Soldier--
Abschlussbefehl.
4. August 1988
Im Einklang mit Generalmajor Karpovs letzten Befehlen vor seinem Tod wurde Projekt Winter Soldier aufgelöst.
Codename:
Winter Soldier wurde nach seinem Einsatz als Leibwächter im Mittleren Osten wieder in Tiefschlaf versetzt.
Der Generalmajor meldete in diesem Zeitraum keine weiteren Vorfälle, aber es wird empfohlen, dass im Falle einer zukünftigen Wiedererweckung von Codename: Winter Soldier eine Neuprogrammierung sichergestellt sein muss.
Codename:
Winter Soldier wird an einem nicht näher klassifizierten Ort zusammen mit anderen Experimenten von Department X eingelagert.

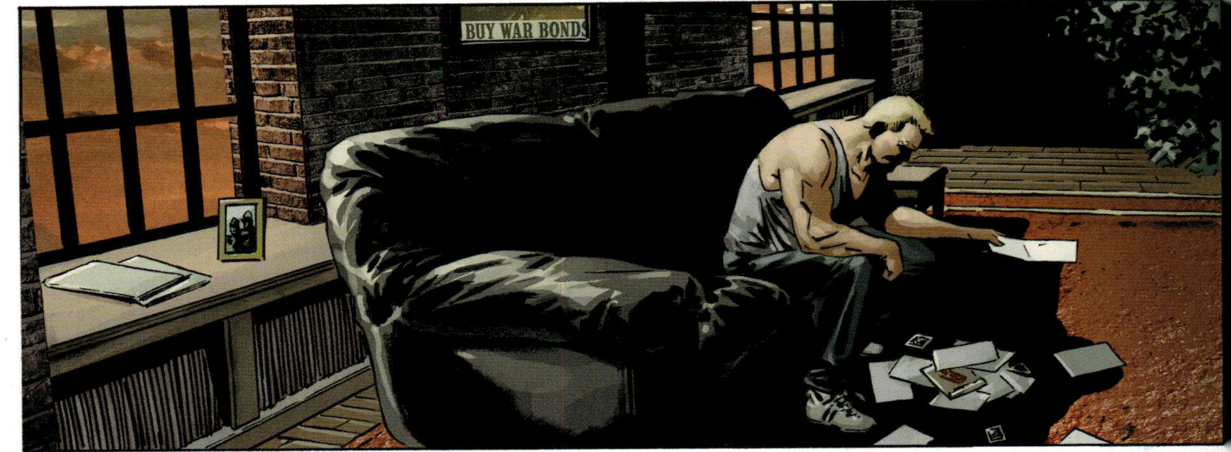
BUY WAR BONDS

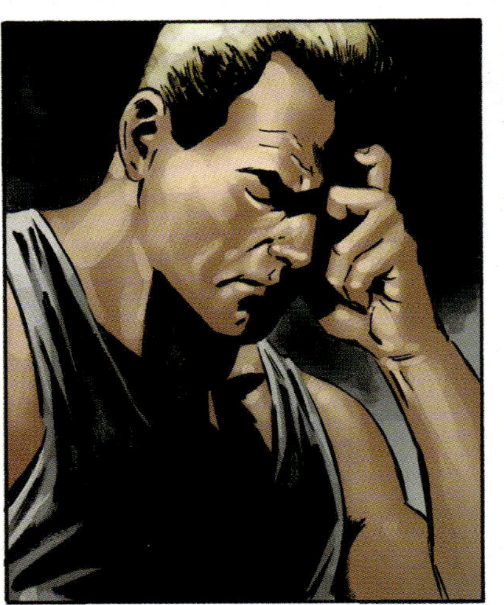

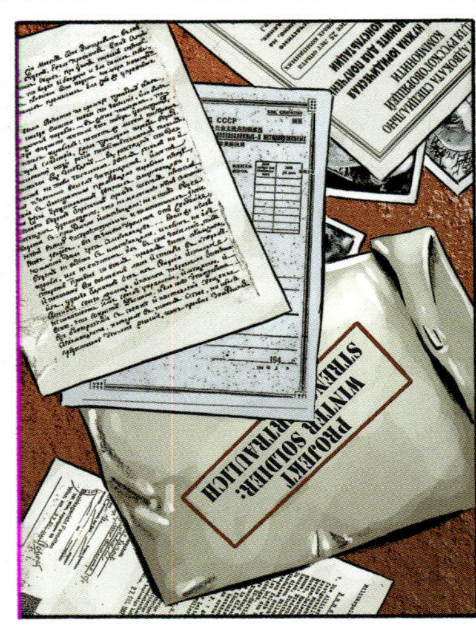
PROJEKT
WINTER SOLDIER:
STRENG VERTRAULICH

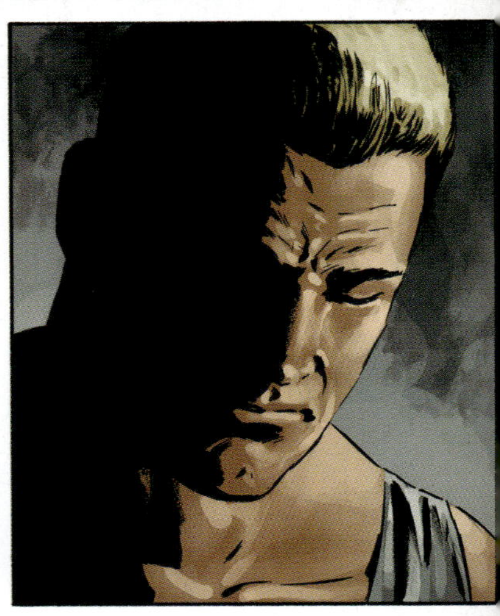

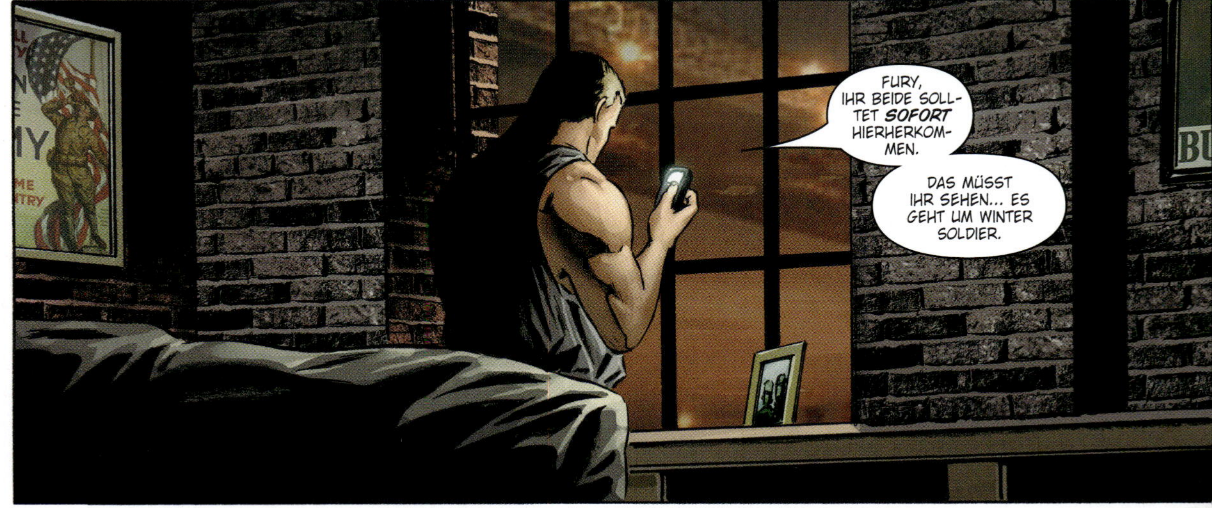
FURY, IHR BEIDE SOLLTET **SOFORT** HIERHERKOMMEN.
DAS MÜSST IHR SEHEN... ES GEHT UM WINTER SOLDIER.

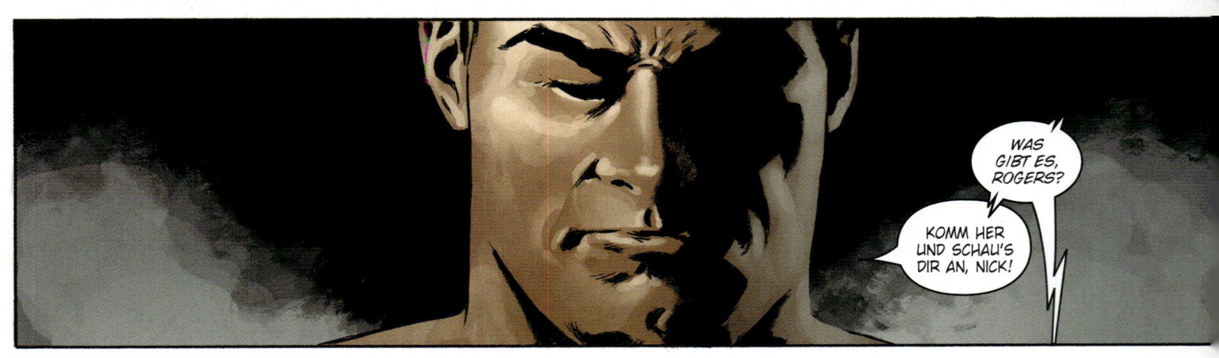
*WAS GIBT ES, ROGERS?*
KOMM HER UND SCHAU'S DIR AN, NICK!

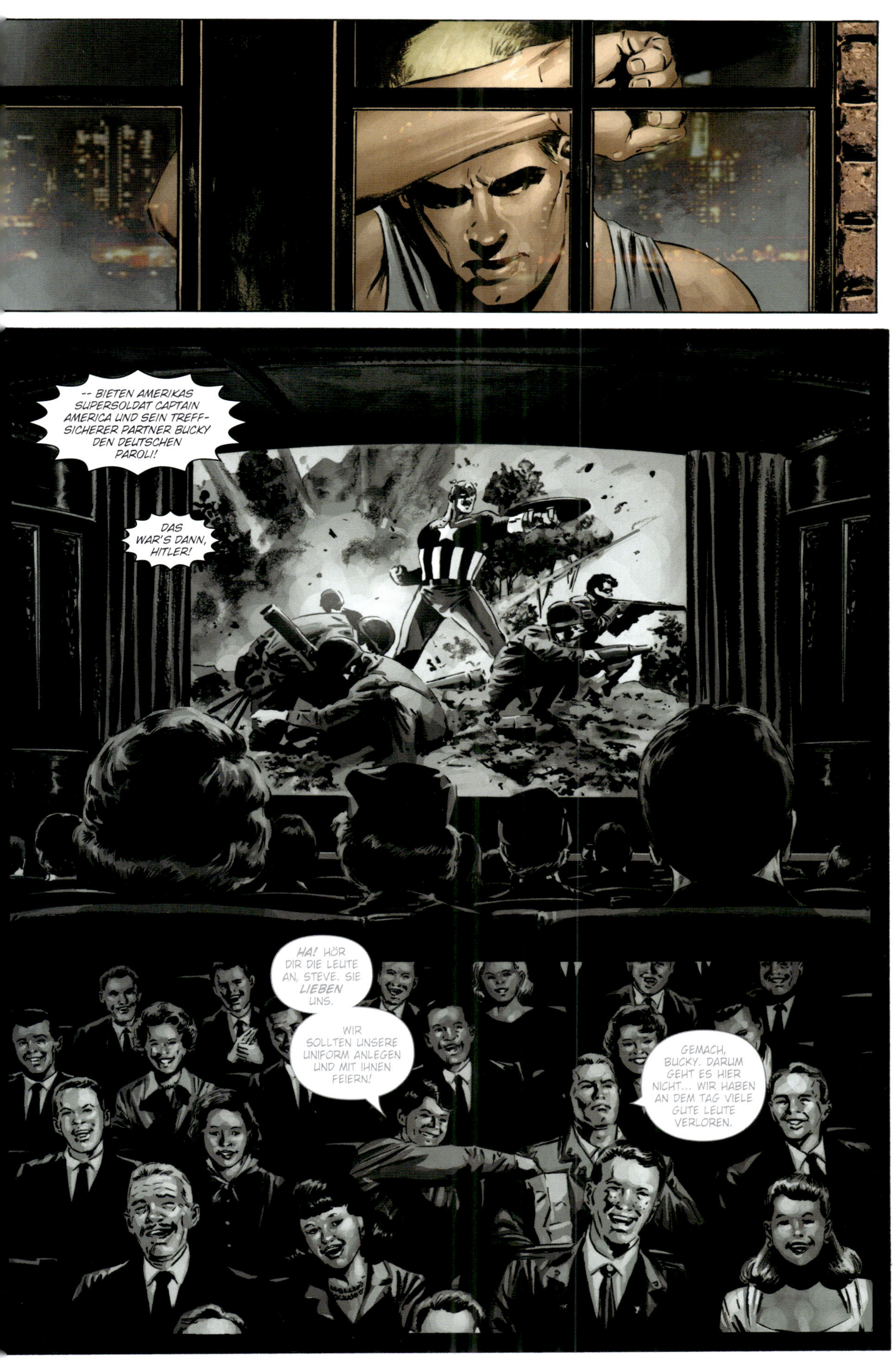
-- BIETEN AMERIKAS SUPERSOLDAT CAPTAIN AMERICA UND SEIN TREFF-SICHERER PARTNER BUCKY DEN DEUTSCHEN PAROLI!
DAS WAR'S DANN, HITLER!
HA! HÖR DIR DIE LEUTE AN, STEVE. SIE LIEBEN UNS.
WIR SOLLTEN UNSERE UNIFORM ANLEGEN UND MIT IHNEN FEIERN!
GEMACH, BUCKY. DARUM GEHT ES HIER NICHT... WIR HABEN AN DEM TAG VIELE GUTE LEUTE VERLOREN.

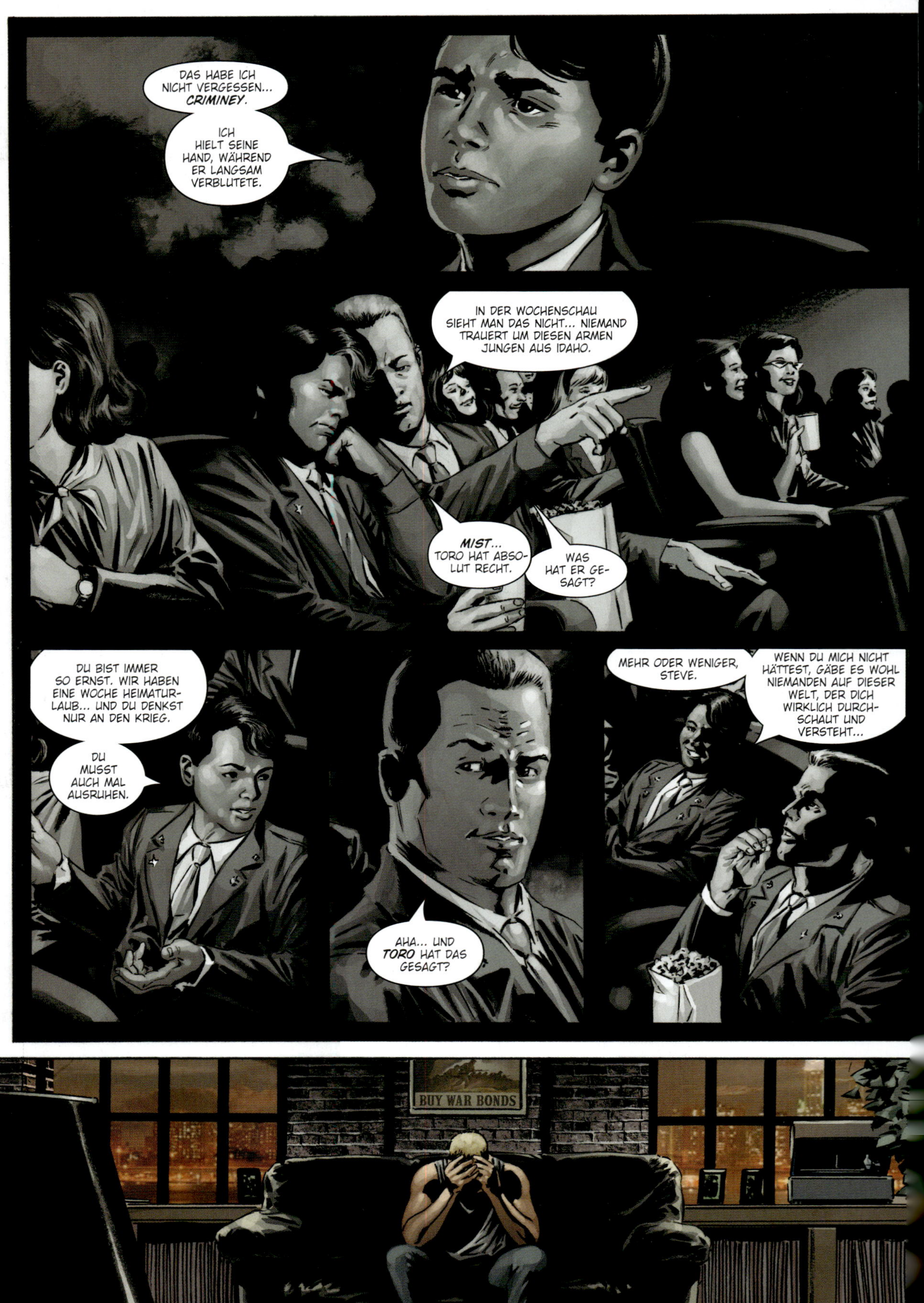
DAS HABE ICH NICHT VERGESSEN... CRIMINEY.
ICH HIELT SEINE HAND, WÄHREND ER LANGSAM VERBLUTETE.
IN DER WOCHENSCHAU SIEHT MAN DAS NICHT... NIEMAND TRAUERT UM DIESEN ARMEN JUNGEN AUS IDAHO.
MIST... TORO HAT ABSOLUT RECHT.
WAS HAT ER GESAGT?
DU BIST IMMER SO ERNST. WIR HABEN EINE WOCHE HEIMATURLAUB... UND DU DENKST NUR AN DEN KRIEG.
DU MUSST AUCH MAL AUSRUHEN.
AHA... UND TORO HAT DAS GESAGT?
MEHR ODER WENIGER, STEVE.
WENN DU MICH NICHT HÄTTEST, GÄBE ES WOHL NIEMANDEN AUF DIESER WELT, DER DICH WIRKLICH DURCHSCHAUT UND VERSTEHT...
BUY WAR BONDS

## WINTER SOLDIER, TEIL 4

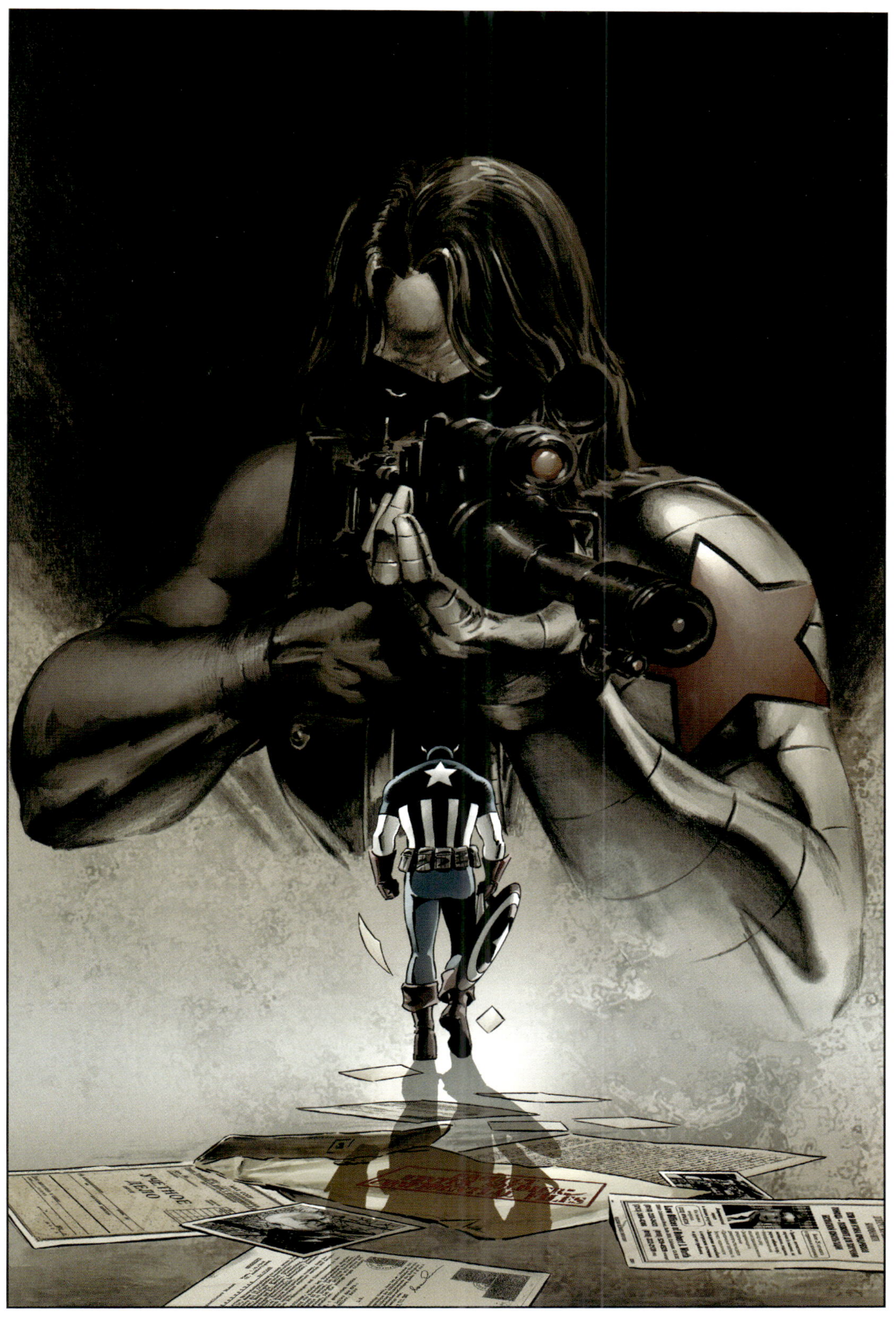

Captain America (2004) 12
Cover von **STEVE EPTING**

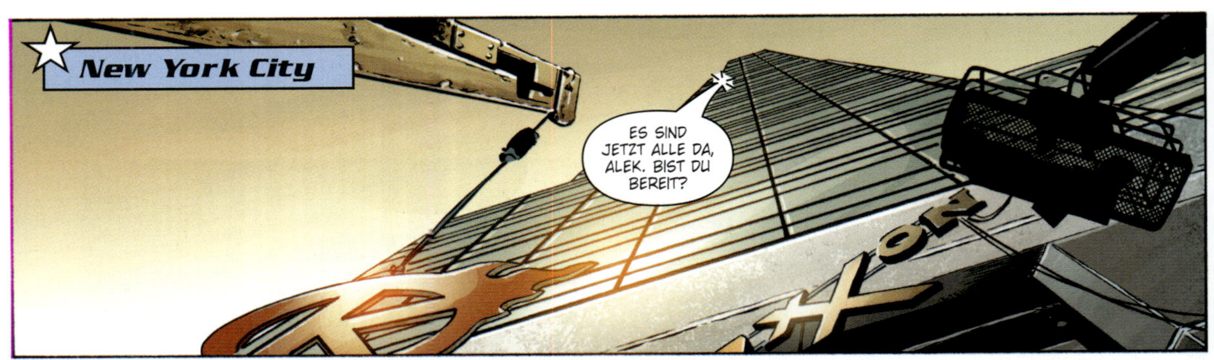
New York City
ES SIND JETZT ALLE DA, ALEK. BIST DU BEREIT?

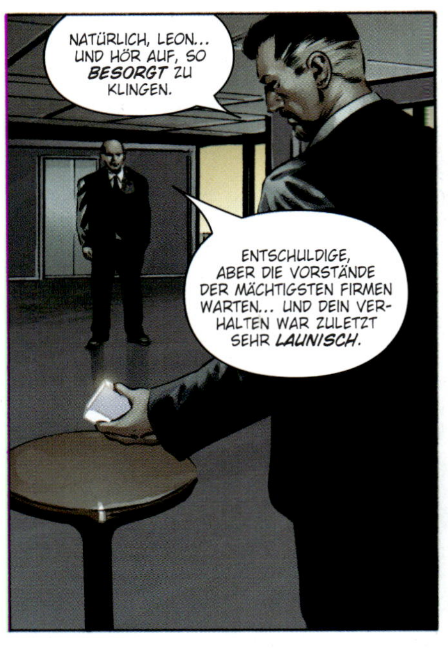
NATÜRLICH, LEON... UND HÖR AUF, SO BESORGT ZU KLINGEN.
ENTSCHULDIGE, ABER DIE VORSTÄNDE DER MÄCHTIGSTEN FIRMEN WARTEN... UND DEIN VERHALTEN WAR ZULETZT SEHR LAUNISCH.

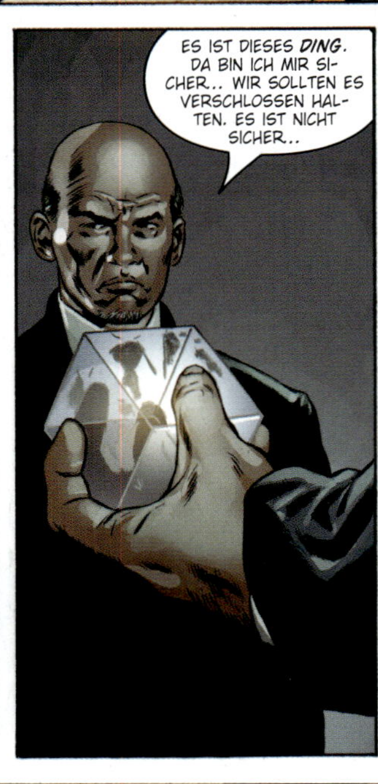
ES IST DIESES DING. DA BIN ICH MIR SICHER... WIR SOLLTEN ES VERSCHLOSSEN HALTEN. ES IST NICHT SICHER...

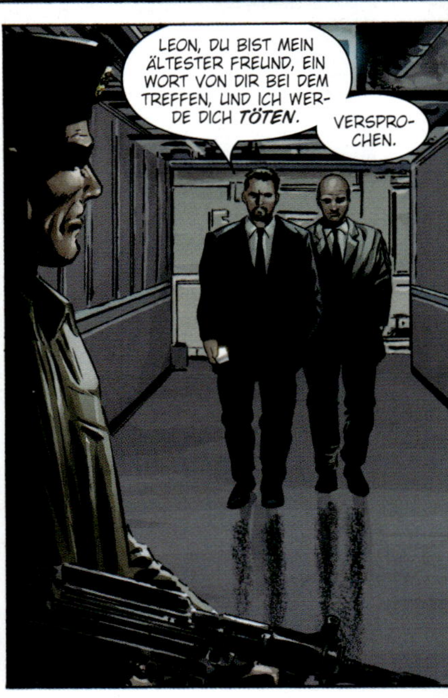
LEON, DU BIST MEIN ÄLTESTER FREUND. EIN WORT VON DIR BEI DEM TREFFEN, UND ICH WERDE DICH TÖTEN.
VERSPROCHEN.

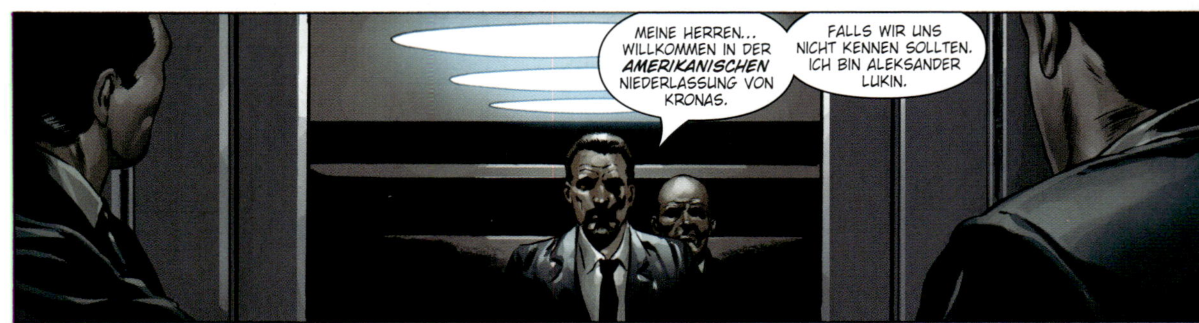
MEINE HERREN... WILLKOMMEN IN DER AMERIKANISCHEN NIEDERLASSUNG VON KRONAS.
FALLS WIR UNS NICHT KENNEN SOLLTEN. ICH BIN ALEKSANDER LUKIN.

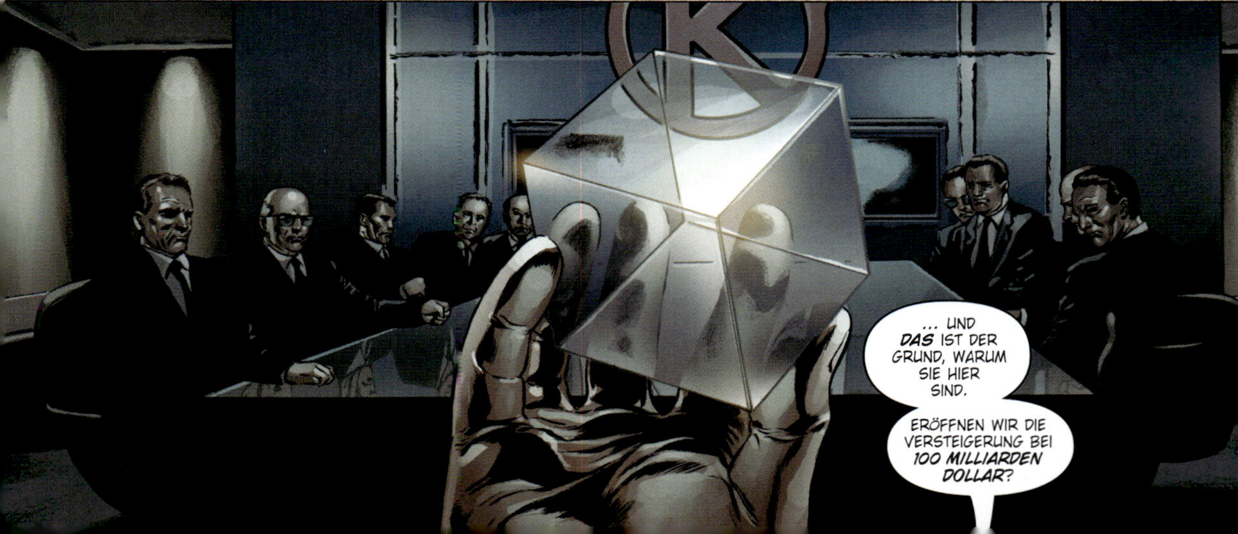
... UND DAS IST DER GRUND, WARUM SIE HIER SIND.
ERÖFFNEN WIR DIE VERSTEIGERUNG BEI 100 MILLIARDEN DOLLAR?

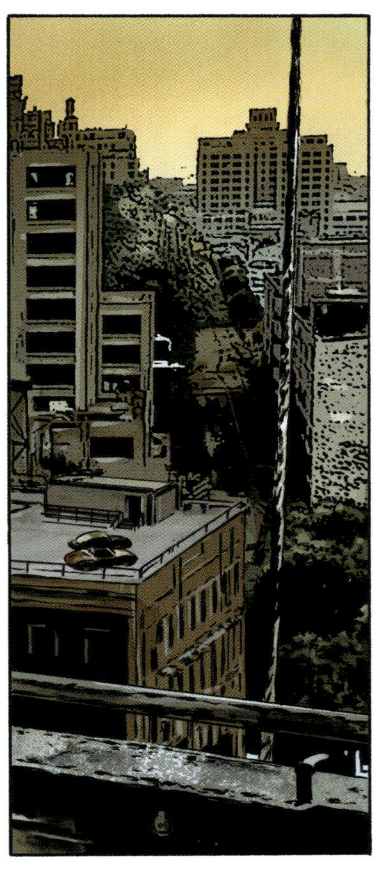

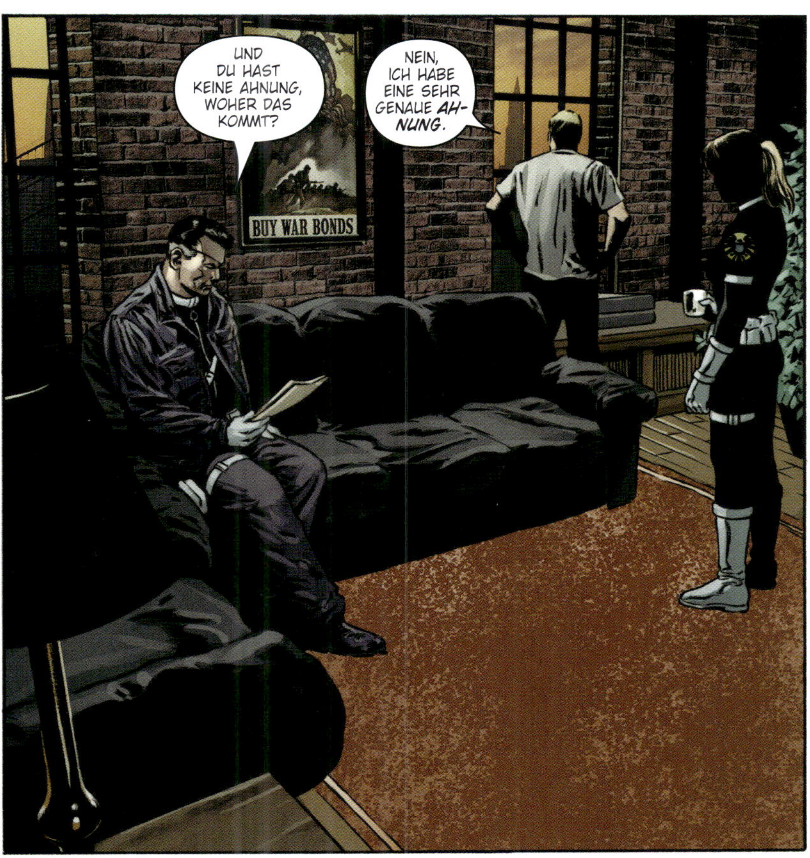

UND DU HAST KEINE AHNUNG, WOHER DAS KOMMT?
NEIN, ICH HABE EINE SEHR GENAUE AHNUNG.
BUY WAR BONDS


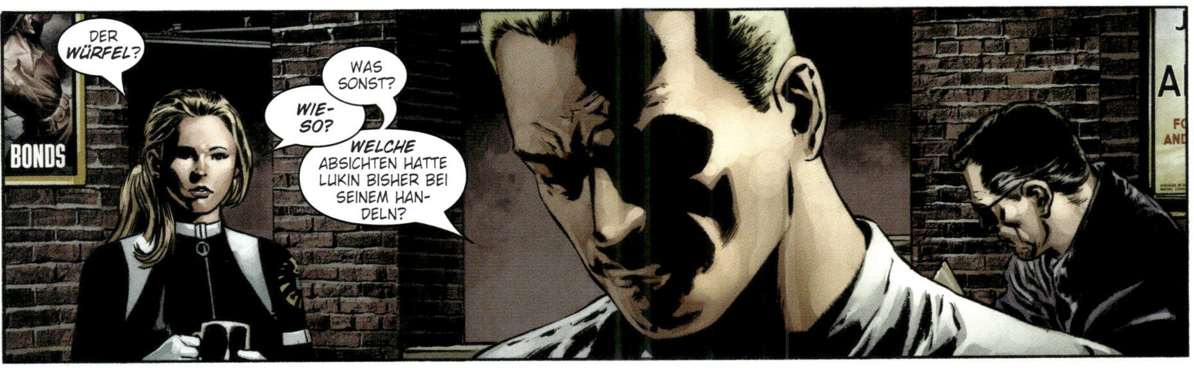

BONDS
DER WÜRFEL?
WIE-SO?
WAS SONST?
WELCHE ABSICHTEN HATTE LUKIN BISHER BEI SEINEM HANDELN?


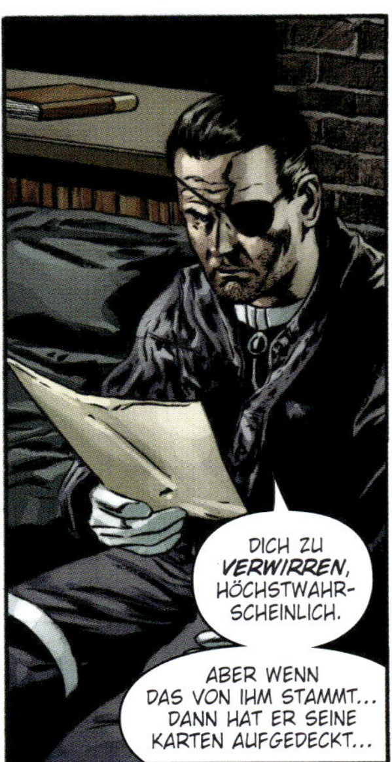

DICH ZU VERWIRREN, HÖCHSTWAHRSCHEINLICH.
ABER WENN DAS VON IHM STAMMT... DANN HAT ER SEINE KARTEN AUFGEDECKT...


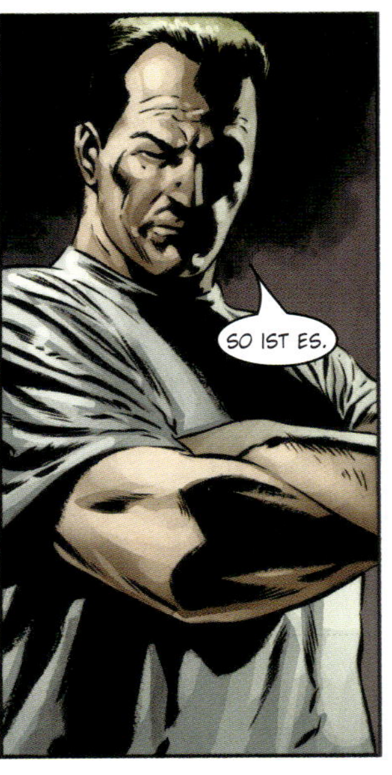

SO IST ES.


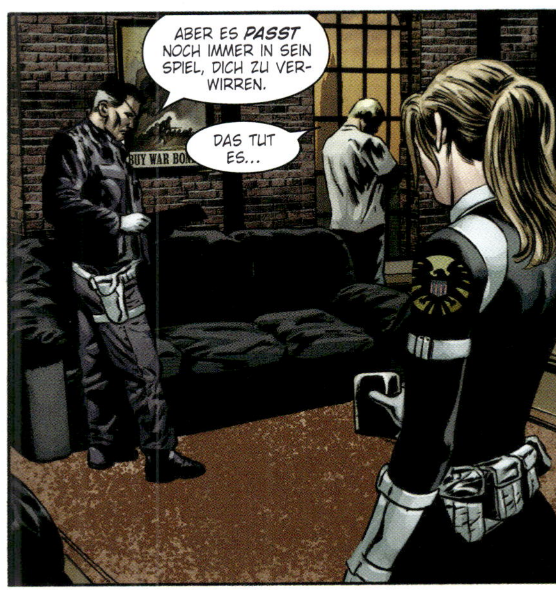

ABER ES PASST NOCH IMMER IN SEIN SPIEL, DICH ZU VERWIRREN.
DAS TUT ES...
BUY WAR BON

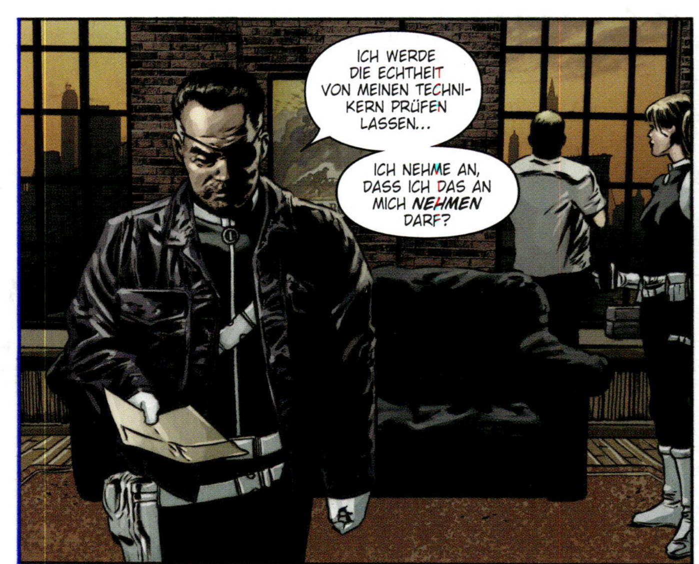
ICH WERDE DIE ECHTHEIT VON MEINEN TECHNIKERN PRÜFEN LASSEN...
ICH NEHME AN, DASS ICH DAS AN MICH NEHMEN DARF?

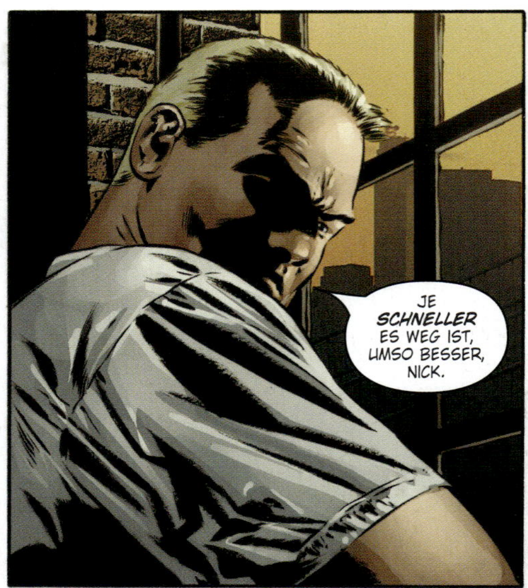
JE SCHNELLER ES WEG IST, UMSO BESSER, NICK.

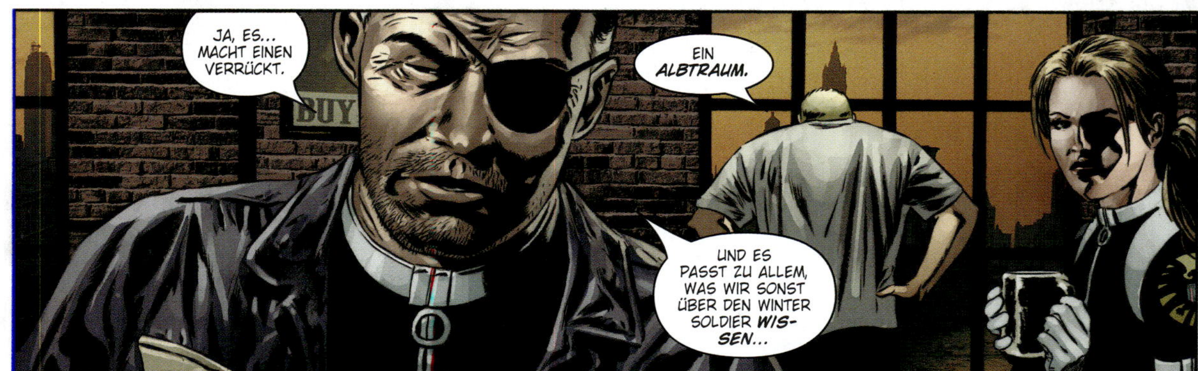
JA, ES... MACHT EINEN VERRÜCKT.
BUY
EIN ALBTRAUM.
UND ES PASST ZU ALLEM, WAS WIR SONST ÜBER DEN WINTER SOLDIER WISSEN...

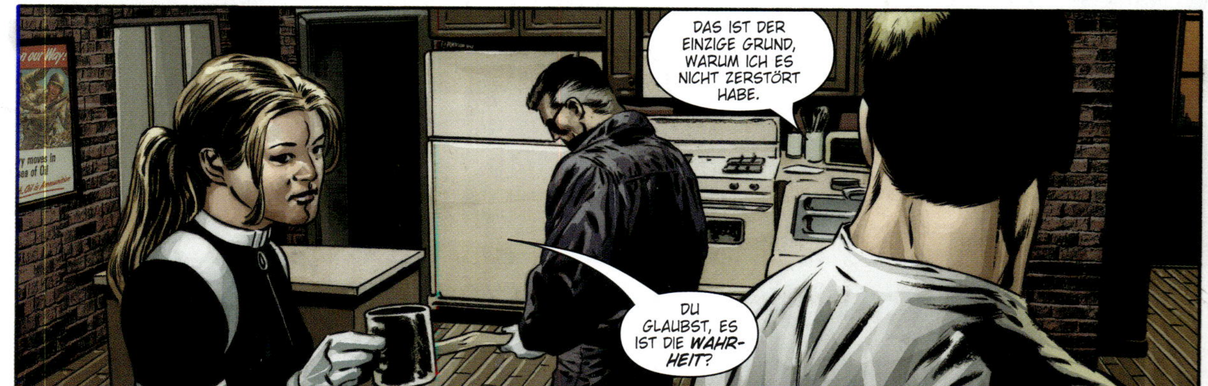
DAS IST DER EINZIGE GRUND, WARUM ICH ES NICHT ZERSTÖRT HABE.
DU GLAUBST, ES IST DIE WAHRHEIT?

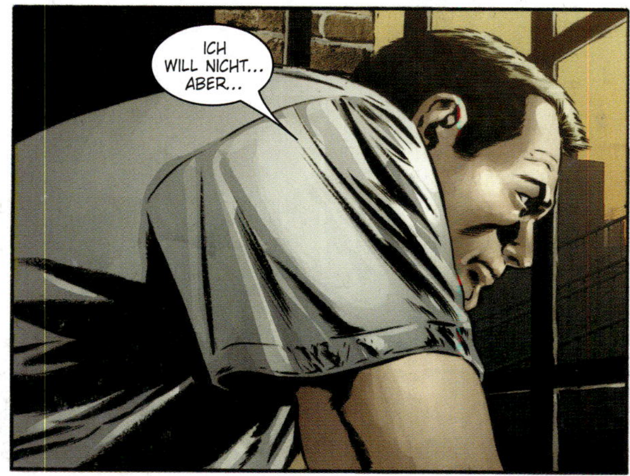
ICH WILL NICHT... ABER...

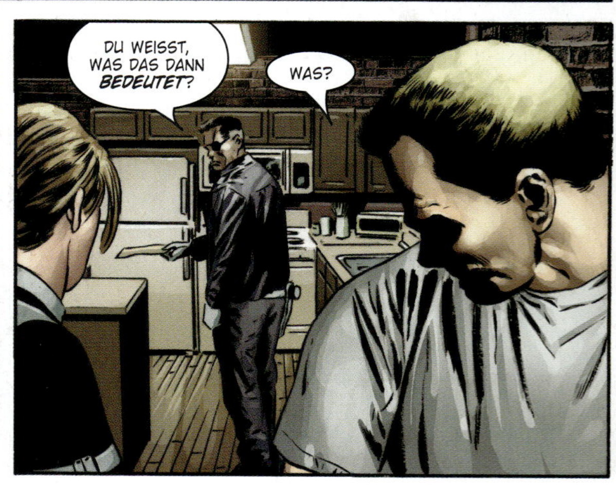
DU WEISST, WAS DAS DANN BEDEUTET?
WAS?

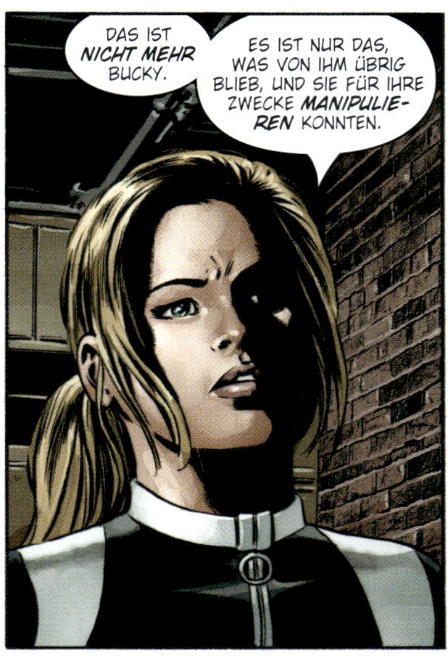
DAS IST NICHT MEHR BUCKY.
ES IST NUR DAS, WAS VON IHM ÜBRIG BLIEB, UND SIE FÜR IHRE ZWECKE MANIPULIEREN KONNTEN.

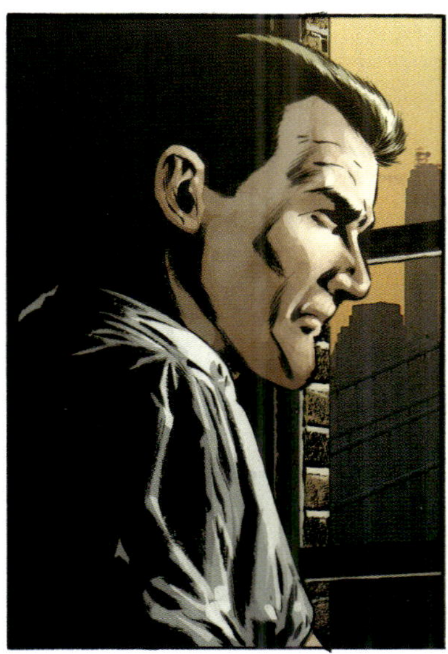

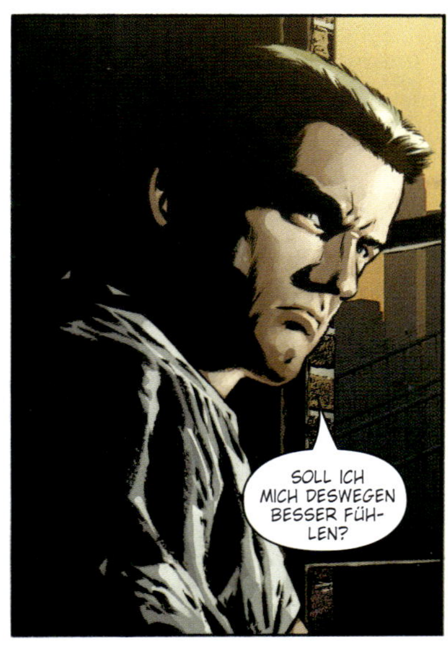
SOLL ICH MICH DESWEGEN BESSER FÜHLEN?

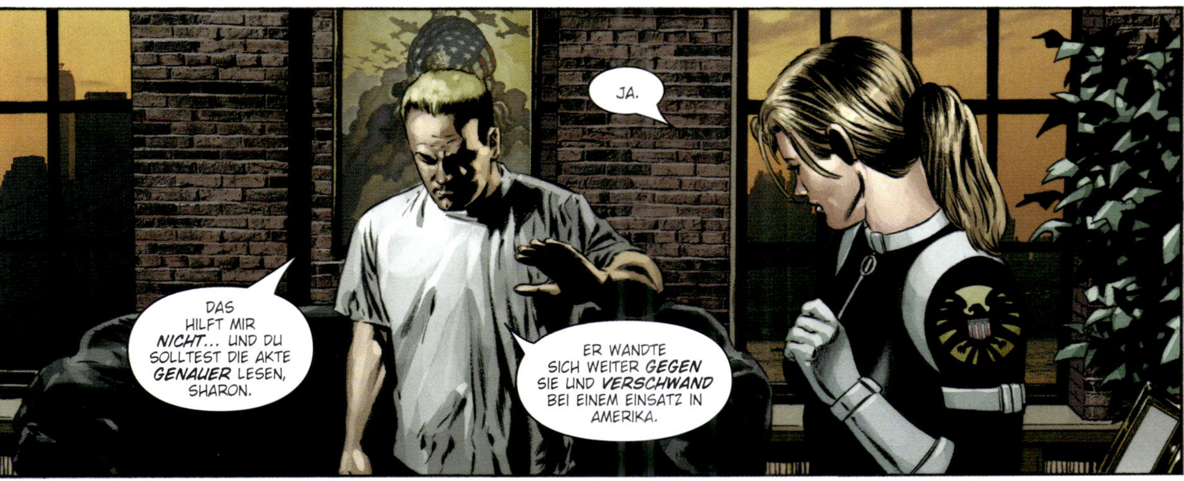
JA.
ER WANDTE SICH WEITER GEGEN SIE UND VERSCHWAND BEI EINEM EINSATZ IN AMERIKA.
DAS HILFT MIR NICHT... UND DU SOLLTEST DIE AKTE GENAUER LESEN, SHARON.

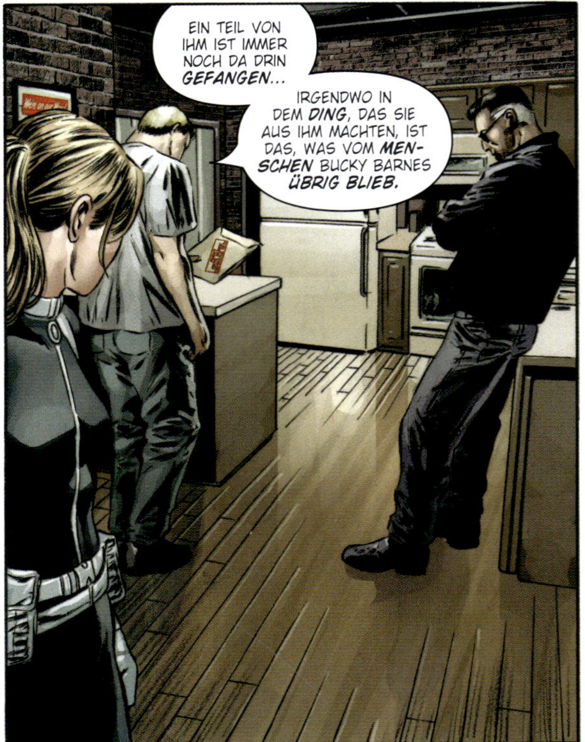
EIN TEIL VON IHM IST IMMER NOCH DA DRIN GEFANGEN...
IRGENDWO IN DEM DING, DAS SIE AUS IHM MACHTEN, IST DAS, WAS VOM MENSCHEN BUCKY BARNES ÜBRIG BLIEB.

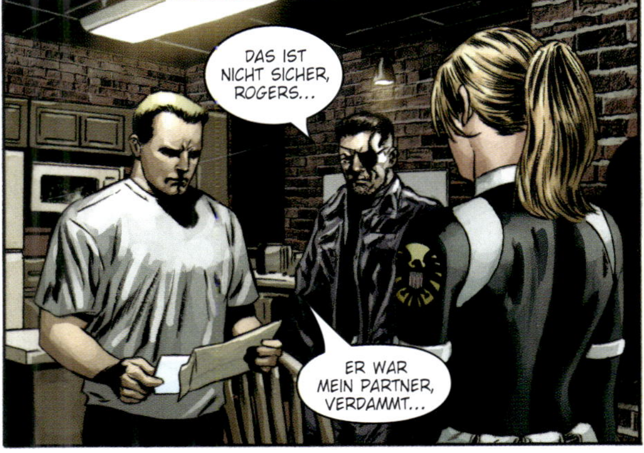
DAS IST NICHT SICHER, ROGERS...
ER WAR MEIN PARTNER, VERDAMMT...

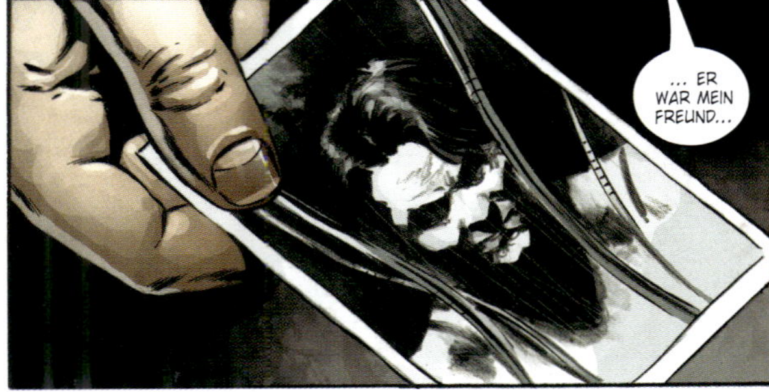
... ER WAR MEIN FREUND...

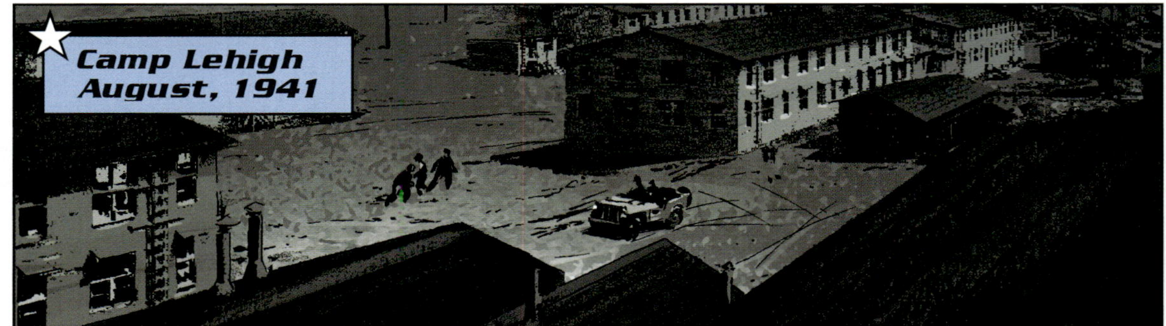
Camp Lehigh
August, 1941

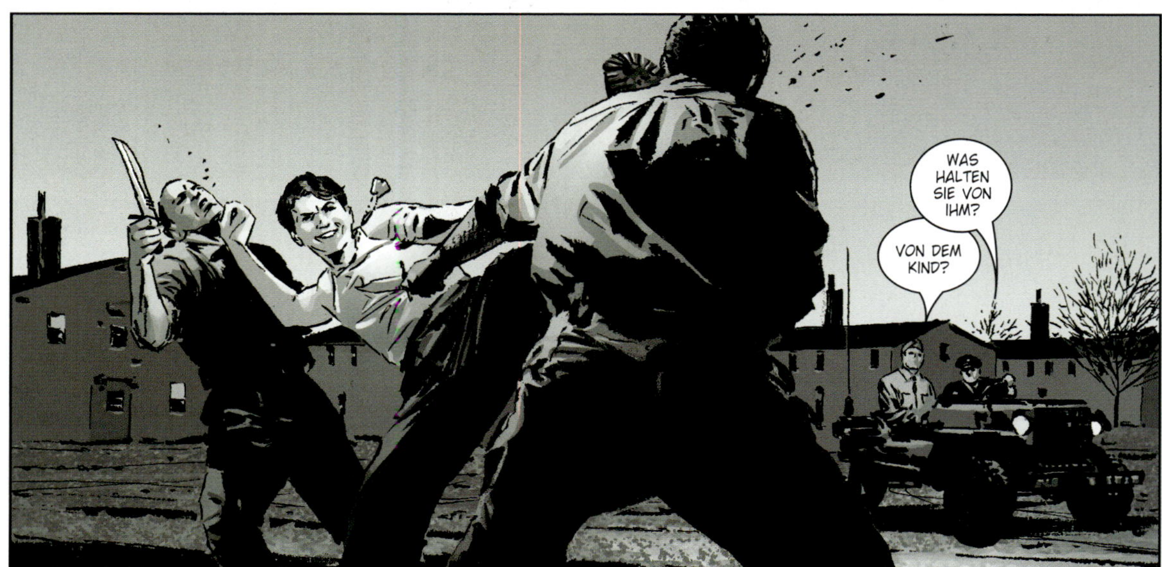
WAS HALTEN SIE VON IHM?
VON DEM KIND?

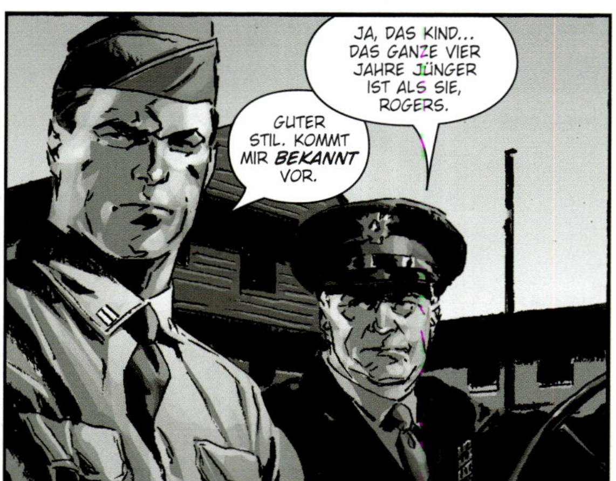
JA, DAS KIND... DAS GANZE VIER JAHRE JÜNGER IST ALS SIE, ROGERS.
GUTER STIL. KOMMT MIR BEKANNT VOR.

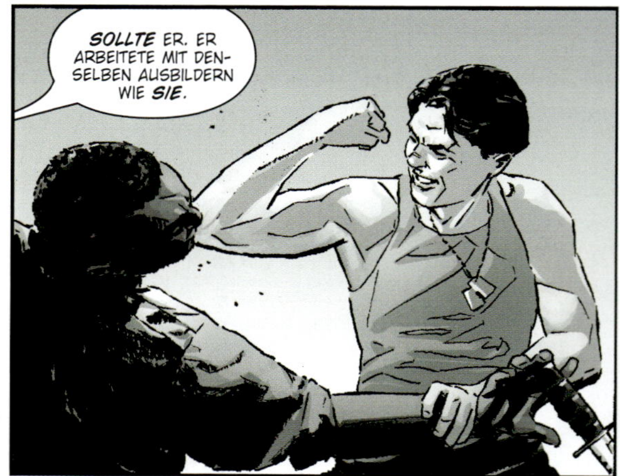
SOLLTE ER. ER ARBEITETE MIT DEN-SELBEN AUSBILDERN WIE SIE.

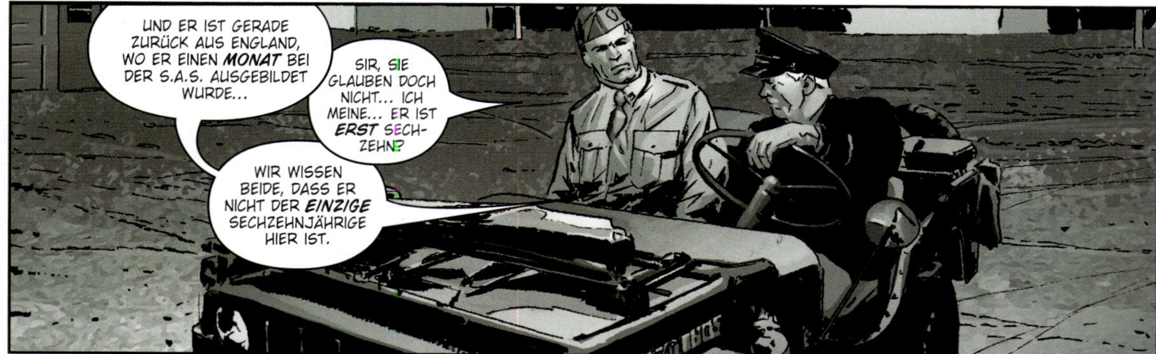
UND ER IST GERADE ZURÜCK AUS ENGLAND, WO ER EINEN MONAT BEI DER S.A.S. AUSGEBILDET WURDE...
SIR, SIE GLAUBEN DOCH NICHT... ICH MEINE... ER IST ERST SECH-ZEHN?
WIR WISSEN BEIDE, DASS ER NICHT DER EINZIGE SECHZEHNJÄHRIGE HIER IST.

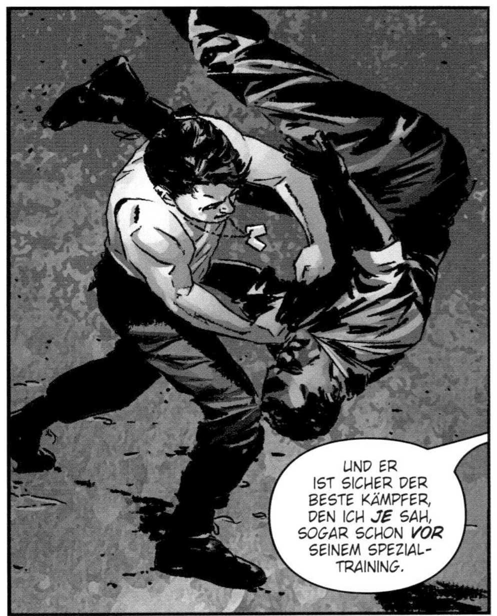

UND ER IST SICHER DER BESTE KÄMPFER, DEN ICH *JE* SAH, SOGAR SCHON *VOR* SEINEM SPEZIAL-TRAINING.


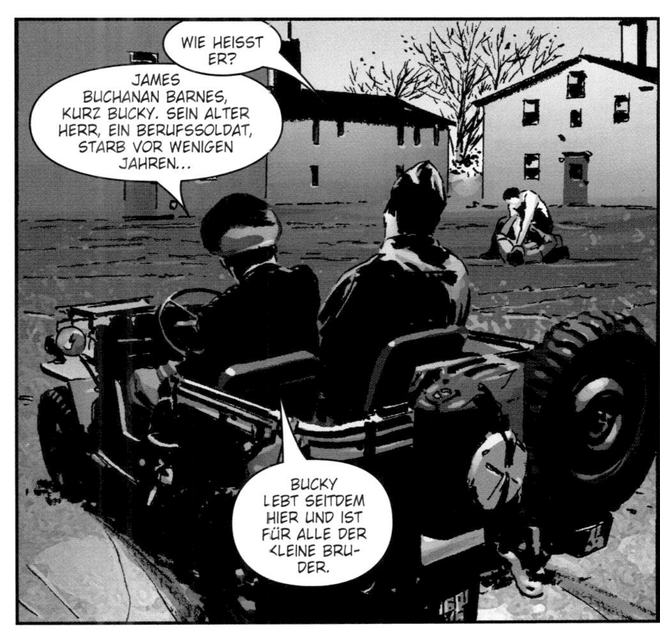

WIE HEISST ER?
JAMES BUCHANAN BARNES, KURZ BUCKY. SEIN ALTER HERR, EIN BERUFSSOLDAT, STARB VOR WENIGEN JAHREN...
BUCKY LEBT SEITDEM HIER UND IST FÜR ALLE DER KLEINE BRU-DER.


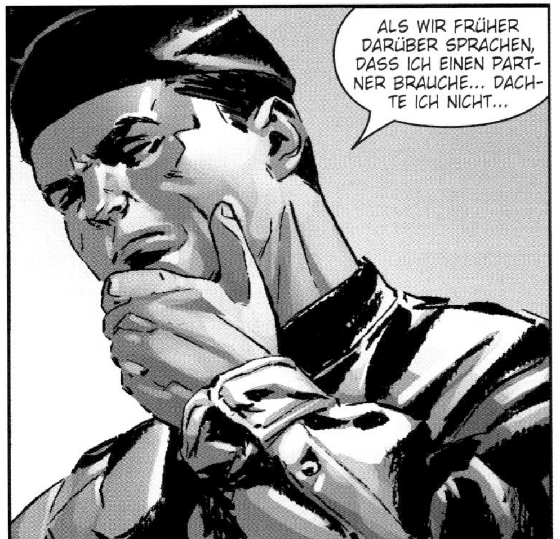

ALS WIR FRÜHER DARÜBER SPRACHEN, DASS ICH EINEN PART-NER BRAUCHE... DACH-TE ICH NICHT...


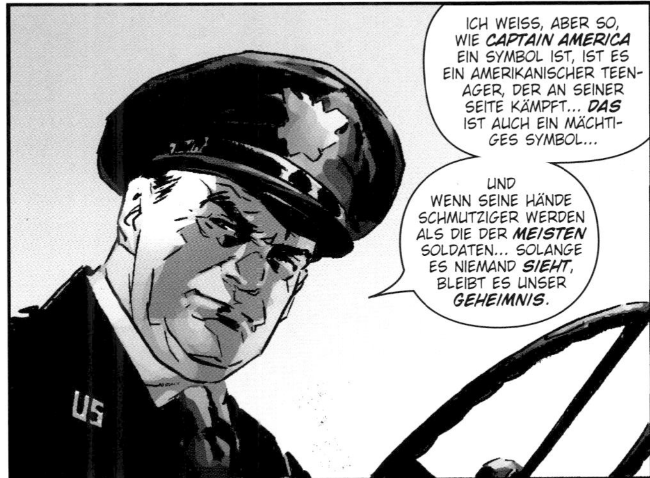

ICH WEISS, ABER SO, WIE *CAPTAIN AMERICA* EIN SYMBOL IST, IST ES EIN AMERIKANISCHER TEEN-AGER, DER AN SEINER SEITE KÄMPFT... *DAS* IST AUCH EIN MÄCHTI-GES SYMBOL...
UND WENN SEINE HÄNDE SCHMUTZIGER WERDEN ALS DIE DER *MEISTEN* SOLDATEN... SOLANGE ES NIEMAND *SIEHT*, BLEIBT ES UNSER *GEHEIMNIS*.
US


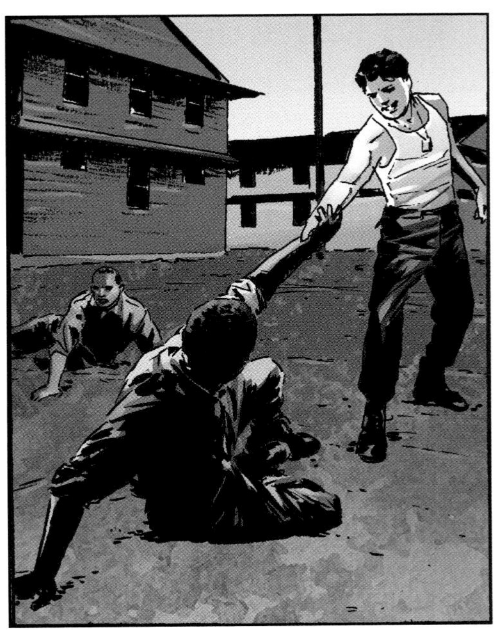

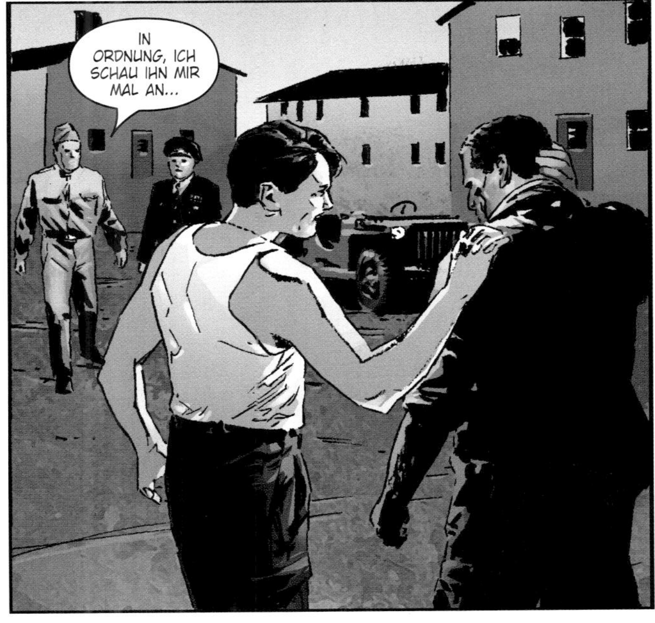

IN ORDNUNG, ICH SCHAU IHN MIR MAL AN...

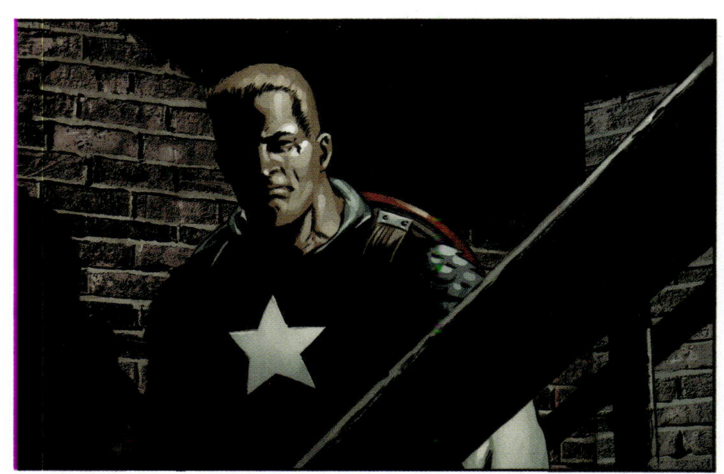
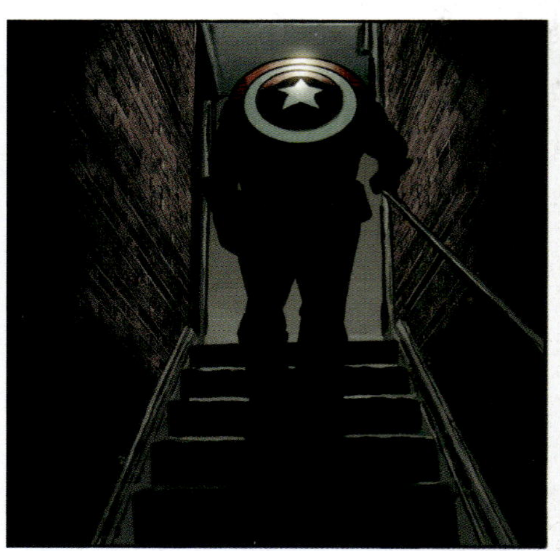
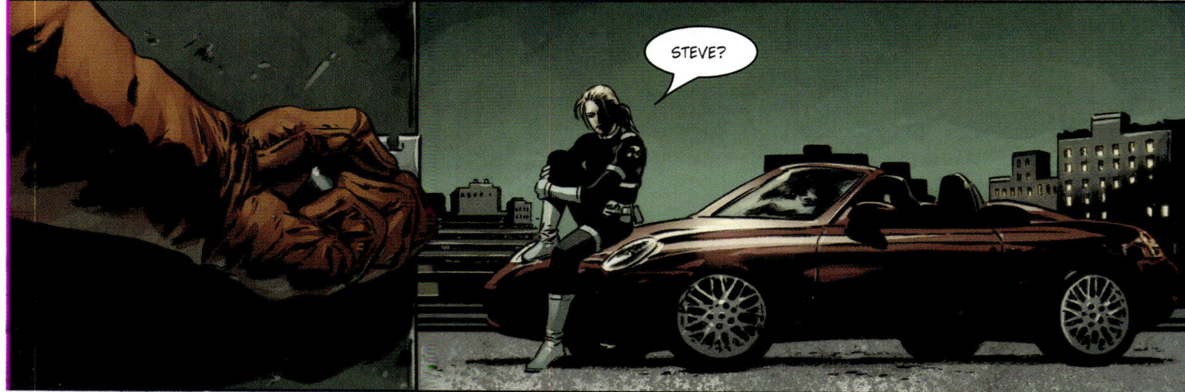
STEVE?
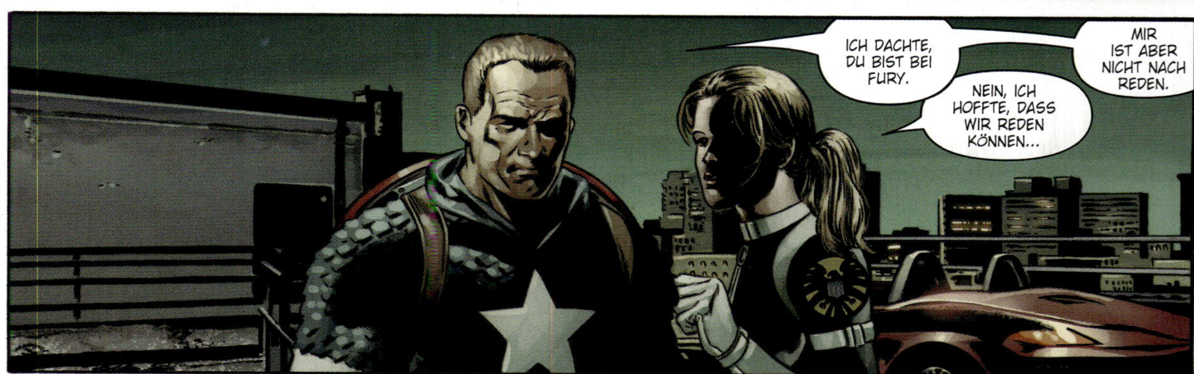
ICH DACHTE, DU BIST BEI FURY.
NEIN, ICH HOFFTE, DASS WIR REDEN KÖNNEN...
MIR IST ABER NICHT NACH REDEN.
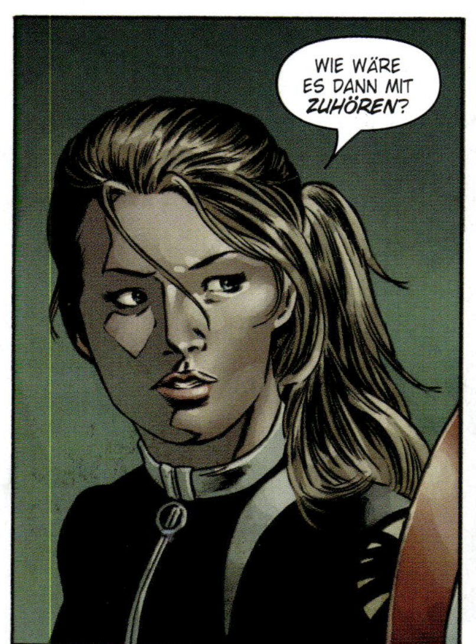
WIE WÄRE ES DANN MIT ZUHÖREN?
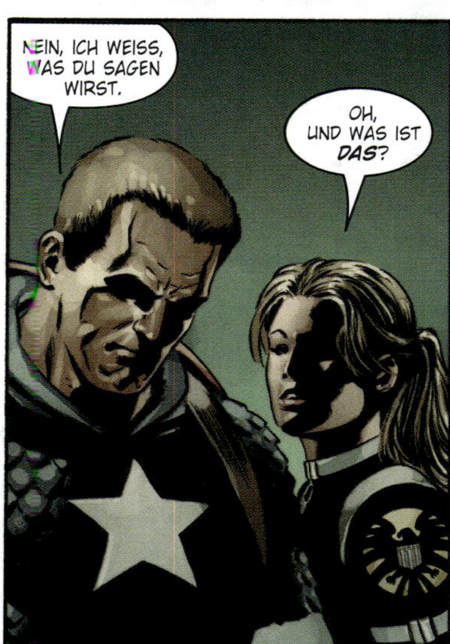
NEIN, ICH WEISS, WAS DU SAGEN WIRST.
OH, UND WAS IST DAS?
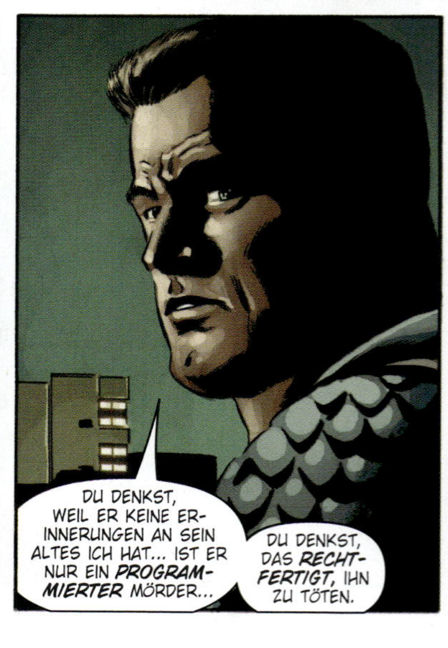
DU DENKST, WEIL ER KEINE ER-INNERUNGEN AN SEIN ALTES ICH HAT... IST ER NUR EIN PROGRAM-MIERTER MÖRDER...
DU DENKST, DAS RECHT-FERTIGT, IHN ZU TÖTEN.

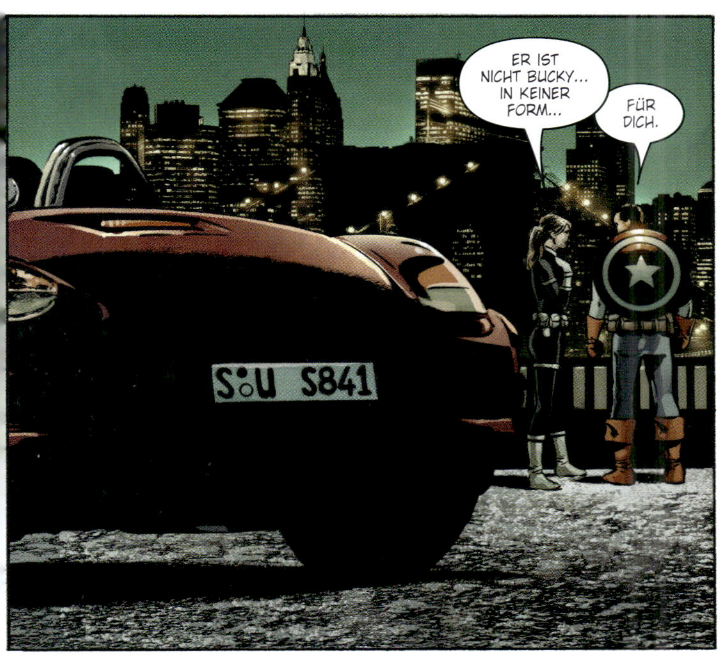
S U S841
ER IST NICHT BUCKY... IN KEINER FORM...
FÜR DICH.

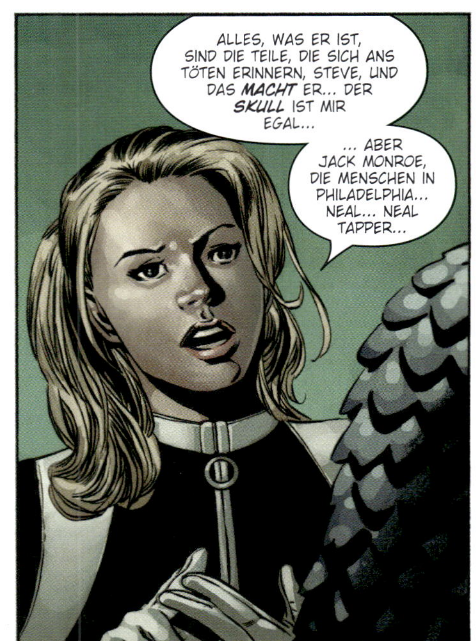
ALLES, WAS ER IST, SIND DIE TEILE, DIE SICH ANS TÖTEN ERINNERN, STEVE, UND DAS **MACHT** ER... DER **SKULL** IST MIR EGAL...
... ABER JACK MONROE, DIE MENSCHEN IN PHILADELPHIA... NEAL... NEAL TAPPER...

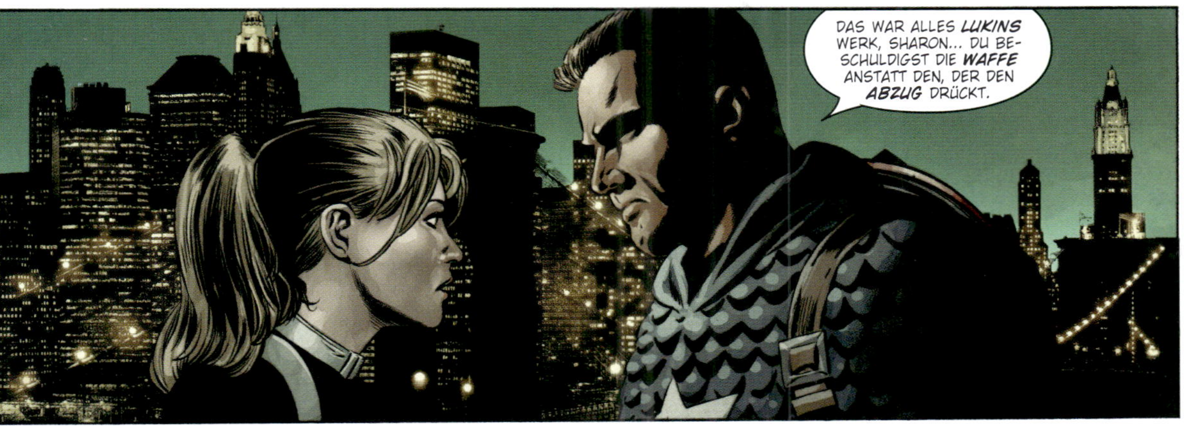
DAS WAR ALLES **LUKINS** WERK, SHARON... DU BESCHULDIGST DIE **WAFFE** ANSTATT DEN, DER DEN **ABZUG** DRÜCKT.

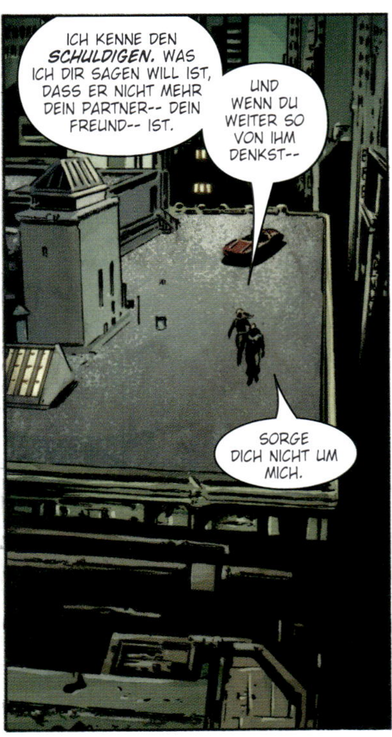
ICH KENNE DEN **SCHULDIGEN.** WAS ICH DIR SAGEN WILL IST, DASS ER NICHT MEHR DEIN PARTNER-- DEIN FREUND-- IST.
UND WENN DU WEITER SO VON IHM DENKST--
SORGE DICH NICHT UM MICH.

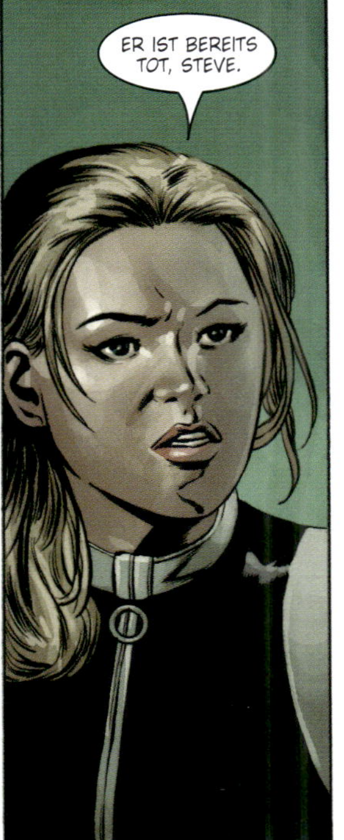
ER IST BEREITS TOT, STEVE.

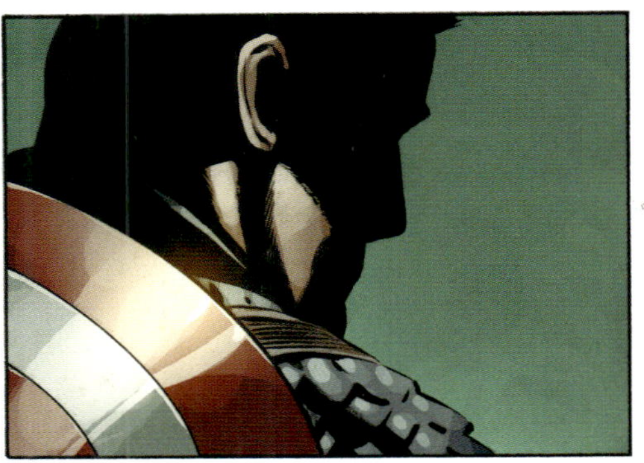

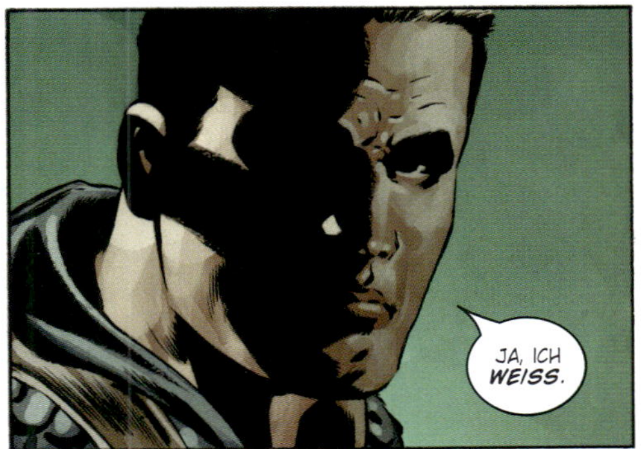
JA, ICH **WEISS**.

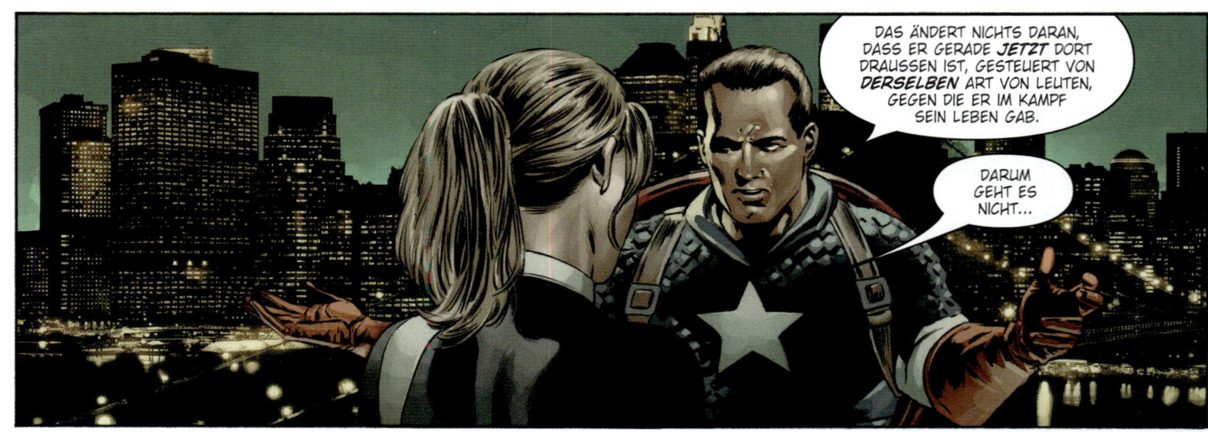
DAS ÄNDERT NICHTS DARAN, DASS ER GERADE JETZT DORT DRAUSSEN IST, GESTEUERT VON DERSELBEN ART VON LEUTEN, GEGEN DIE ER IM KAMPF SEIN LEBEN GAB.
DARUM GEHT ES NICHT...

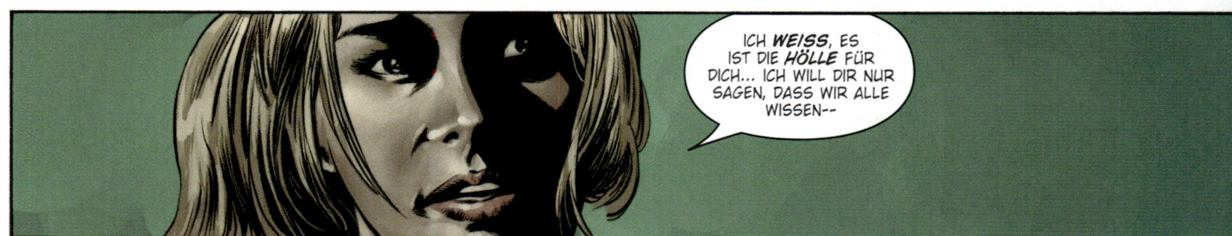
ICH WEISS, ES IST DIE HÖLLE FÜR DICH... ICH WILL DIR NUR SAGEN, DASS WIR ALLE WISSEN--

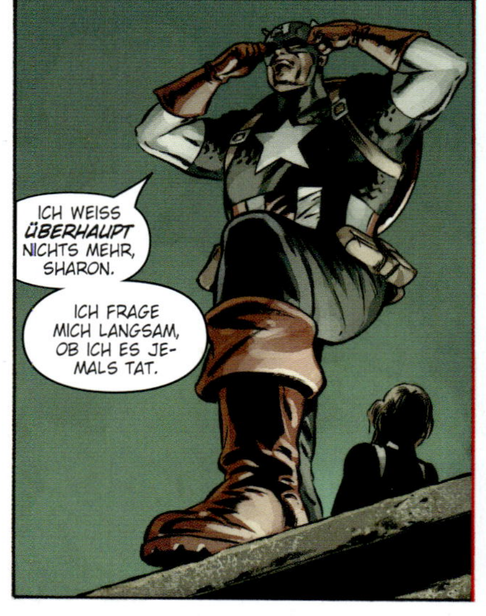
ICH WEISS ÜBERHAUPT NICHTS MEHR, SHARON.
ICH FRAGE MICH LANGSAM, OB ICH ES JE-MALS TAT.

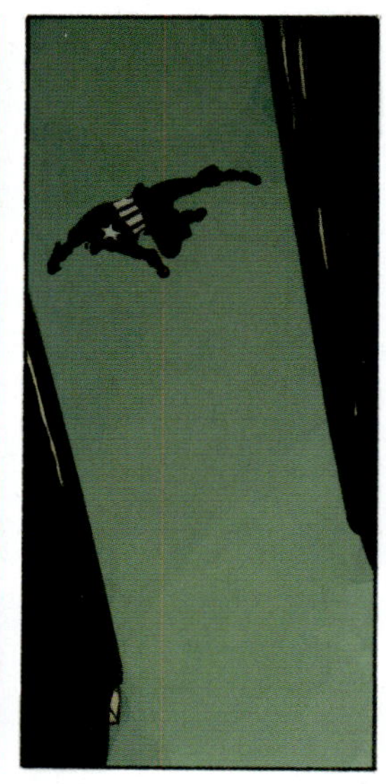

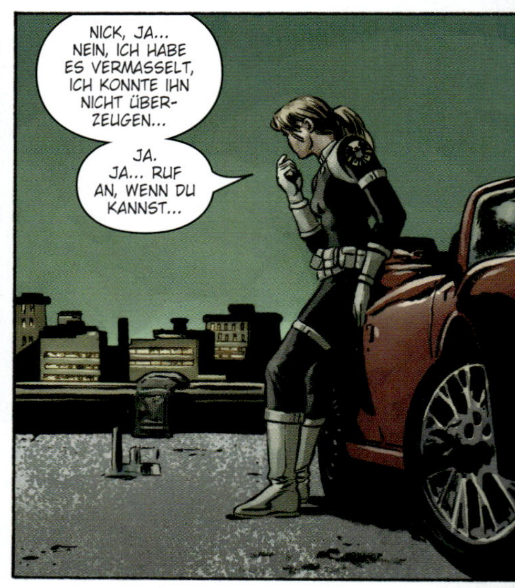
NICK, JA... NEIN, ICH HABE ES VERMASSELT, ICH KONNTE IHN NICHT ÜBER-ZEUGEN...
JA. JA... RUF AN, WENN DU KANNST...

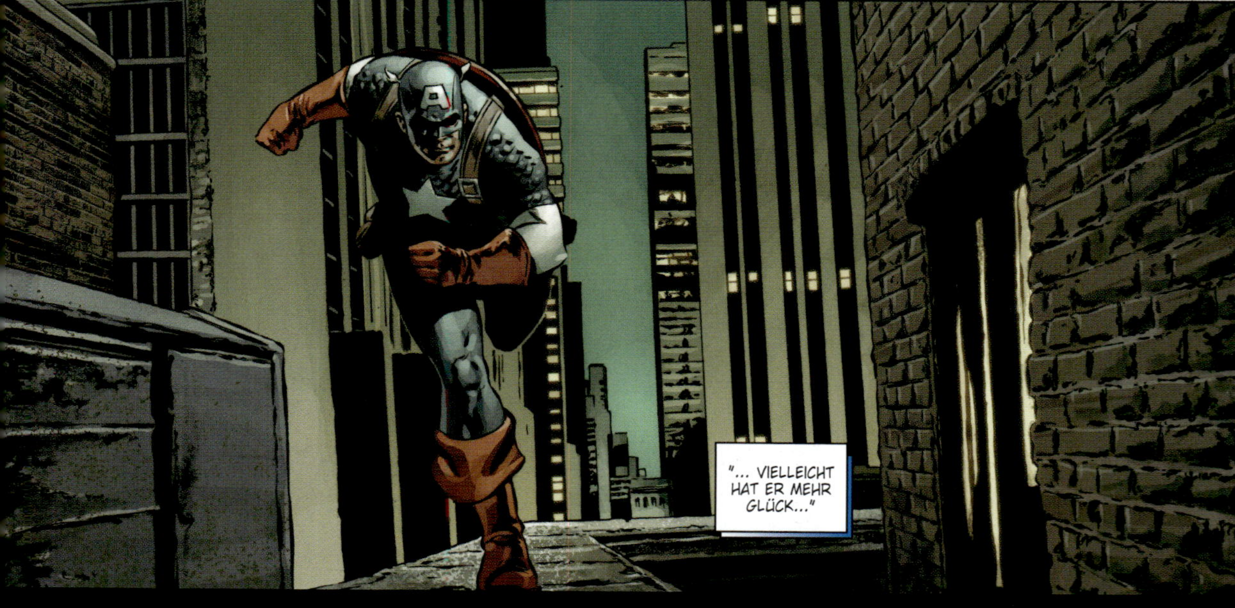
"... VIELLEICHT HAT ER MEHR GLÜCK..."

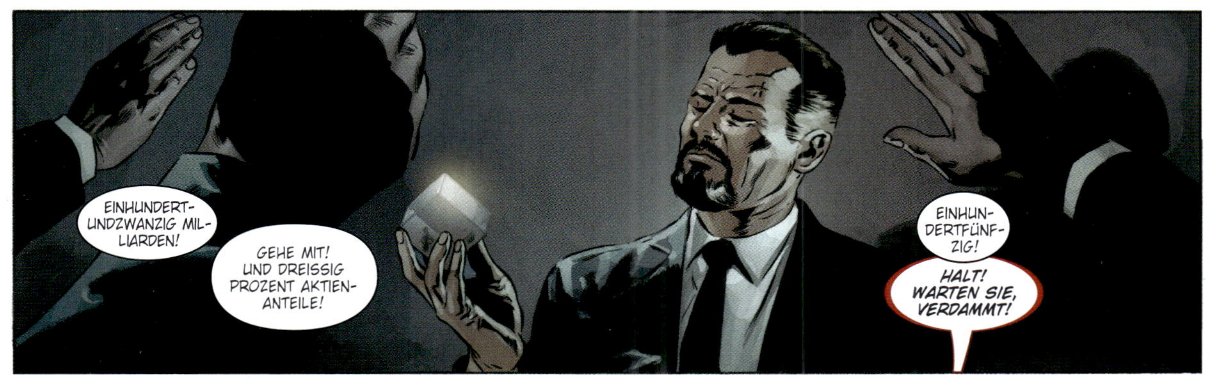
EINHUNDERT-UNDZWANZIG MILLIARDEN!
GEHE MIT! UND DREISSIG PROZENT AKTIEN-ANTEILE!
EINHUNDERTFÜNFZIG!
HALT! WARTEN SIE, VERDAMMT!

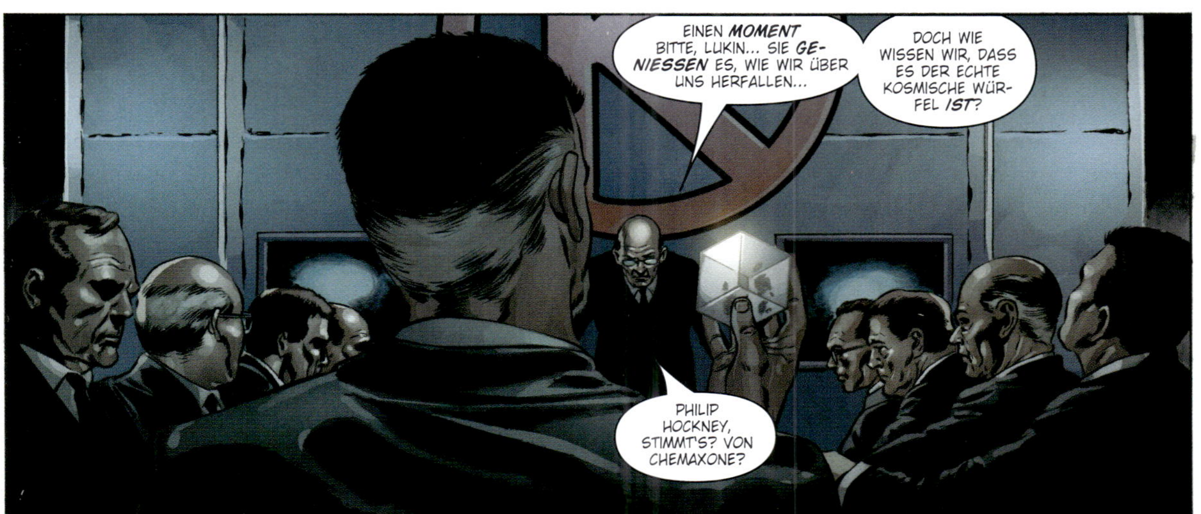
EINEN MOMENT BITTE, LUKIN... SIE GENIESSEN ES, WIE WIR ÜBER UNS HERFALLEN...
DOCH WIE WISSEN WIR, DASS ES DER ECHTE KOSMISCHE WÜRFEL IST?
PHILIP HOCKNEY, STIMMT'S? VON CHEMAXONE?

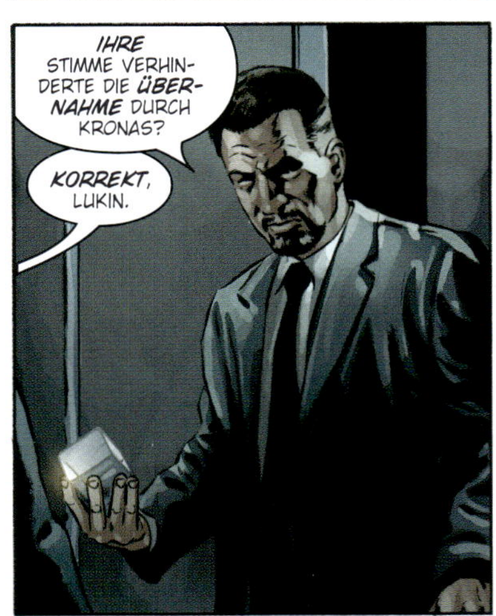
IHRE STIMME VERHINDERTE DIE ÜBERNAHME DURCH KRONAS?
KORREKT, LUKIN.

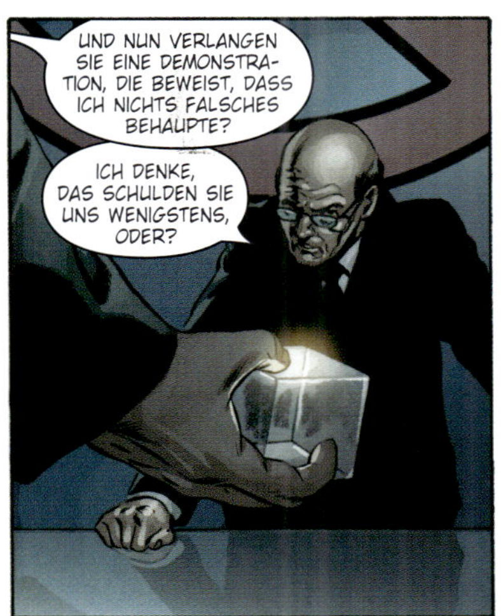
UND NUN VERLANGEN SIE EINE DEMONSTRATION, DIE BEWEIST, DASS ICH NICHTS FALSCHES BEHAUPTE?
ICH DENKE, DAS SCHULDEN SIE UNS WENIGSTENS, ODER?

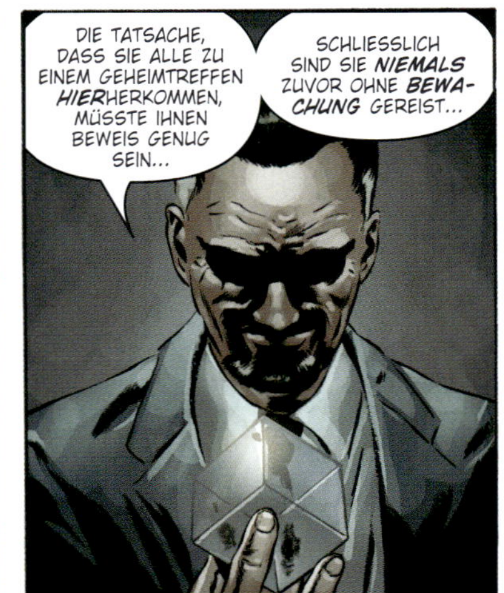
DIE TATSACHE, DASS SIE ALLE ZU EINEM GEHEIMTREFFEN HIERHERKOMMEN, MÜSSTE IHNEN BEWEIS GENUG SEIN...
SCHLIESSLICH SIND SIE NIEMALS ZUVOR OHNE BEWACHUNG GEREIST...

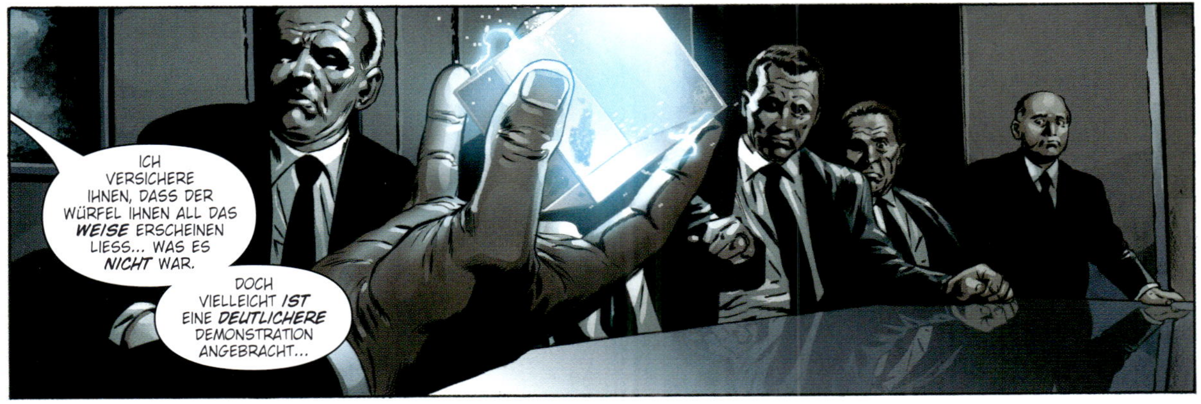
ICH VERSICHERE IHNEN, DASS DER WÜRFEL IHNEN ALL DAS WEISE ERSCHEINEN LIESS... WAS ES NICHT WAR.
DOCH VIELLEICHT IST EINE DEUTLICHERE DEMONSTRATION ANGEBRACHT...

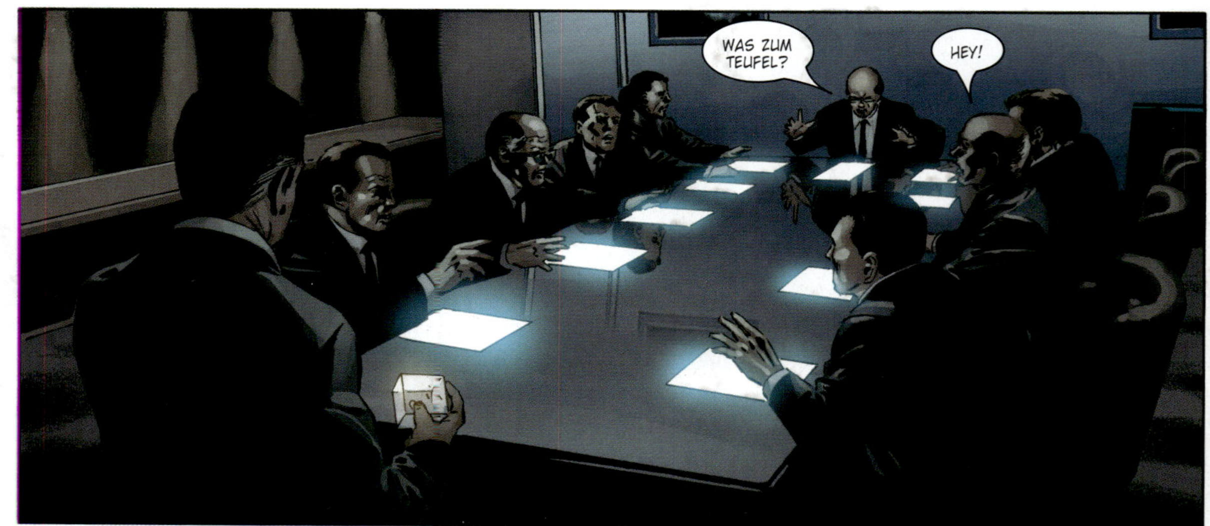
WAS ZUM TEUFEL?
HEY!

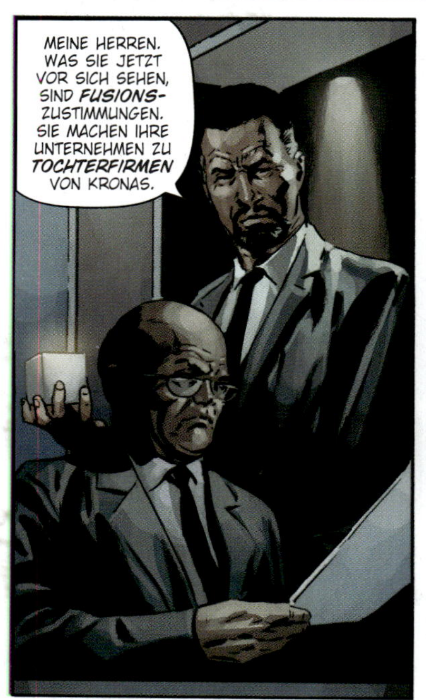
MEINE HERREN. WAS SIE JETZT VOR SICH SEHEN, SIND FUSIONS-ZUSTIMMUNGEN. SIE MACHEN IHRE UNTERNEHMEN ZU TOCHTERFIRMEN VON KRONAS.

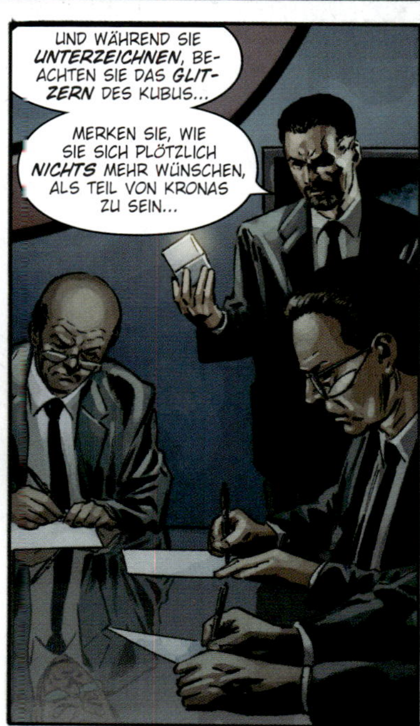
UND WÄHREND SIE UNTERZEICHNEN, BEACHTEN SIE DAS GLITZERN DES KUBUS...
MERKEN SIE, WIE SIE SICH PLÖTZLICH NICHTS MEHR WÜNSCHEN, ALS TEIL VON KRONAS ZU SEIN...

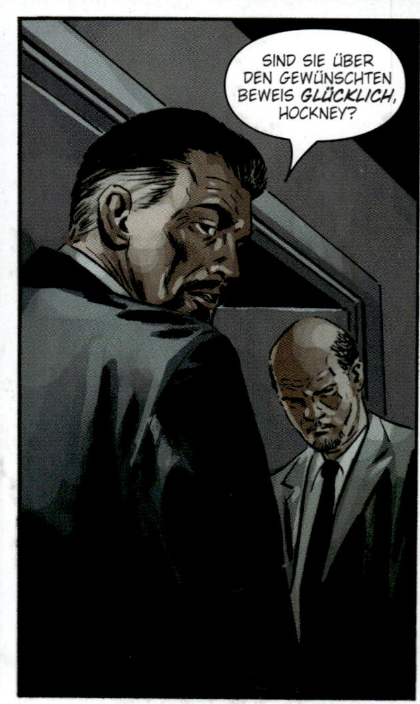
SIND SIE ÜBER DEN GEWÜNSCHTEN BEWEIS GLÜCKLICH, HOCKNEY?

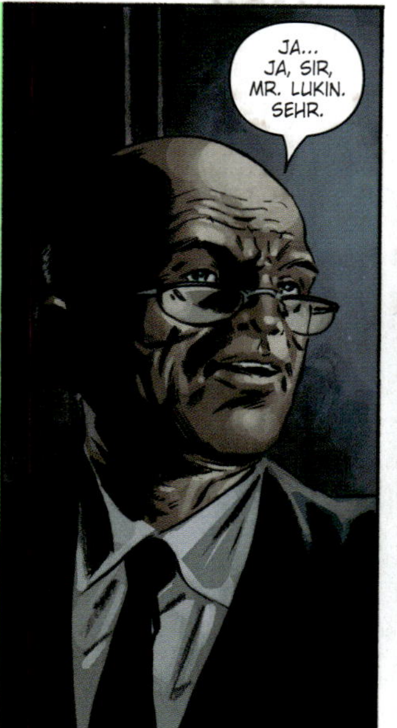
JA... JA, SIR, MR. LUKIN. SEHR.

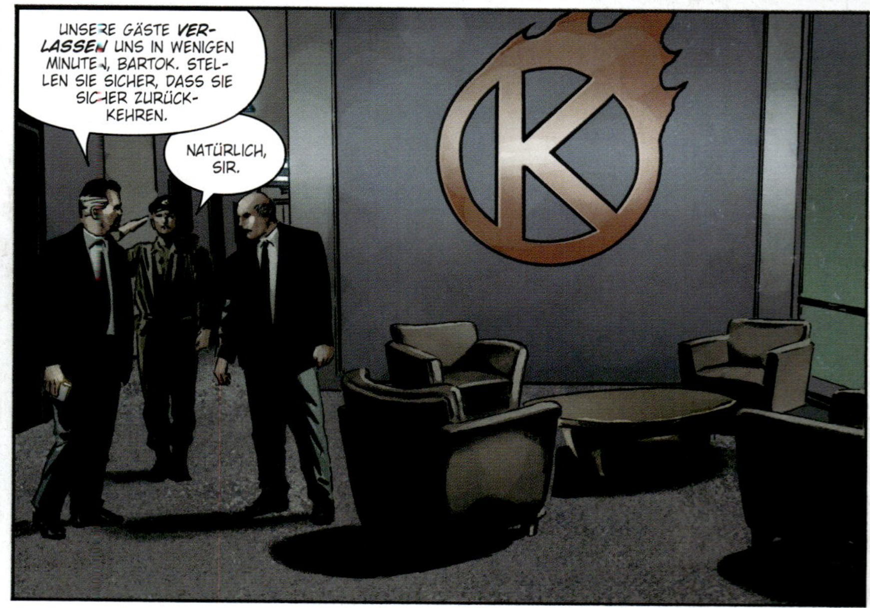
UNSERE GÄSTE VERLASSEN UNS IN WENIGEN MINUTEN, BARTOK. STELLEN SIE SICHER, DASS SIE SICHER ZURÜCKKEHREN.
NATÜRLICH, SIR.

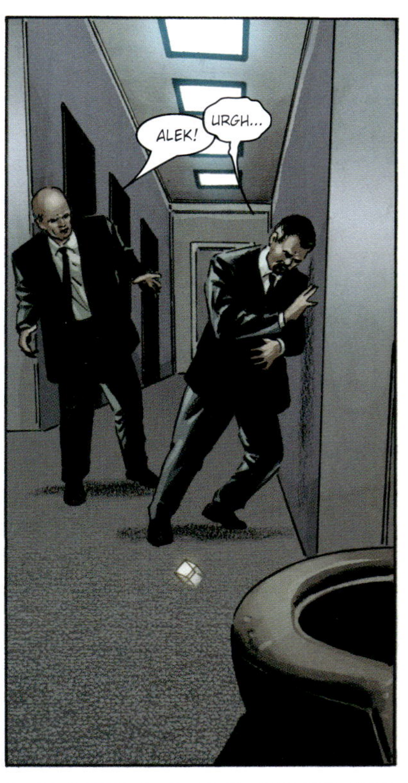
ALEK!
URGH...

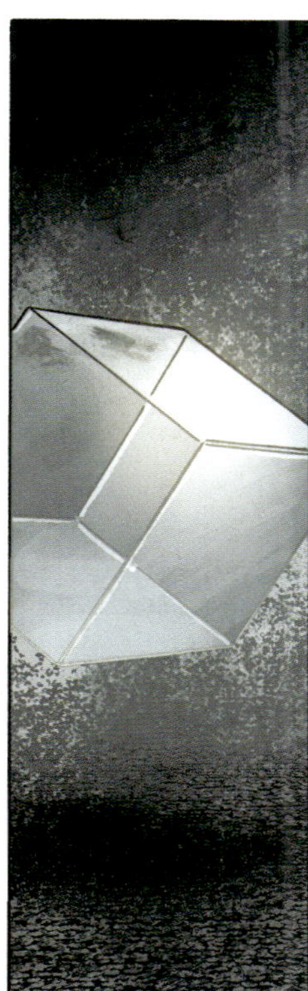

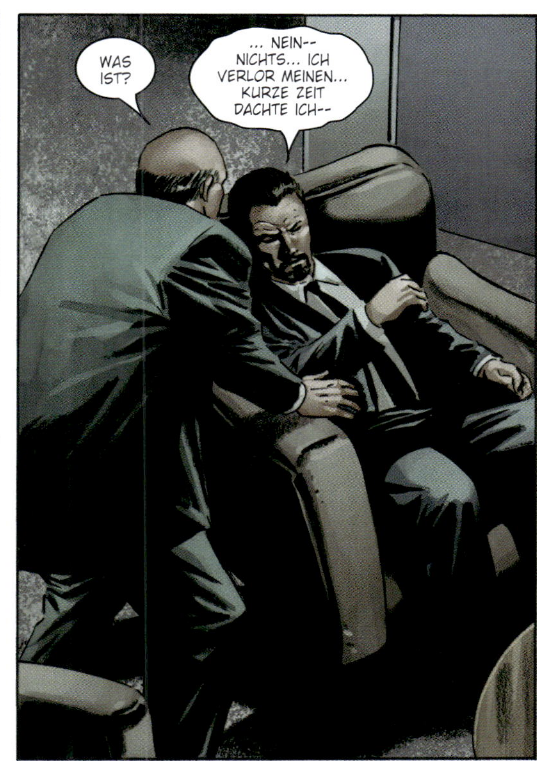
WAS IST?
... NEIN-- NICHTS... ICH VERLOR MEINEN... KURZE ZEIT DACHTE ICH--

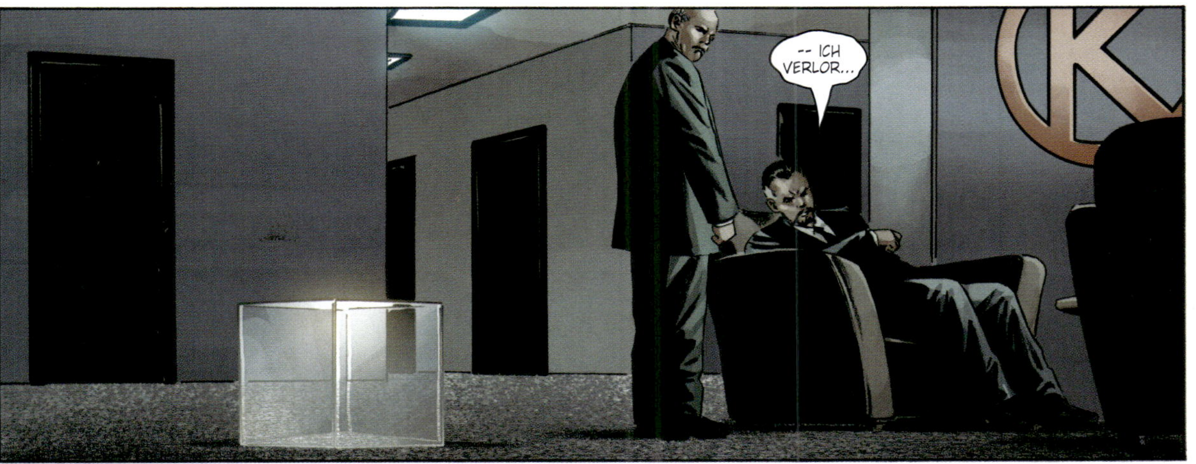
-- ICH VERLOR...

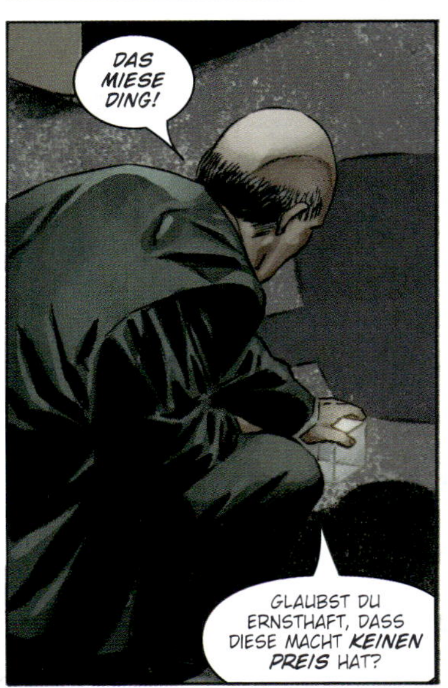
DAS MIESE DING!
GLAUBST DU ERNSTHAFT, DASS DIESE MACHT *KEINEN PREIS* HAT?

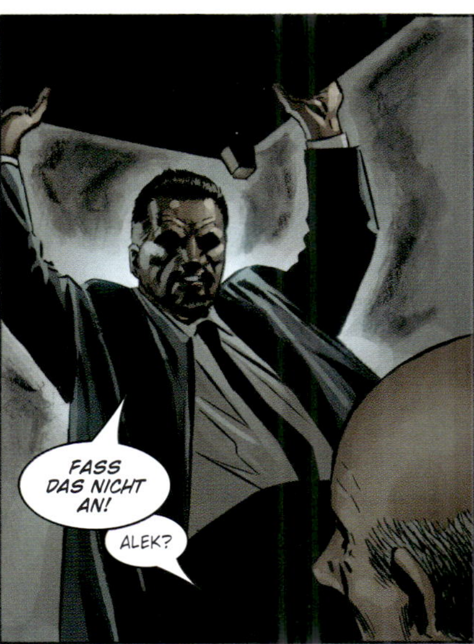
FASS DAS NICHT AN!
ALEK?

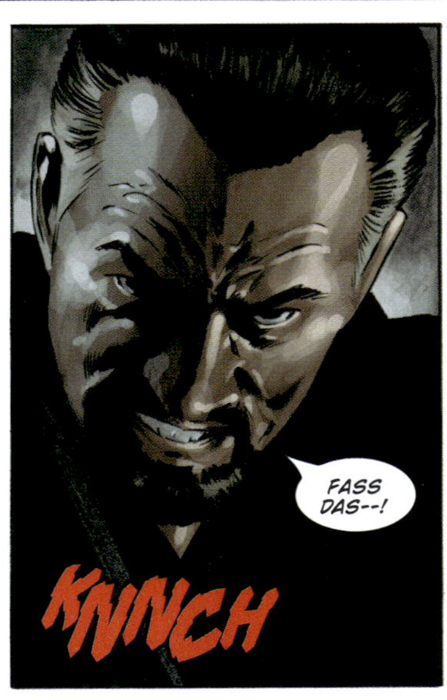
FASS DAS--!
KNNCH

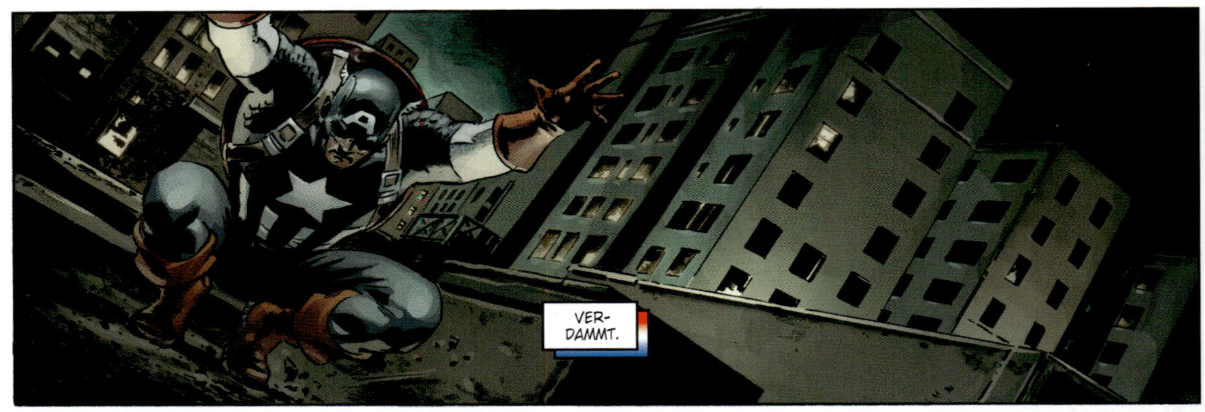
VER-
DAMMT.

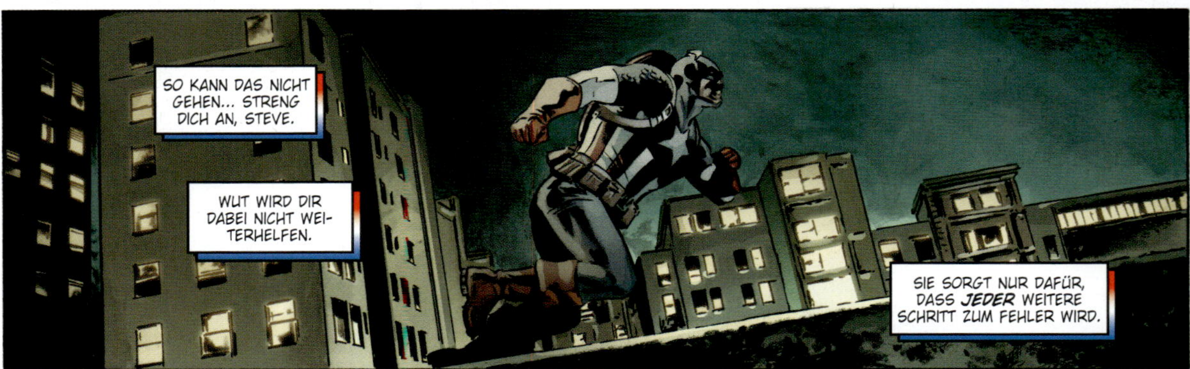
SO KANN DAS NICHT GEHEN... STRENG DICH AN, STEVE.
WUT WIRD DIR DABEI NICHT WEITERHELFEN.
SIE SORGT NUR DAFÜR, DASS **JEDER** WEITERE SCHRITT ZUM FEHLER WIRD.

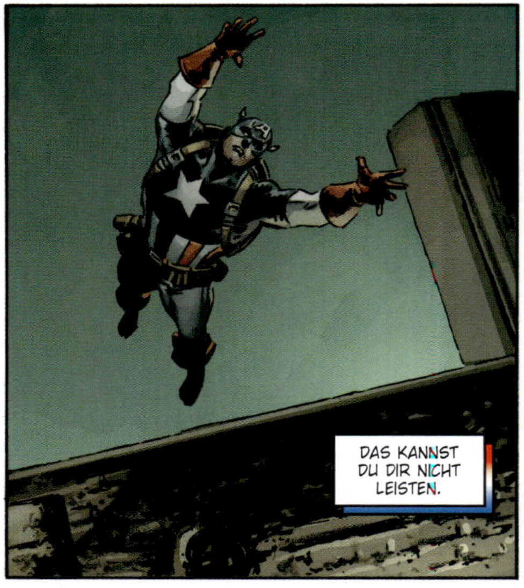
DAS KANNST DU DIR NICHT LEISTEN.

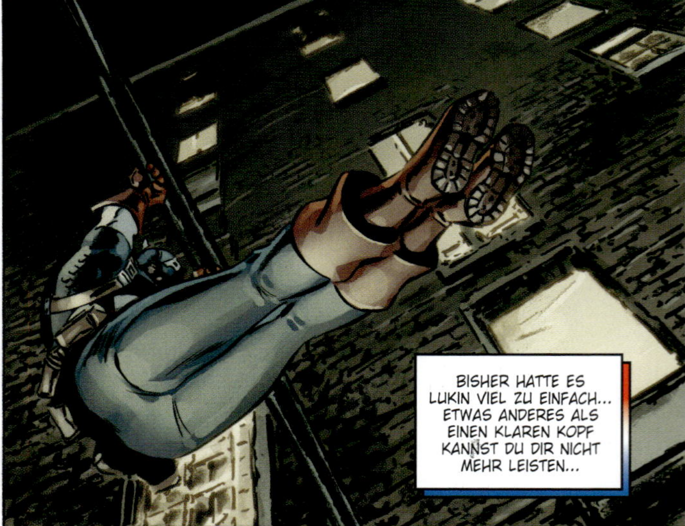
BISHER HATTE ES LUKIN VIEL ZU EINFACH... ETWAS ANDERES ALS EINEN KLAREN KOPF KANNST DU DIR NICHT MEHR LEISTEN...

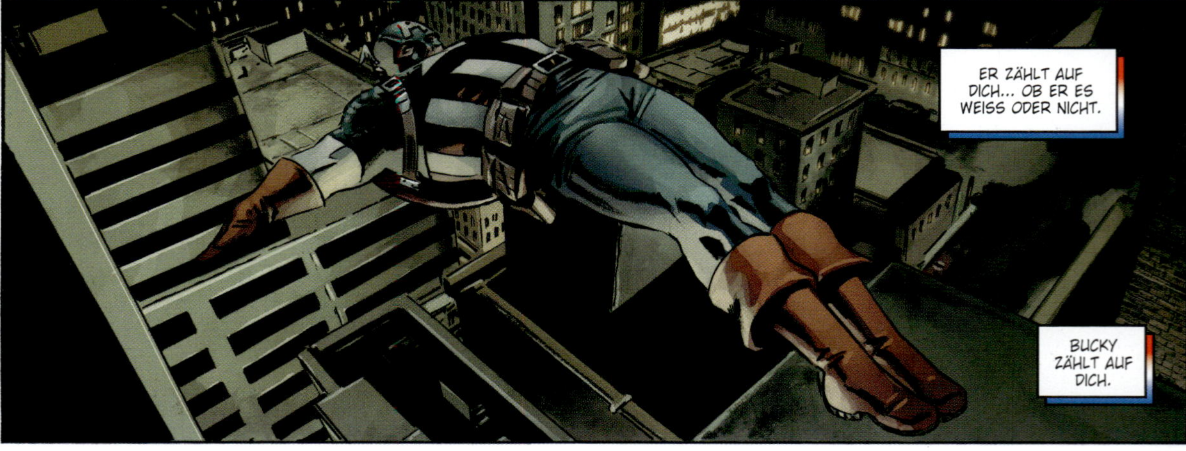
ER ZÄHLT AUF DICH... OB ER ES WEISS ODER NICHT.
BUCKY ZÄHLT AUF DICH.

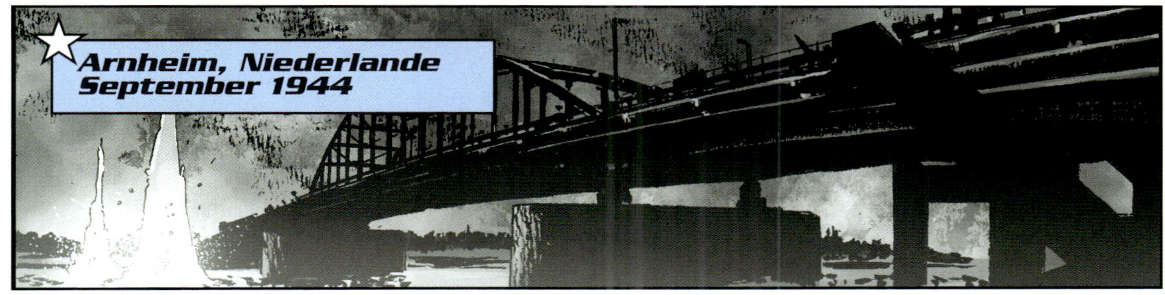
Arnheim, Niederlande
September 1944

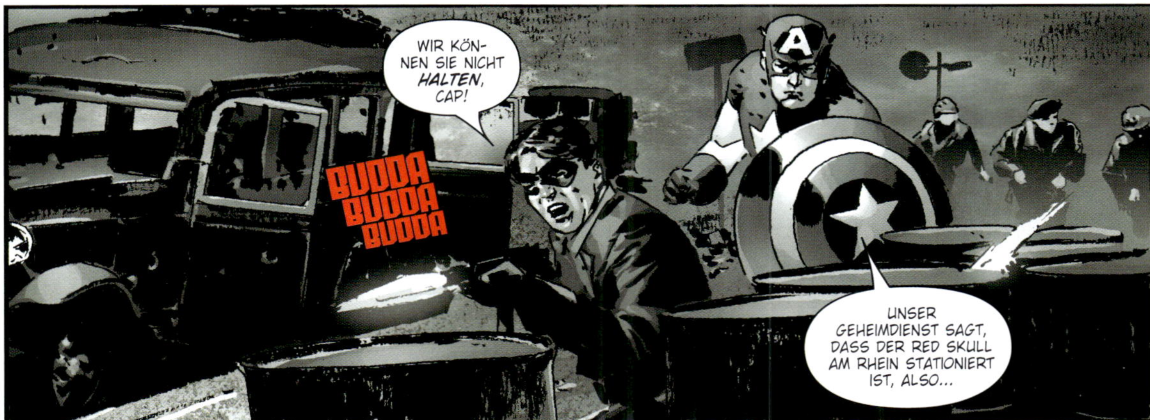
WIR KÖNNEN SIE NICHT *HALTEN*, CAP!
BUDDA BUDDA BUDDA
UNSER GEHEIMDIENST SAGT, DASS DER RED SKULL AM RHEIN STATIONIERT IST, ALSO...

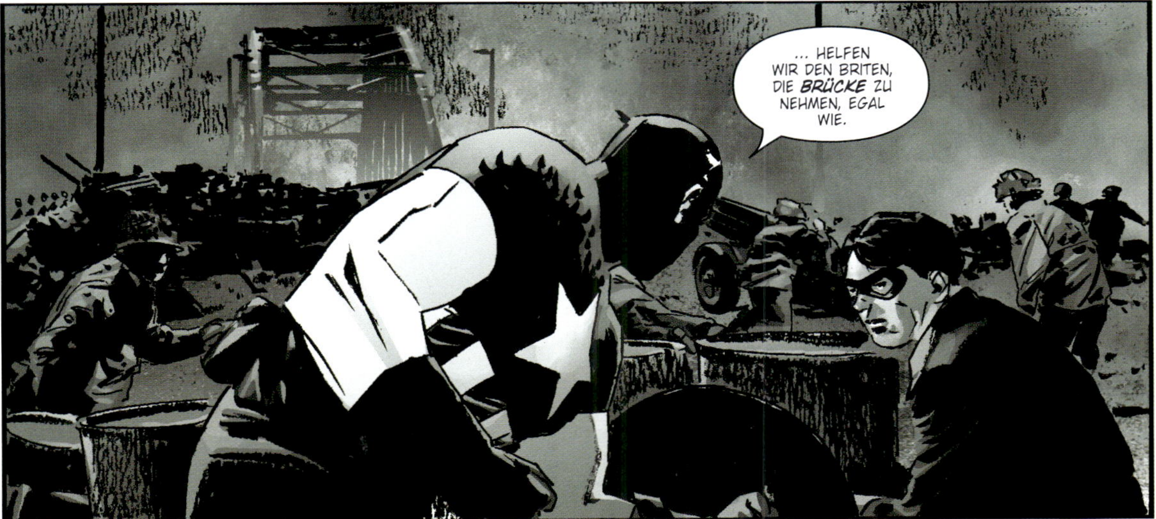
... HELFEN WIR DEN BRITEN, DIE ***BRÜCKE*** ZU NEHMEN, EGAL WIE.

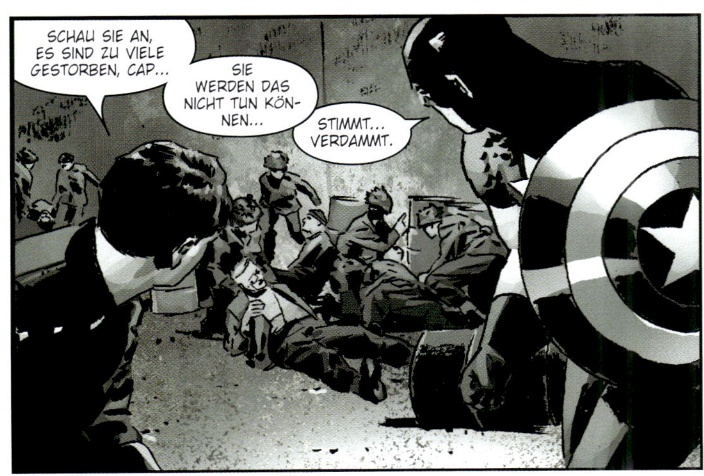
SCHAU SIE AN, ES SIND ZU VIELE GESTORBEN, CAP...
SIE WERDEN DAS NICHT TUN KÖNNEN...
STIMMT... VERDAMMT.

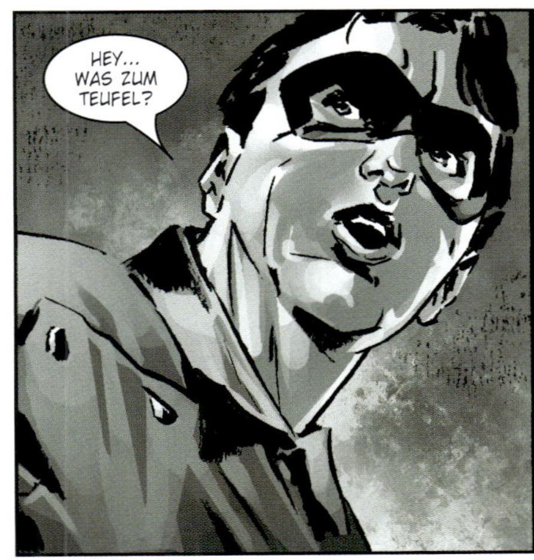
HEY... WAS ZUM TEUFEL?

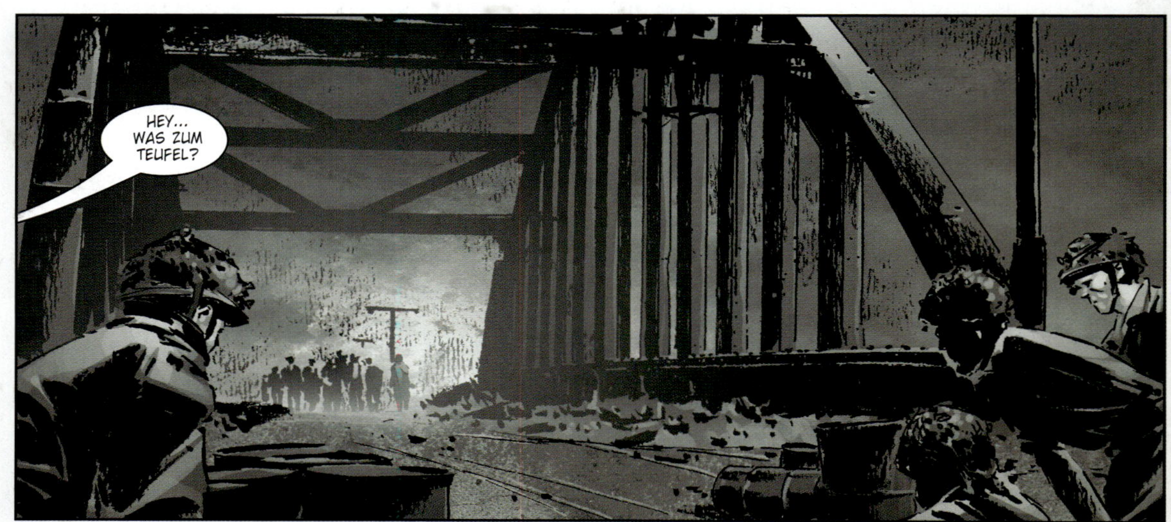
HEY... WAS ZUM TEUFEL?

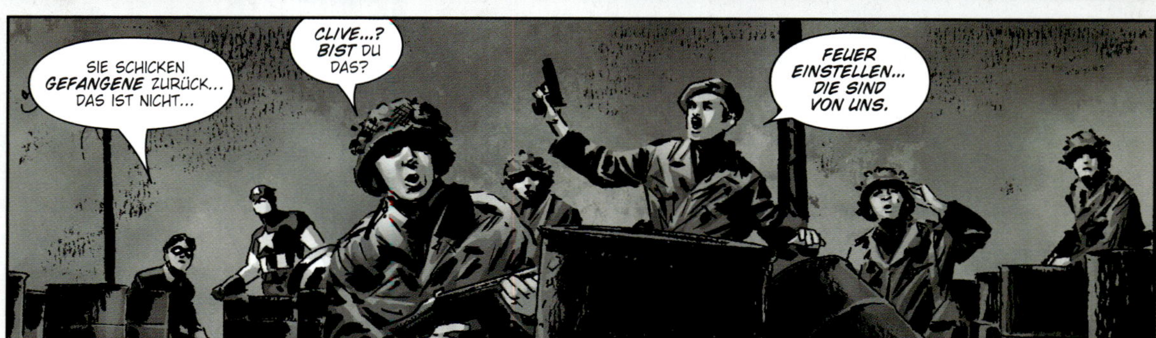
SIE SCHICKEN **GEFANGENE** ZURÜCK... DAS IST NICHT...
*CLIVE...? BIST* DU DAS?
*FEUER EINSTELLEN... DIE SIND VON UNS.*

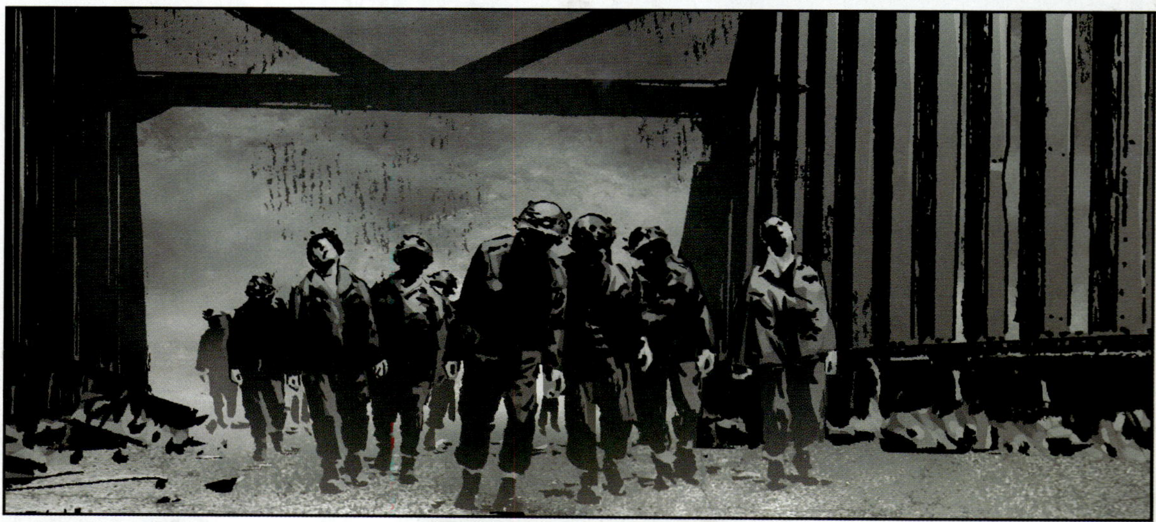

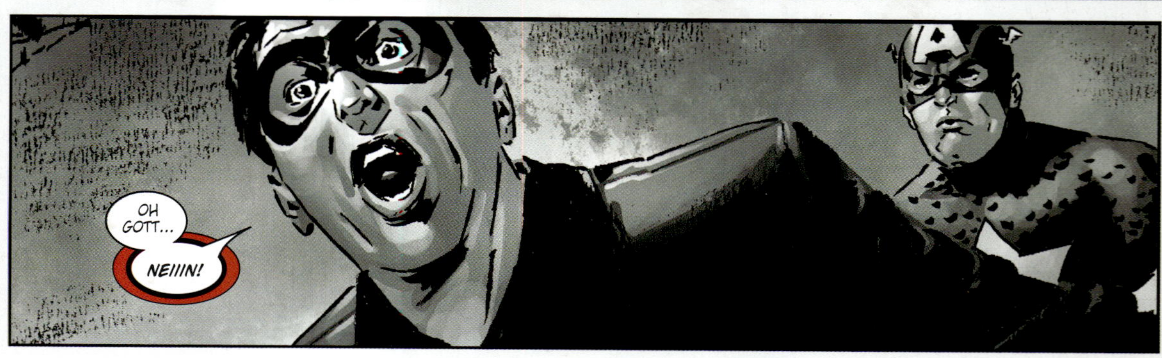
OH GOTT...
*NEIIIN!*

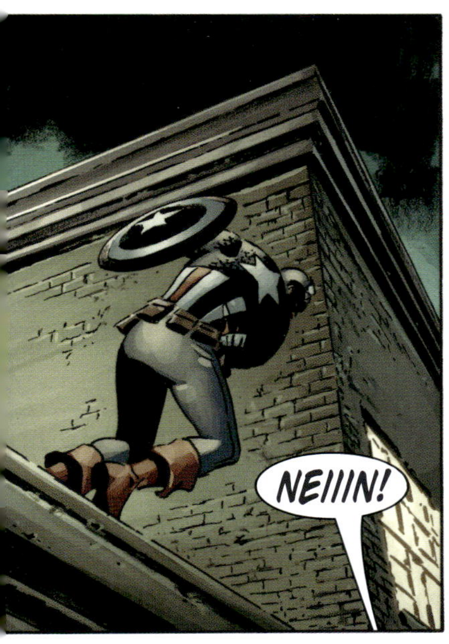
NEIIIN!

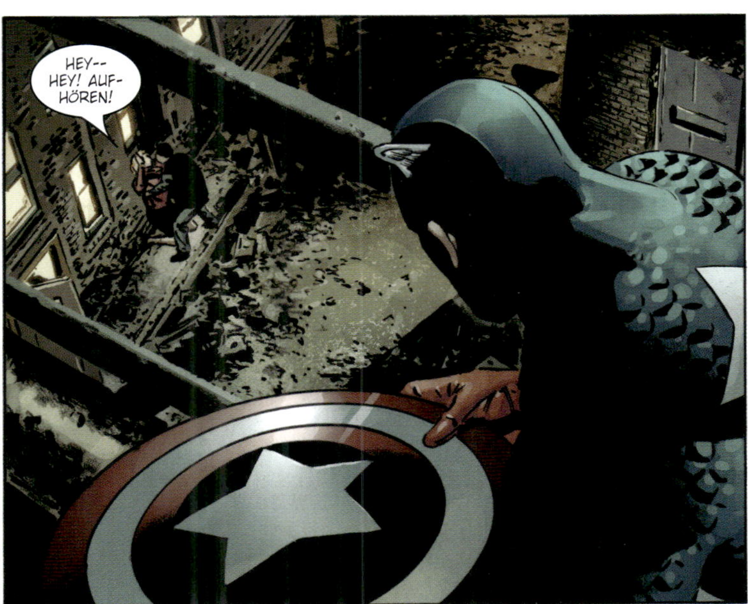
HEY--
HEY! AUF-
HÖREN!

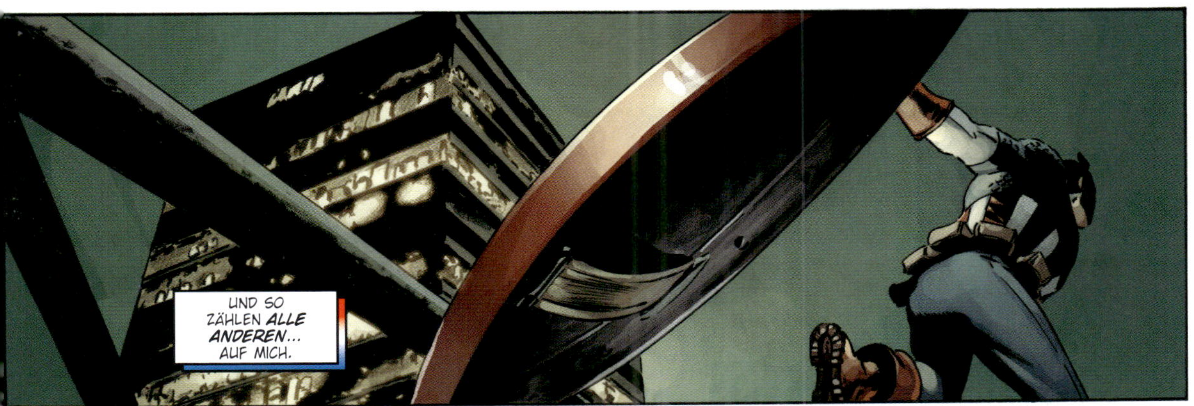
UND SO
ZÄHLEN **ALLE
ANDEREN**...
AUF MICH.

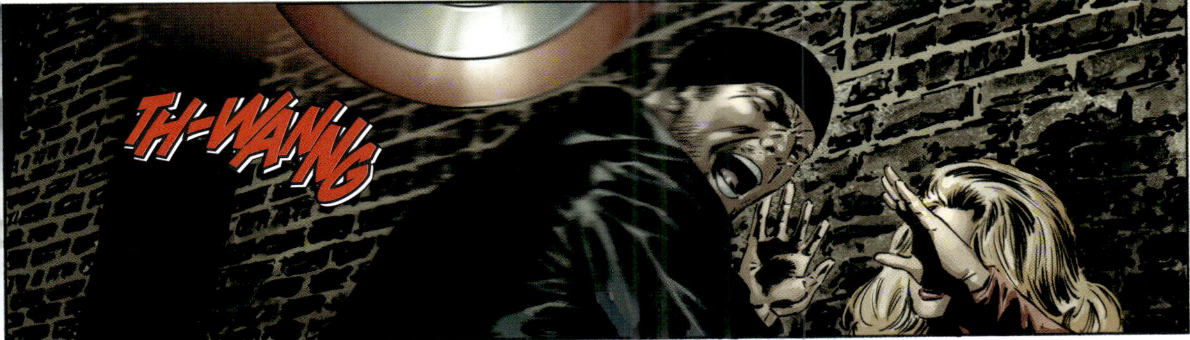
TH-WANG

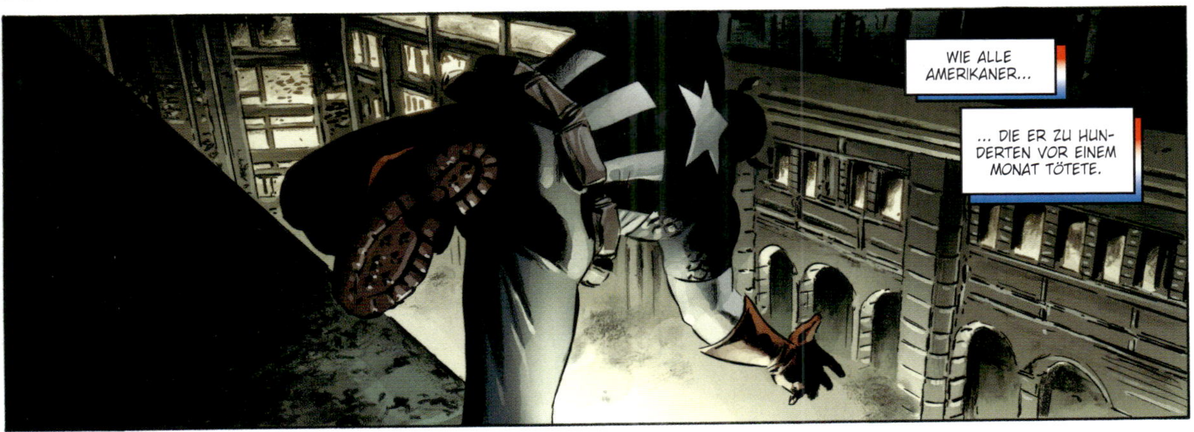
WIE ALLE
AMERIKANER...
... DIE ER ZU HUN-
DERTEN VOR EINEM
MONAT TÖTETE.

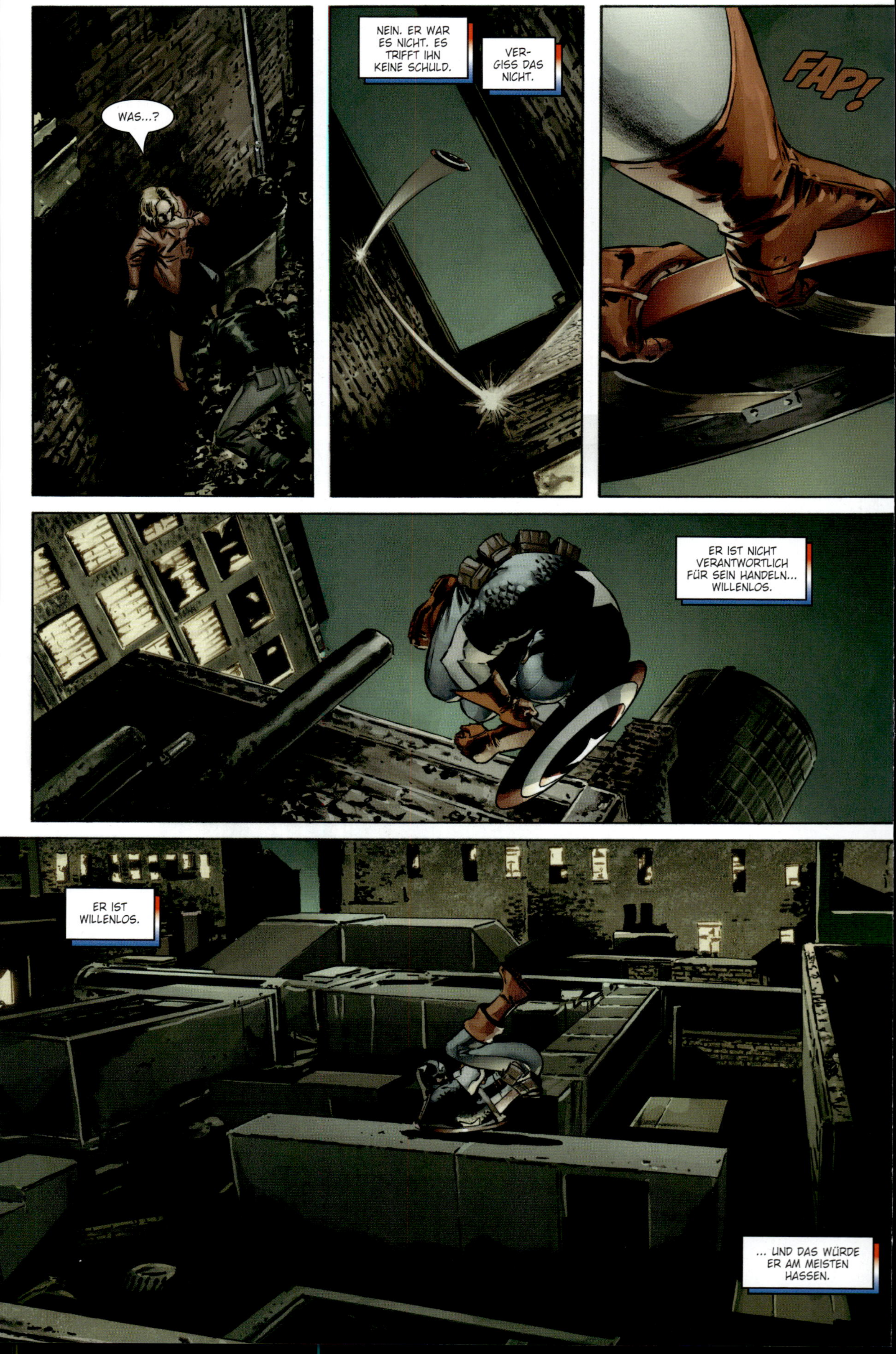

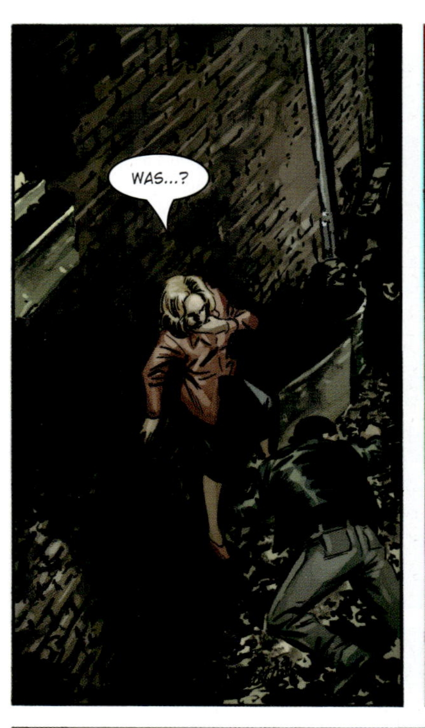


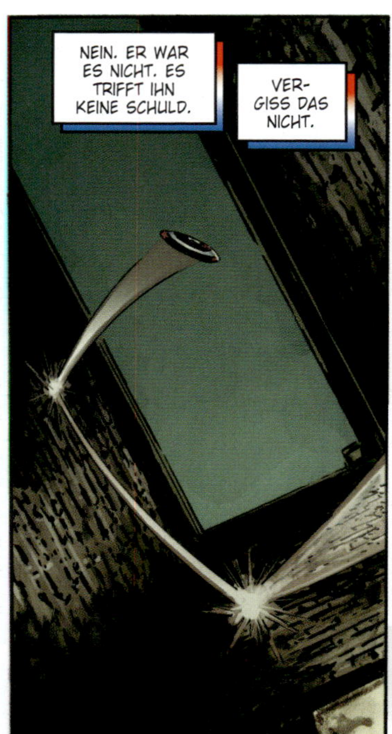


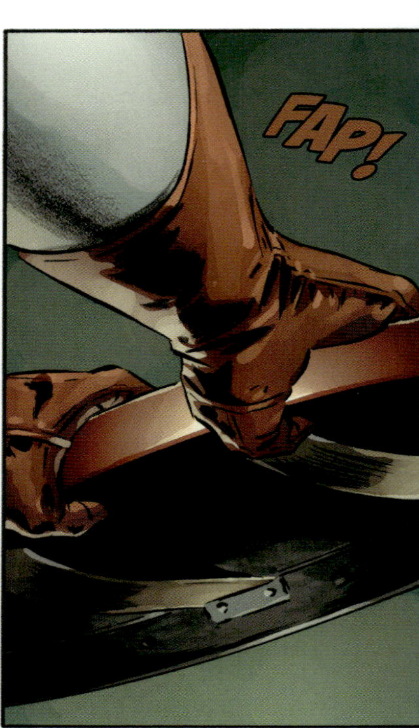


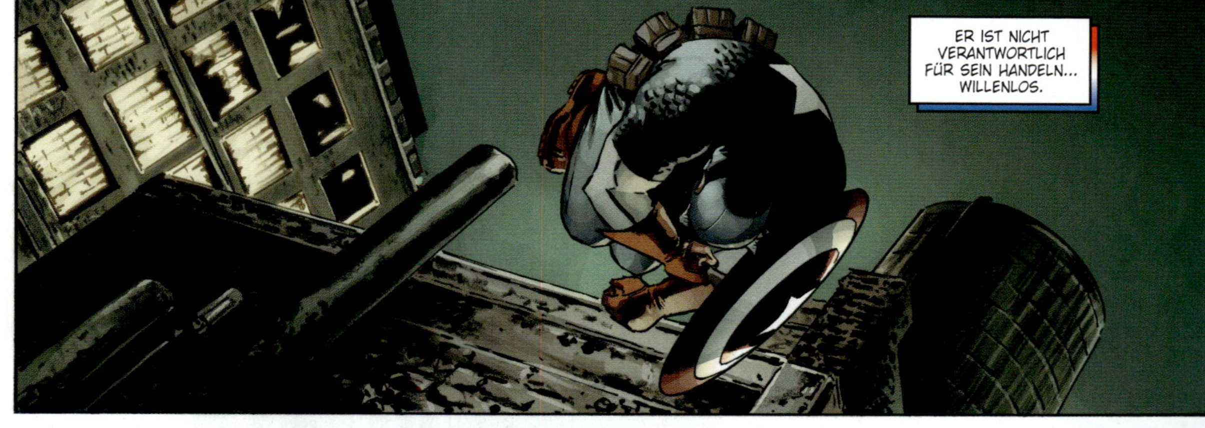


ER IST WILLENLOS.

... UND DAS WÜRDE ER AM MEISTEN HASSEN.

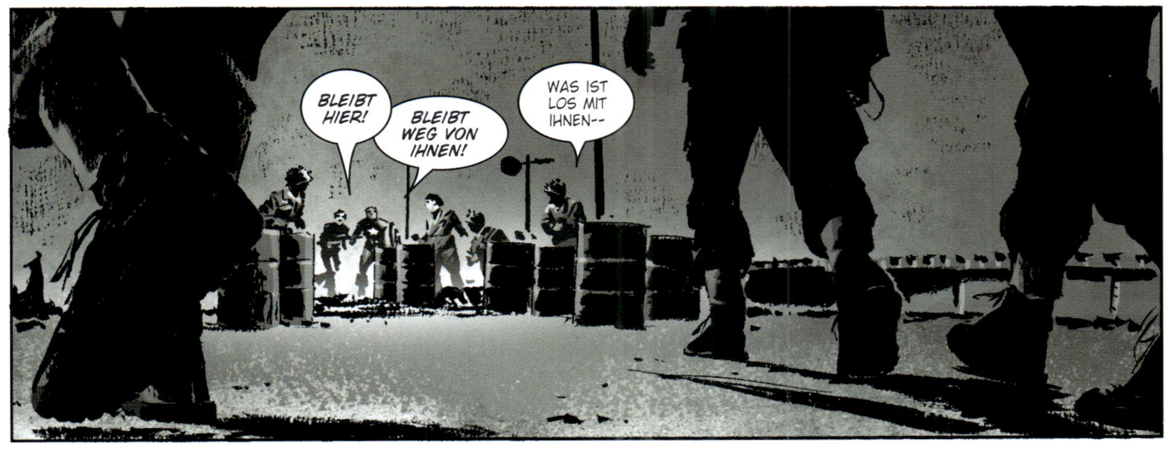
BLEIBT HIER!
BLEIBT WEG VON IHNEN!
WAS IST LOS MIT IHNEN--

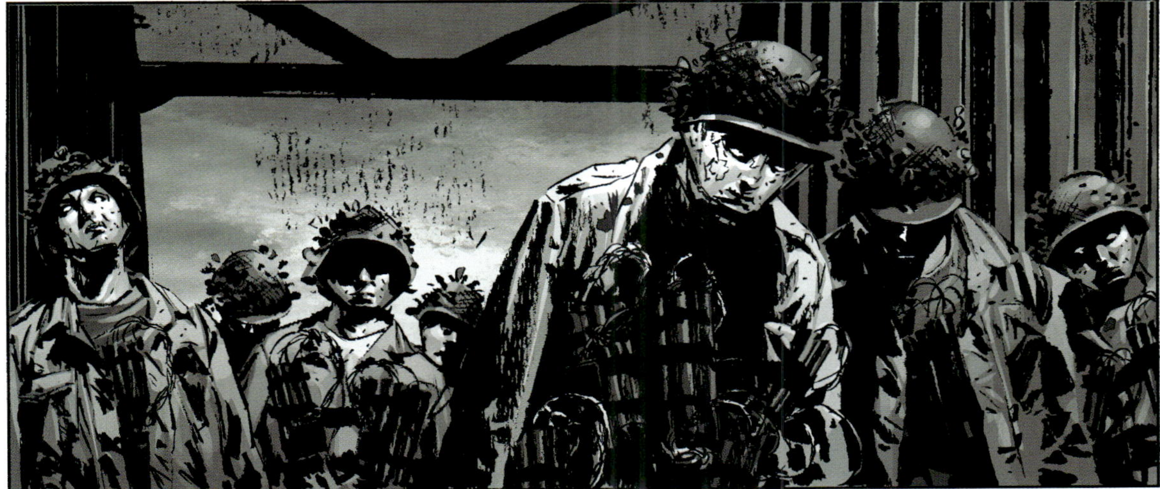

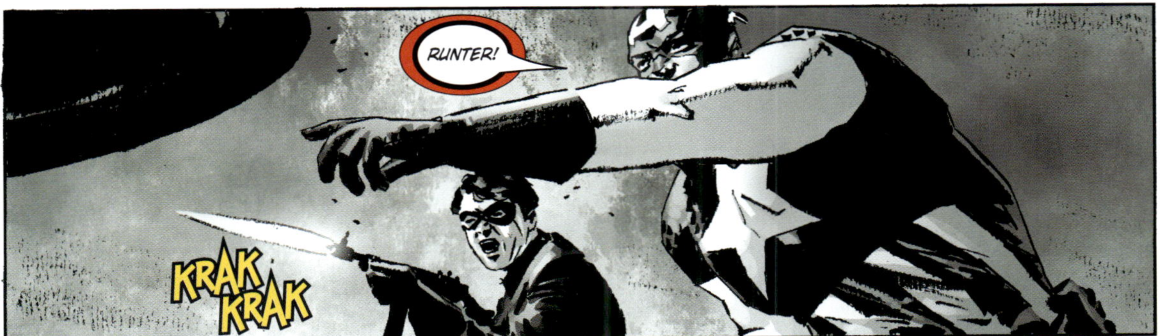
RUNTER!
KRAK KRAK

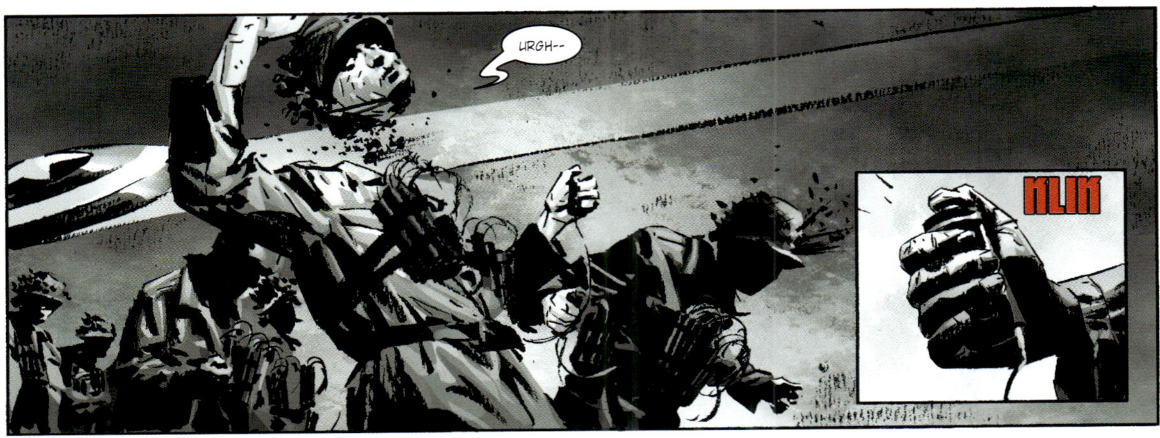
URGH--
KLIK

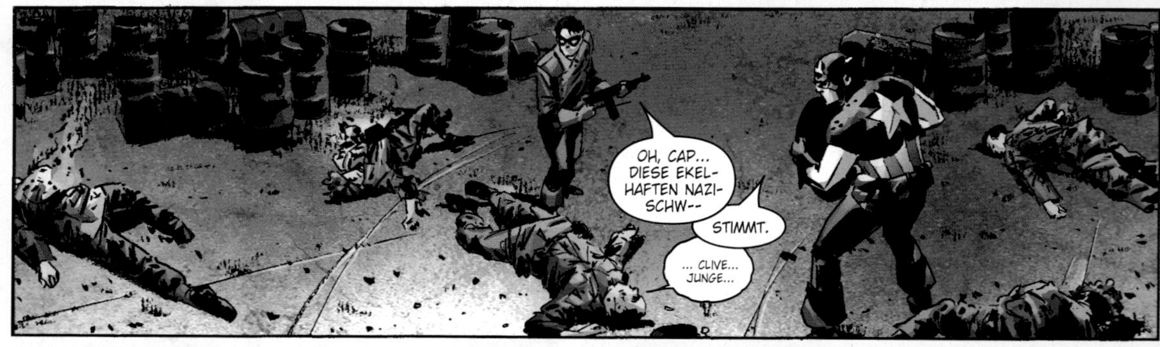
OH, CAP... DIESE EKEL-HAFTEN NAZI-SCHW--
STIMMT.
... CLIVE... JUNGE...

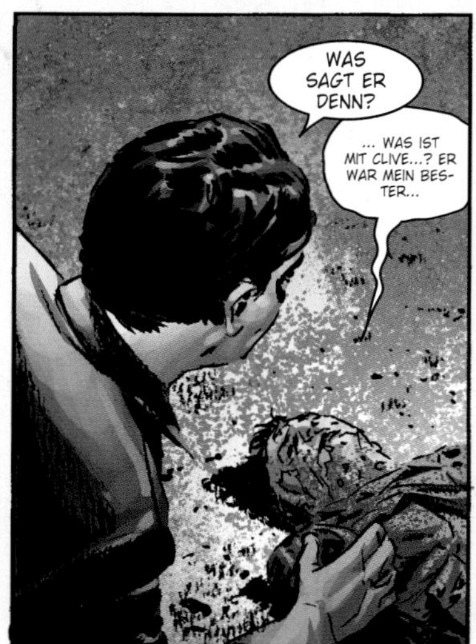
WAS SAGT ER DENN?
... WAS IST MIT CLIVE...? ER WAR MEIN BESTER...

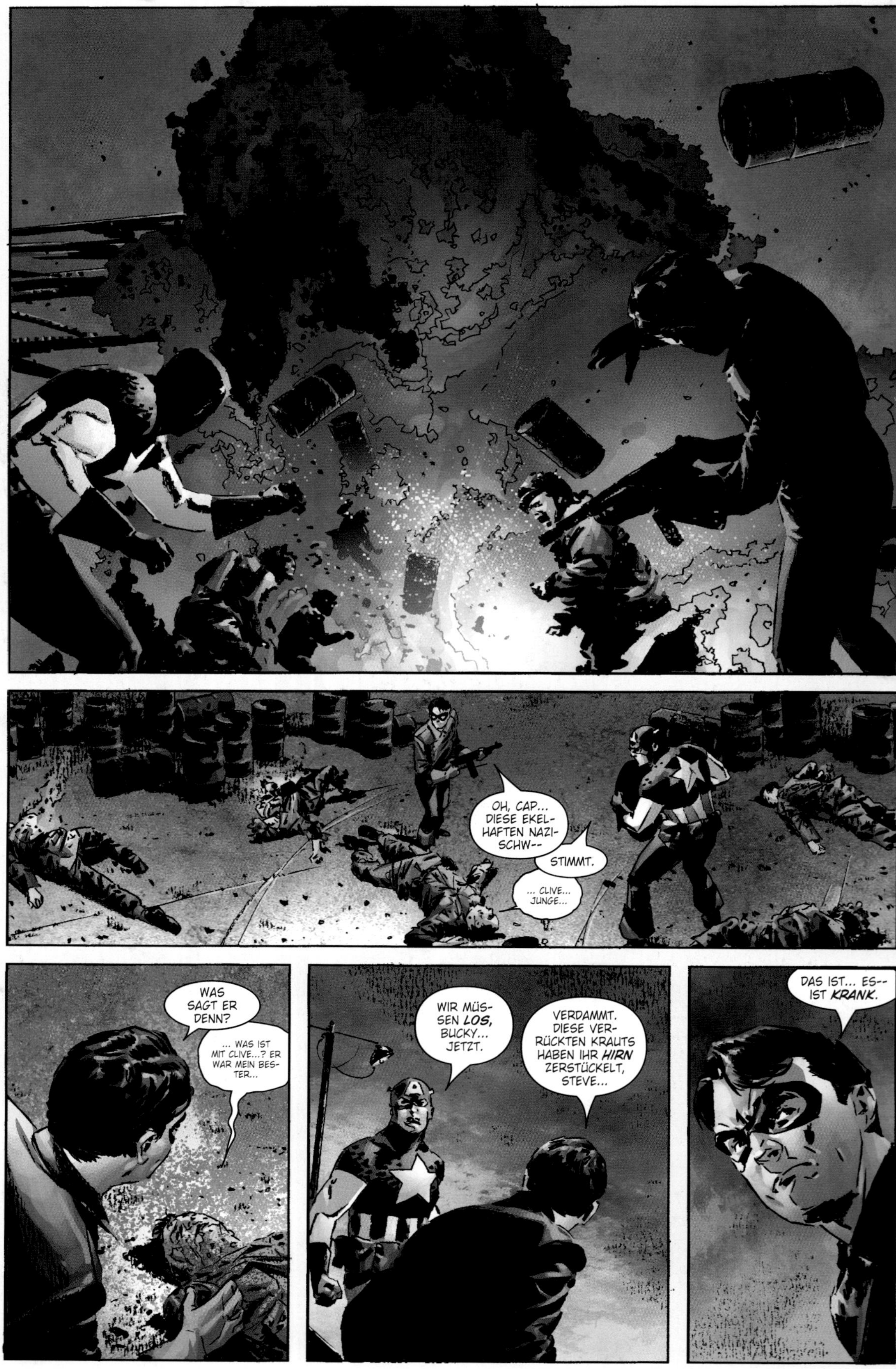

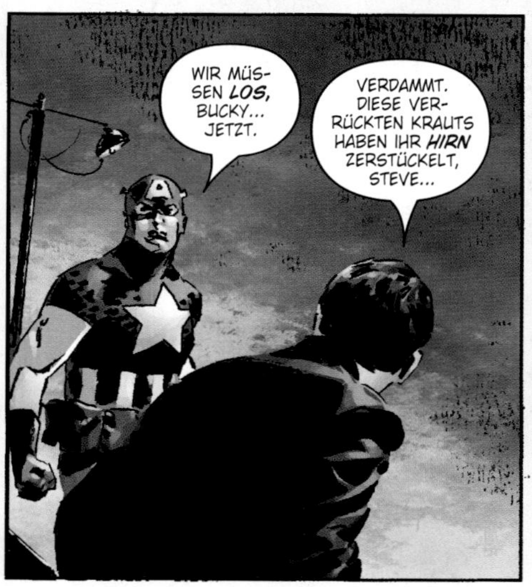
WIR MÜSSEN *LOS,* BUCKY... JETZT.
VERDAMMT. DIESE VERRÜCKTEN KRAUTS HABEN IHR *HIRN* ZERSTÜCKELT, STEVE...

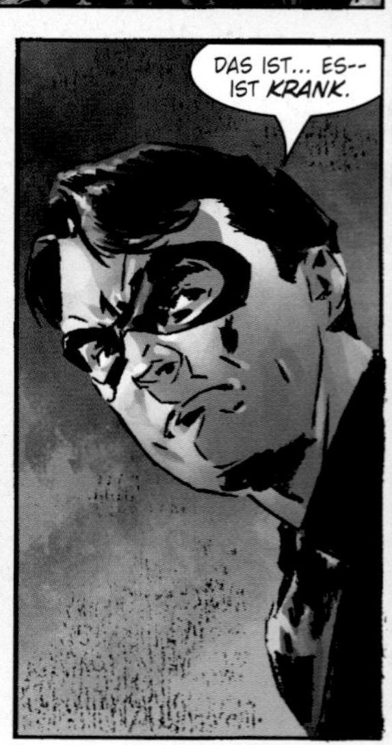
DAS IST... ES-- IST *KRANK*.

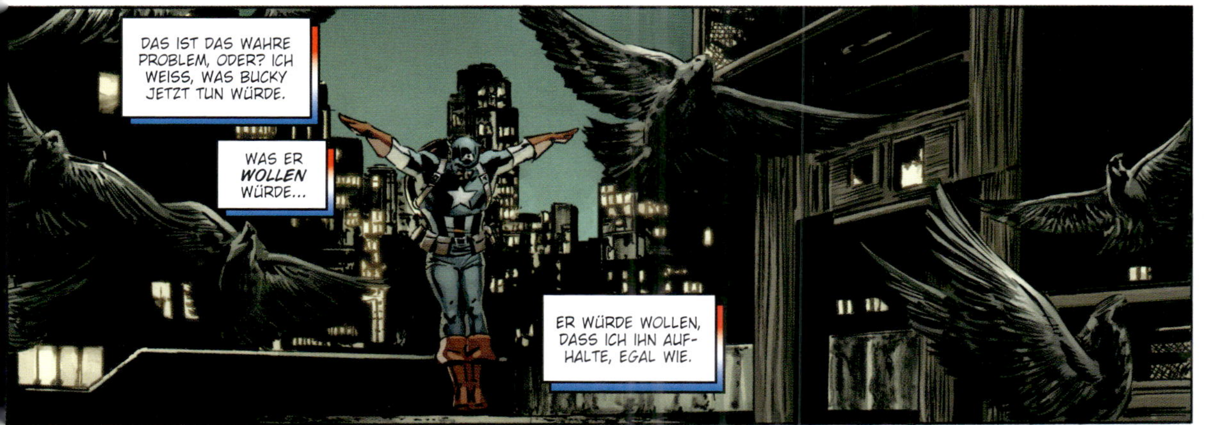
DAS IST DAS WAHRE PROBLEM, ODER? ICH WEISS, WAS BUCKY JETZT TUN WÜRDE.
WAS ER *WOLLEN* WÜRDE...
ER WÜRDE WOLLEN, DASS ICH IHN AUF-HALTE, EGAL WIE.

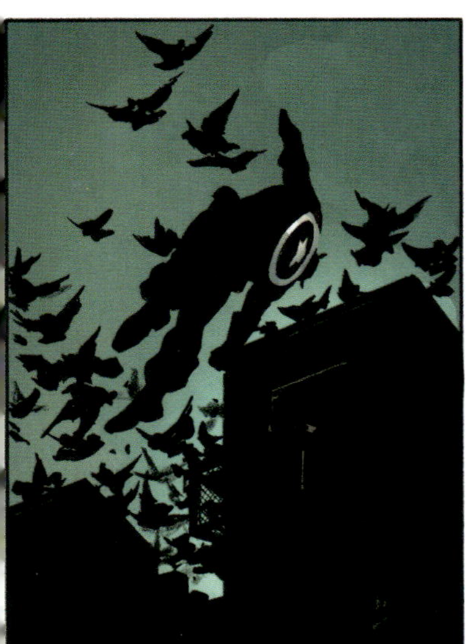

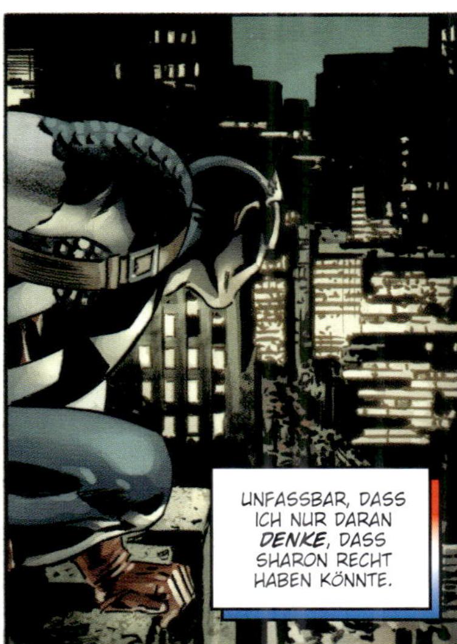
UNFASSBAR, DASS ICH NUR DARAN *DENKE*, DASS SHARON RECHT HABEN KÖNNTE.

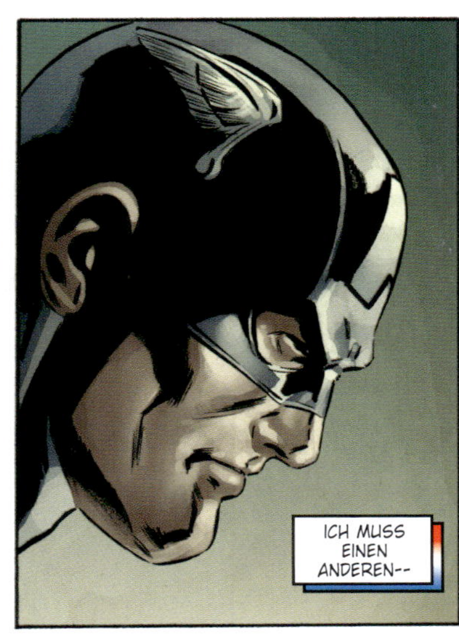
ICH MUSS EINEN ANDEREN--

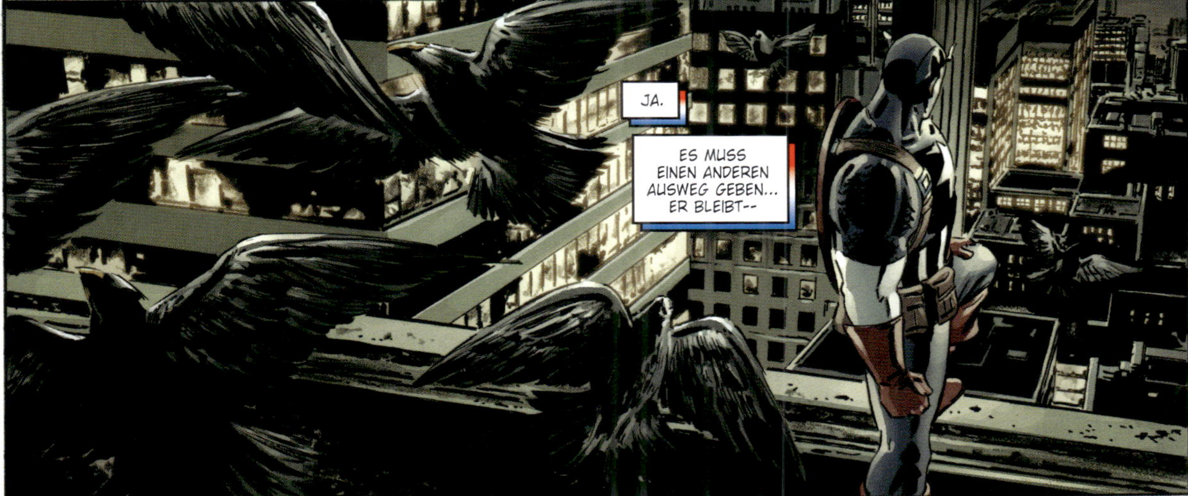
JA.
ES MUSS EINEN ANDEREN AUSWEG GEBEN... ER BLEIBT--

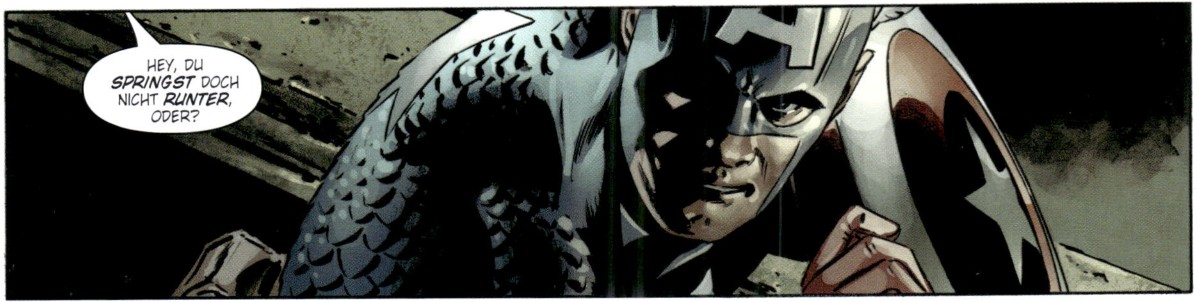
HEY, DU *SPRINGST* DOCH NICHT *RUNTER*, ODER?

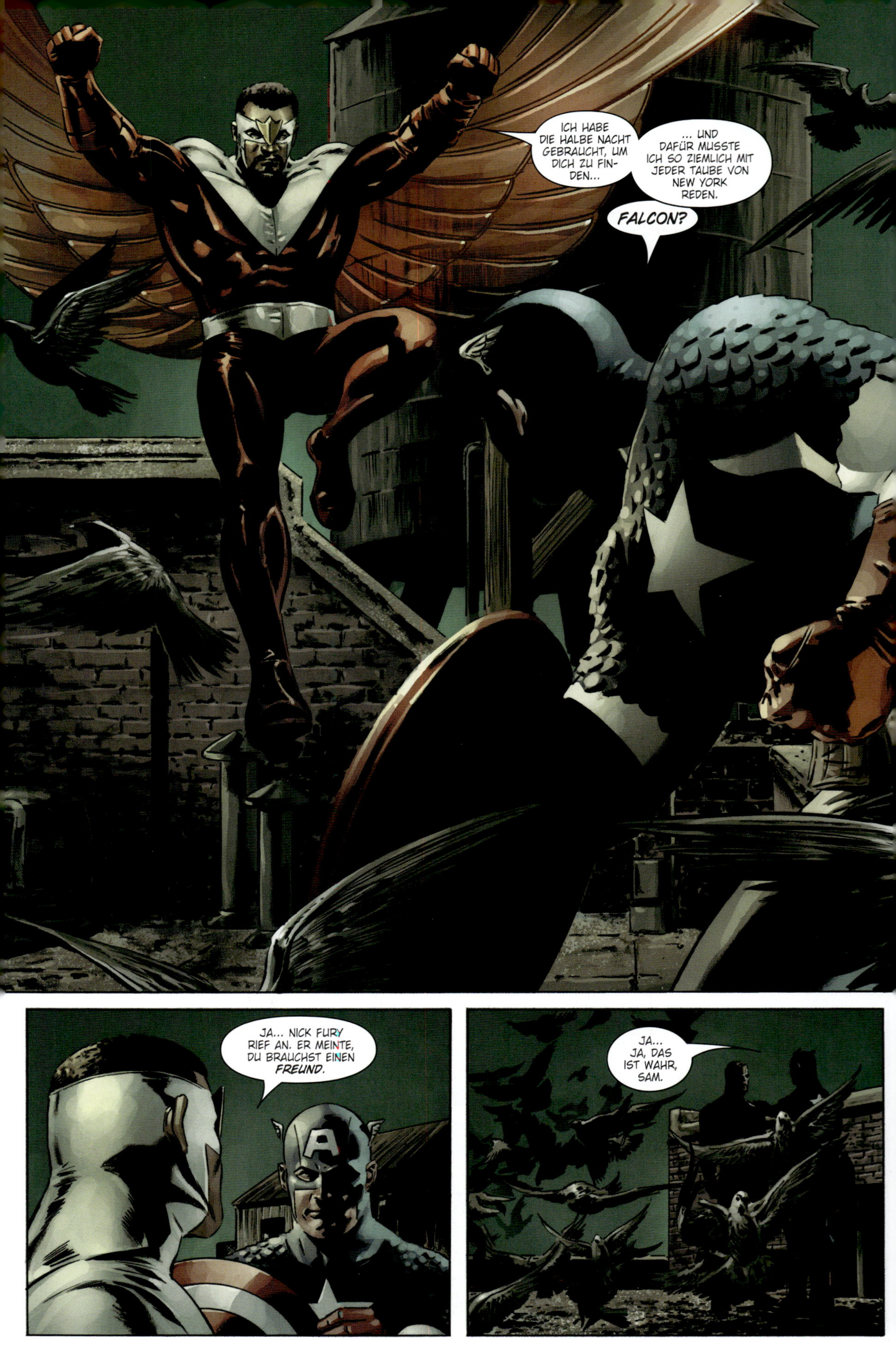

ICH HABE DIE HALBE NACHT GEBRAUCHT, UM DICH ZU FIN-DEN...
... UND DAFÜR MUSSTE ICH SO ZIEMLICH MIT JEDER TAUBE VON NEW YORK REDEN.
***FALCON?***

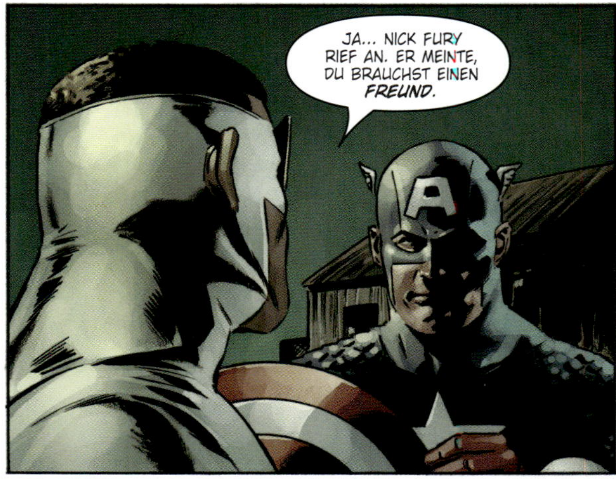


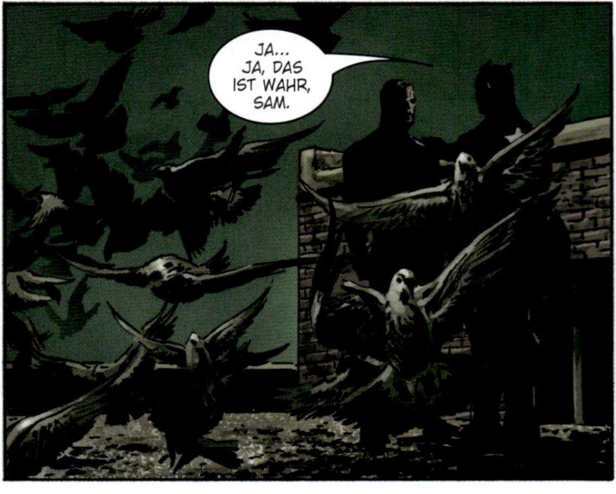

## WINTER SOLDIER, TEIL 5

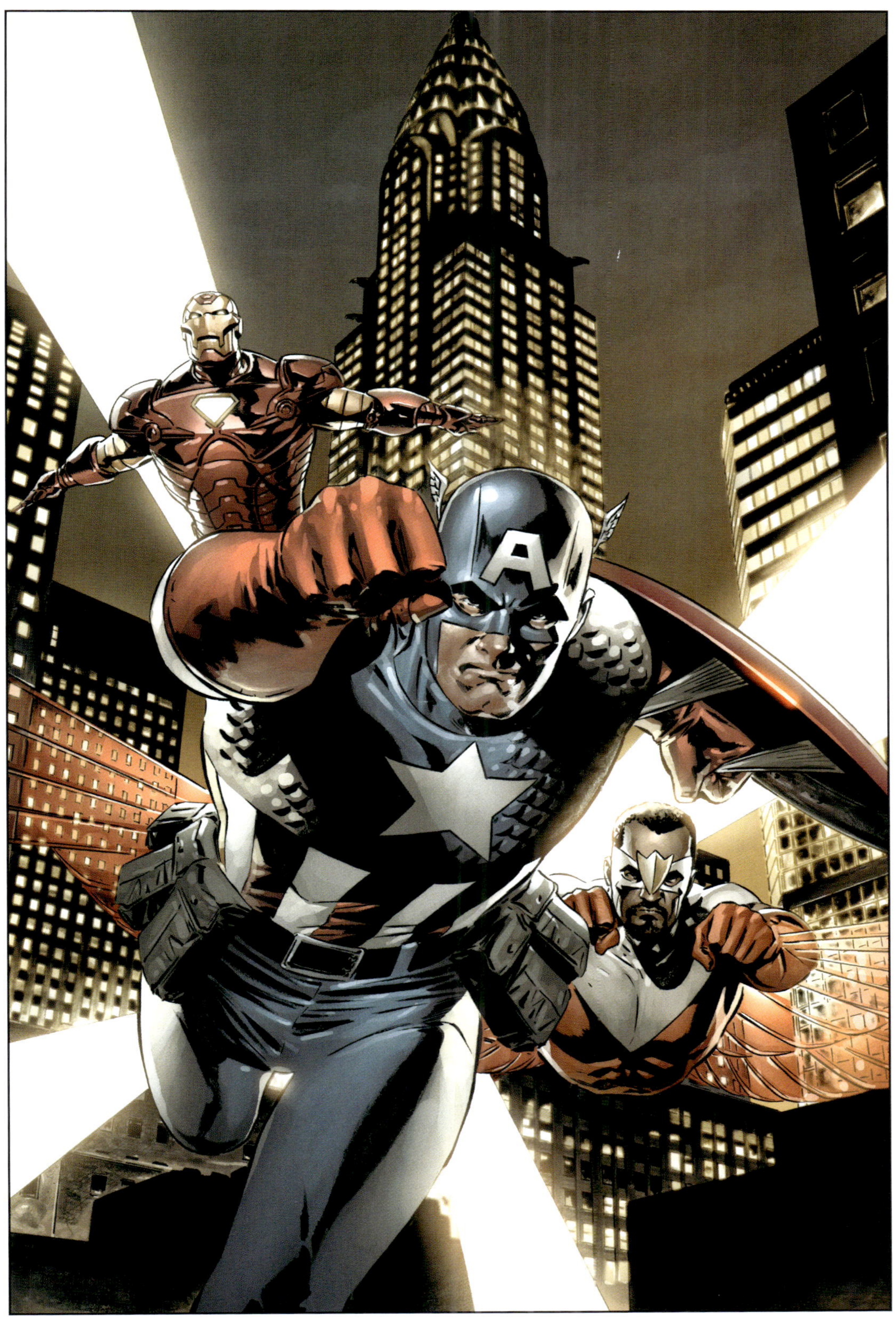

Captain America (2004) 13
Cover von **STEVE EPTING**

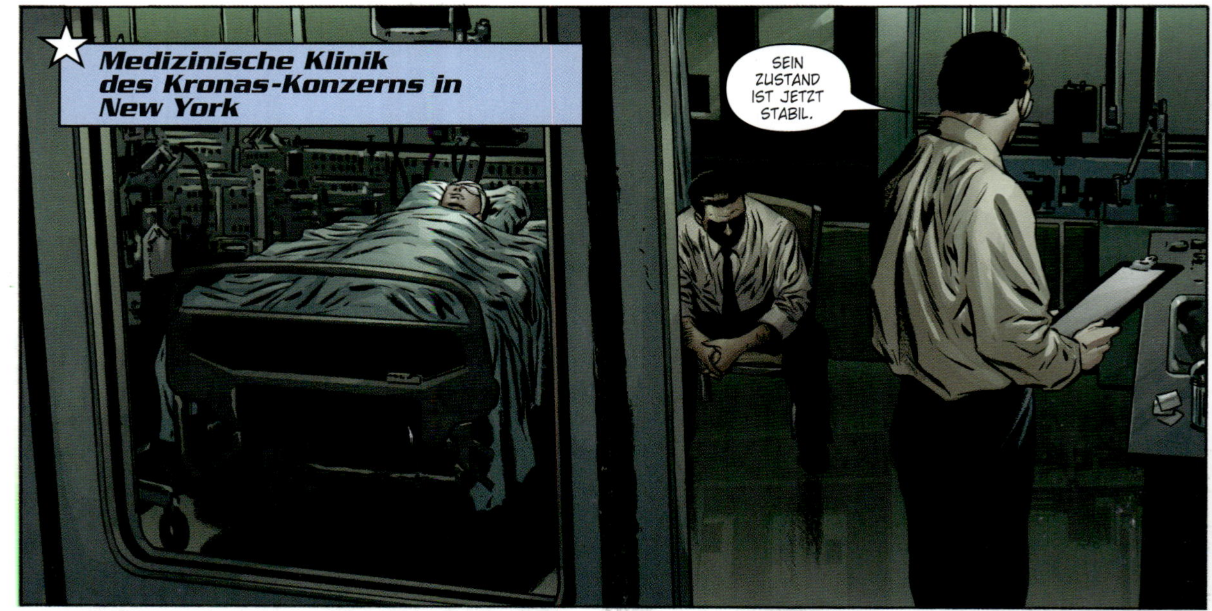
Medizinische Klinik des Kronas-Konzerns in New York
SEIN ZUSTAND IST JETZT STABIL.

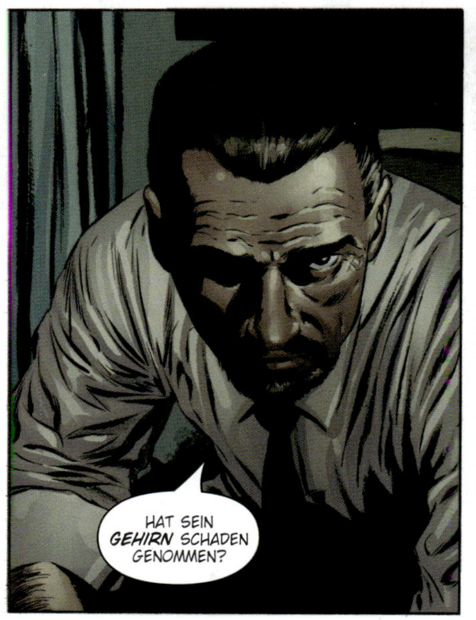
HAT SEIN GEHIRN SCHADEN GENOMMEN?

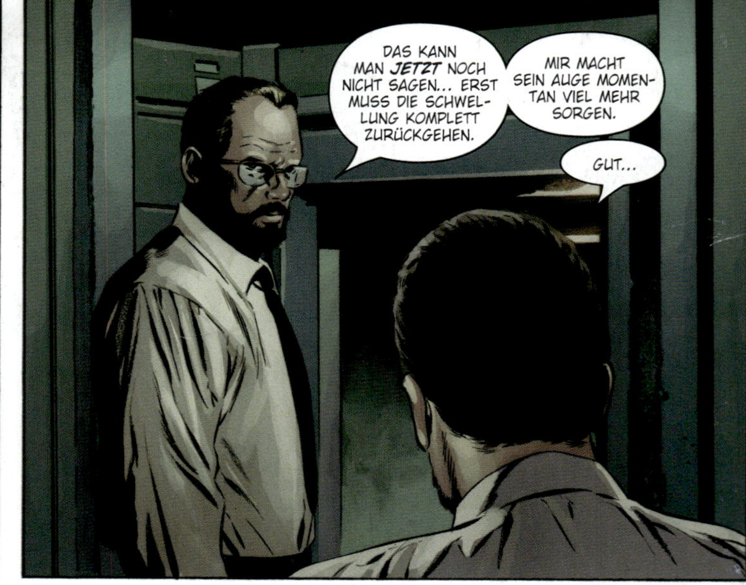
DAS KANN MAN JETZT NOCH NICHT SAGEN... ERST MUSS DIE SCHWELLUNG KOMPLETT ZURÜCKGEHEN.
MIR MACHT SEIN AUGE MOMENTAN VIEL MEHR SORGEN.
GUT...

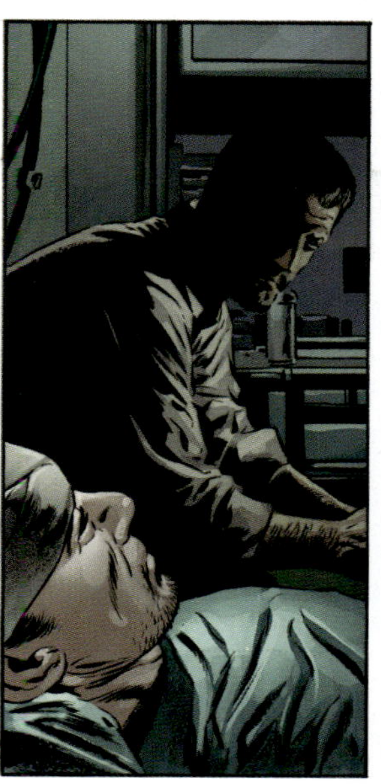

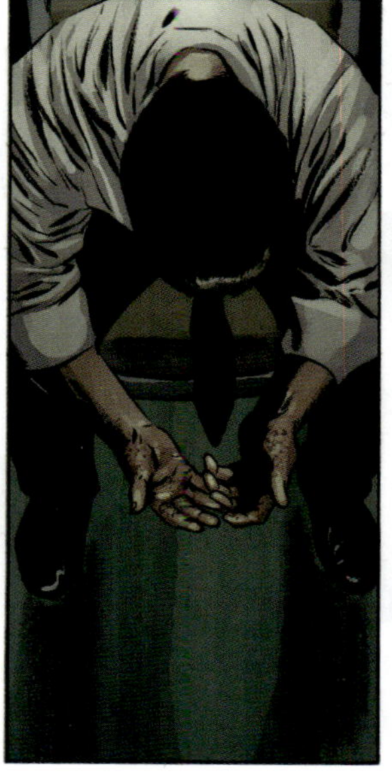

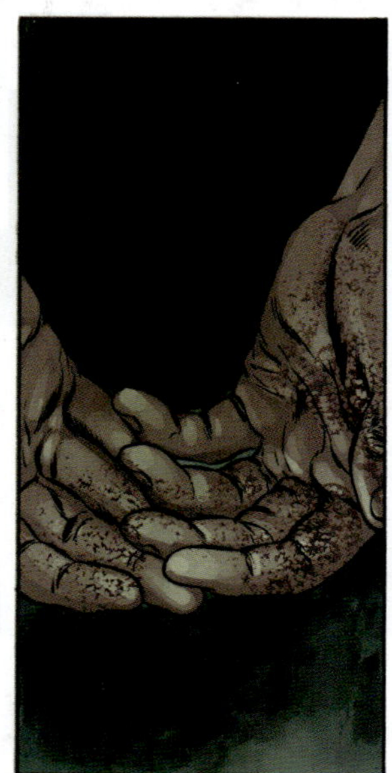

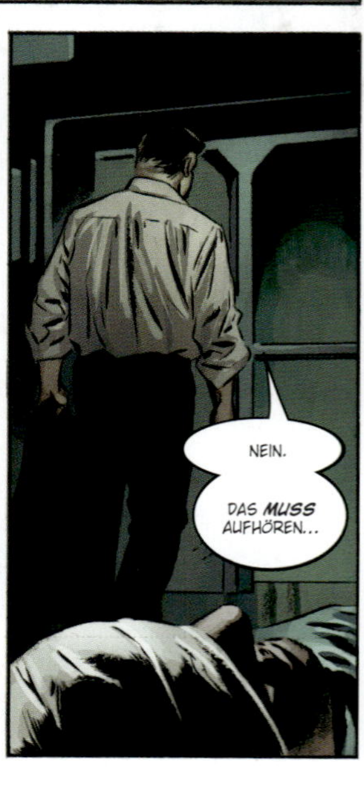
NEIN.
DAS MUSS AUFHÖREN...

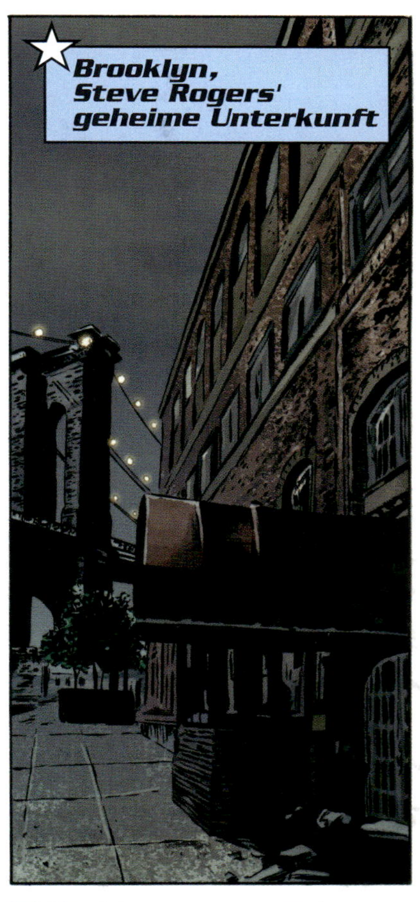
Brooklyn, Steve Rogers' geheime Unterkunft

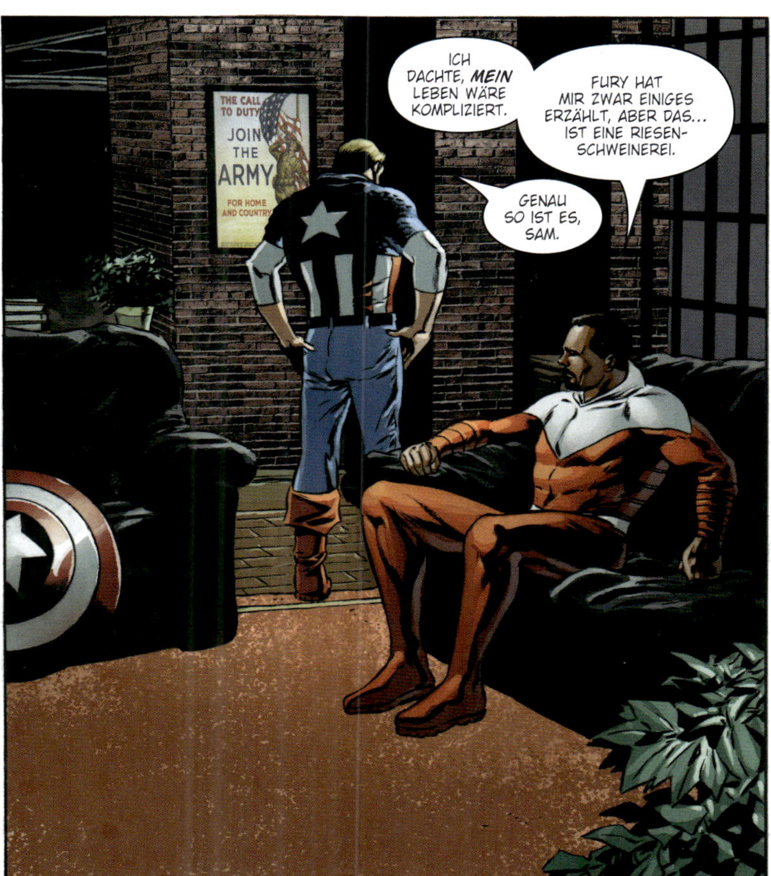
THE CALL TO DUTY
JOIN THE ARMY
FOR HOME AND COUNTRY
ICH DACHTE, MEIN LEBEN WÄRE KOMPLIZIERT.
FURY HAT MIR ZWAR EINIGES ERZÄHLT, ABER DAS… IST EINE RIESEN-SCHWEINEREI.
GENAU SO IST ES, SAM.

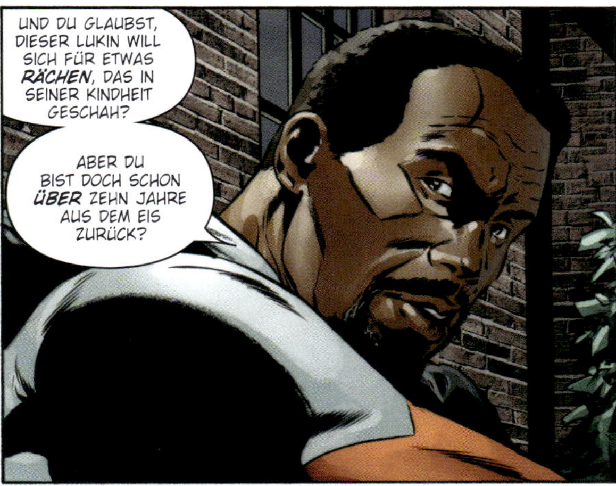
UND DU GLAUBST, DIESER LUKIN WILL SICH FÜR ETWAS RÄCHEN, DAS IN SEINER KINDHEIT GESCHAH?
ABER DU BIST DOCH SCHON ÜBER ZEHN JAHRE AUS DEM EIS ZURÜCK?

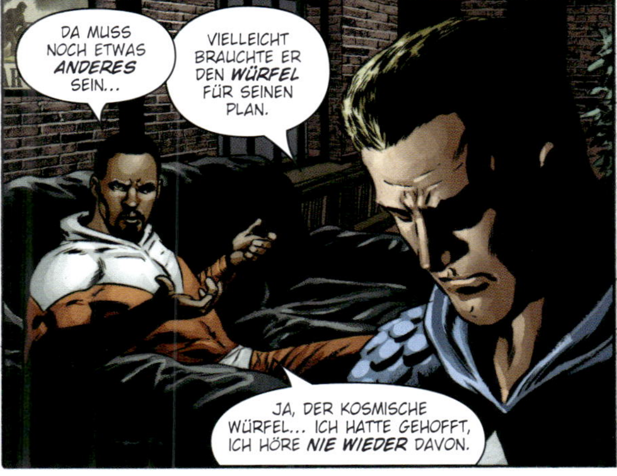
DA MUSS NOCH ETWAS ANDERES SEIN…
VIELLEICHT BRAUCHTE ER DEN WÜRFEL FÜR SEINEN PLAN.
JA, DER KOSMISCHE WÜRFEL… ICH HATTE GEHOFFT, ICH HÖRE NIE WIEDER DAVON.

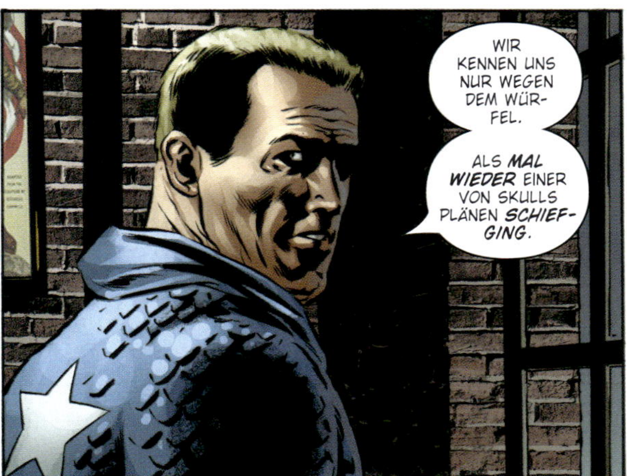
WIR KENNEN UNS NUR WEGEN DEM WÜR-FEL.
ALS MAL WIEDER EINER VON SKULLS PLÄNEN SCHIEF-GING.

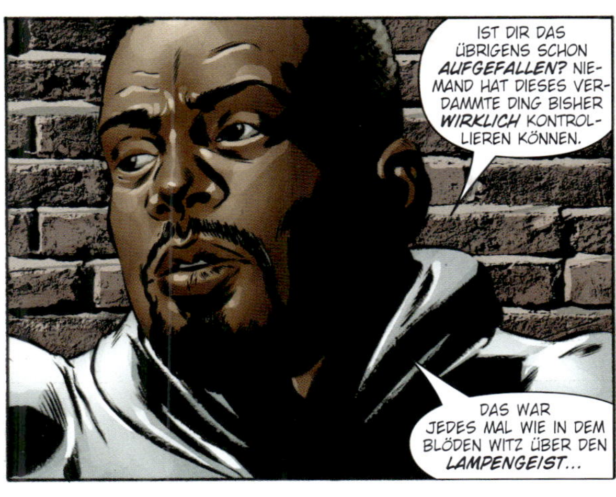
IST DIR DAS ÜBRIGENS SCHON AUFGEFALLEN? NIE-MAND HAT DIESES VER-DAMMTE DING BISHER WIRKLICH KONTROL-LIEREN KÖNNEN.
DAS WAR JEDES MAL WIE IN DEM BLÖDEN WITZ ÜBER DEN LAMPENGEIST…

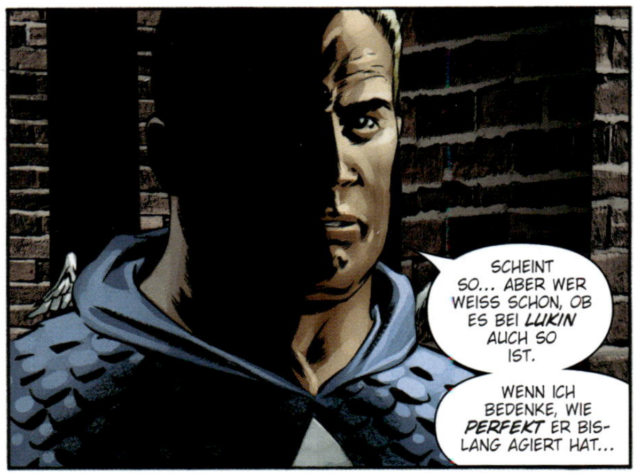
SCHEINT SO... ABER WER WEISS SCHON, OB ES BEI **LUKIN** AUCH SO IST.
WENN ICH BEDENKE, WIE **PERFEKT** ER BISLANG AGIERT HAT...
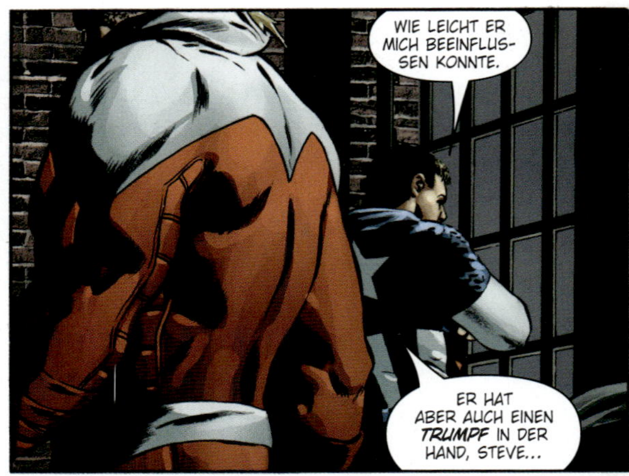
WIE LEICHT ER MICH BEEINFLUSSEN KONNTE.
ER HAT ABER AUCH EINEN **TRUMPF** IN DER HAND, STEVE...
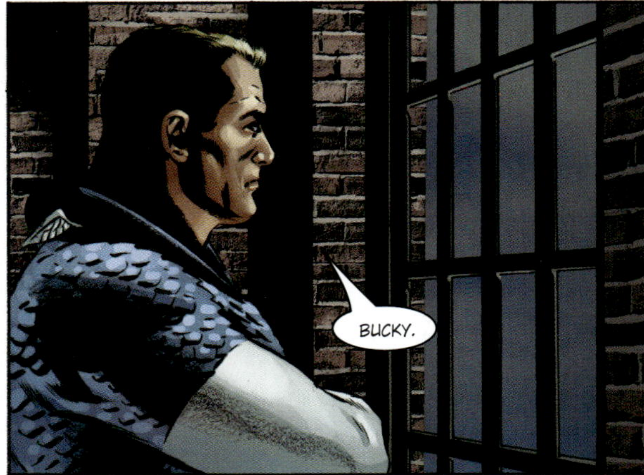
BUCKY.
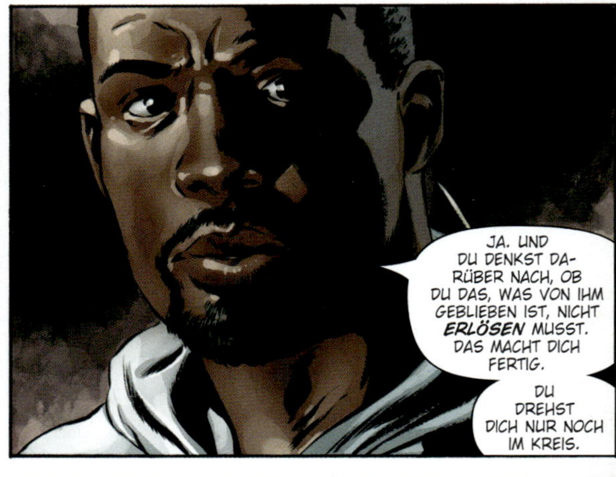
JA. UND DU DENKST DARÜBER NACH, OB DU DAS, WAS VON IHM GEBLIEBEN IST, NICHT **ERLÖSEN** MUSST. DAS MACHT DICH FERTIG.
DU DREHST DICH NUR NOCH IM KREIS.
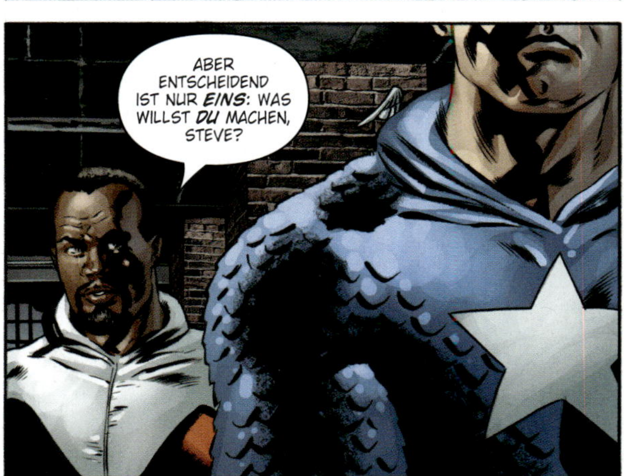
ABER ENTSCHEIDEND IST NUR **EINS**: WAS WILLST **DU** MACHEN, STEVE?
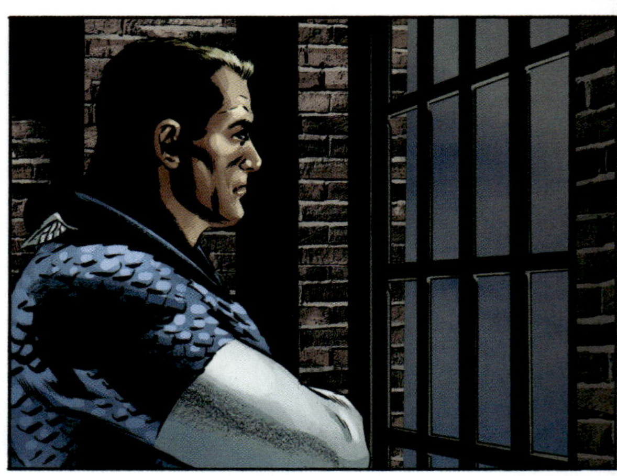
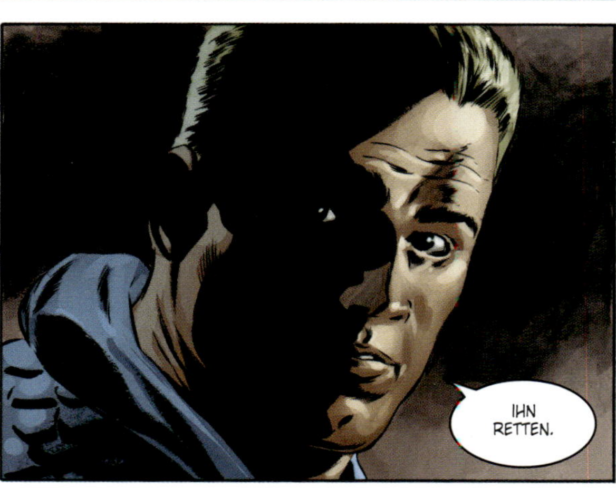
IHN RETTEN.
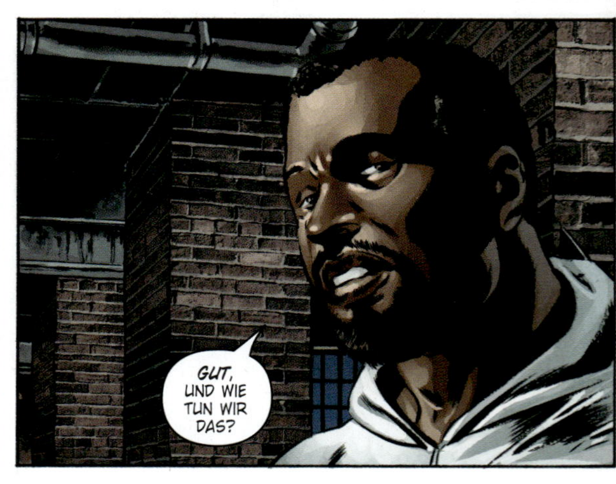
**GUT**, UND WIE TUN WIR DAS?

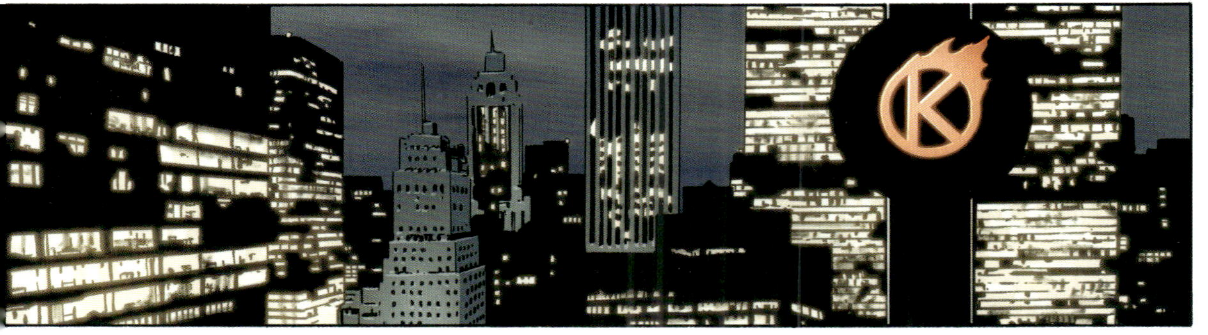

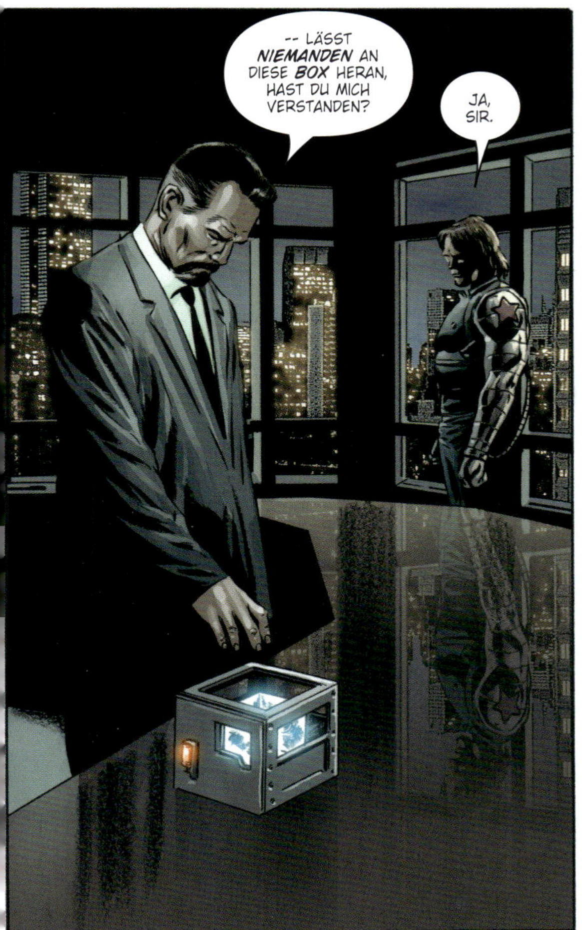

-- LÄSST NIEMANDEN AN DIESE BOX HERAN, HAST DU MICH VERSTANDEN?
JA, SIR.


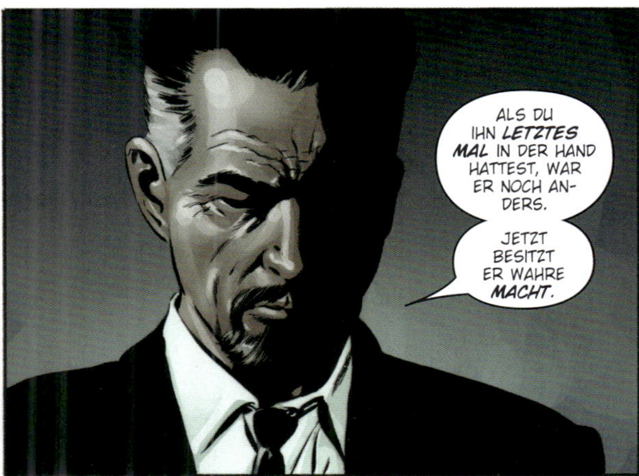

ALS DU IHN LETZTES MAL IN DER HAND HATTEST, WAR ER NOCH ANDERS.
JETZT BESITZT ER WAHRE MACHT.


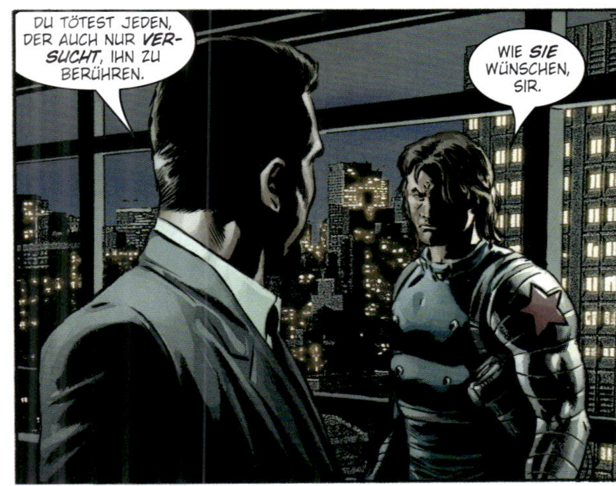

DU TÖTEST JEDEN, DER AUCH NUR VERSUCHT, IHN ZU BERÜHREN.
WIE SIE WÜNSCHEN, SIR.


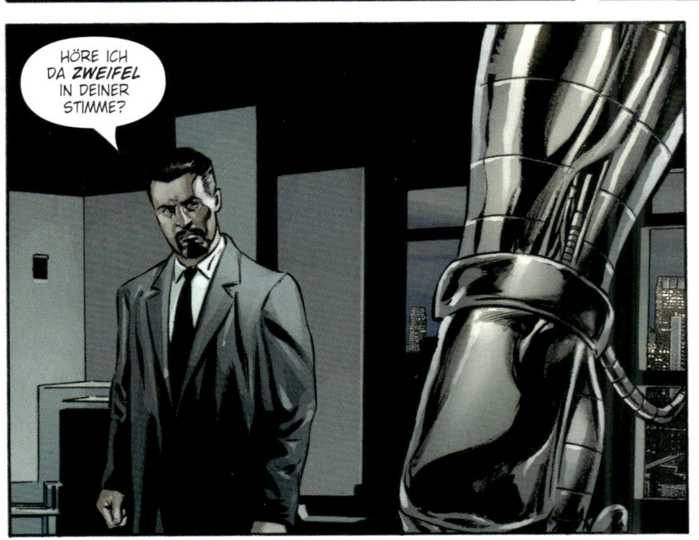

HÖRE ICH DA ZWEIFEL IN DEINER STIMME?


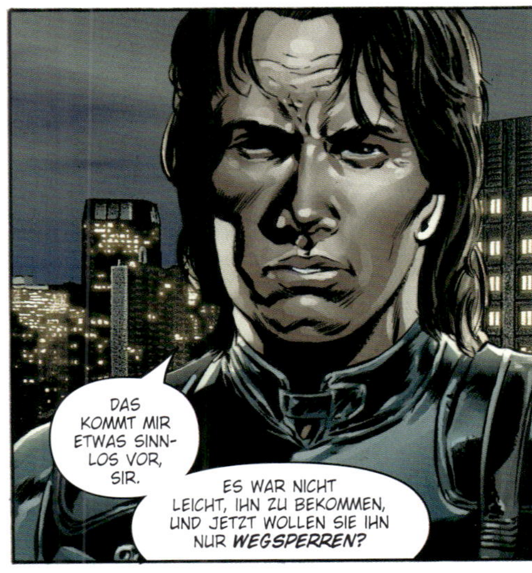

DAS KOMMT MIR ETWAS SINNLOS VOR, SIR.
ES WAR NICHT LEICHT, IHN ZU BEKOMMEN, UND JETZT WOLLEN SIE IHN NUR WEGSPERREN?

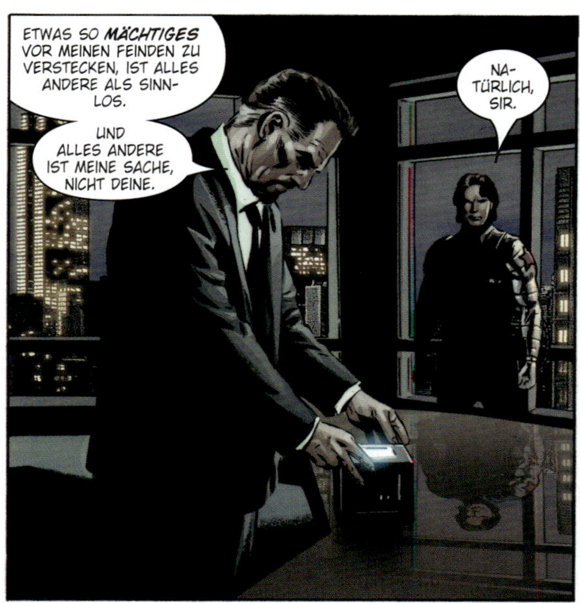
ETWAS SO **MÄCHTIGES** VOR MEINEN FEINDEN ZU VERSTECKEN, IST ALLES ANDERE ALS SINNLOS.
UND ALLES ANDERE IST MEINE SACHE, NICHT DEINE.
NATÜRLICH, SIR.

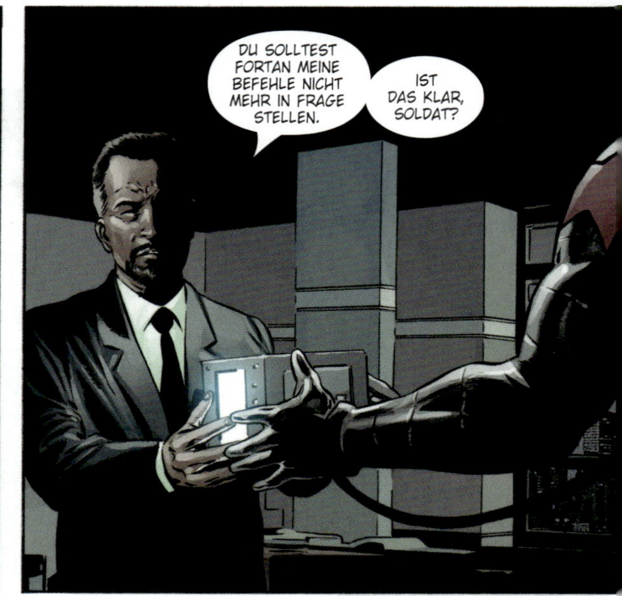
DU SOLLTEST FORTAN MEINE BEFEHLE NICHT MEHR IN FRAGE STELLEN.
IST DAS KLAR, SOLDAT?

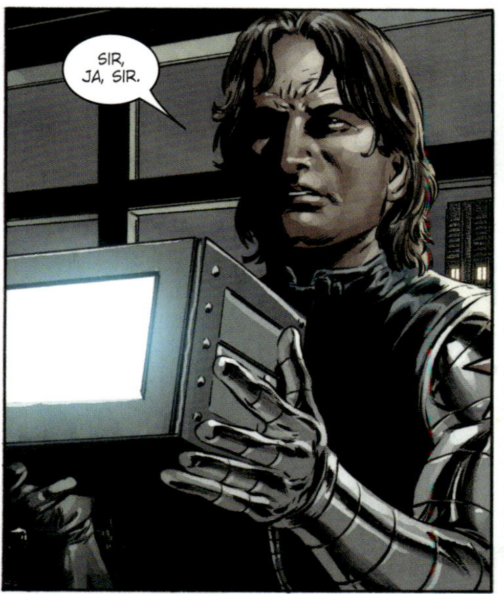
SIR, JA, SIR.

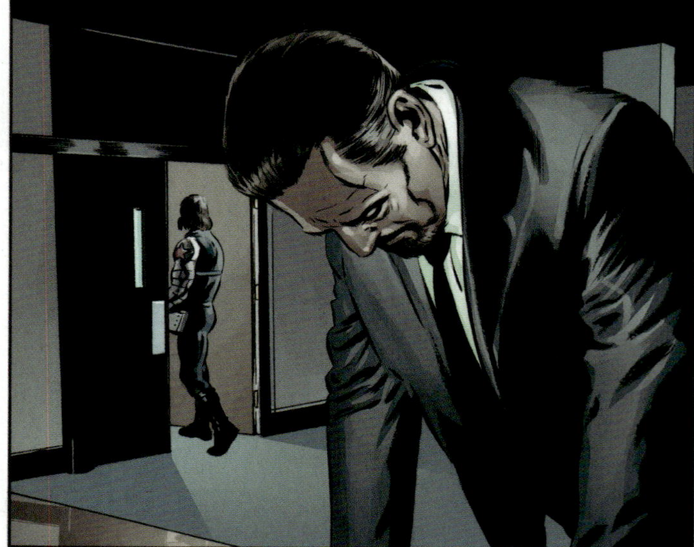

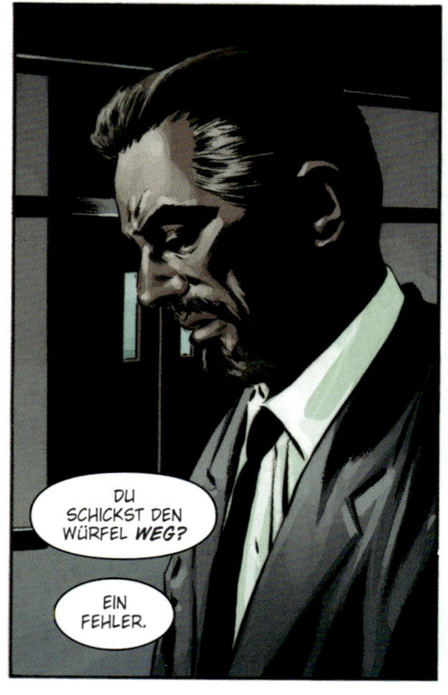
DU SCHICKST DEN WÜRFEL **WEG?**
EIN FEHLER.

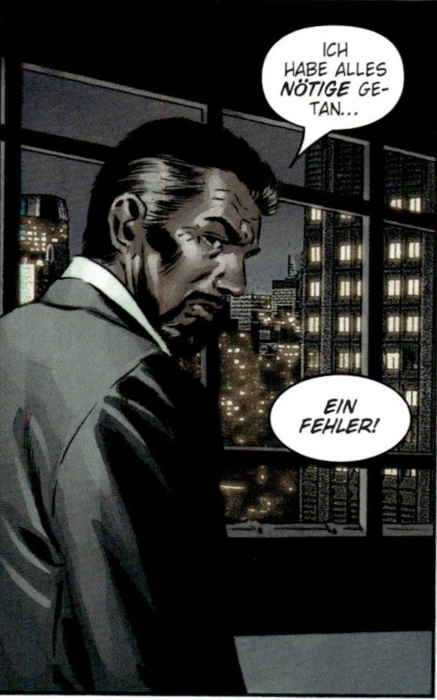
ICH HABE ALLES **NÖTIGE** GETAN...
***EIN FEHLER!***

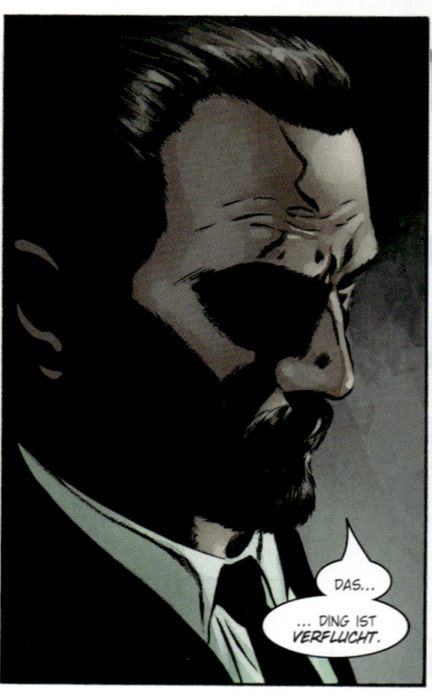
DAS...
... DING IST ***VERFLUCHT***.

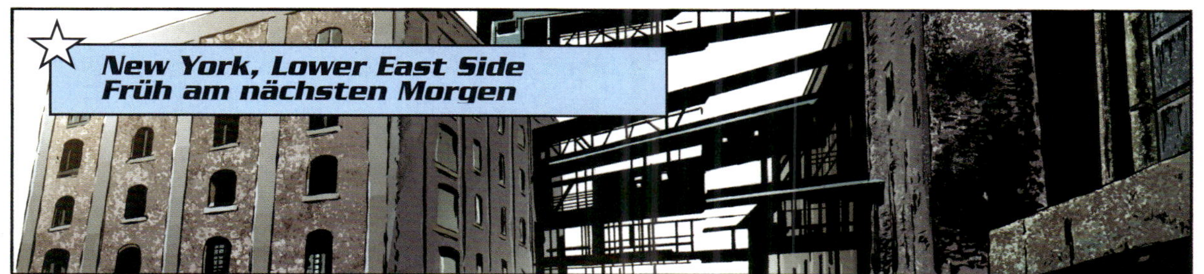
New York, Lower East Side
Früh am nächsten Morgen

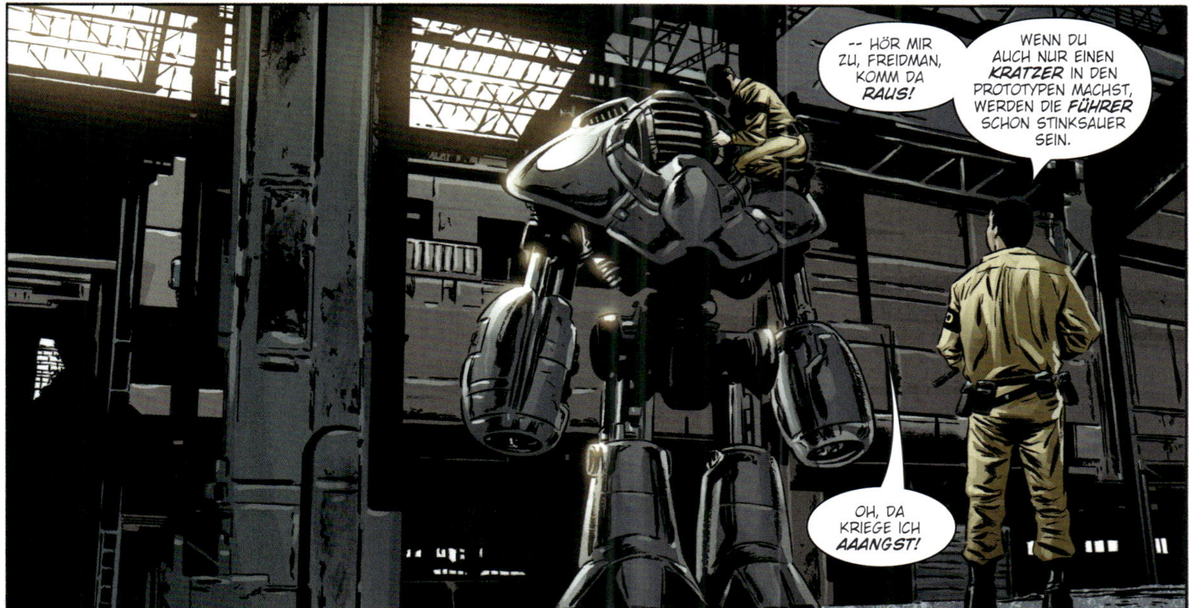
-- HÖR MIR ZU, FREIDMAN, KOMM DA *RAUS!*
WENN DU AUCH NUR EINEN *KRATZER* IN DEN PROTOTYPEN MACHST, WERDEN DIE *FÜHRER* SCHON STINKSAUER SEIN.
OH, DA KRIEGE ICH *AAANGST!*

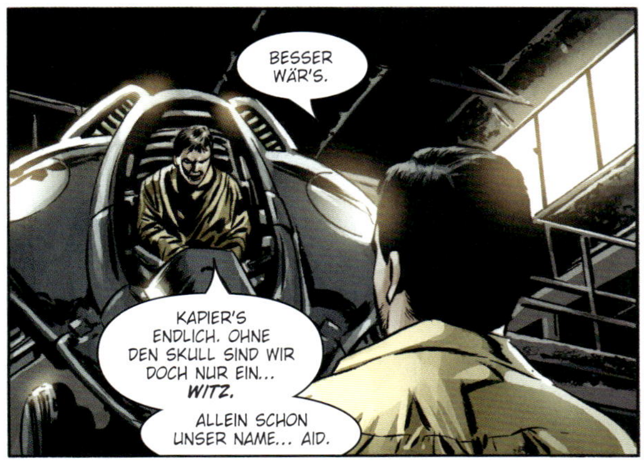
BESSER WÄR'S.
KAPIER'S ENDLICH. OHNE DEN SKULL SIND WIR DOCH NUR EIN... *WITZ.*
ALLEIN SCHON UNSER NAME... AID.

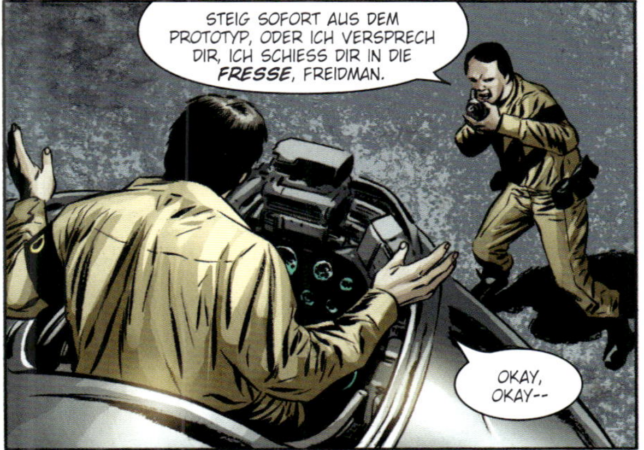
STEIG SOFORT AUS DEM PROTOTYP, ODER ICH VERSPRECH DIR, ICH SCHIESS DIR IN DIE *FRESSE*, FREIDMAN.
OKAY, OKAY--

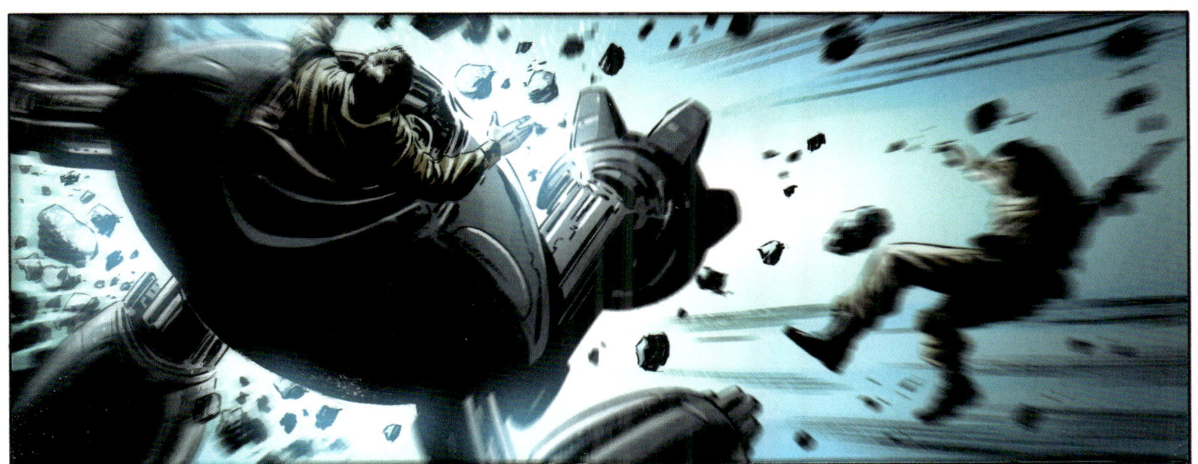

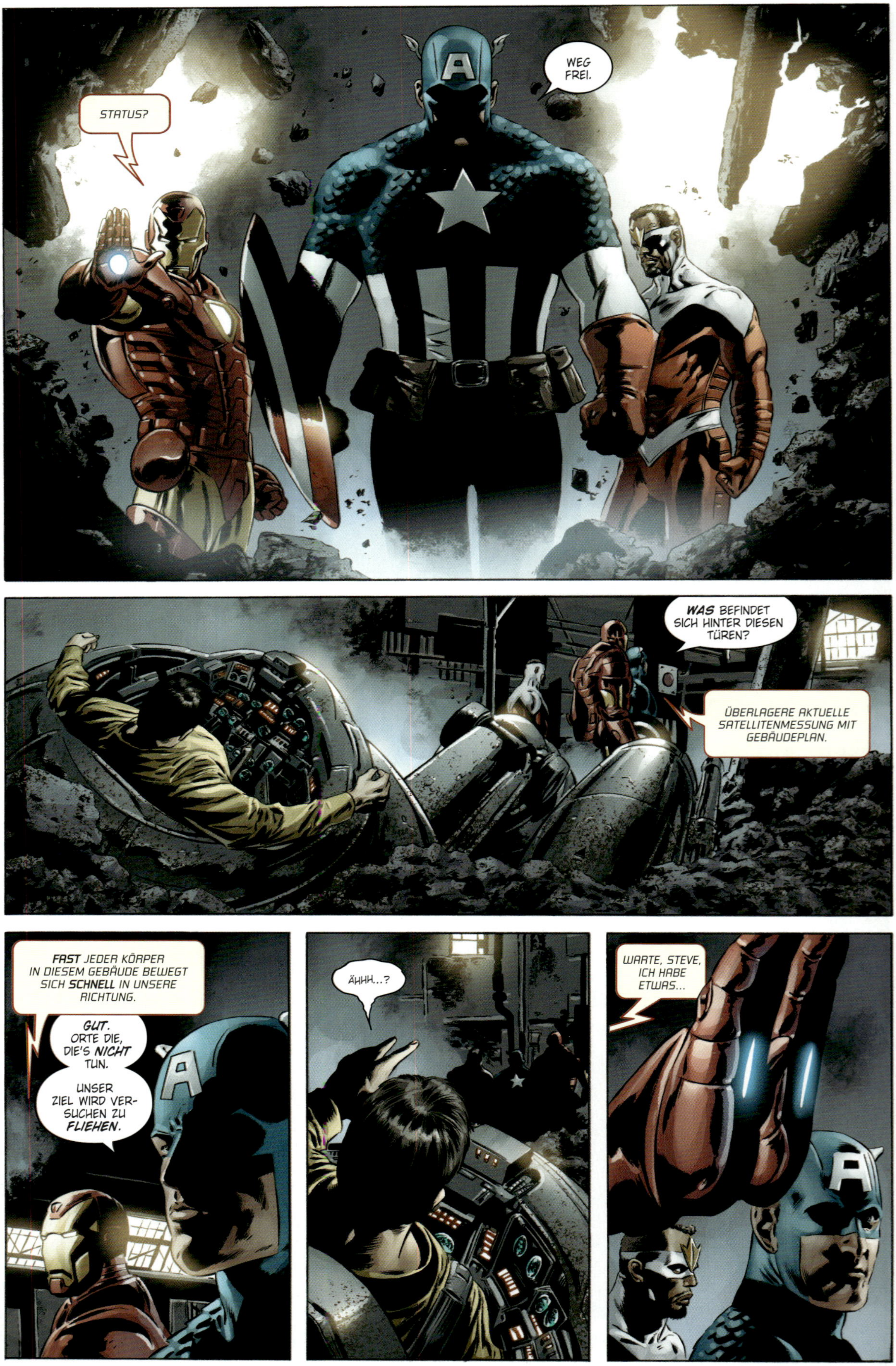

STATUS?
WEG FREI.

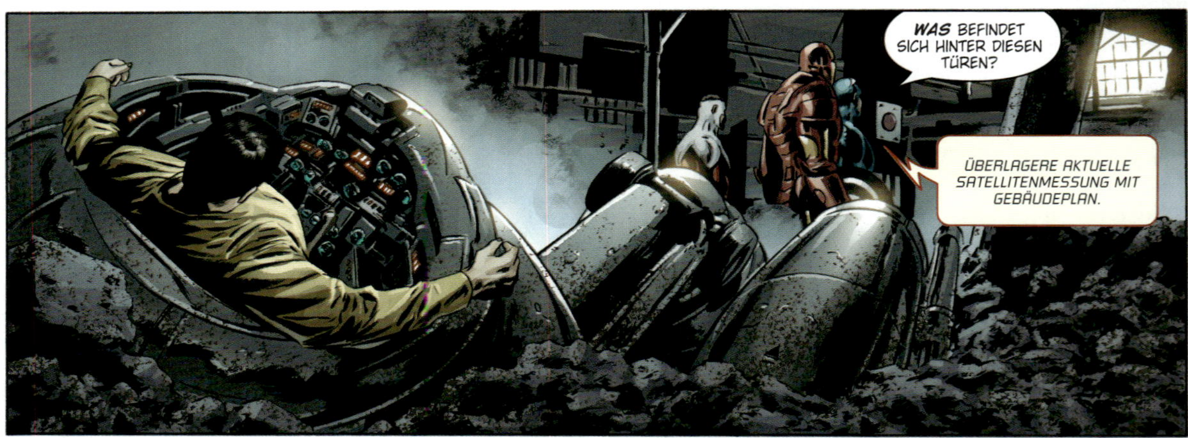
**WAS** BEFINDET SICH HINTER DIESEN TÜREN?
ÜBERLAGERE AKTUELLE SATELLITENMESSUNG MIT GEBÄUDEPLAN.

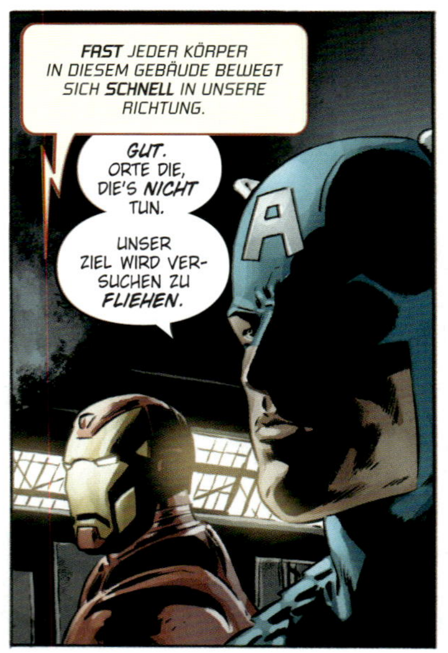
**FAST** JEDER KÖRPER IN DIESEM GEBÄUDE BEWEGT SICH **SCHNELL** IN UNSERE RICHTUNG.
**GUT.** ORTE DIE, DIE'S **NICHT** TUN.
UNSER ZIEL WIRD VERSUCHEN ZU **FLIEHEN**.

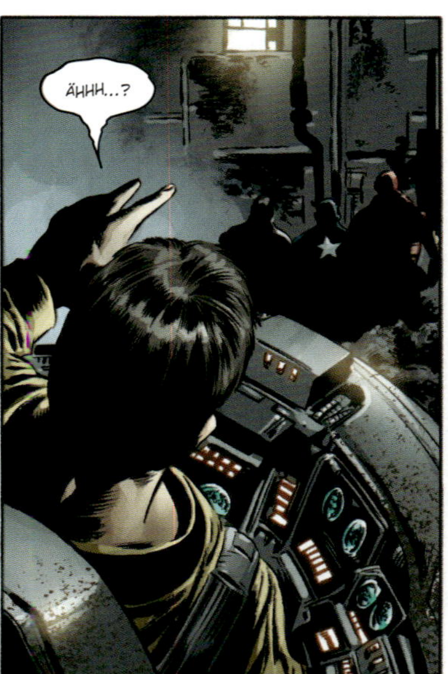
ÄHHH...?

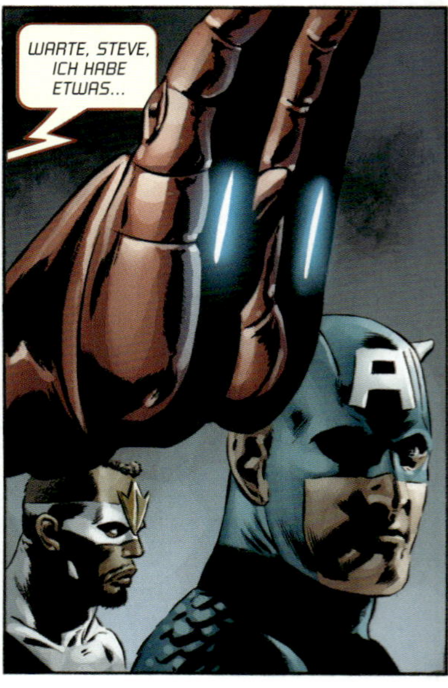
WARTE, STEVE, ICH HABE ETWAS...

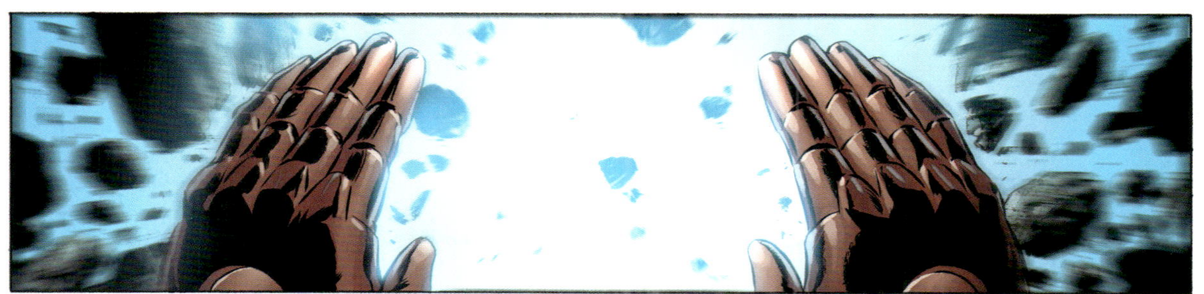

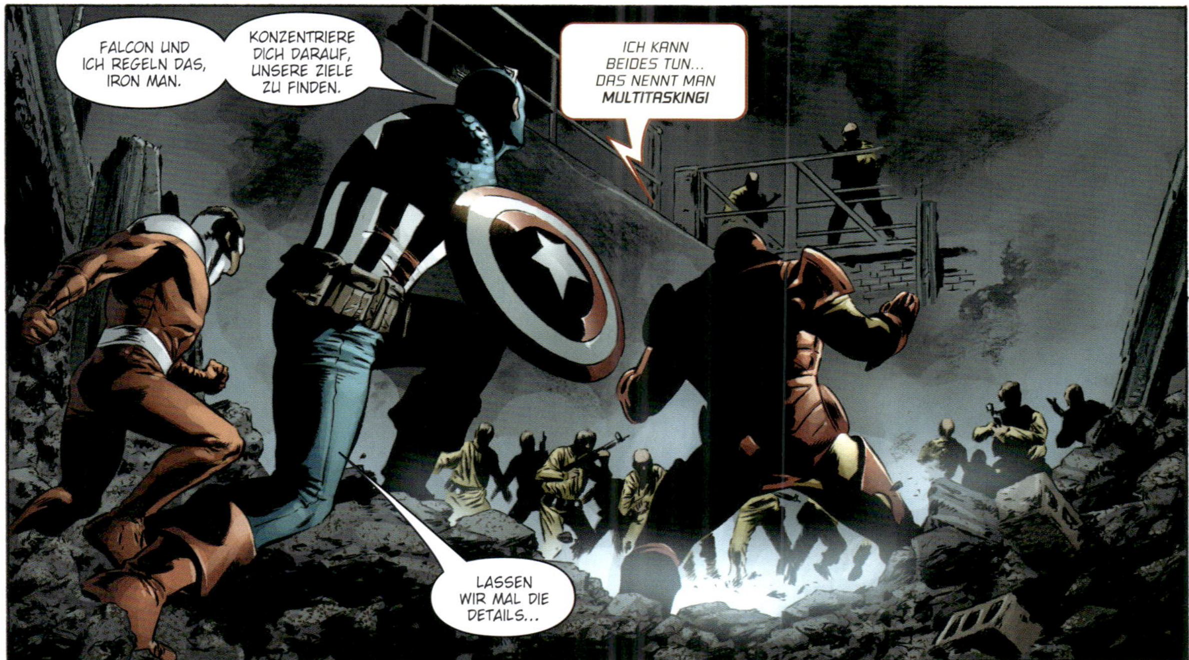
FALCON UND ICH REGELN DAS, IRON MAN.
KONZENTRIERE DICH DARAUF, UNSERE ZIELE ZU FINDEN.
ICH KANN BEIDES TUN... DAS NENNT MAN MULTITASKING!
LASSEN WIR MAL DIE DETAILS...

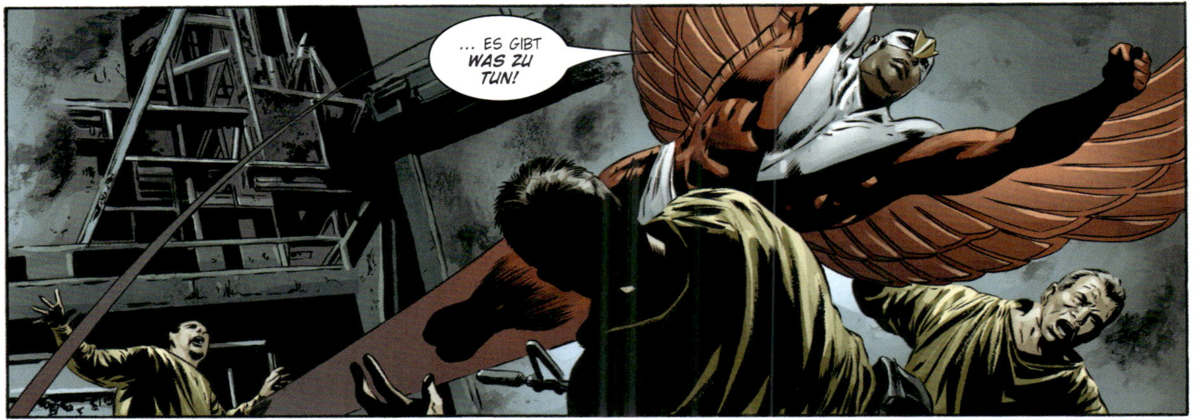
... ES GIBT WAS ZU TUN!

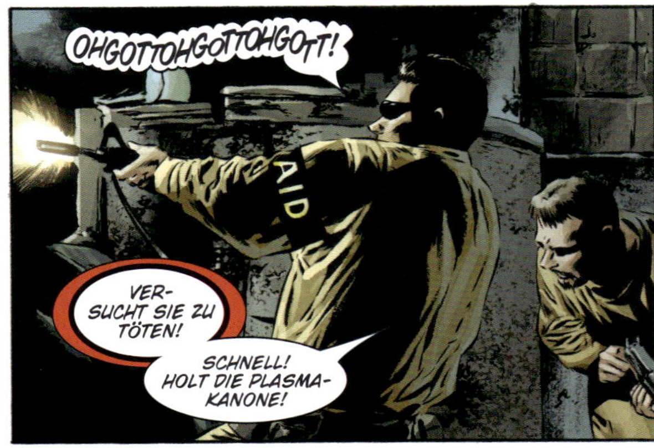
OHGOTTOHGOTTOHGOTT!
AID
VER-SUCHT SIE ZU TÖTEN!
SCHNELL! HOLT DIE PLASMA-KANONE!

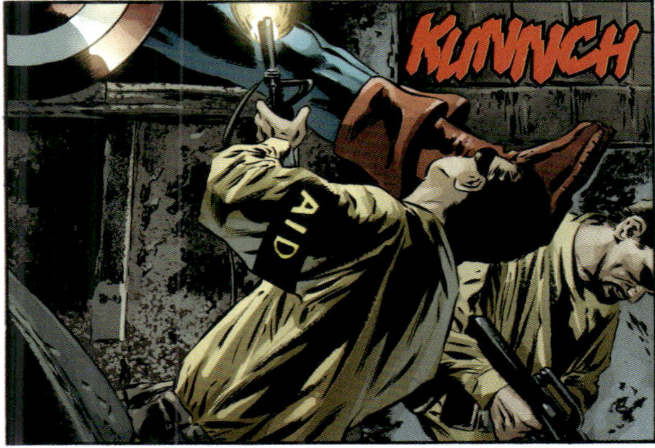
KUNNCH
AID

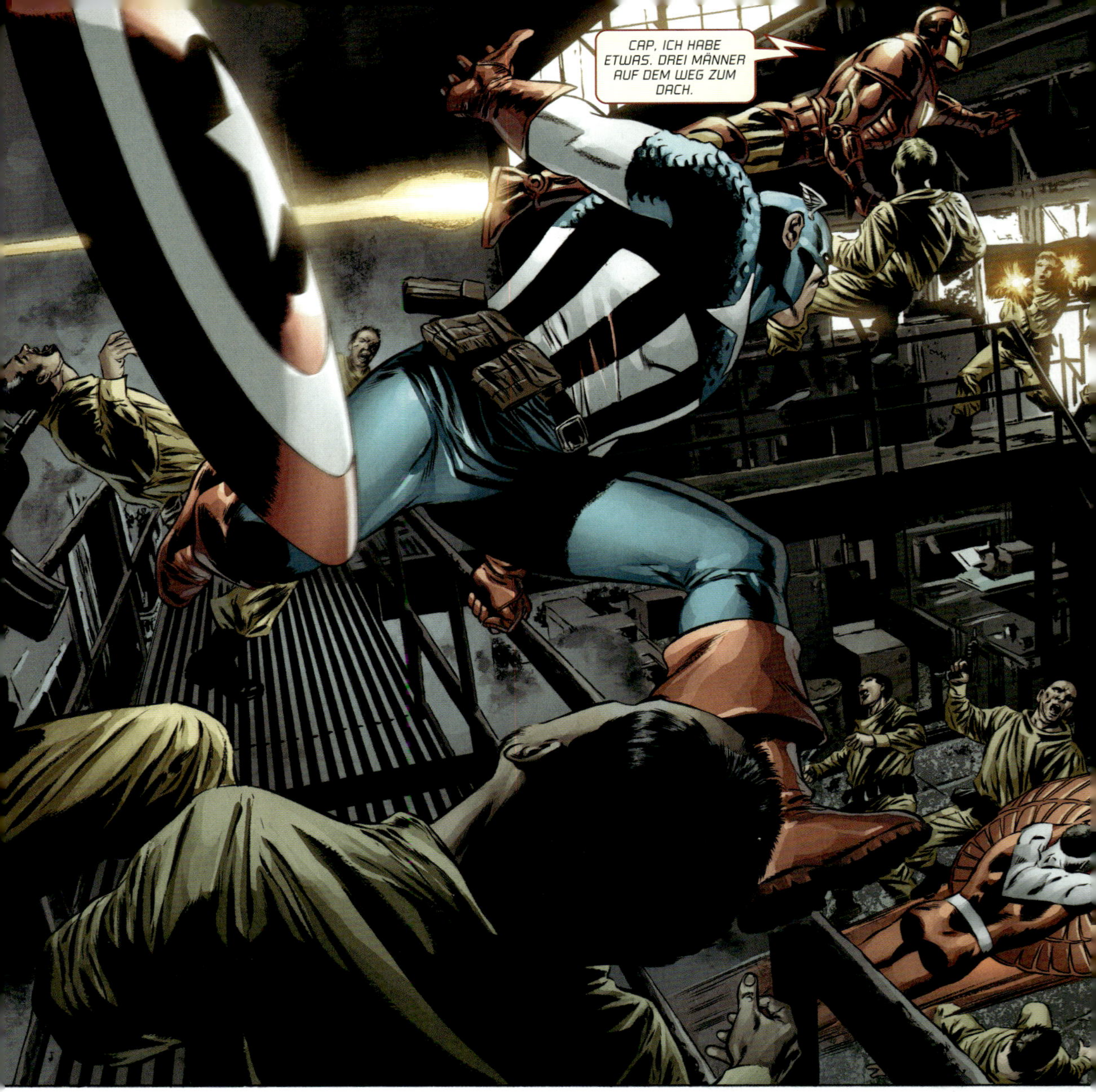

CAP, ICH HABE ETWAS. DREI MÄNNER AUF DEM WEG ZUM DACH.

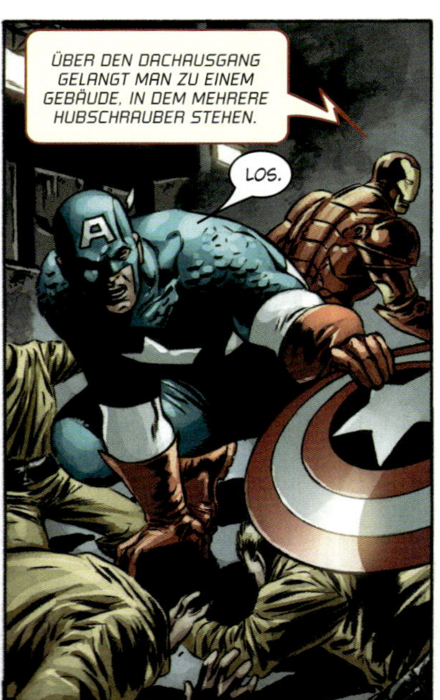


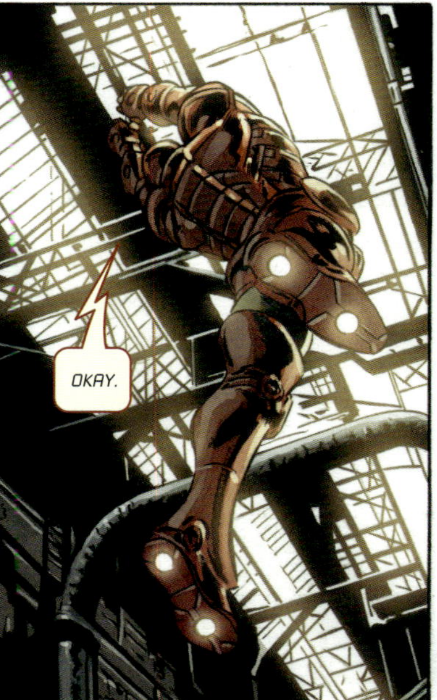


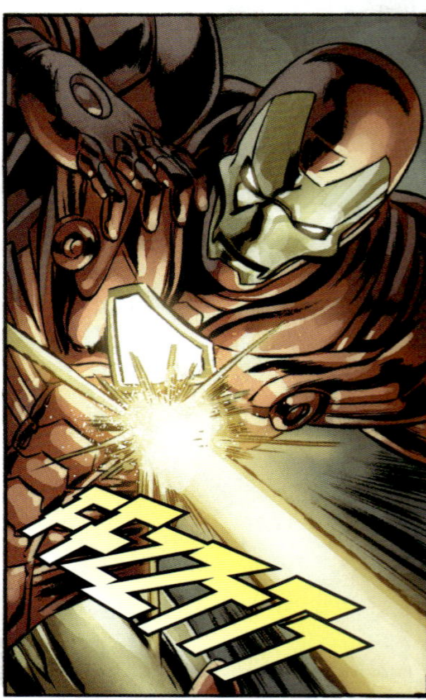

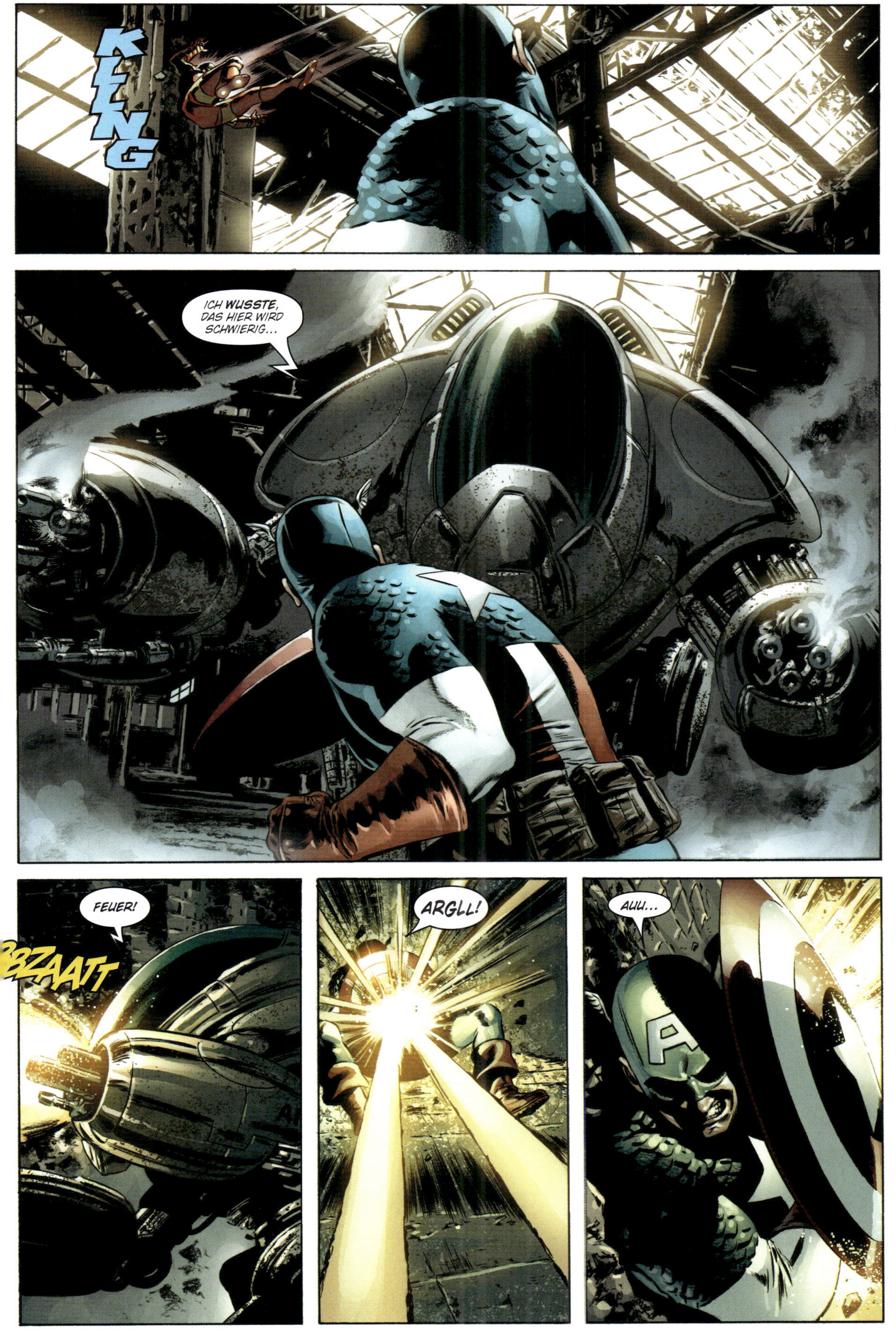

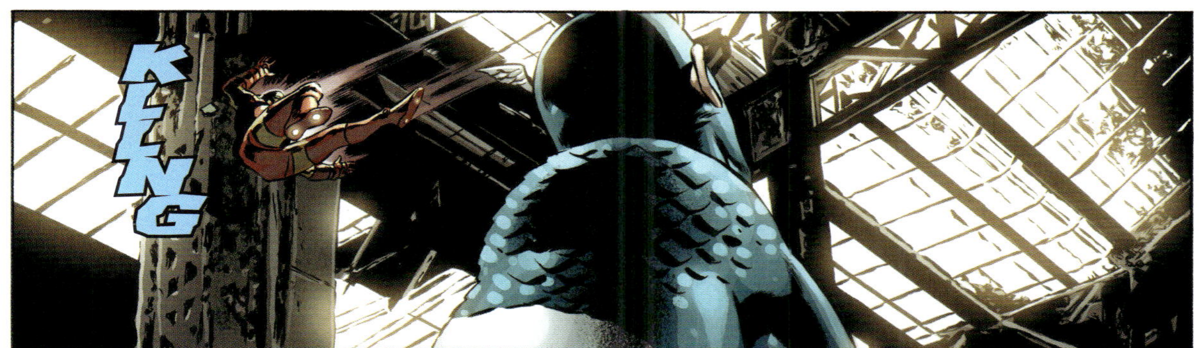


ICH WUSSTE, DAS HIER WIRD SCHWIERIG...

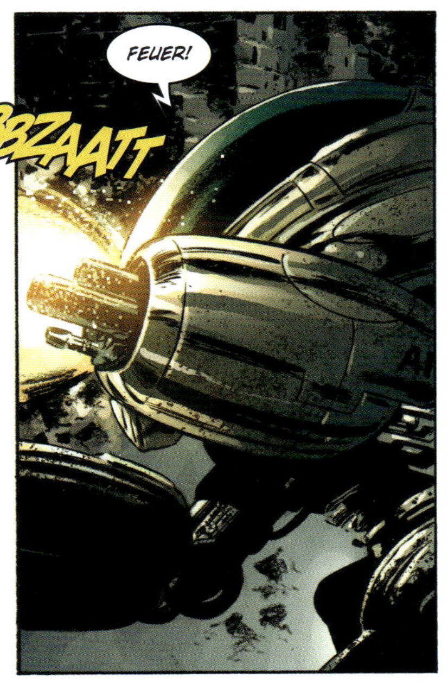


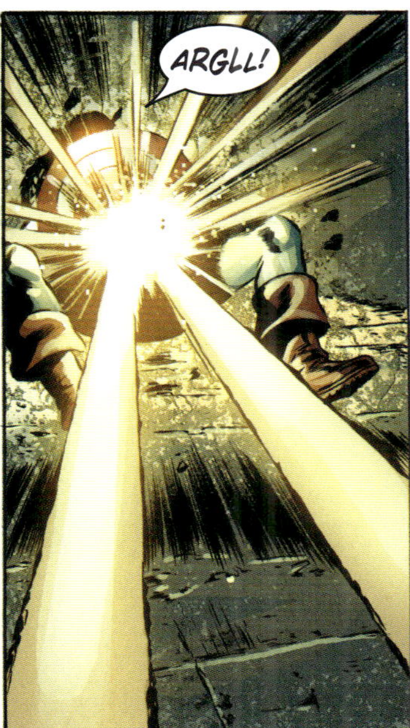


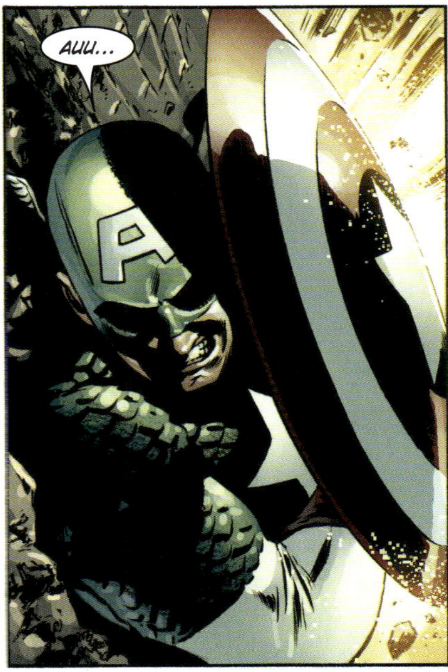

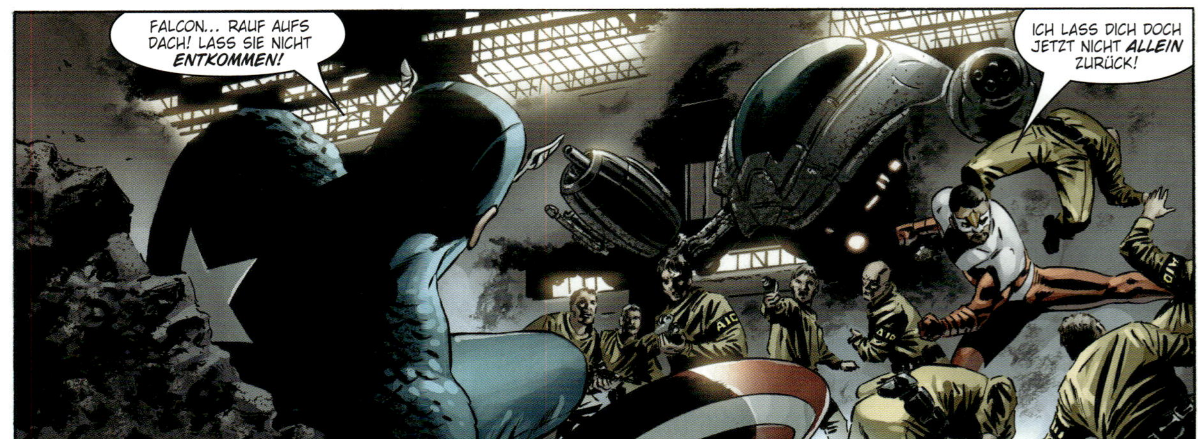
FALCON... RAUF AUFS DACH! LASS SIE NICHT ***ENTKOMMEN!***
ICH LASS DICH DOCH JETZT NICHT ***ALLEIN*** ZURÜCK!

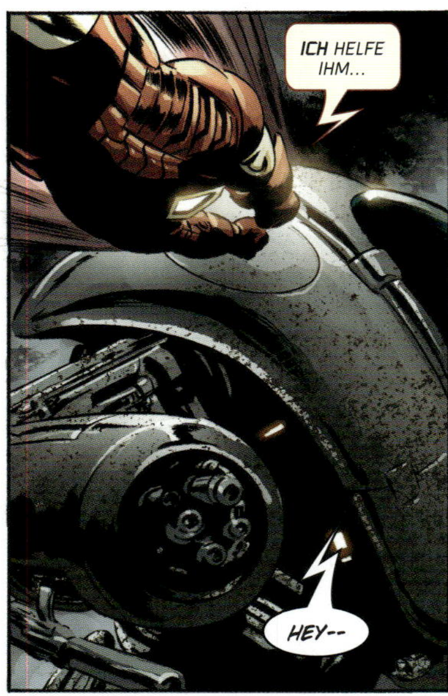
**ICH** HELFE IHM...
***HEY--***

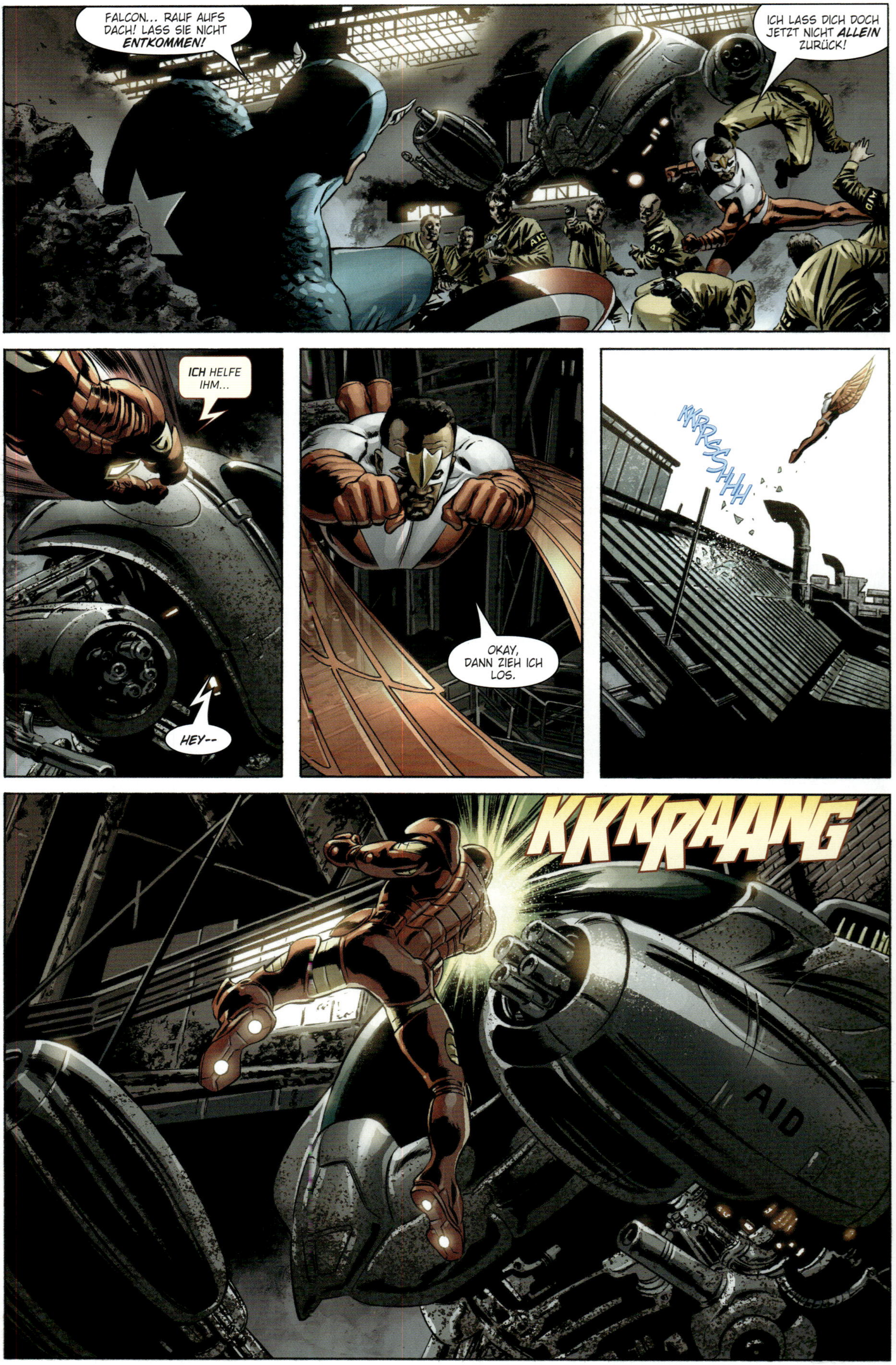

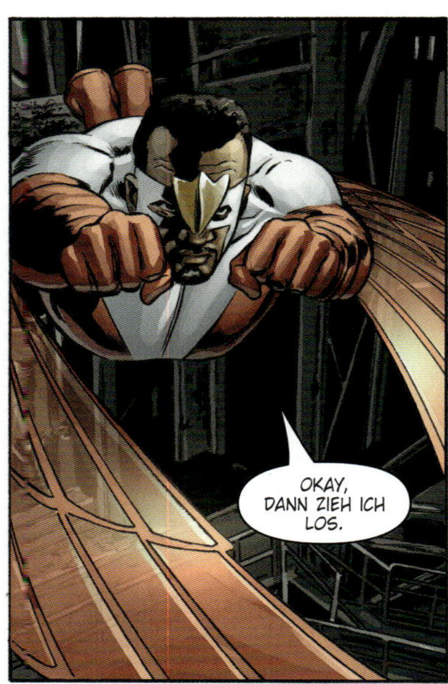
OKAY, DANN ZIEH ICH LOS.

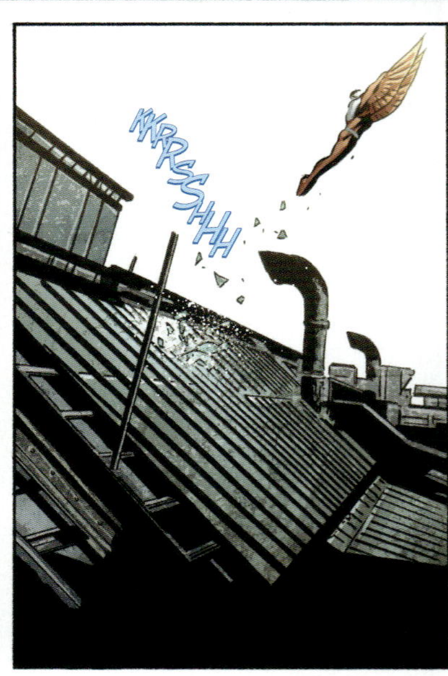
KKRRSSHHH

KKKRAANG

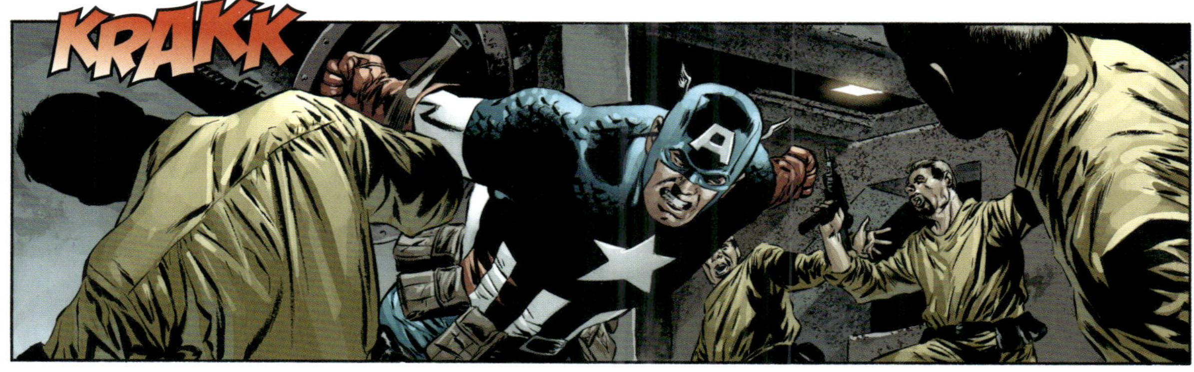
KRAKK
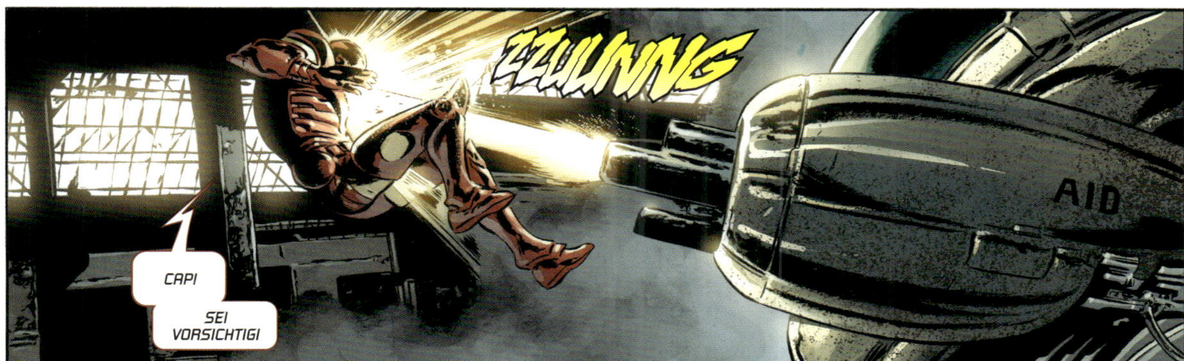
ZZULNNG
AID
CAP!
SEI VORSICHTIG!
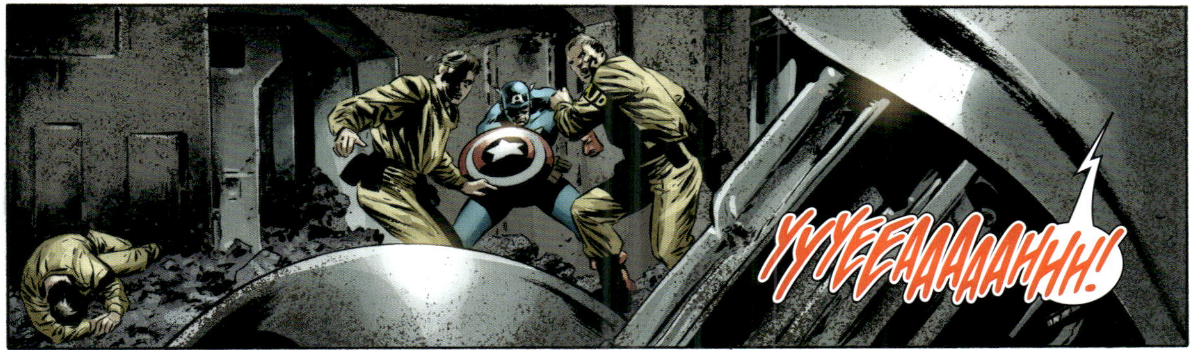
YYYEEAAAAAHHH!
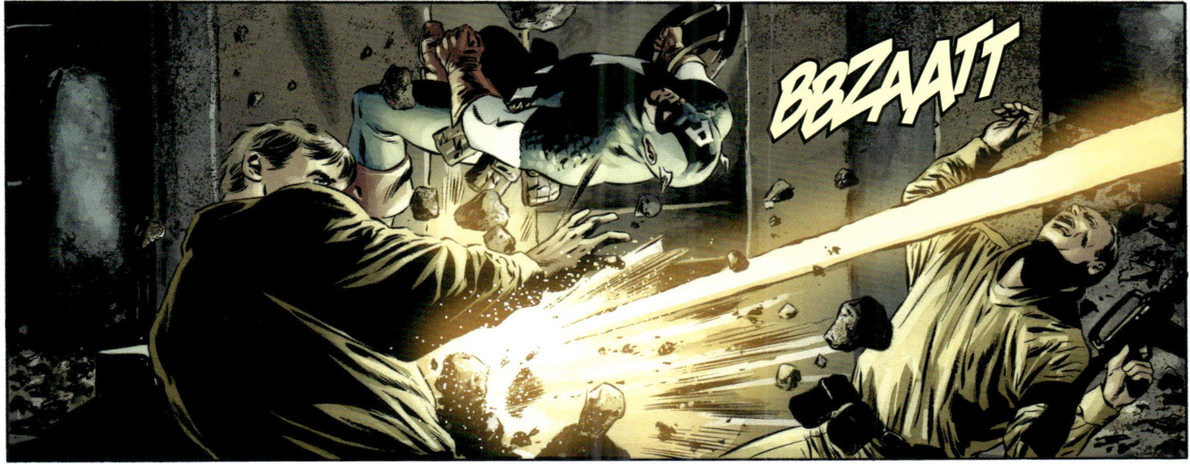
BBZAATT
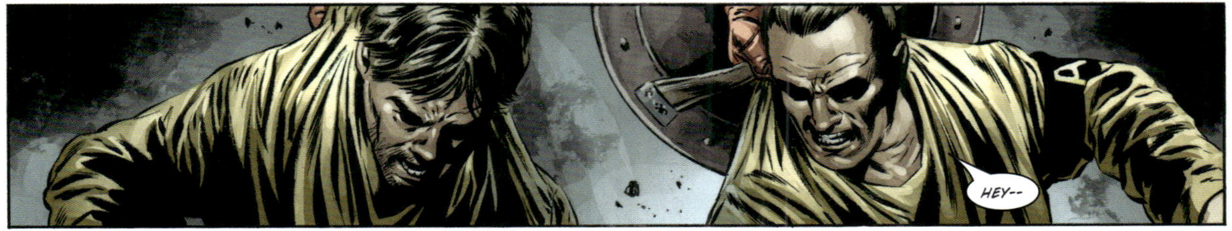
HEY--

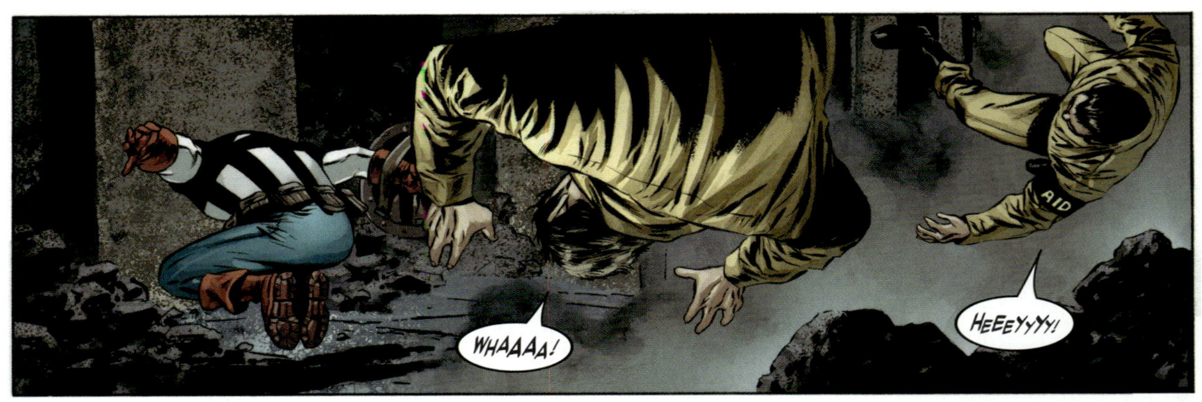
WHAAAA!
HEEEYYYY!

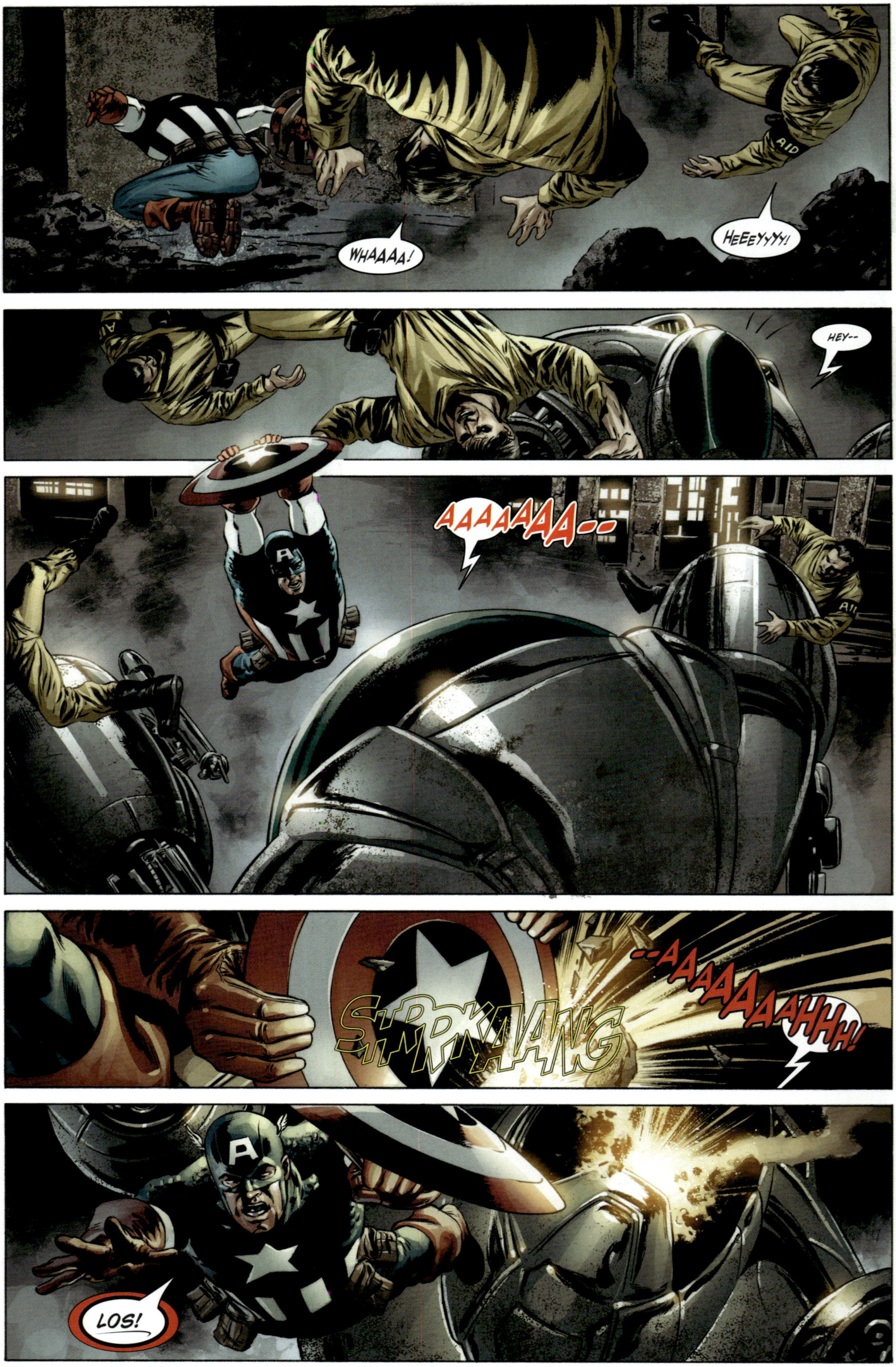

HEY--
AAAAAAA--

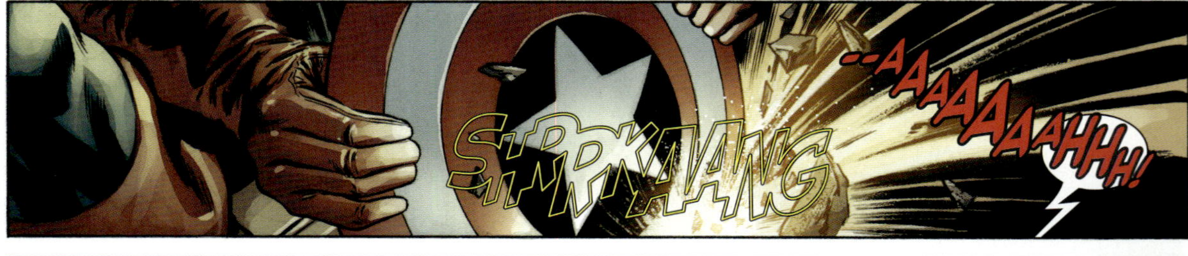
--AAAAAAAHHH!

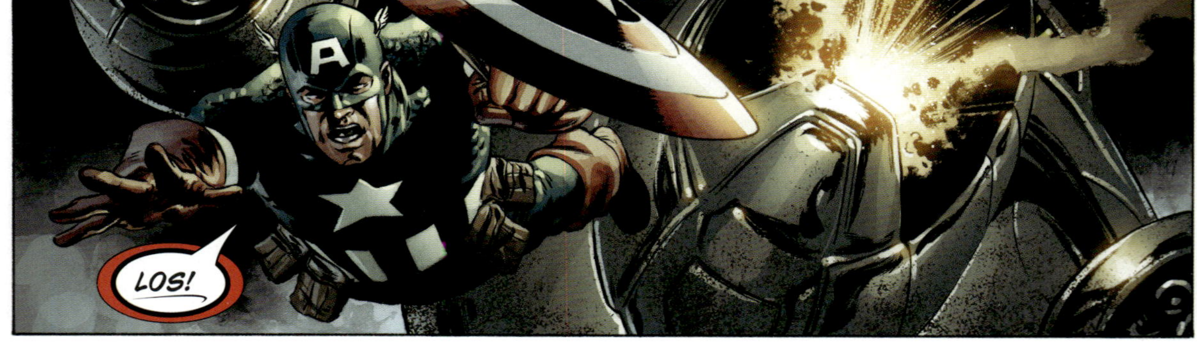
LOS!

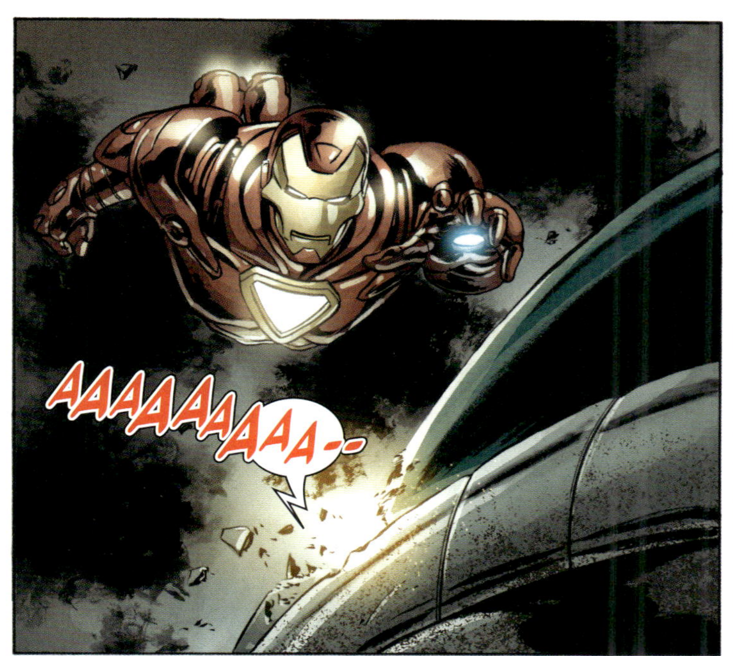
AAAAAAAAAA--

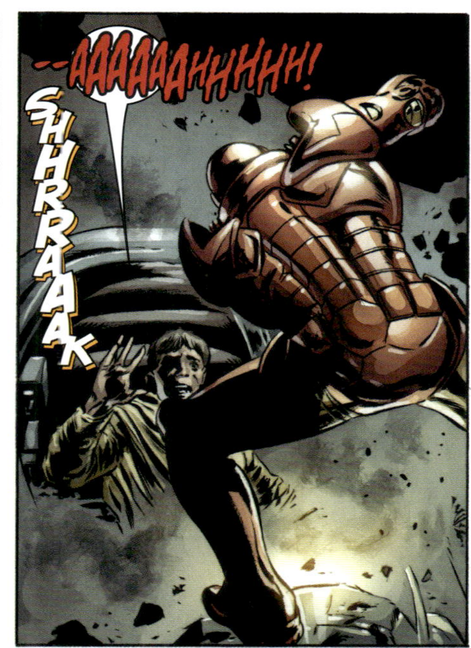
--AAAAAAHHHHH!
SHHRAAAK

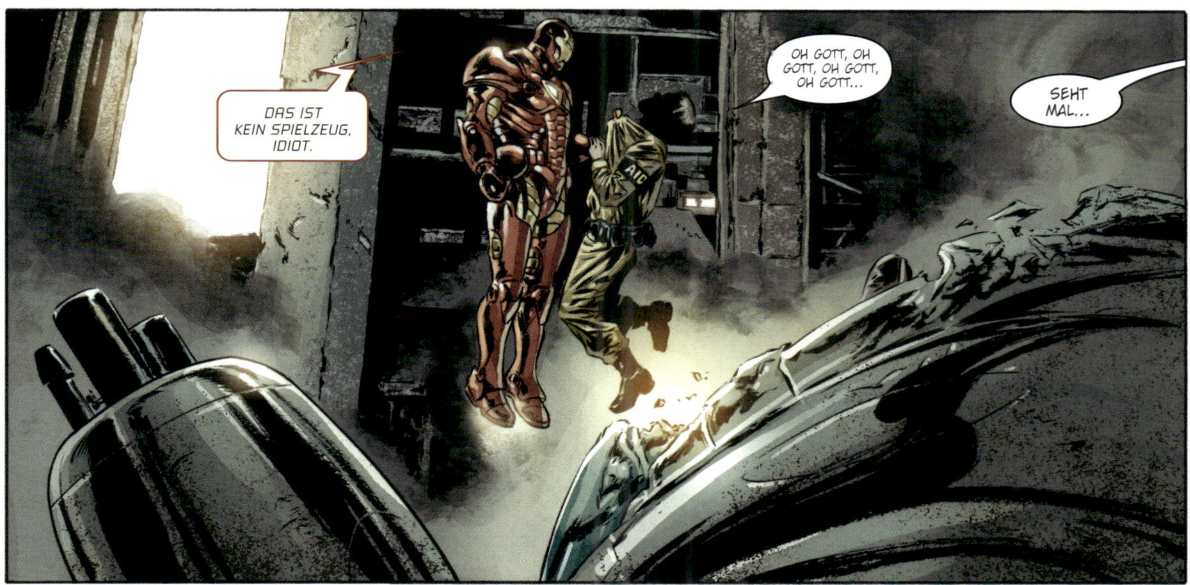
DAS IST KEIN SPIELZEUG, IDIOT.
OH GOTT, OH GOTT, OH GOTT, OH GOTT...
SEHT MAL...

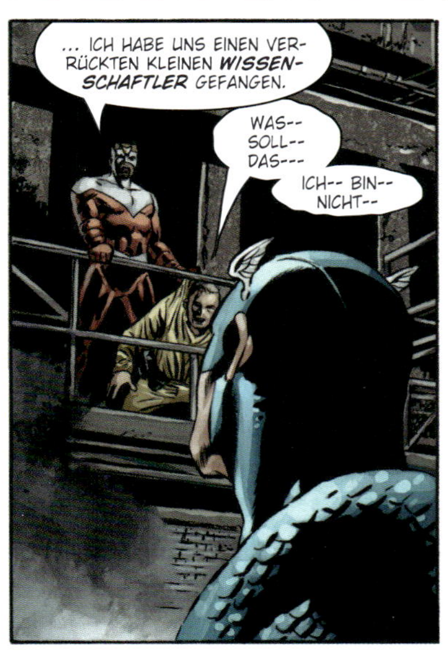
... ICH HABE UNS EINEN VERRÜCKTEN KLEINEN **WISSENSCHAFTLER** GEFANGEN.
WAS-- SOLL-- DAS---
ICH-- BIN-- NICHT--

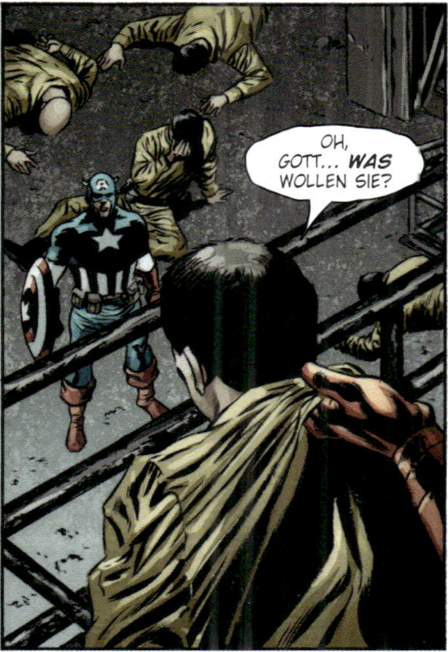
OH, GOTT... **WAS** WOLLEN SIE?

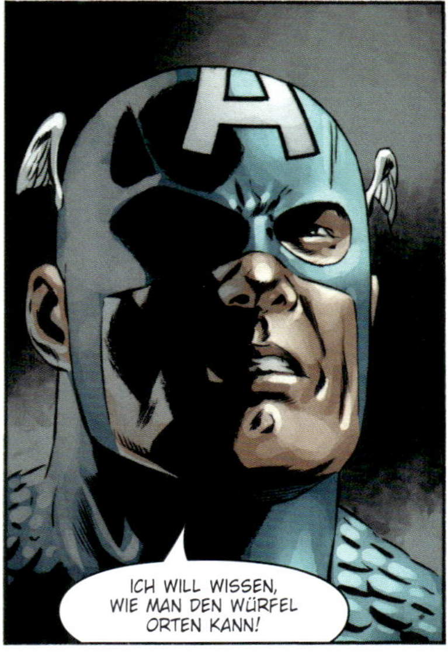
ICH WILL WISSEN, WIE MAN DEN WÜRFEL ORTEN KANN!

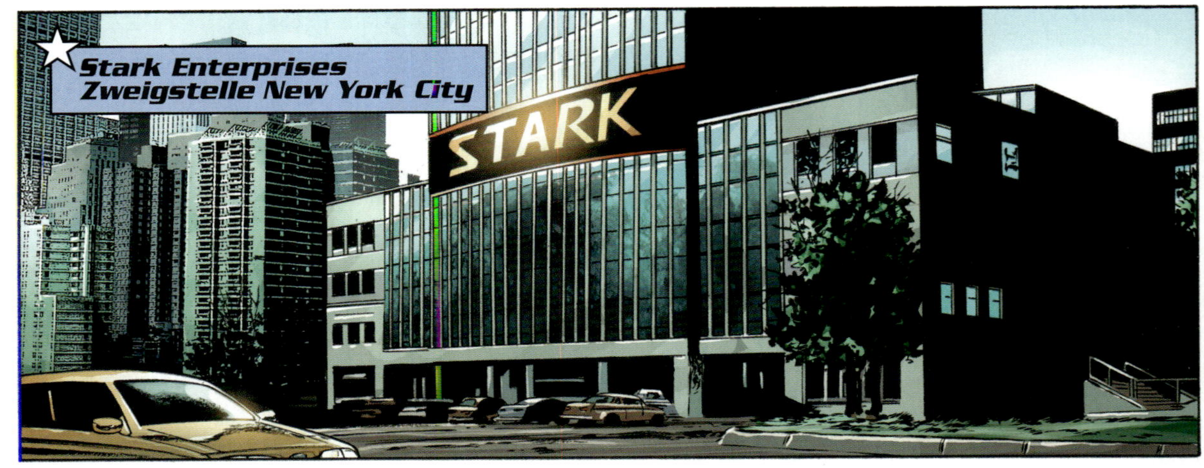
Stark Enterprises
Zweigstelle New York City
STARK

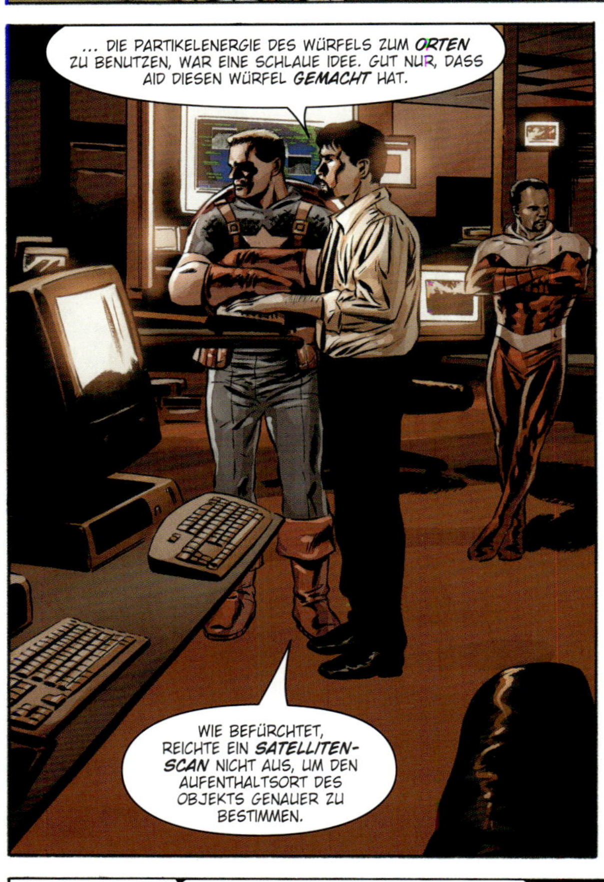
... DIE PARTIKELENERGIE DES WÜRFELS ZUM ORTEN ZU BENUTZEN, WAR EINE SCHLAUE IDEE. GUT NUR, DASS AID DIESEN WÜRFEL GEMACHT HAT.
WIE BEFÜRCHTET, REICHTE EIN SATELLITEN-SCAN NICHT AUS, UM DEN AUFENTHALTSORT DES OBJEKTS GENAUER ZU BESTIMMEN.

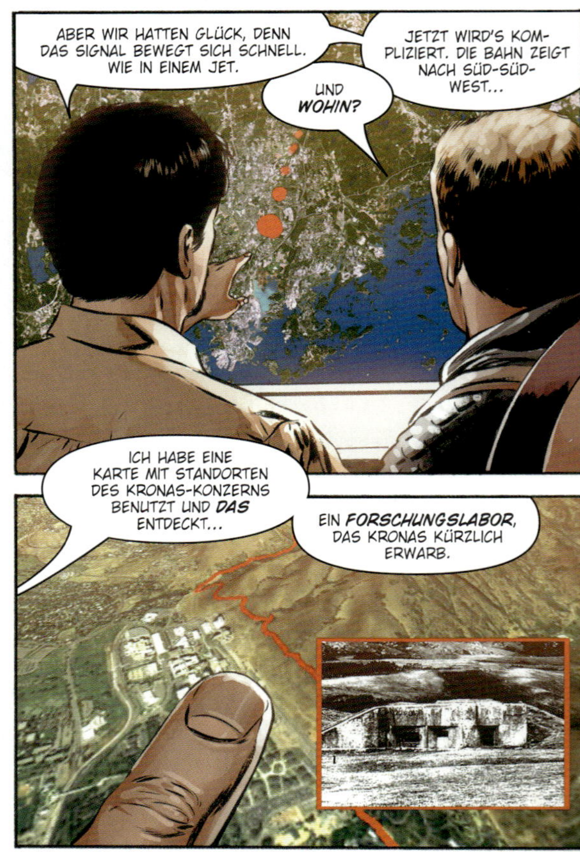
ABER WIR HATTEN GLÜCK, DENN DAS SIGNAL BEWEGT SICH SCHNELL. WIE IN EINEM JET.
JETZT WIRD'S KOMPLIZIERT. DIE BAHN ZEIGT NACH SÜD-SÜD-WEST...
UND WOHIN?
ICH HABE EINE KARTE MIT STANDORTEN DES KRONAS-KONZERNS BENUTZT UND DAS ENTDECKT...
EIN FORSCHUNGSLABOR, DAS KRONAS KÜRZLICH ERWARB.

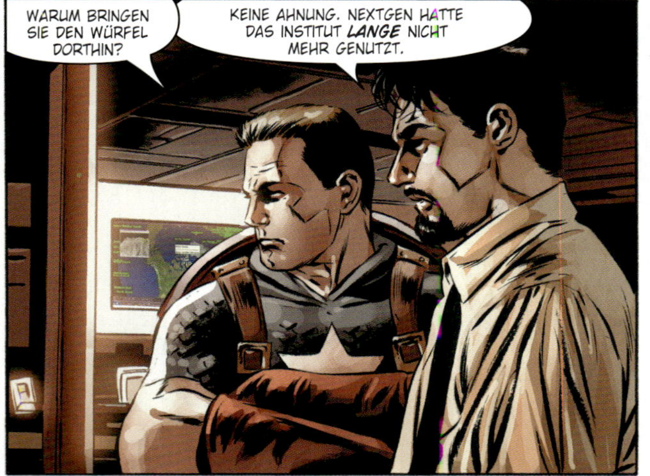
WARUM BRINGEN SIE DEN WÜRFEL DORTHIN?
KEINE AHNUNG. NEXTGEN HATTE DAS INSTITUT LANGE NICHT MEHR GENUTZT.

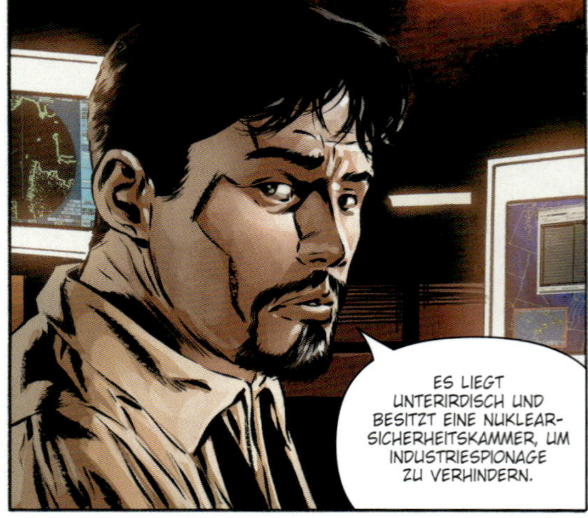
ES LIEGT UNTERIRDISCH UND BESITZT EINE NUKLEAR-SICHERHEITSKAMMER, UM INDUSTRIESPIONAGE ZU VERHINDERN.

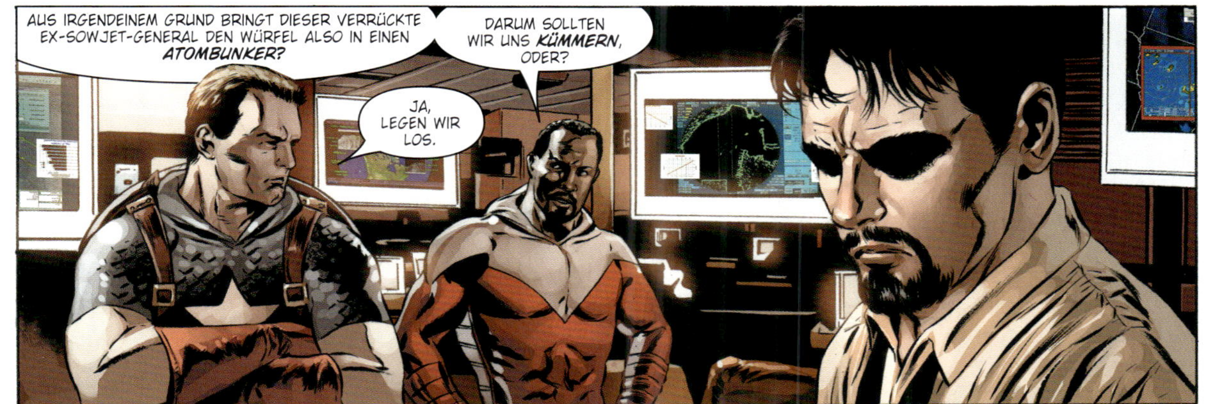
AUS IRGENDEINEM GRUND BRINGT DIESER VERRÜCKTE EX-SOWJET-GENERAL DEN WÜRFEL ALSO IN EINEN ATOMBUNKER?
DARUM SOLLTEN WIR UNS KÜMMERN, ODER?
JA, LEGEN WIR LOS.

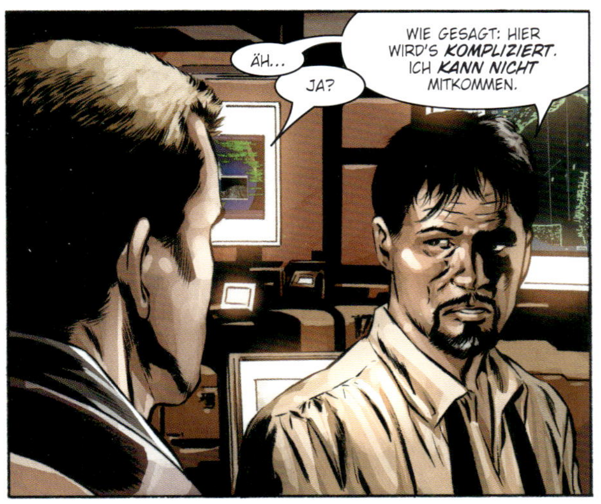
ÄH...
JA?
WIE GESAGT: HIER WIRD'S KOMPLIZIERT. ICH KANN NICHT MITKOMMEN.

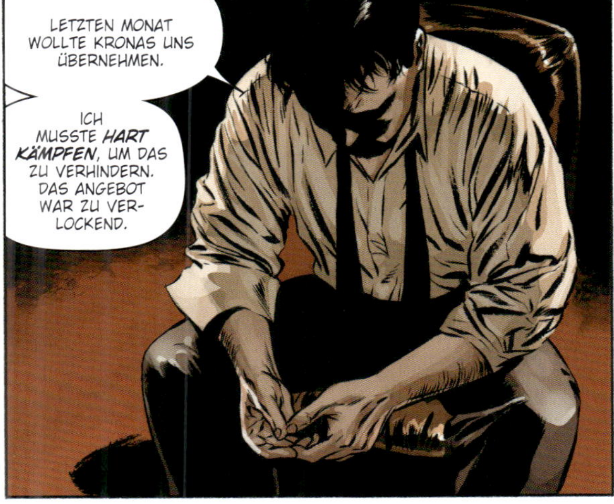
LETZTEN MONAT WOLLTE KRONAS UNS ÜBERNEHMEN.
ICH MUSSTE HART KÄMPFEN, UM DAS ZU VERHINDERN. DAS ANGEBOT WAR ZU VERLOCKEND.

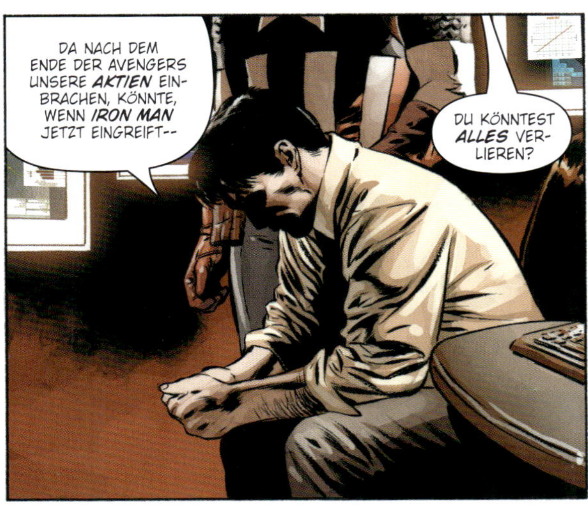
DA NACH DEM ENDE DER AVENGERS UNSERE AKTIEN EINBRACHEN, KÖNNTE, WENN IRON MAN JETZT EINGREIFT--
DU KÖNNTEST ALLES VERLIEREN?

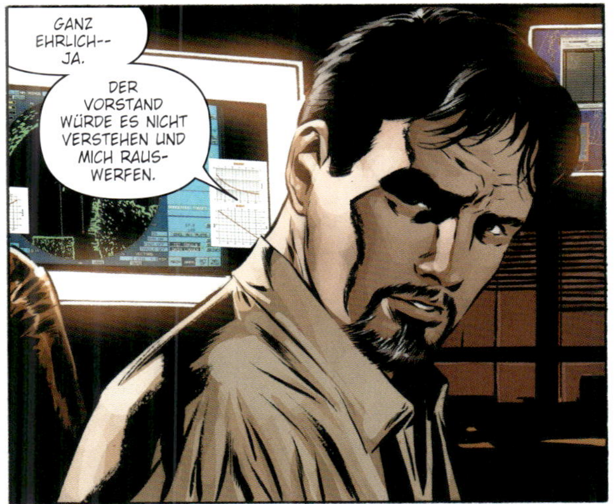
GANZ EHRLICH-- JA.
DER VORSTAND WÜRDE ES NICHT VERSTEHEN UND MICH RAUSWERFEN.

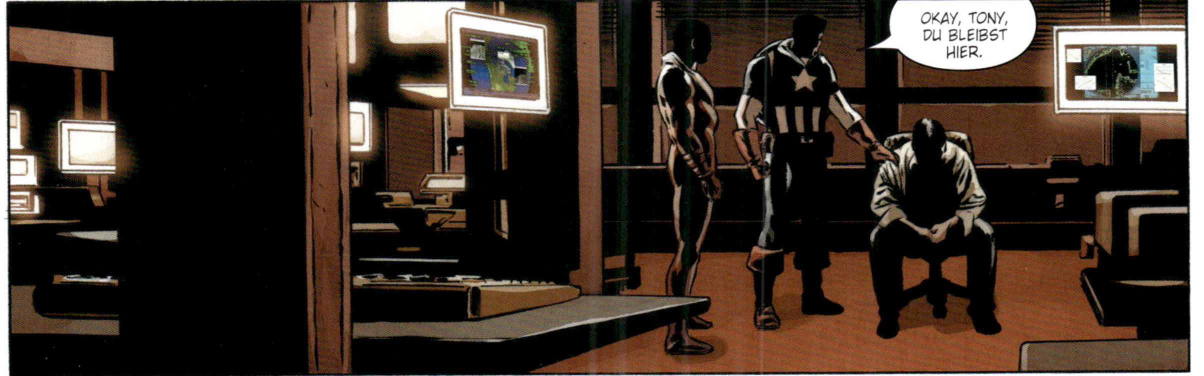
OKAY, TONY, DU BLEIBST HIER.

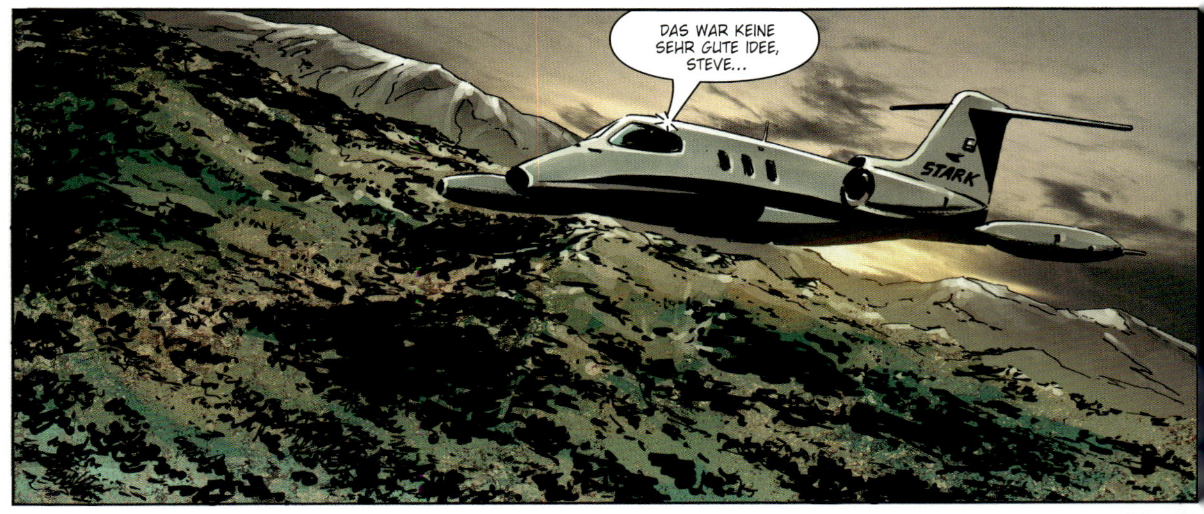
DAS WAR KEINE SEHR GUTE IDEE, STEVE...
STARK

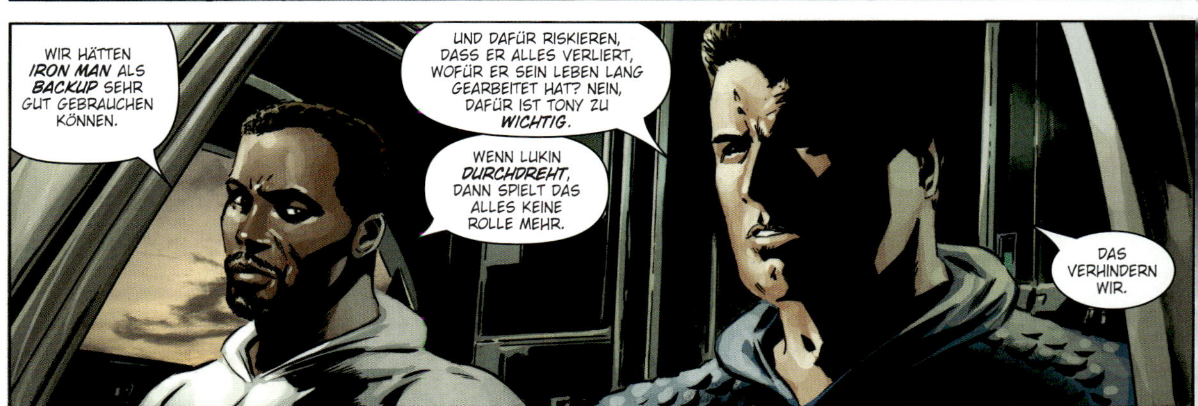
WIR HÄTTEN IRON MAN ALS BACKUP SEHR GUT GEBRAUCHEN KÖNNEN.
UND DAFÜR RISKIEREN, DASS ER ALLES VERLIERT, WOFÜR ER SEIN LEBEN LANG GEARBEITET HAT? NEIN, DAFÜR IST TONY ZU WICHTIG.
WENN LUKIN DURCHDREHT, DANN SPIELT DAS ALLES KEINE ROLLE MEHR.
DAS VERHINDERN WIR.

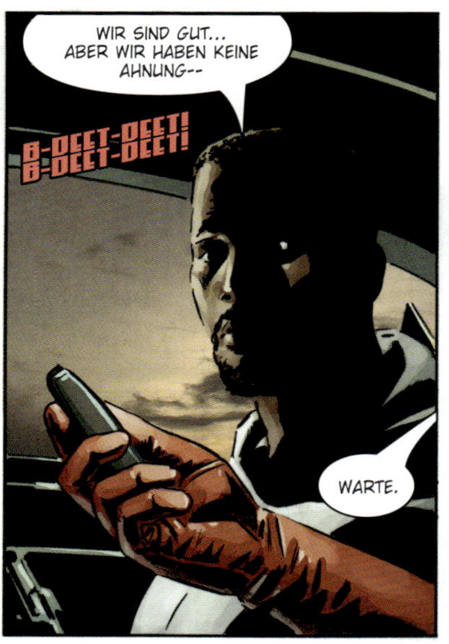
WIR SIND GUT... ABER WIR HABEN KEINE AHNUNG--
B-DEET-DEET!
B-DEET-DEET!
WARTE.

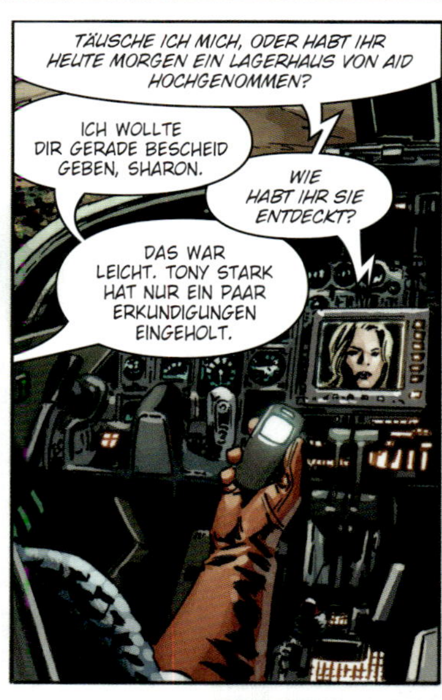
TÄUSCHE ICH MICH, ODER HABT IHR HEUTE MORGEN EIN LAGERHAUS VON AID HOCHGENOMMEN?
ICH WOLLTE DIR GERADE BESCHEID GEBEN, SHARON.
WIE HABT IHR SIE ENTDECKT?
DAS WAR LEICHT. TONY STARK HAT NUR EIN PAAR ERKUNDIGUNGEN EINGEHOLT.

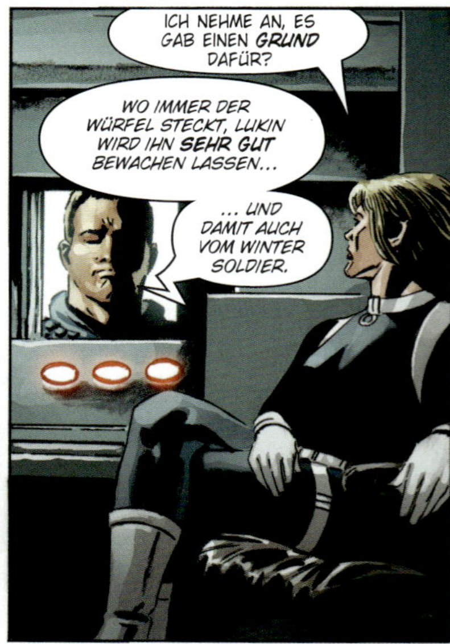
ICH NEHME AN, ES GAB EINEN GRUND DAFÜR?
WO IMMER DER WÜRFEL STECKT, LUKIN WIRD IHN SEHR GUT BEWACHEN LASSEN...
... UND DAMIT AUCH VOM WINTER SOLDIER.

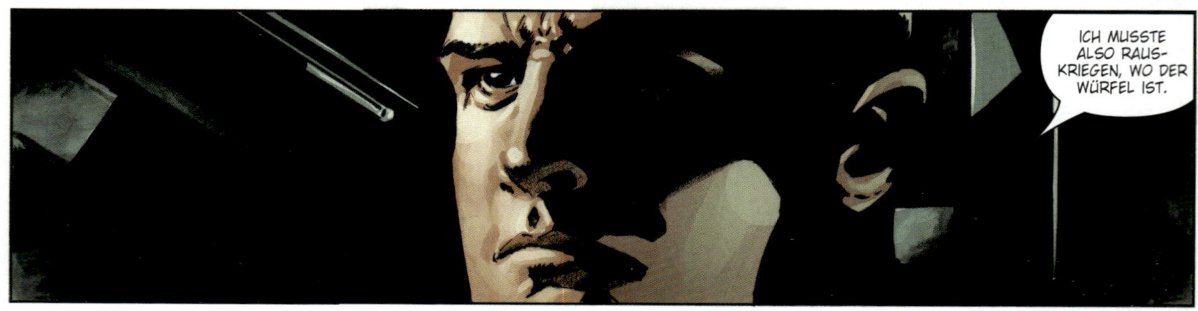
ICH MUSSTE ALSO RAUS-KRIEGEN, WO DER WÜRFEL IST.

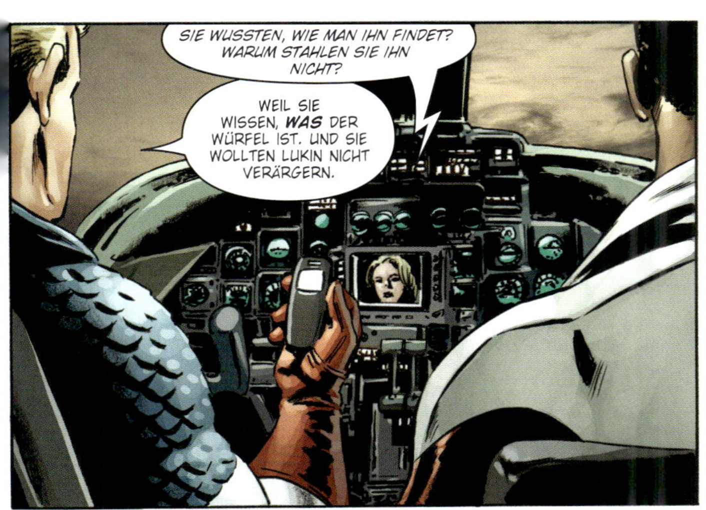
SIE WUSSTEN, WIE MAN IHN FINDET? WARUM STAHLEN SIE IHN NICHT?
WEIL SIE WISSEN, **WAS** DER WÜRFEL IST. UND SIE WOLLTEN LUKIN NICHT VERÄRGERN.

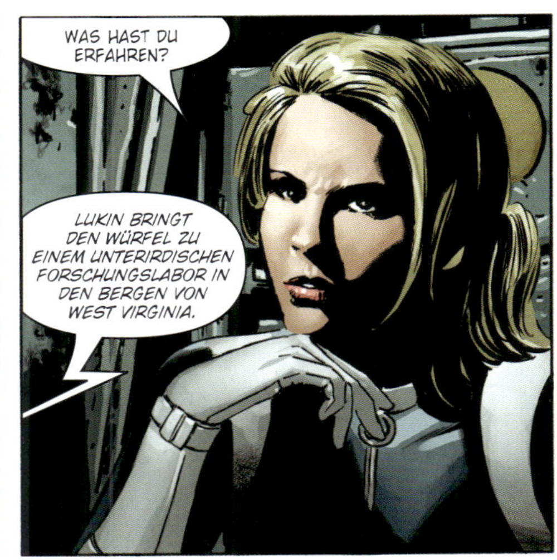
WAS HAST DU ERFAHREN?
LUKIN BRINGT DEN WÜRFEL ZU EINEM UNTERIRDISCHEN FORSCHUNGSLABOR IN DEN BERGEN VON WEST VIRGINIA.

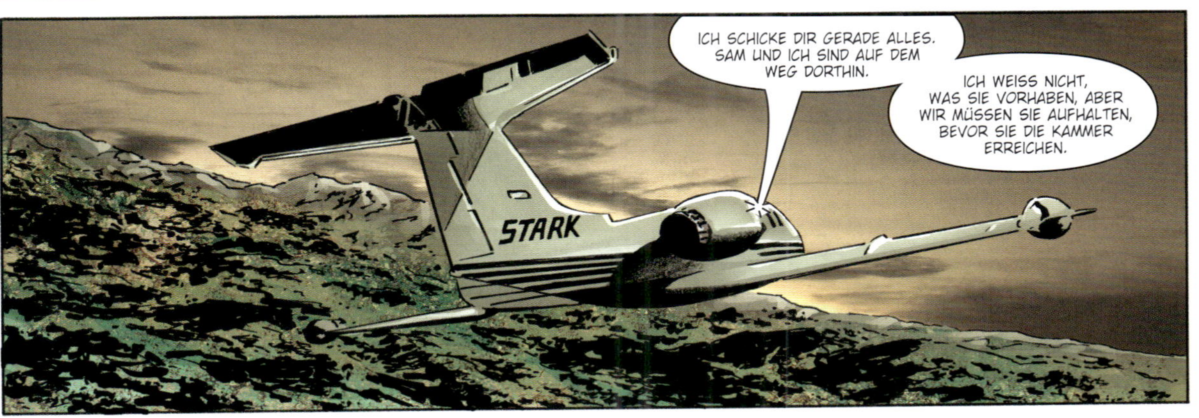
ICH SCHICKE DIR GERADE ALLES. SAM UND ICH SIND AUF DEM WEG DORTHIN.
ICH WEISS NICHT, WAS SIE VORHABEN, ABER WIR MÜSSEN SIE AUFHALTEN, BEVOR SIE DIE KAMMER ERREICHEN.
STARK

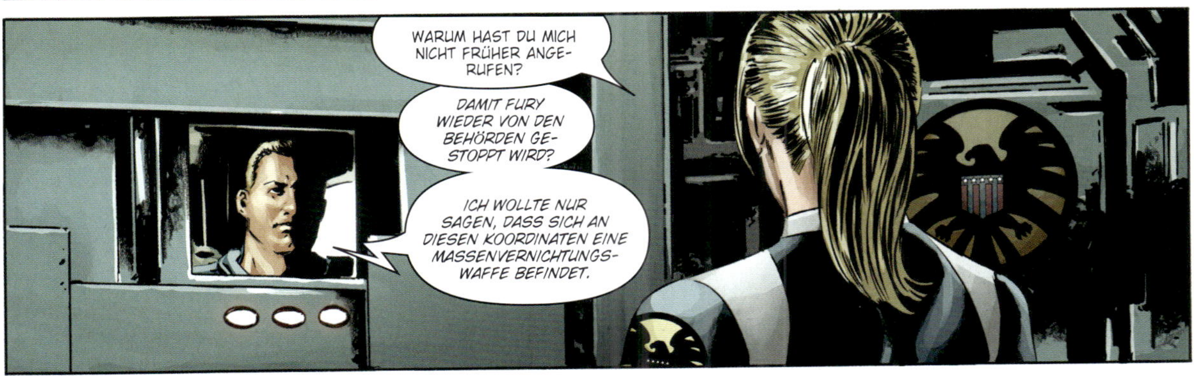
WARUM HAST DU MICH NICHT FRÜHER ANGE-RUFEN?
DAMIT FURY WIEDER VON DEN BEHÖRDEN GE-STOPPT WIRD?
ICH WOLLTE NUR SAGEN, DASS SICH AN DIESEN KOORDINATEN EINE MASSENVERNICHTUNGS-WAFFE BEFINDET.

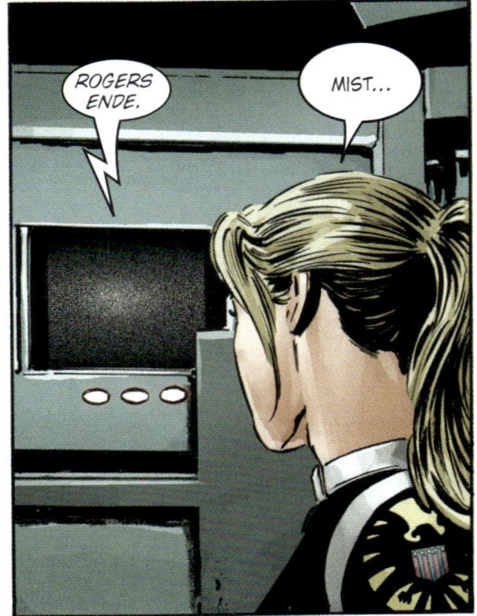
ROGERS ENDE.
MIST...

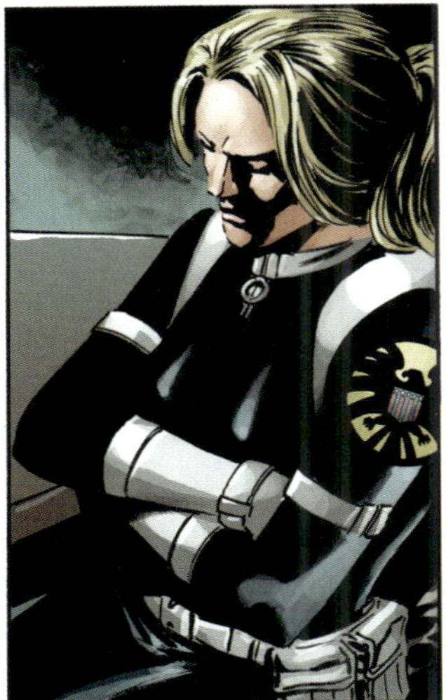

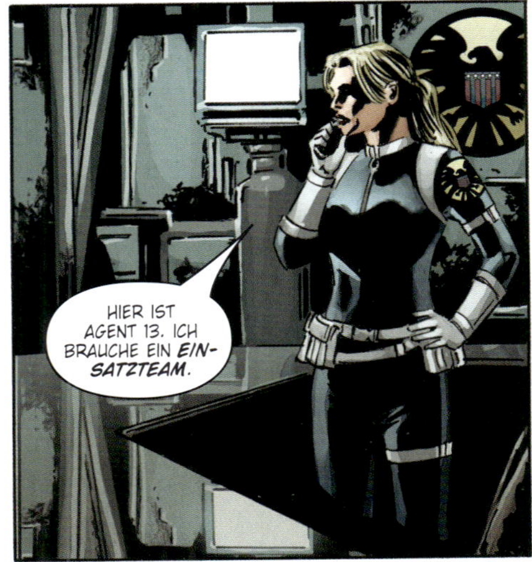
HIER IST AGENT 13. ICH BRAUCHE EIN **EIN-SATZTEAM**.

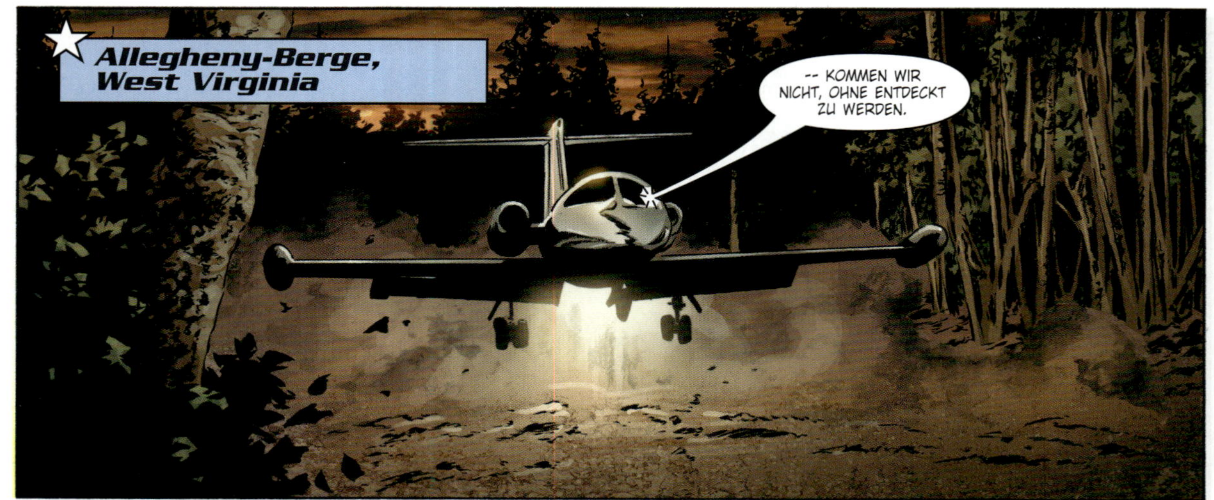
Allegheny-Berge, West Virginia
-- KOMMEN WIR NICHT, OHNE ENTDECKT ZU WERDEN.

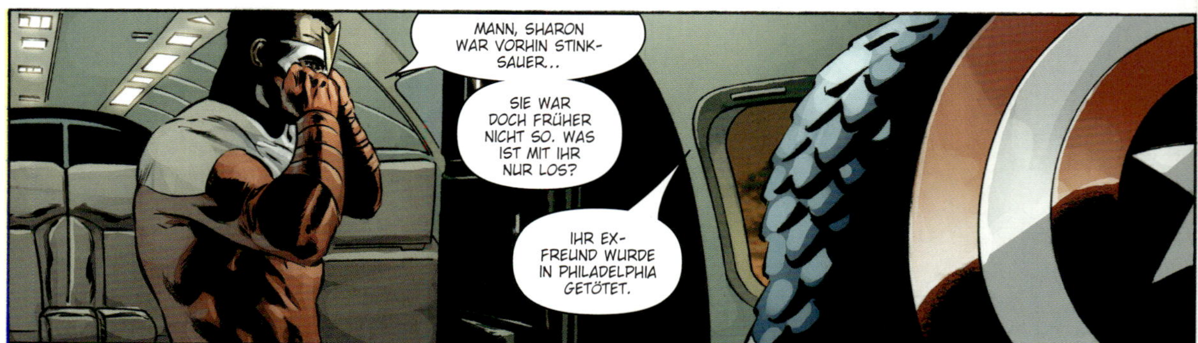
MANN, SHARON WAR VORHIN STINK-SAUER...
SIE WAR DOCH FRÜHER NICHT SO. WAS IST MIT IHR NUR LOS?
IHR EX-FREUND WURDE IN PHILADELPHIA GETÖTET.

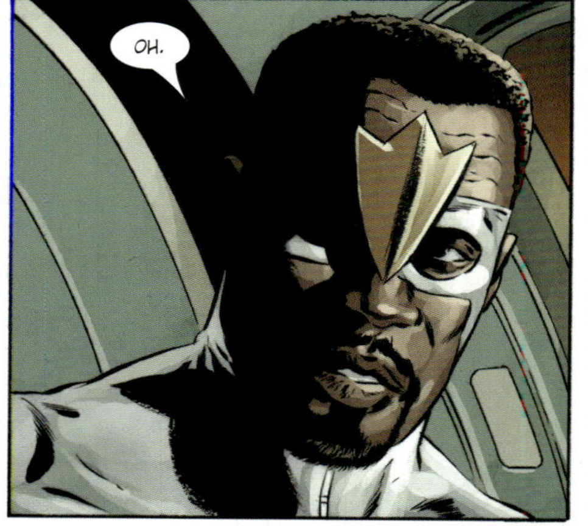
OH.

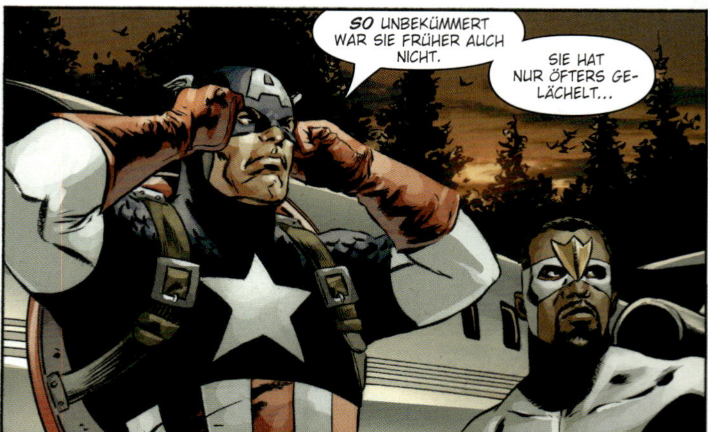
*SO* UNBEKÜMMERT WAR SIE FRÜHER AUCH NICHT.
SIE HAT NUR ÖFTERS GE-LÄCHELT...

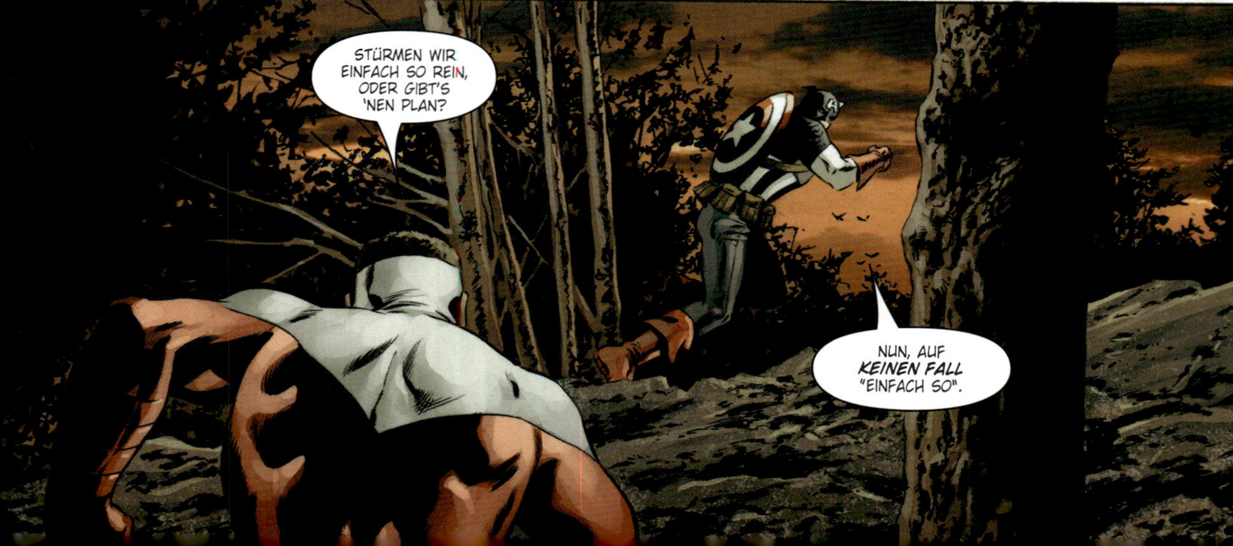
STÜRMEN WIR EINFACH SO REIN, ODER GIBT'S 'NEN PLAN?
NUN, AUF *KEINEN FALL* "EINFACH SO".

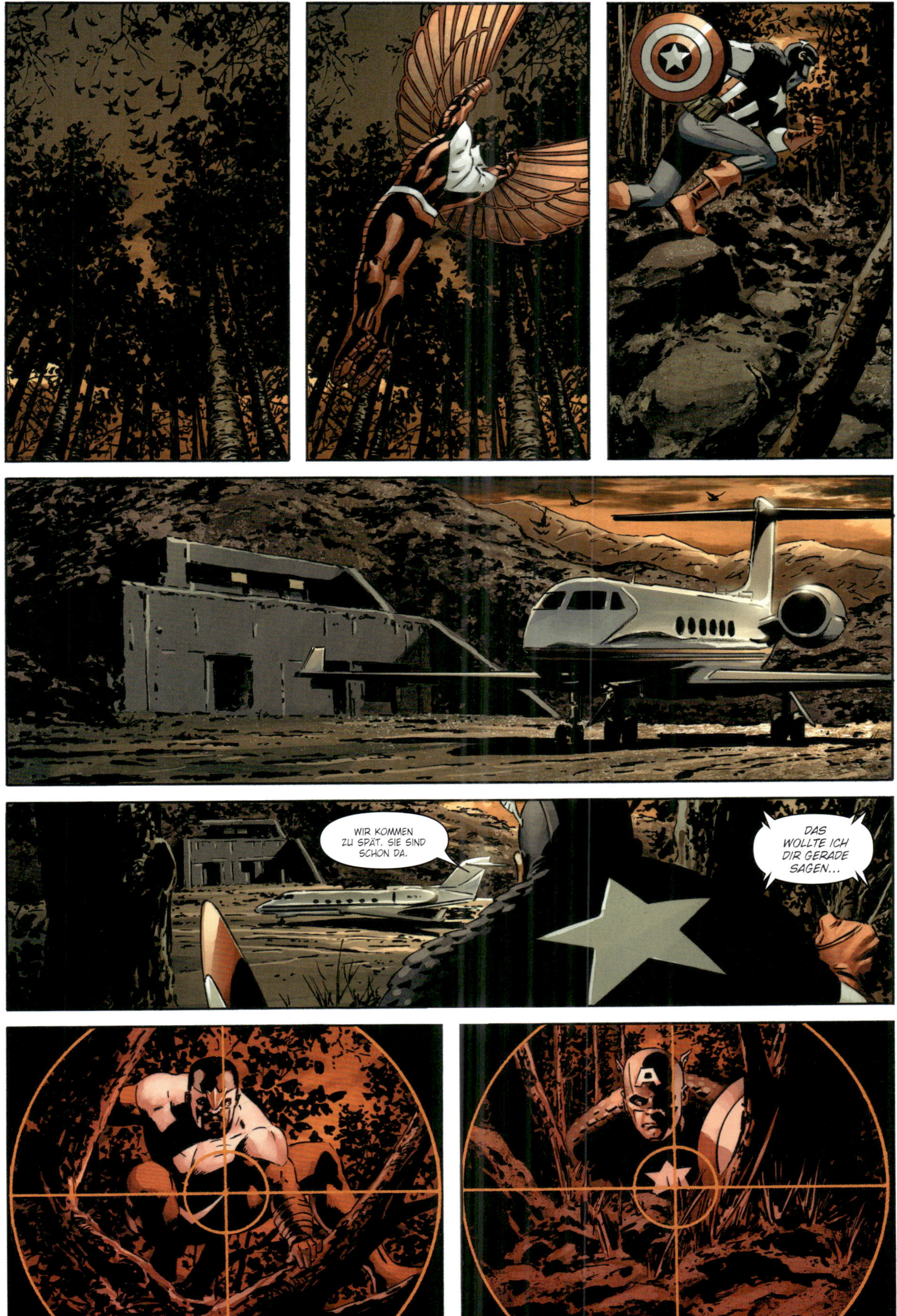
WIR KOMMEN ZU SPÄT. SIE SIND SCHON DA.
DAS WOLLTE ICH DIR GERADE SAGEN...

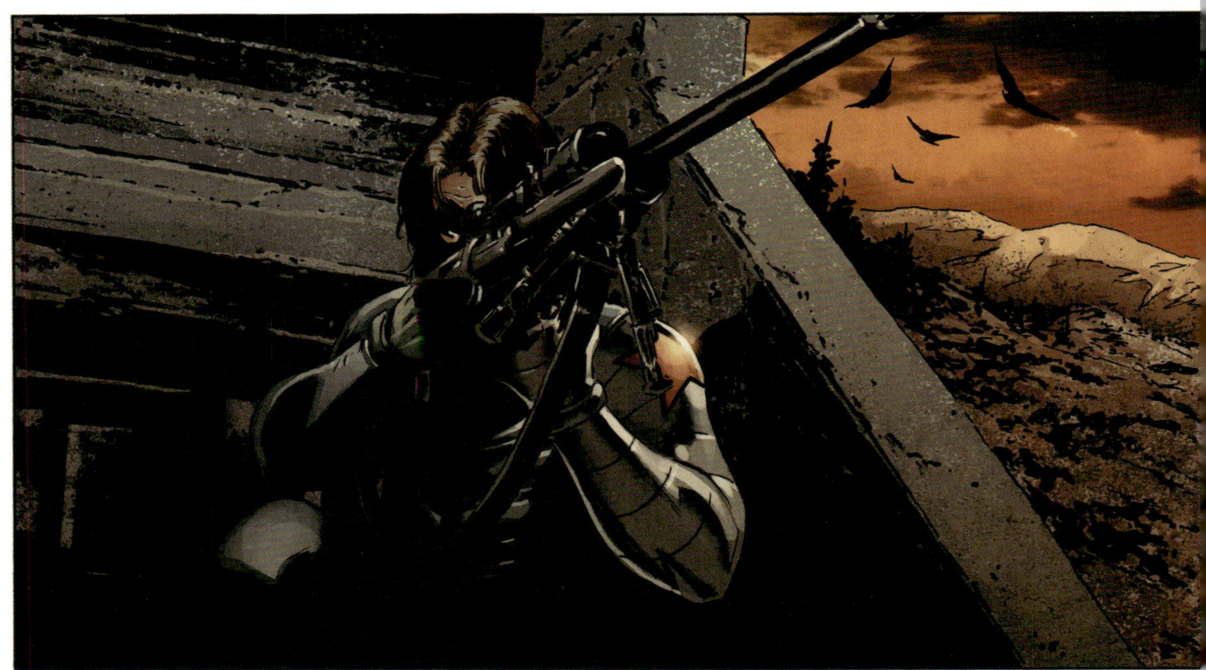

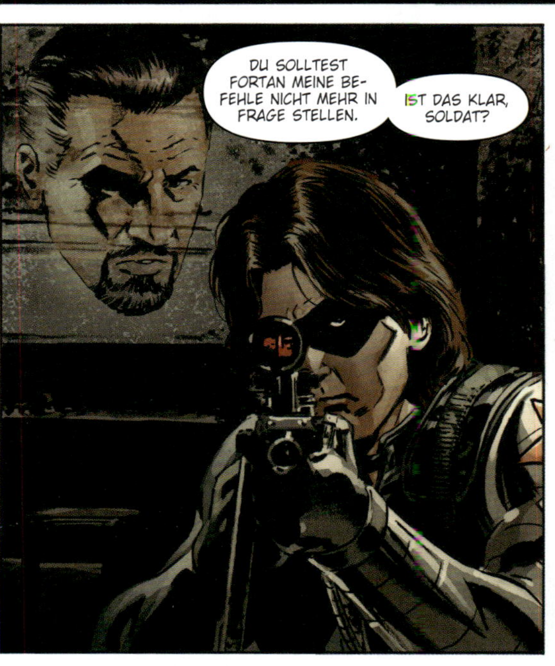
DU SOLLTEST FORTAN MEINE BEFEHLE NICHT MEHR IN FRAGE STELLEN.
IST DAS KLAR, SOLDAT?

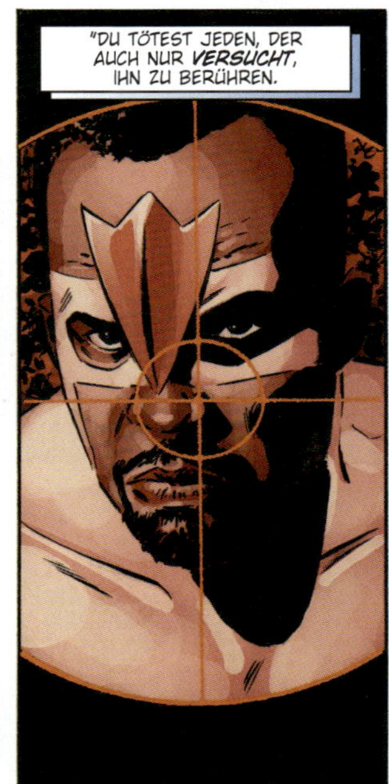
"DU TÖTEST JEDEN, DER AUCH NUR *VERSUCHT*, IHN ZU BERÜHREN.

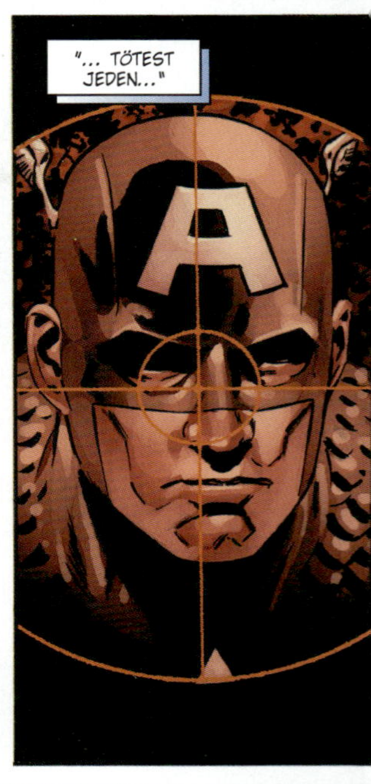
"... TÖTEST JEDEN..."

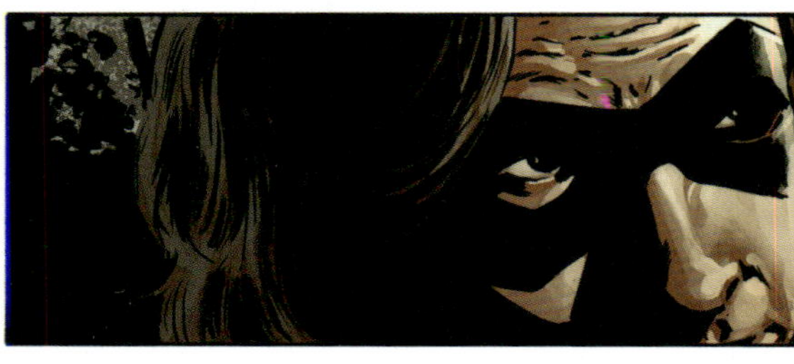

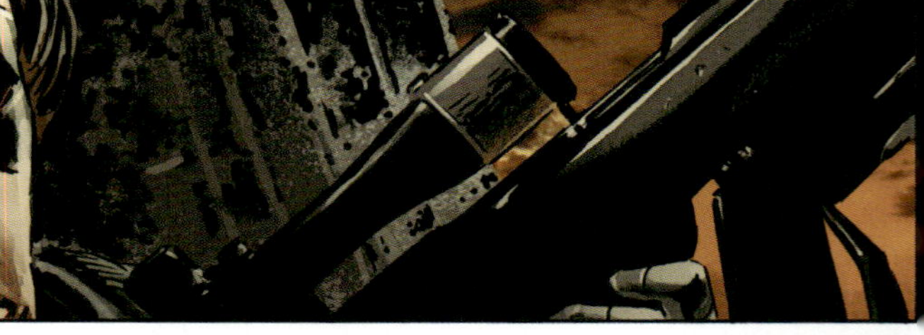

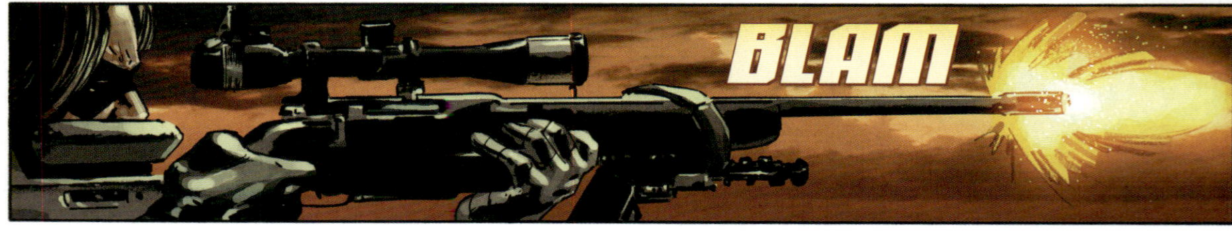
BLAM

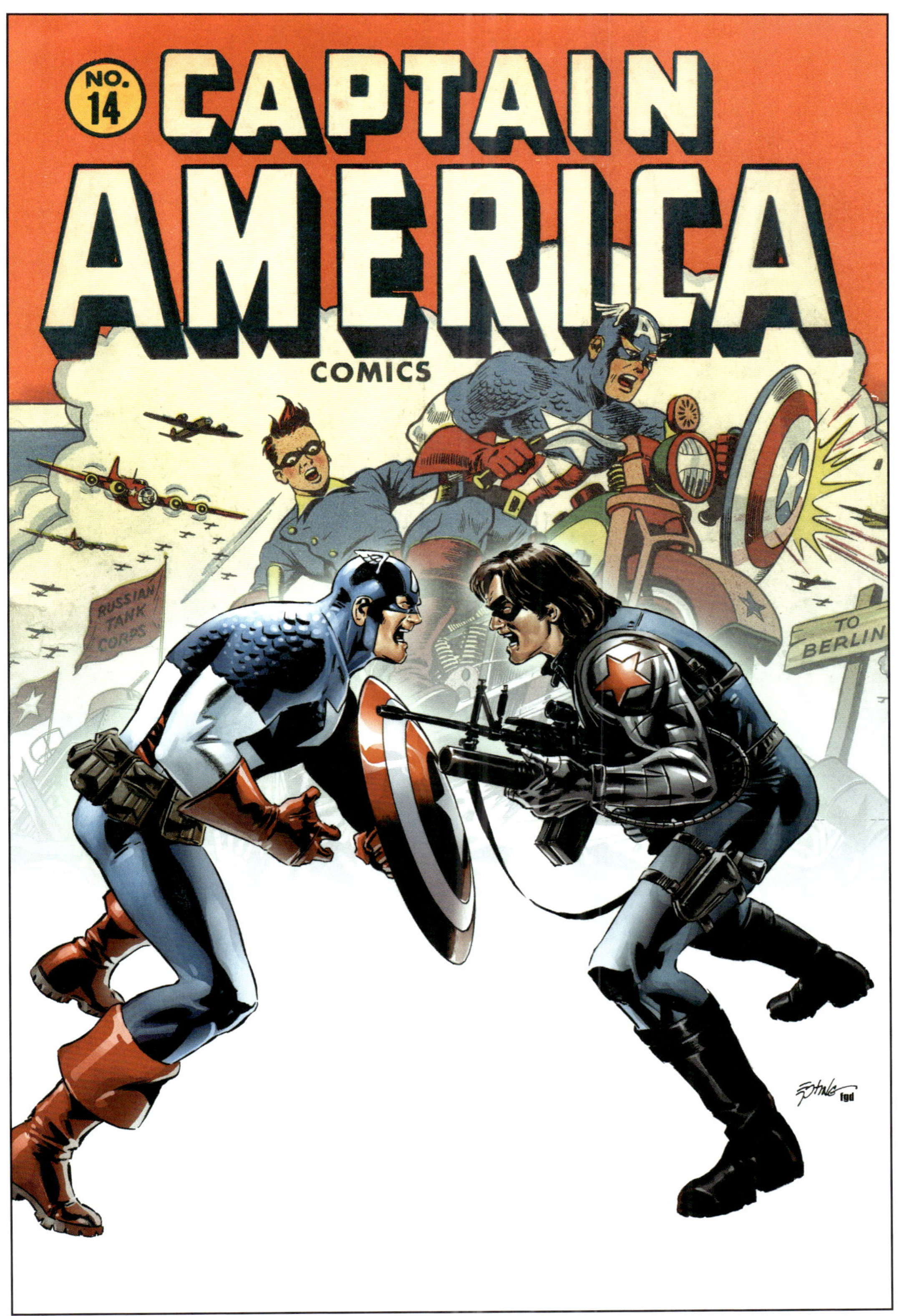


Captain America (2004) 14
Cover von **STEVE EPTING**

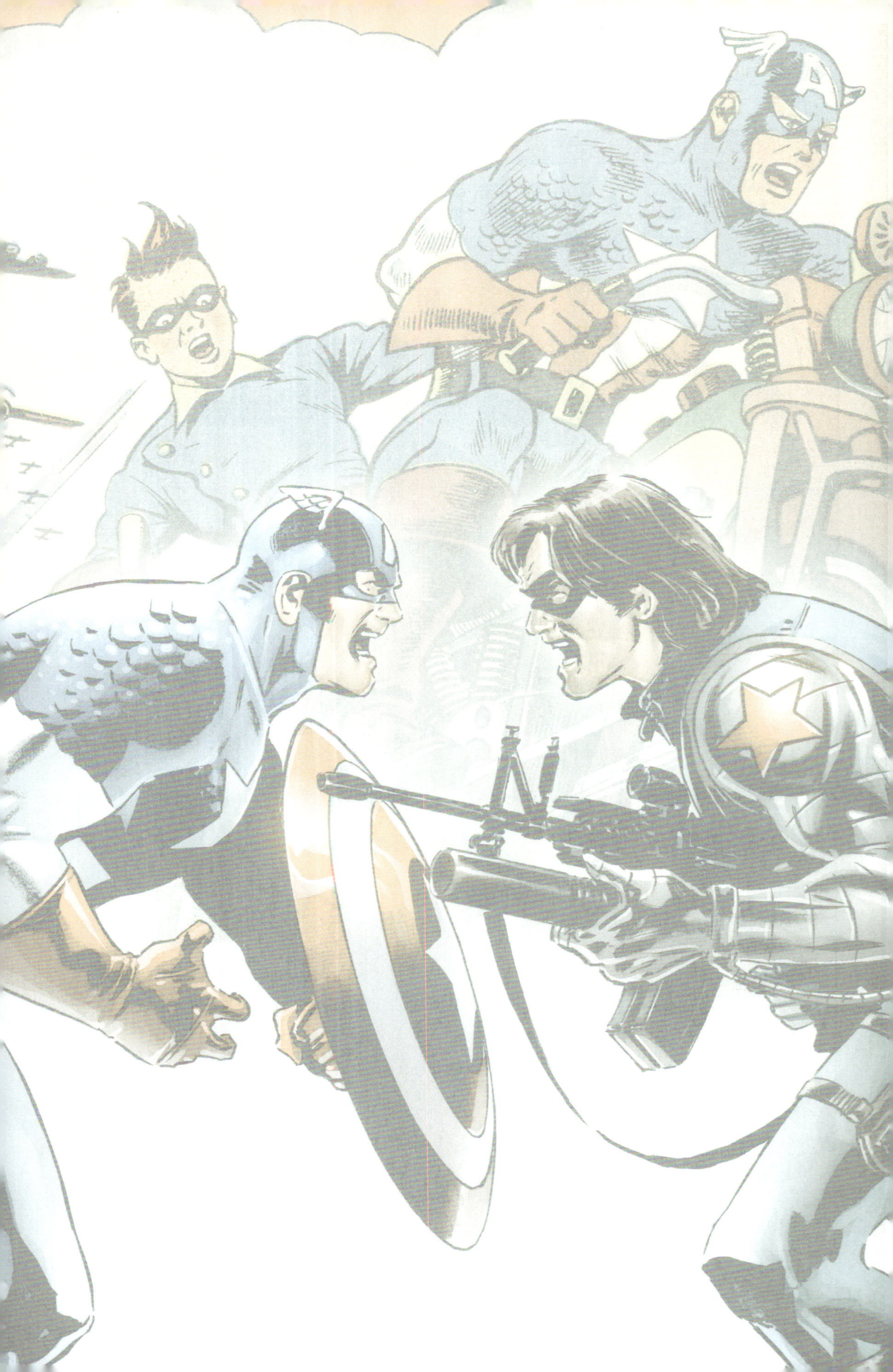

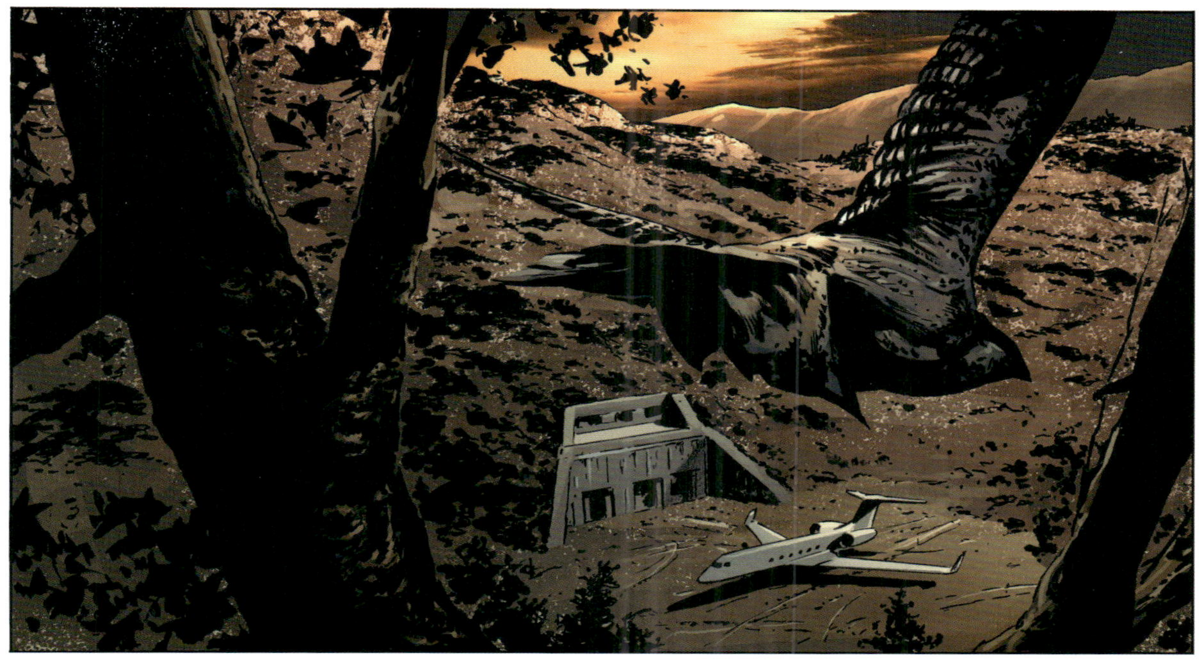

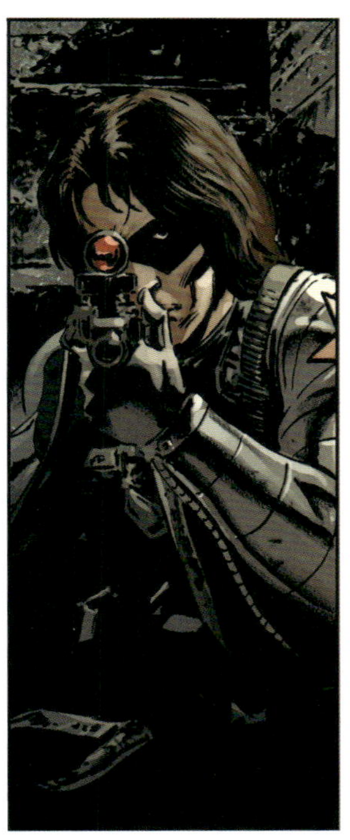

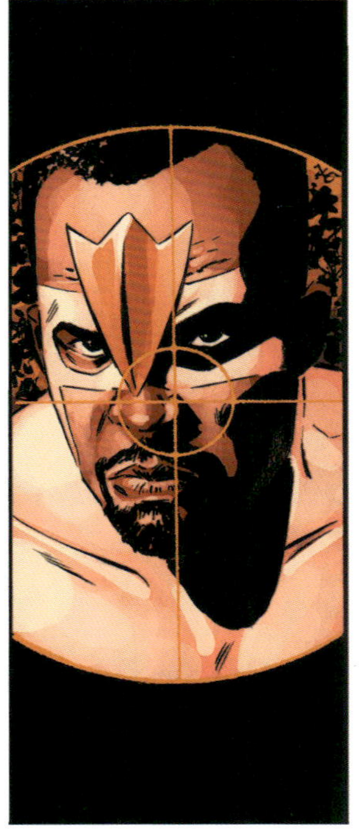

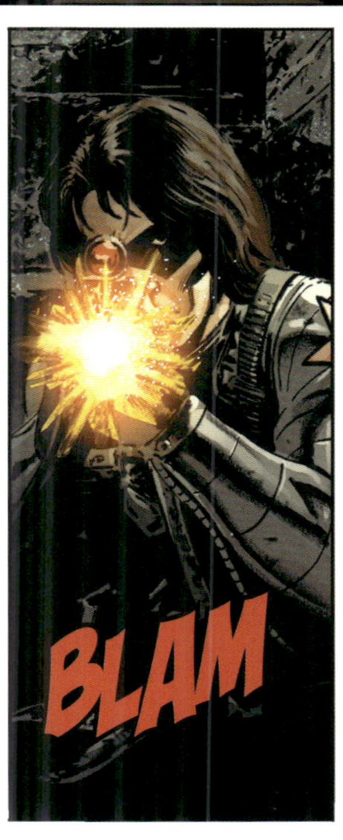
BLAM

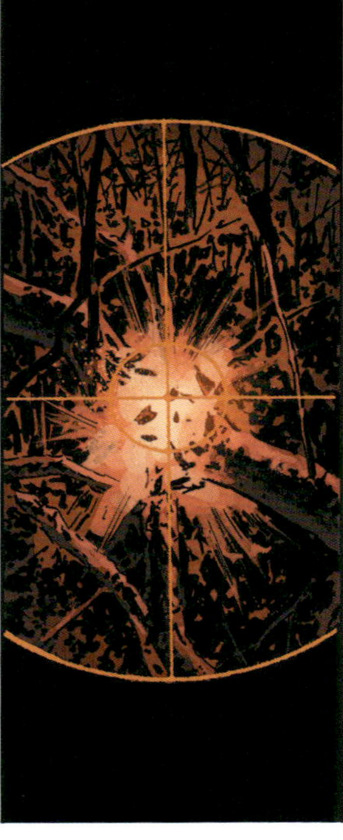

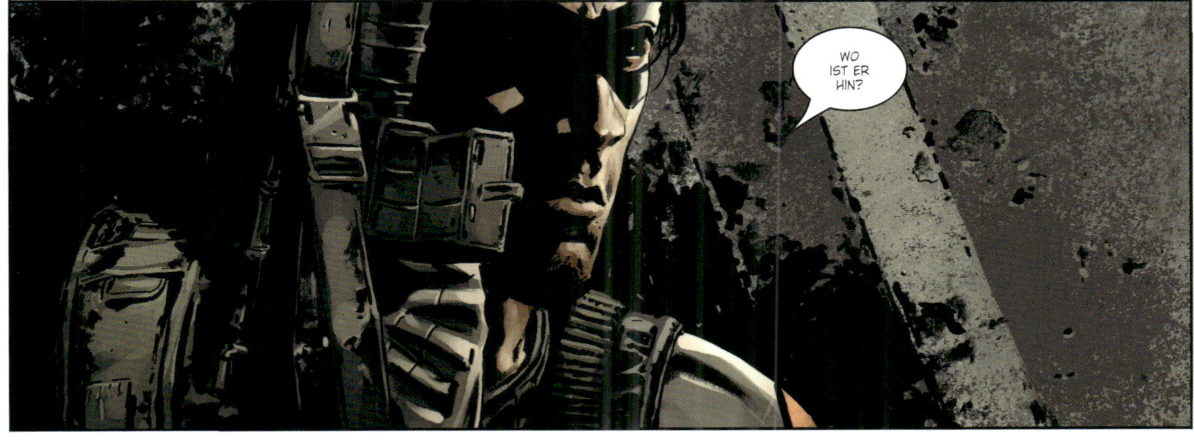
WO IST ER HIN?

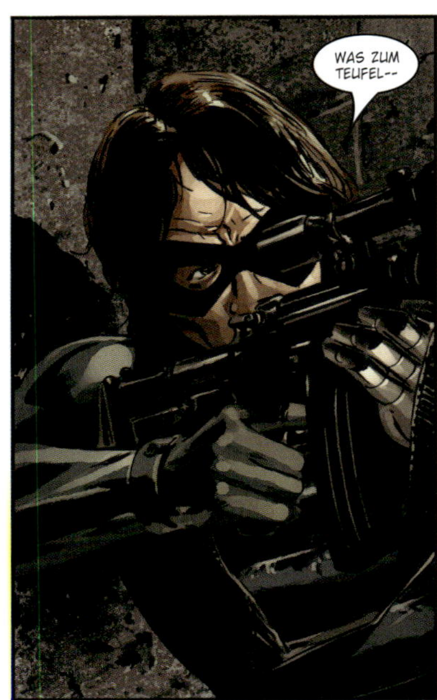
WAS ZUM TEUFEL--

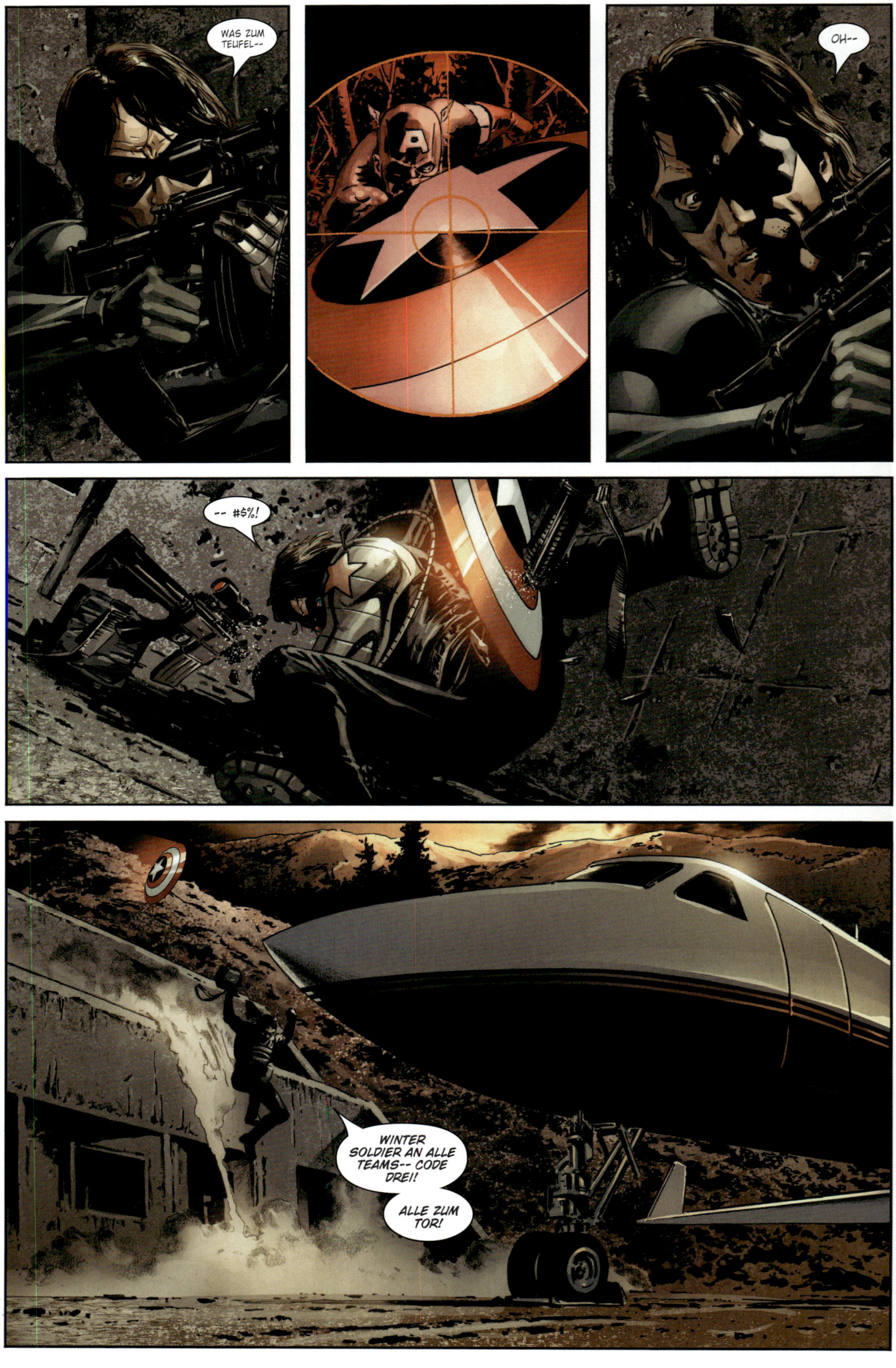

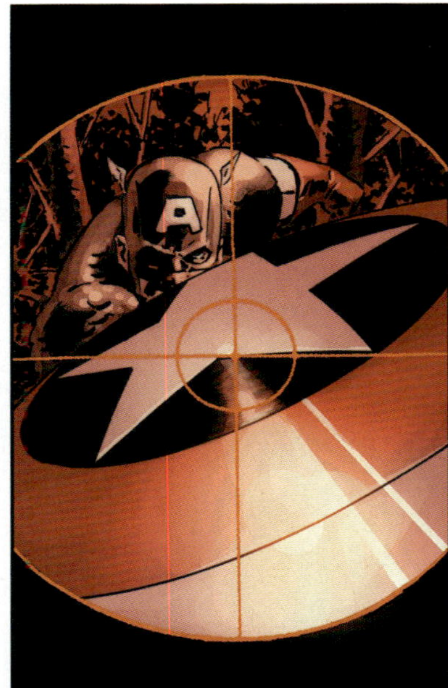

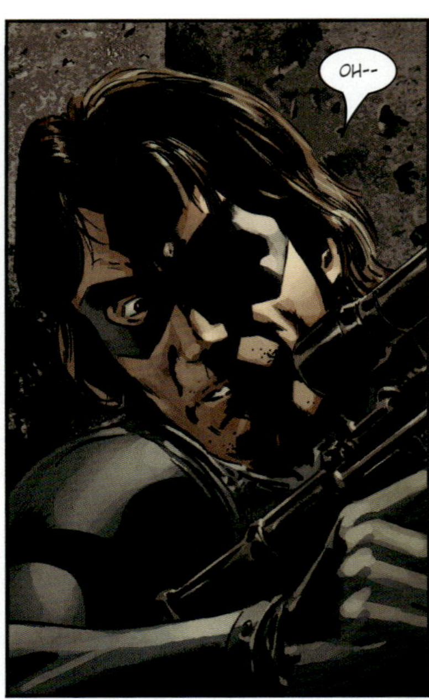
OH--

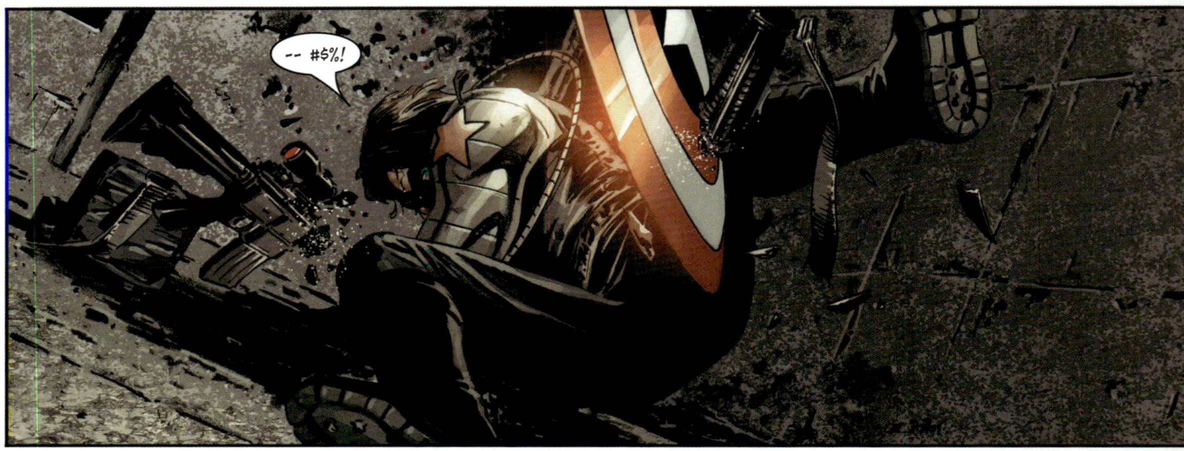
-- #$%!

WINTER SOLDIER AN ALLE TEAMS-- CODE DREI!
ALLE ZUM TOR!

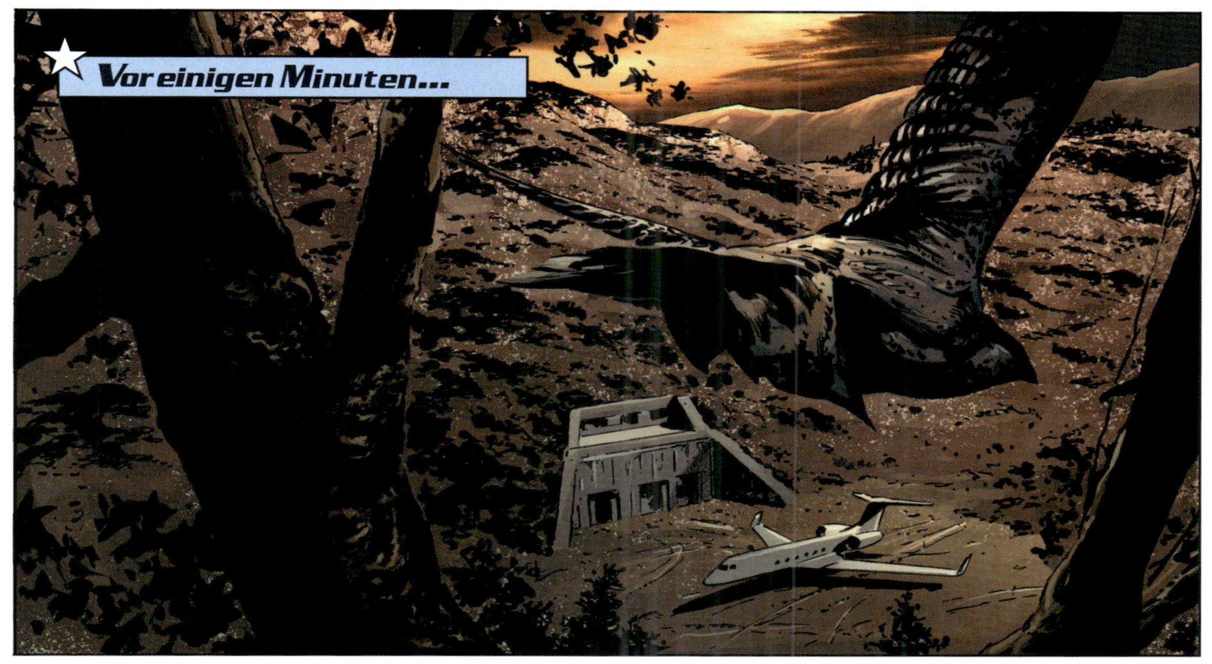
Vor einigen Minuten...
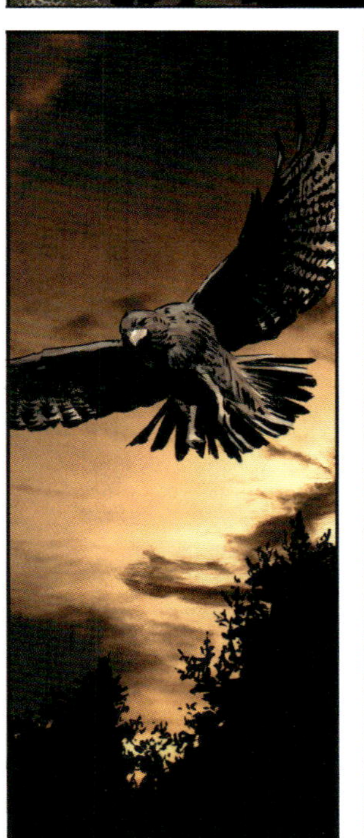
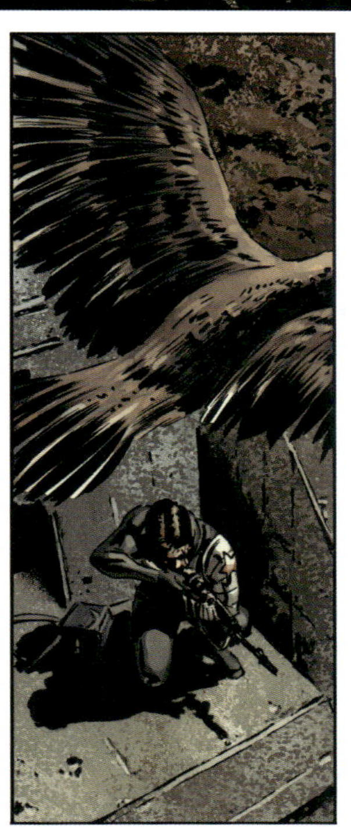
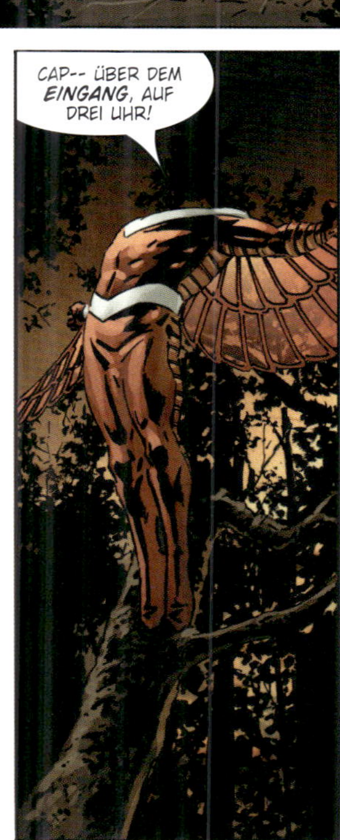
CAP-- ÜBER DEM EINGANG, AUF DREI UHR!
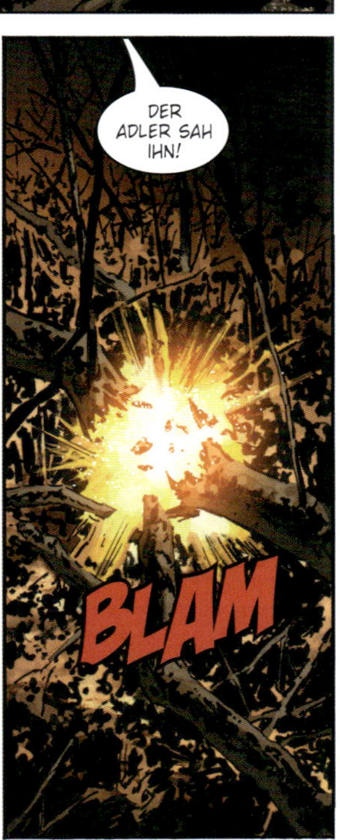
DER ADLER SAH IHN!
BLAM
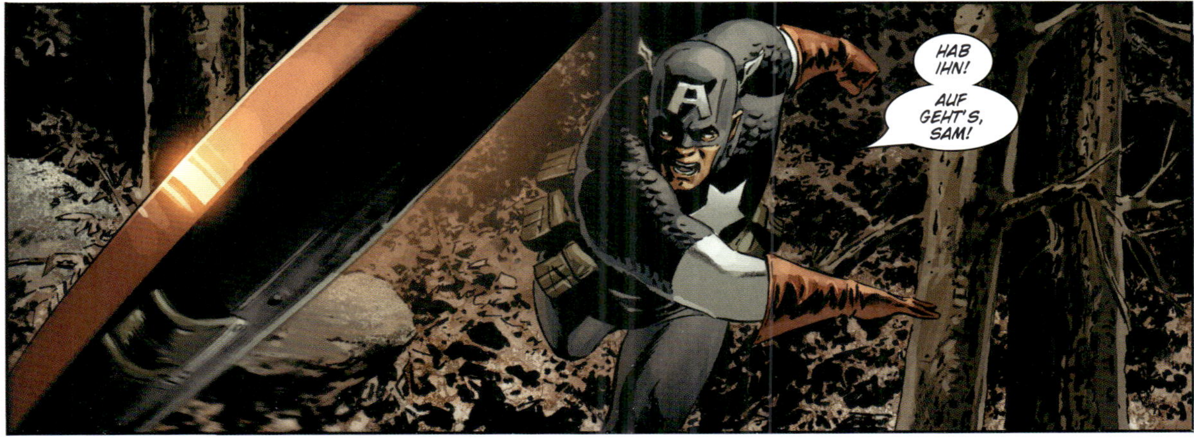
HAB IHN!
AUF GEHT'S, SAM!

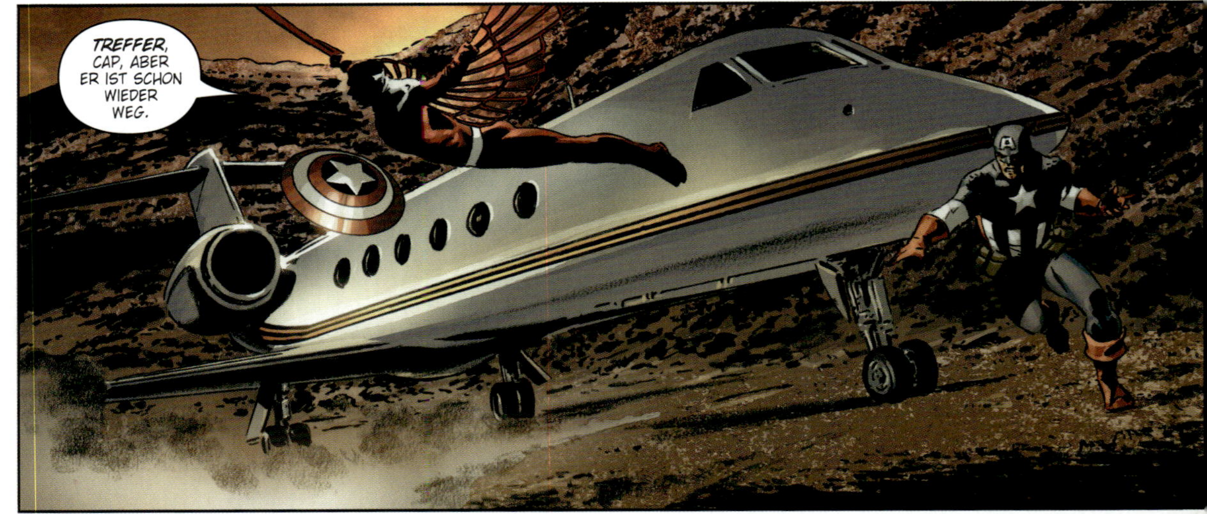
TREFFER, CAP, ABER ER IST SCHON WIEDER WEG.
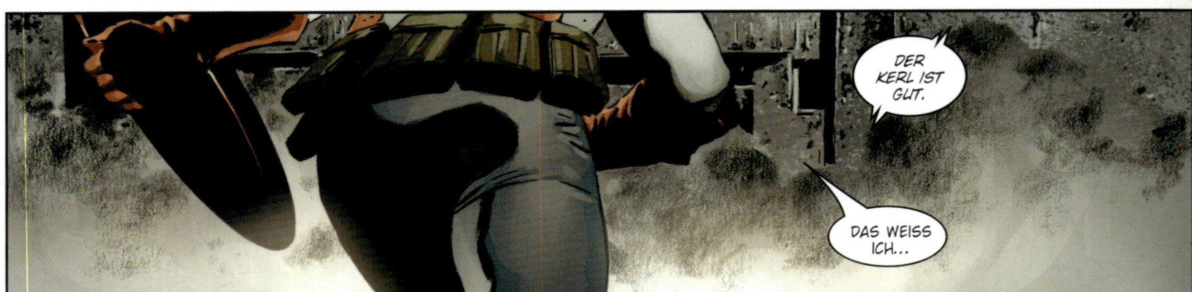
DER KERL IST GUT.
DAS WEISS ICH...
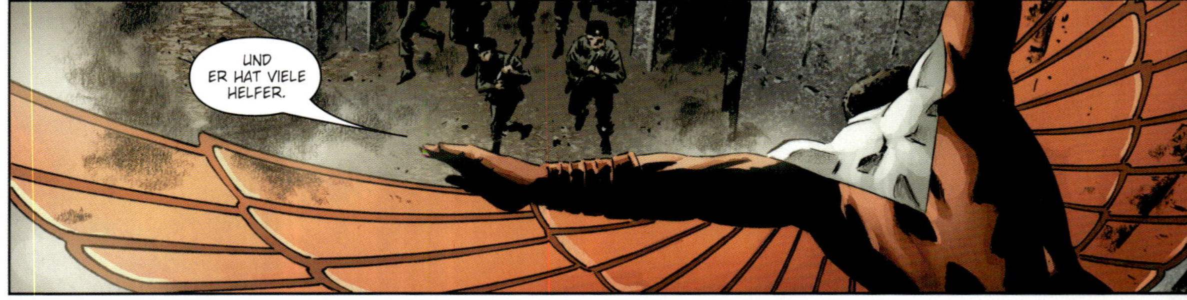
UND ER HAT VIELE HELFER.
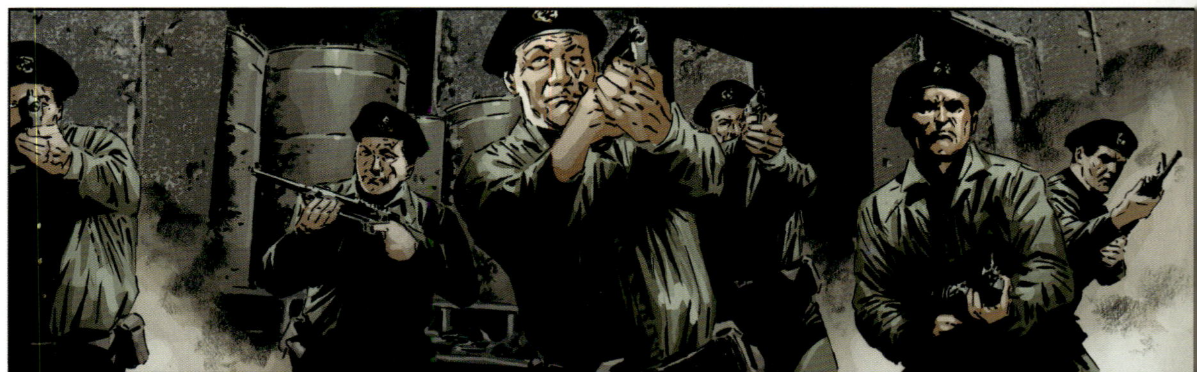
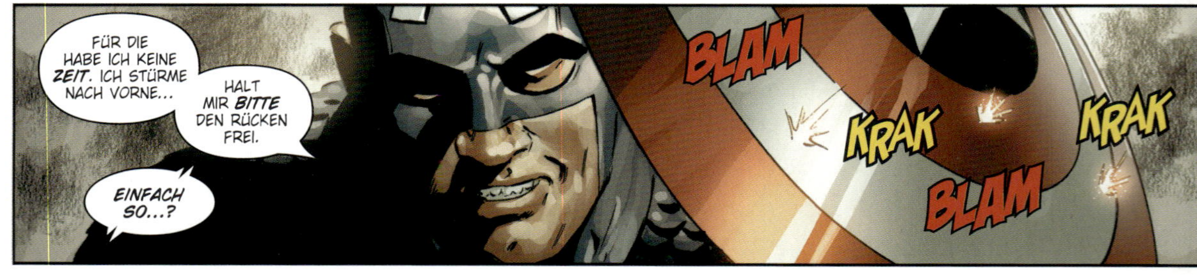
FÜR DIE HABE ICH KEINE ZEIT. ICH STÜRME NACH VORNE...
HALT MIR BITTE DEN RÜCKEN FREI.
EINFACH SO...?
BLAM
KRAK
BLAM
KRAK

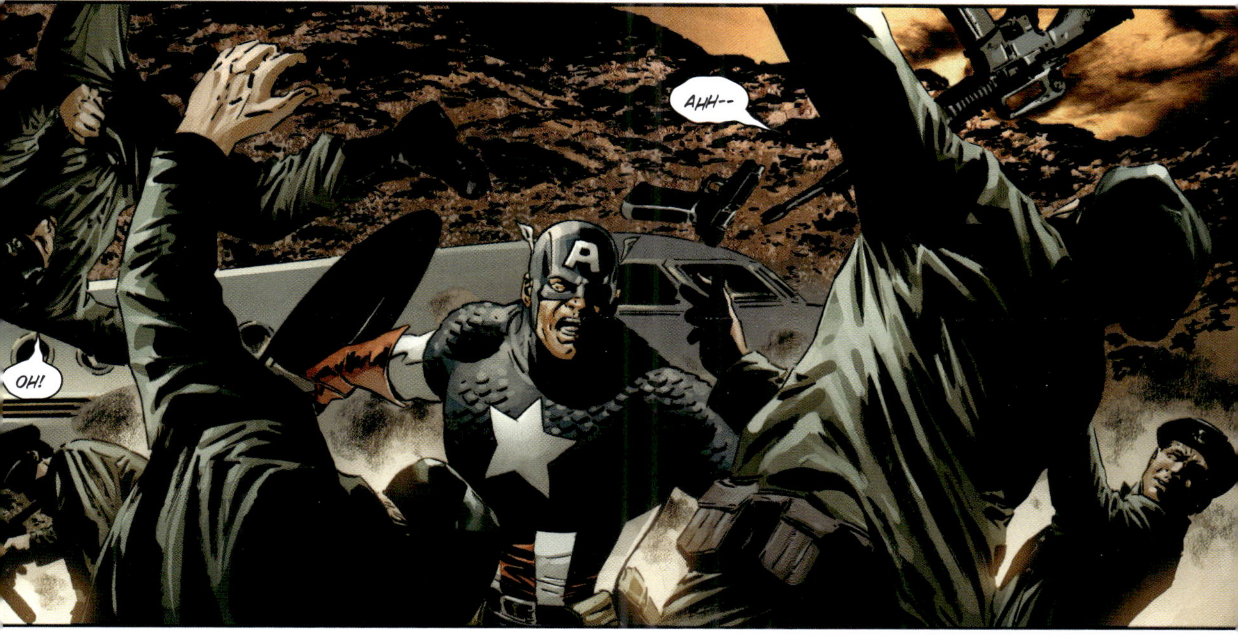
AHH--
OH!

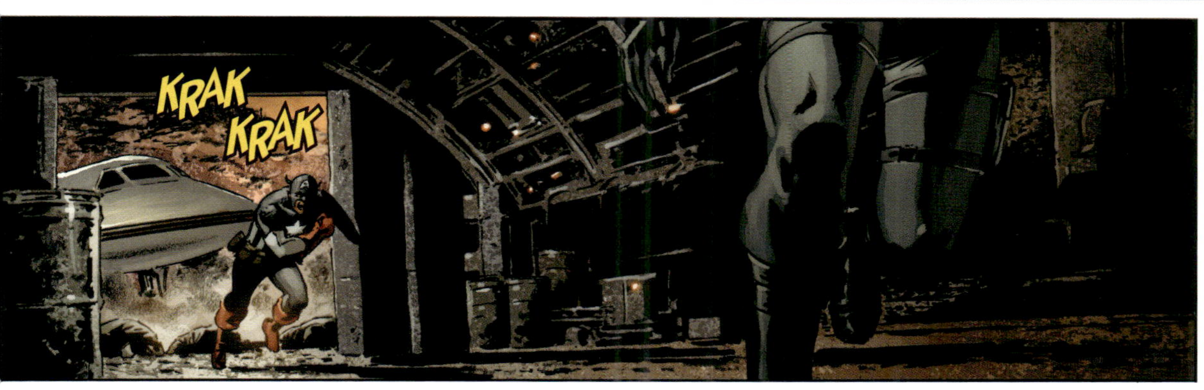
KRAK
KRAK

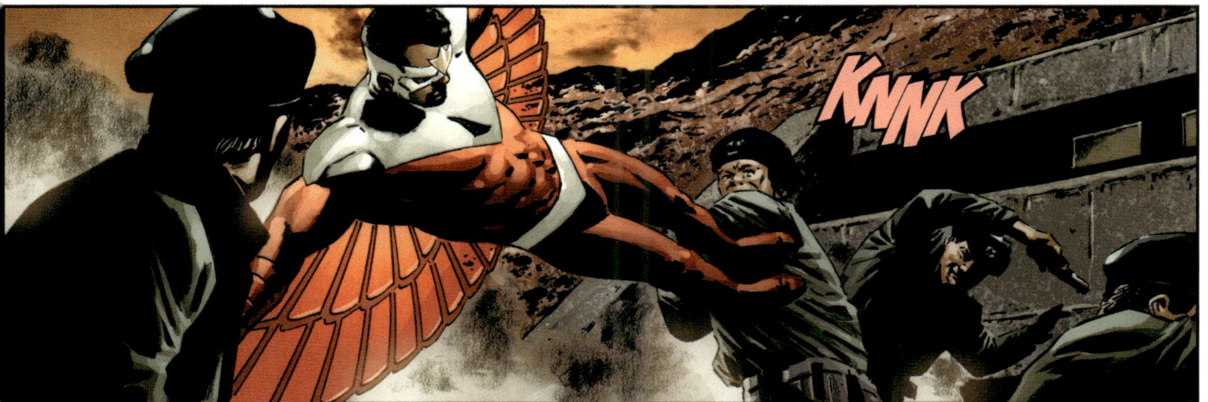
KNNK

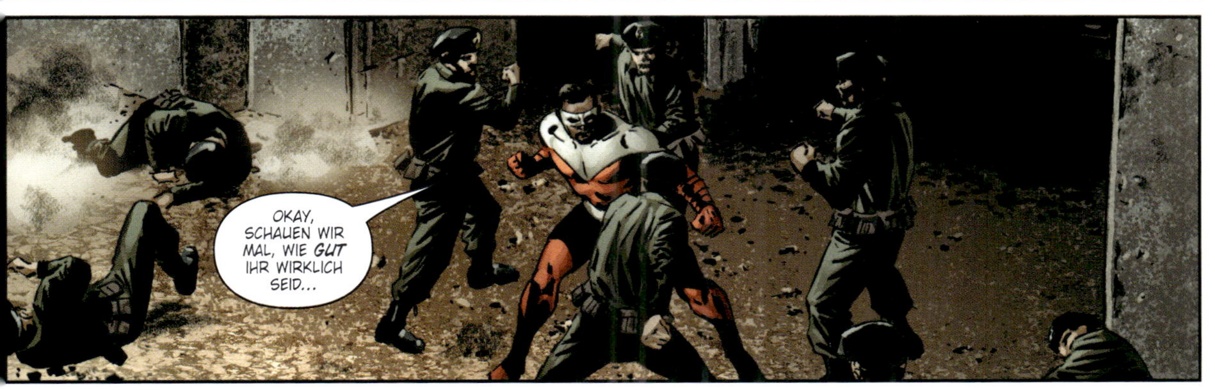
OKAY, SCHAUEN WIR MAL, WIE GUT IHR WIRKLICH SEID...

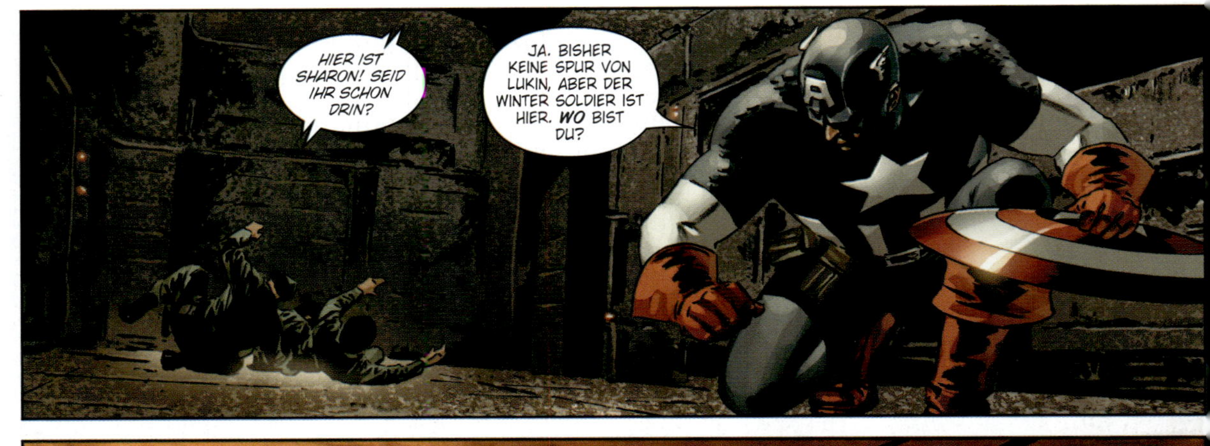
HIER IST SHARON! SEID IHR SCHON DRIN?
JA. BISHER KEINE SPUR VON LUKIN, ABER DER WINTER SOLDIER IST HIER. WO BIST DU?

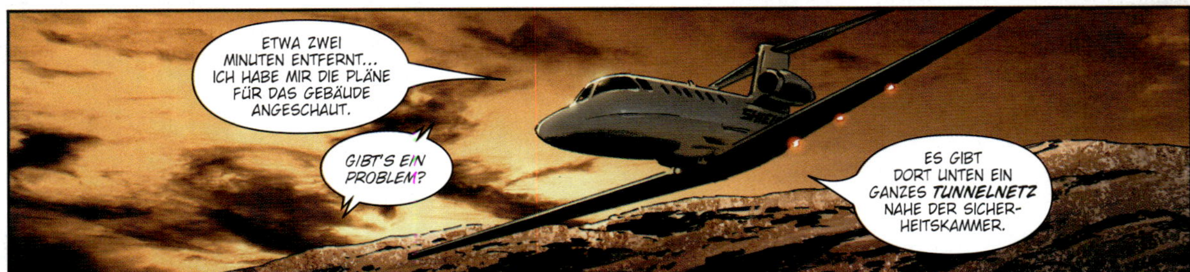
ETWA ZWEI MINUTEN ENTFERNT... ICH HABE MIR DIE PLÄNE FÜR DAS GEBÄUDE ANGESCHAUT.
GIBT'S EIN PROBLEM?
ES GIBT DORT UNTEN EIN GANZES TUNNELNETZ NAHE DER SICHERHEITSKAMMER.

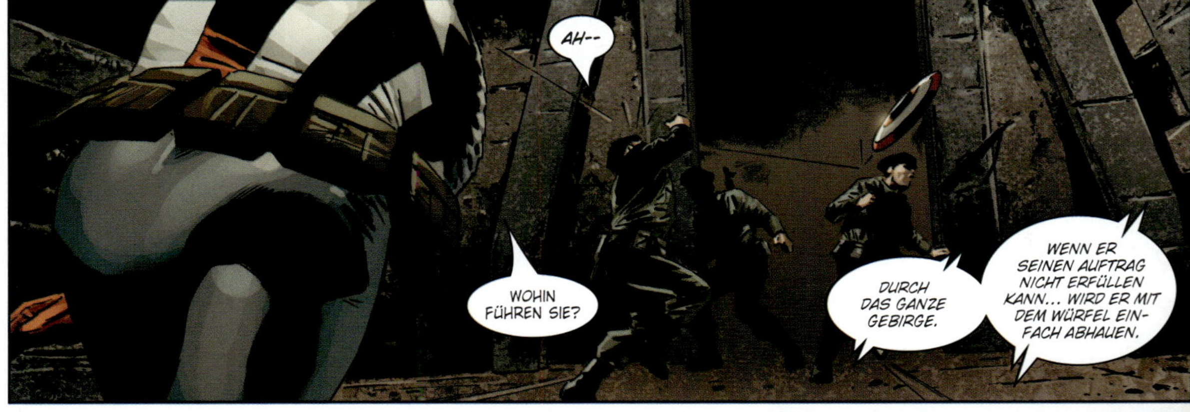
AH--
WOHIN FÜHREN SIE?
DURCH DAS GANZE GEBIRGE.
WENN ER SEINEN AUFTRAG NICHT ERFÜLLEN KANN... WIRD ER MIT DEM WÜRFEL EINFACH ABHAUEN.

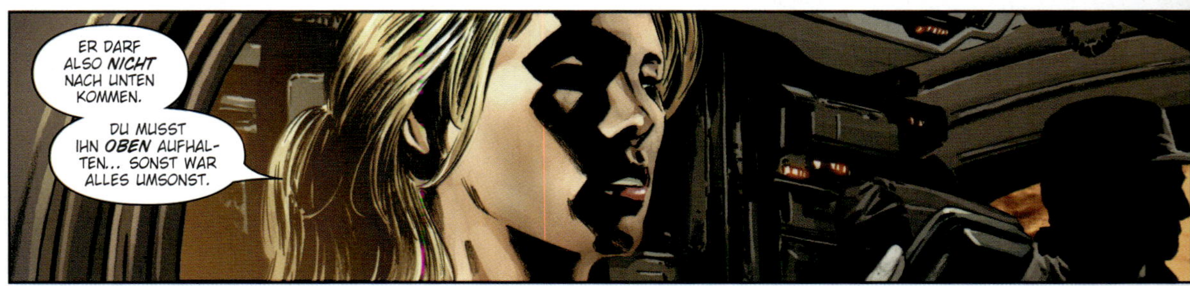
ER DARF ALSO NICHT NACH UNTEN KOMMEN.
DU MUSST IHN OBEN AUFHALTEN... SONST WAR ALLES UMSONST.

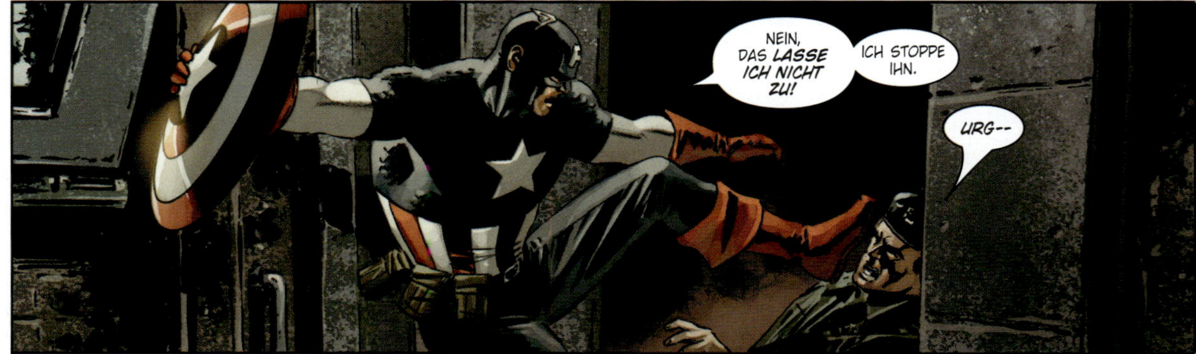
NEIN, DAS LASSE ICH NICHT ZU!
ICH STOPPE IHN.
URG--

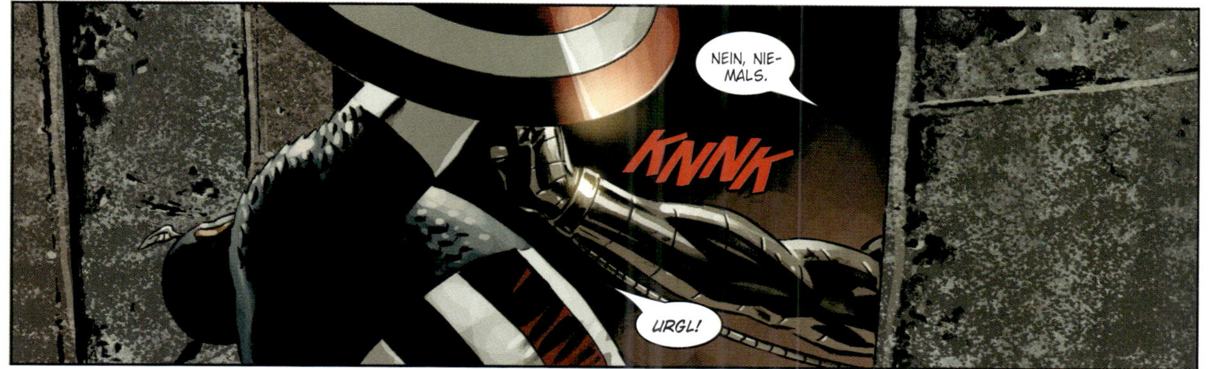
NEIN, NIE-
MALS.
KNNK
URGL!

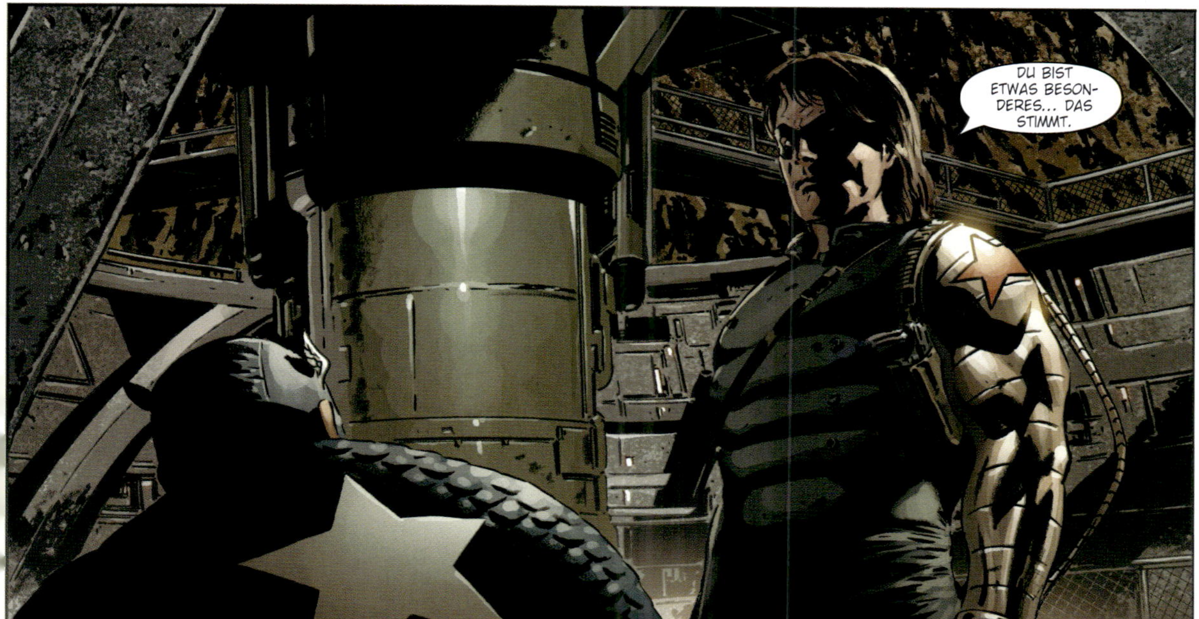
DU BIST ETWAS BESON-DERES... DAS STIMMT.

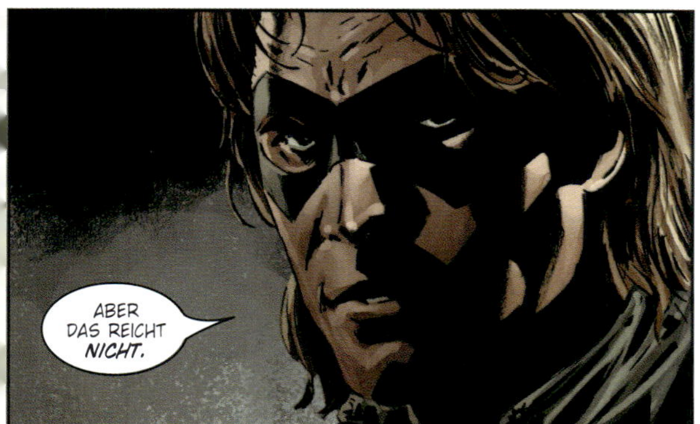
ABER DAS REICHT *NICHT*.

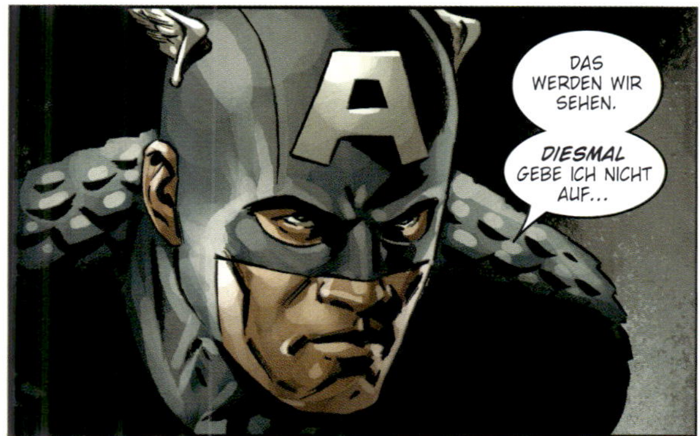
DAS WERDEN WIR SEHEN.
*DIESMAL* GEBE ICH NICHT AUF...

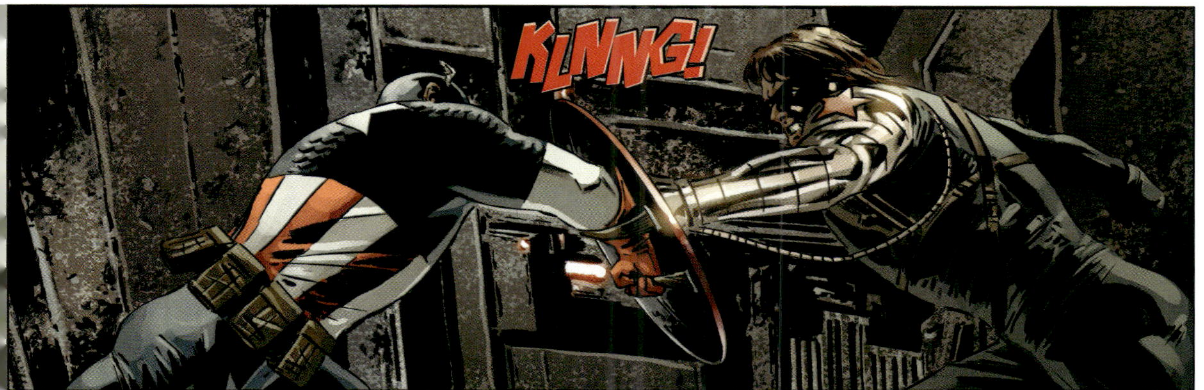
KLNNG!

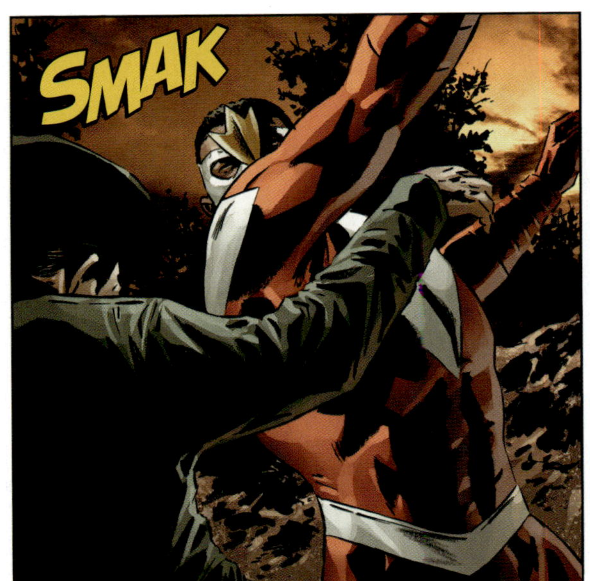
SMAK

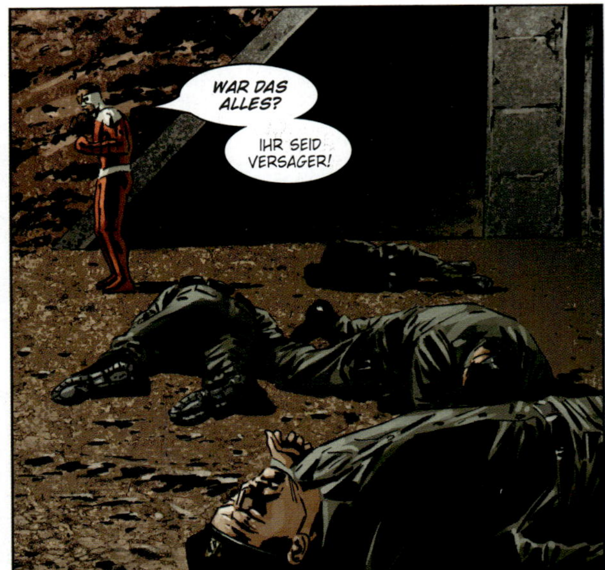
WAR DAS ALLES?
IHR SEID VERSAGER!

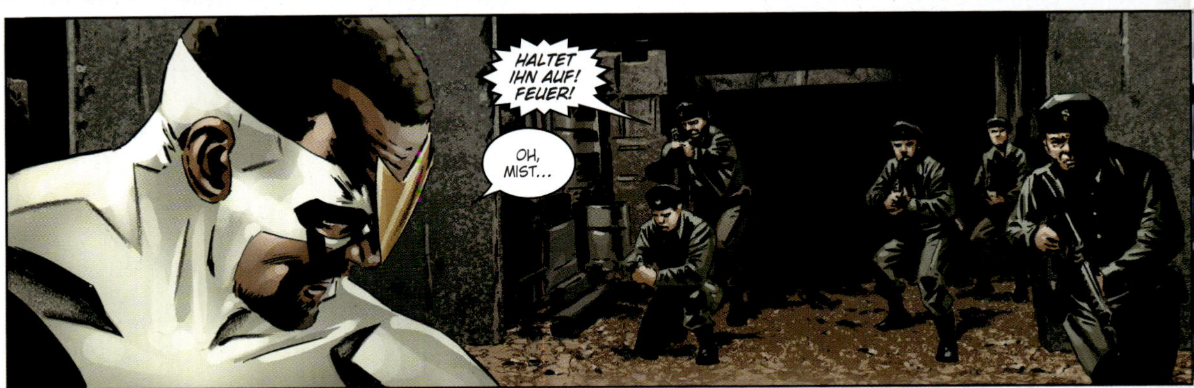
HALTET IHN AUF! FEUER!
OH, MIST...

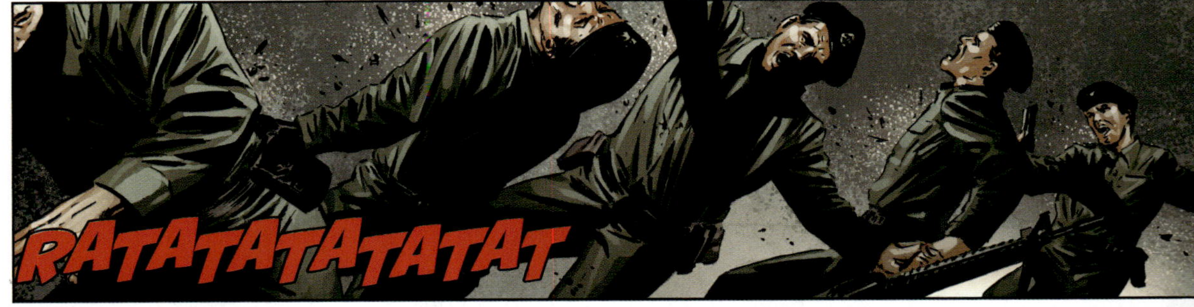
RATATATATATATAT

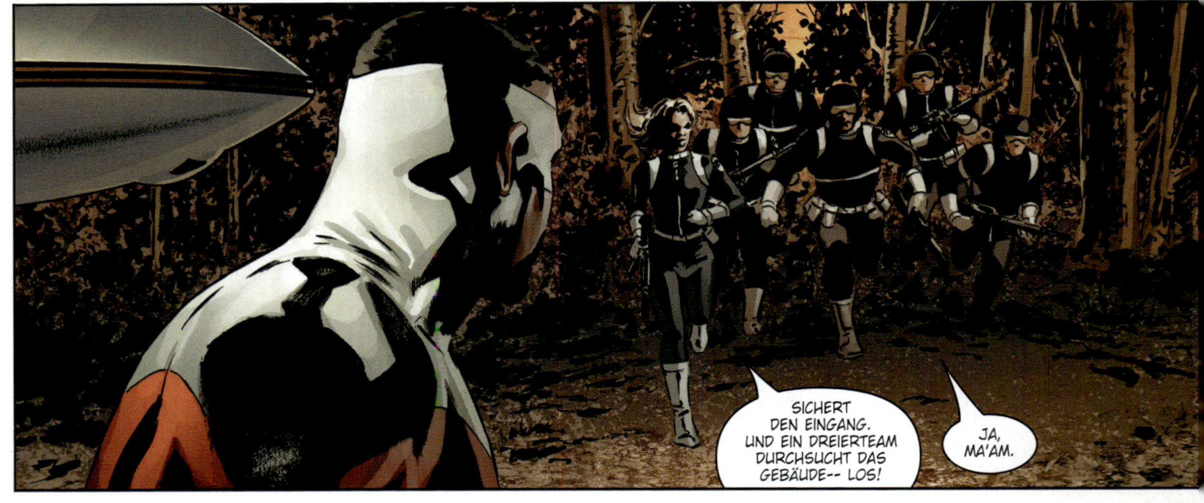
SICHERT DEN EINGANG. UND EIN DREIERTEAM DURCHSUCHT DAS GEBÄUDE-- LOS!
JA, MA'AM.

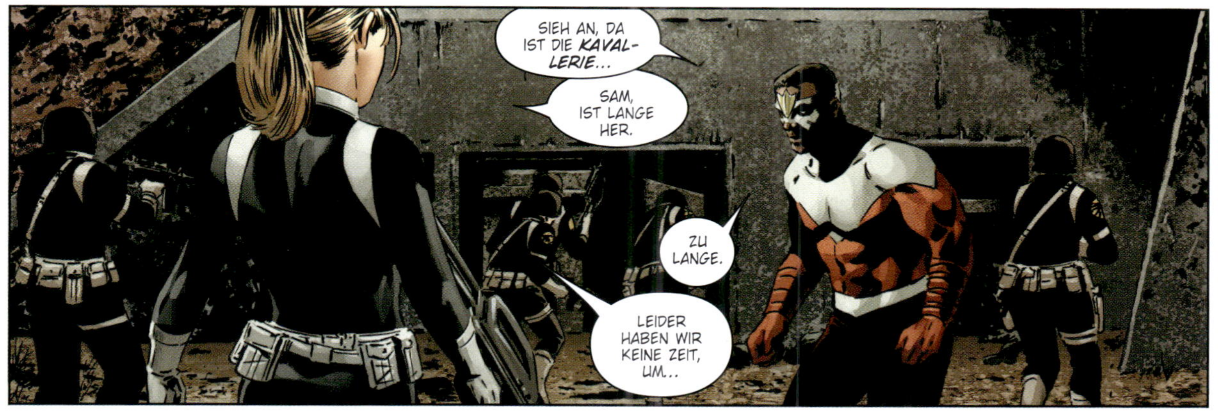
SIEH AN, DA IST DIE *KAVALLERIE*...
SAM, IST LANGE HER.
ZU LANGE.
LEIDER HABEN WIR KEINE ZEIT, UM..

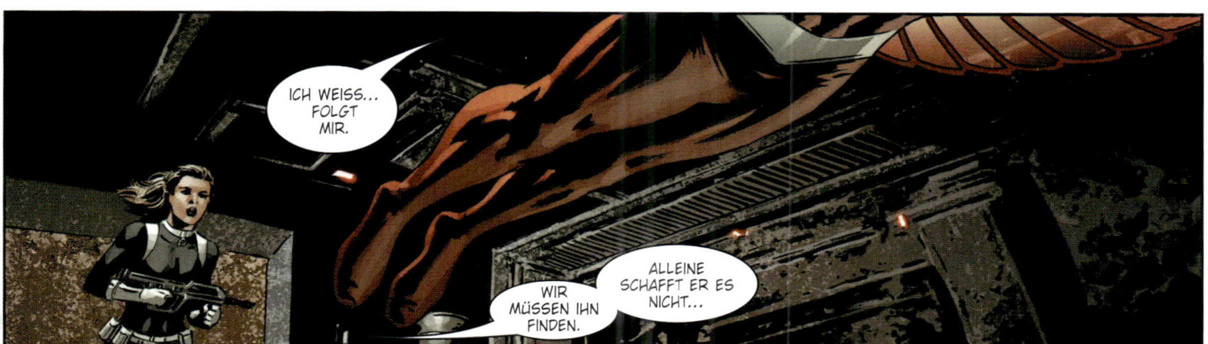
ICH WEISS... FOLGT MIR.
ALLEINE SCHAFFT ER ES NICHT...
WIR MÜSSEN IHN FINDEN.

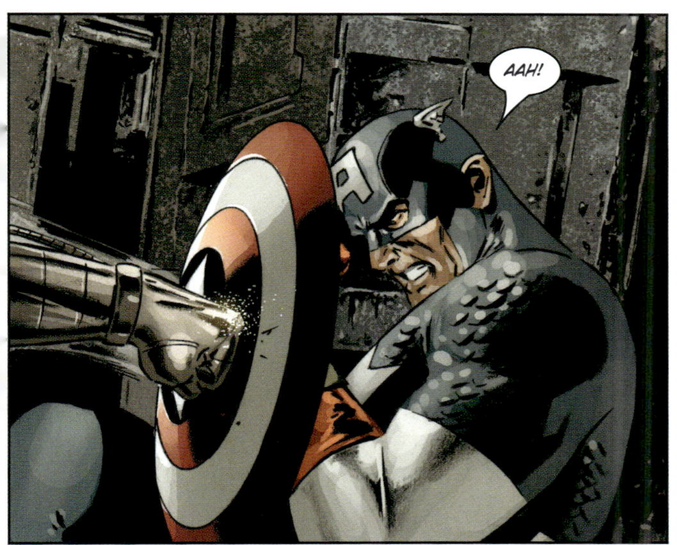
AAH!

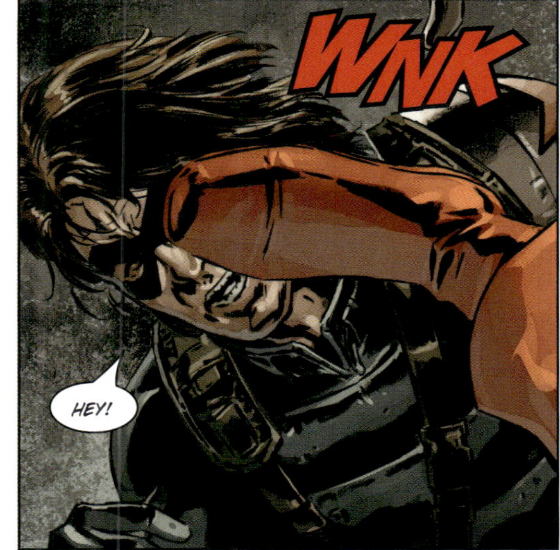
WNK
HEY!

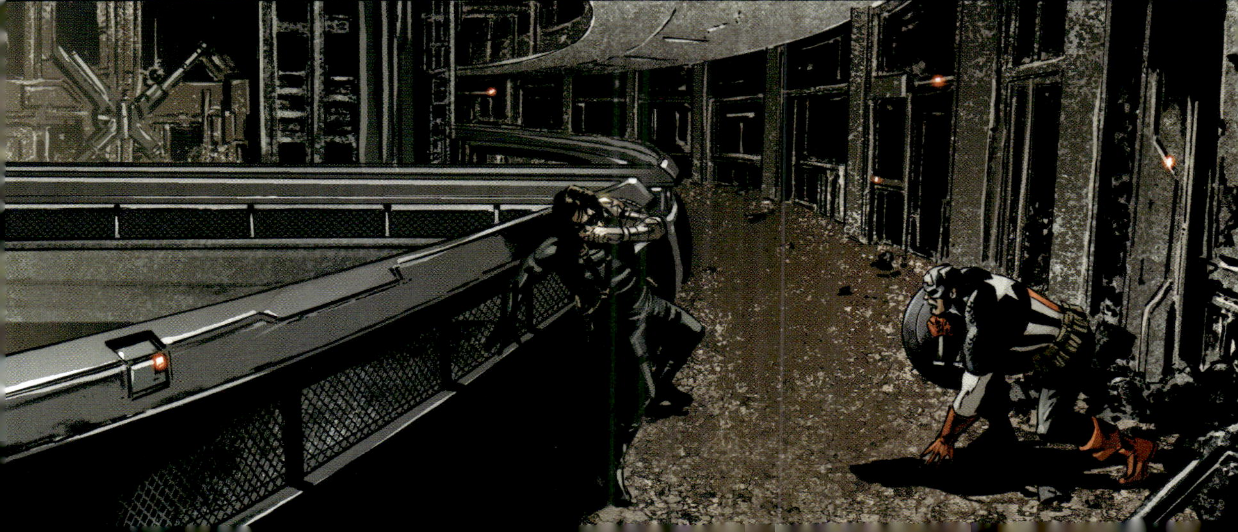

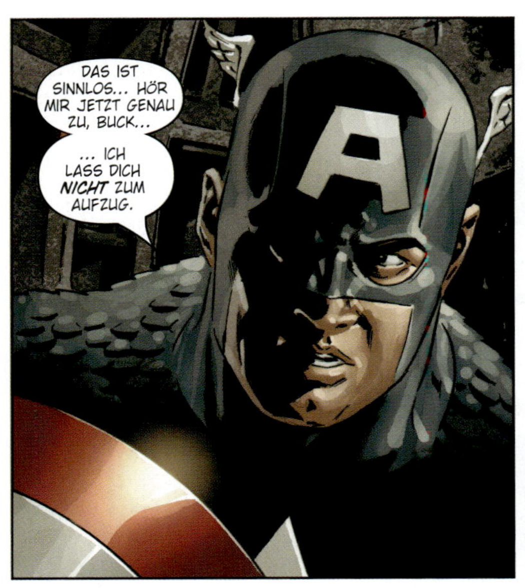
DAS IST SINNLOS... HÖR MIR JETZT GENAU ZU, BUCK...
... ICH LASS DICH NICHT ZUM AUFZUG.

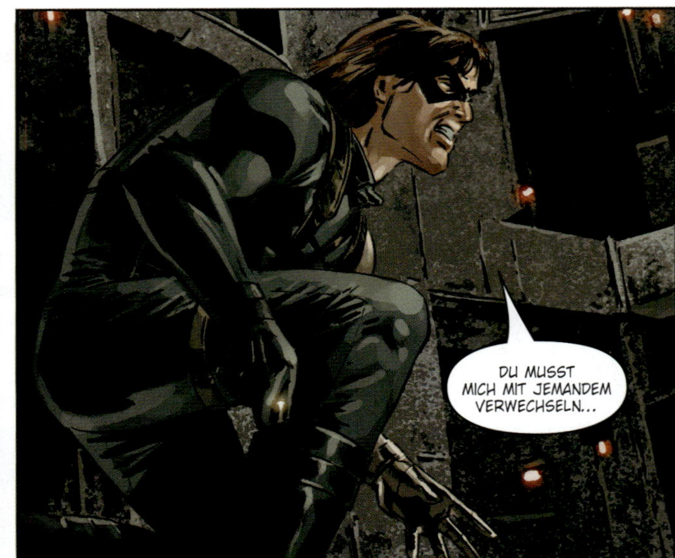
DU MUSST MICH MIT JEMANDEM VERWECHSELN...

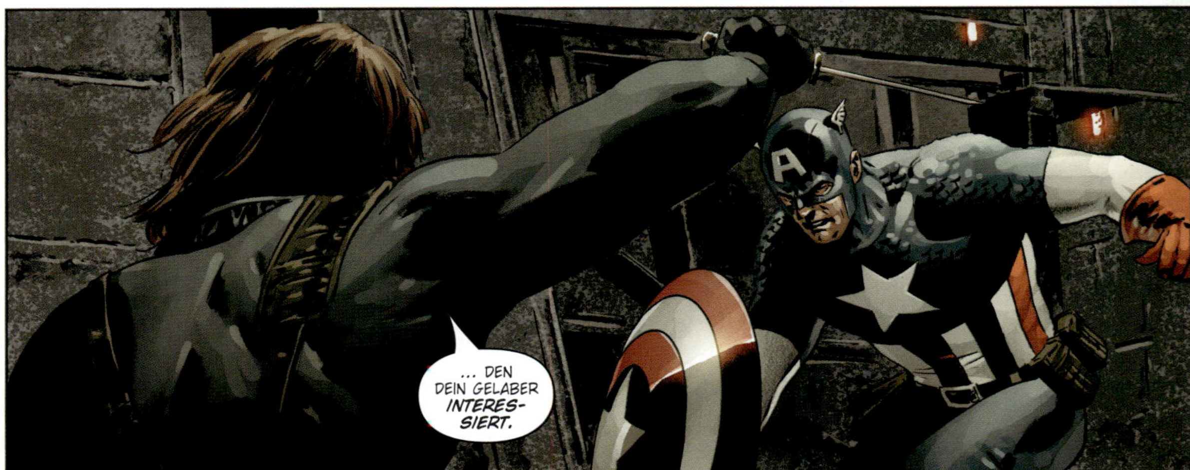
... DEN DEIN GELABER INTERESSIERT.

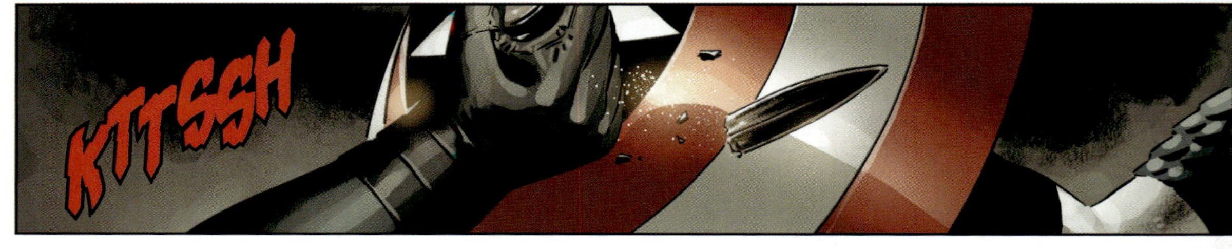
KTTSSH

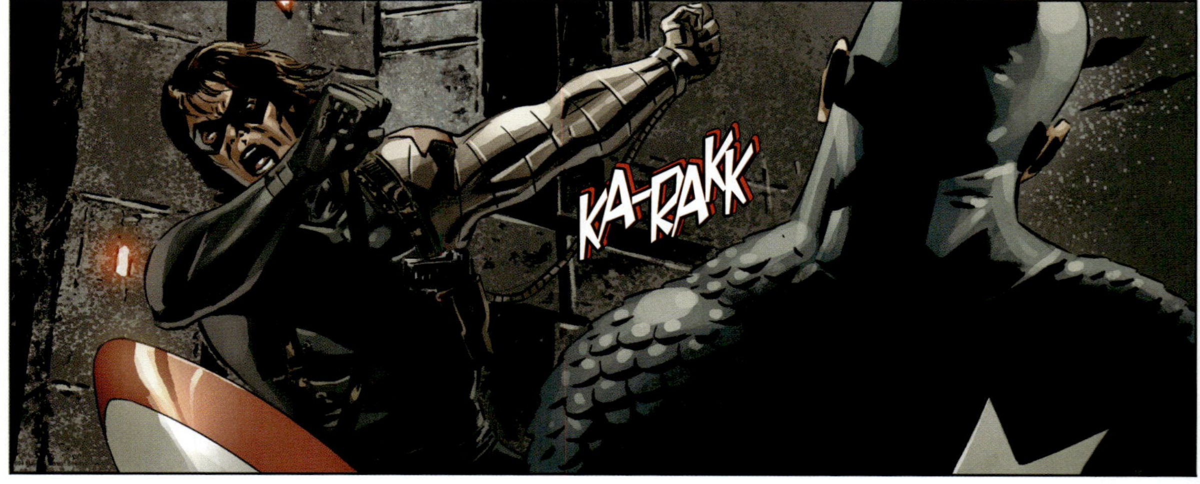
KA-RAKK

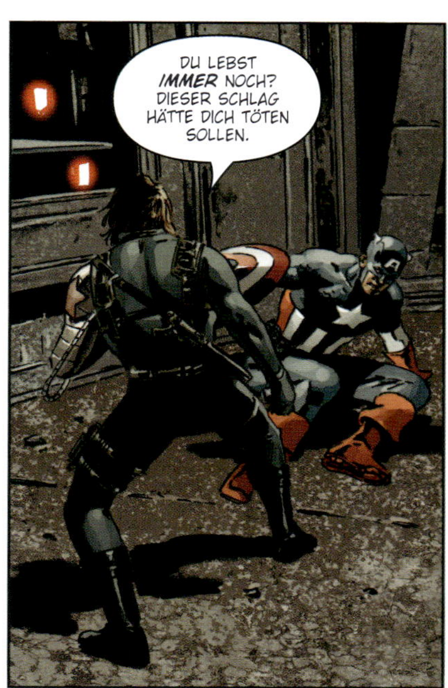
DU LEBST IMMER NOCH? DIESER SCHLAG HÄTTE DICH TÖTEN SOLLEN.
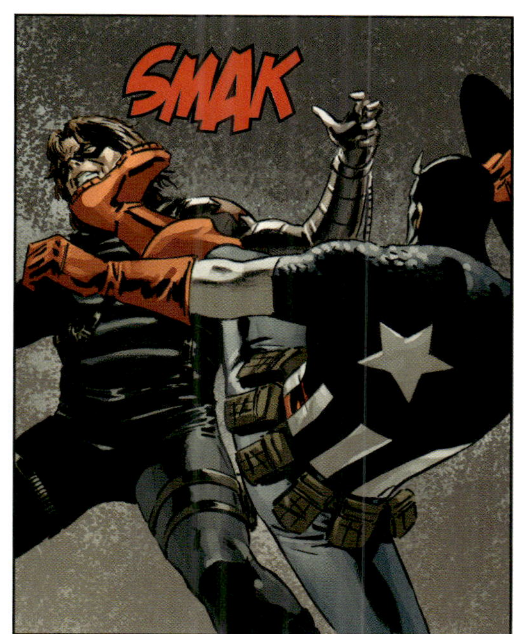
SMAK
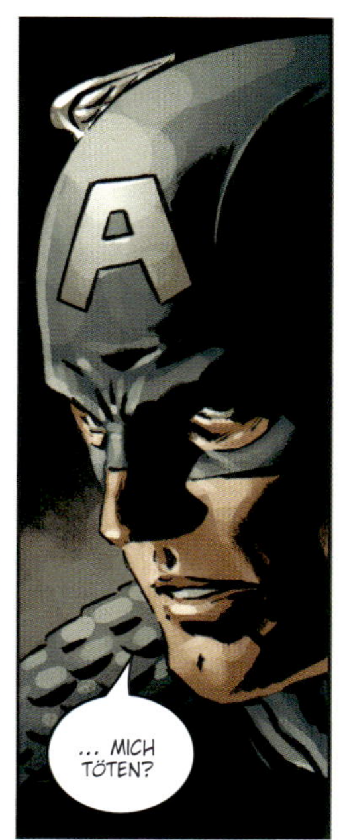
... MICH TÖTEN?
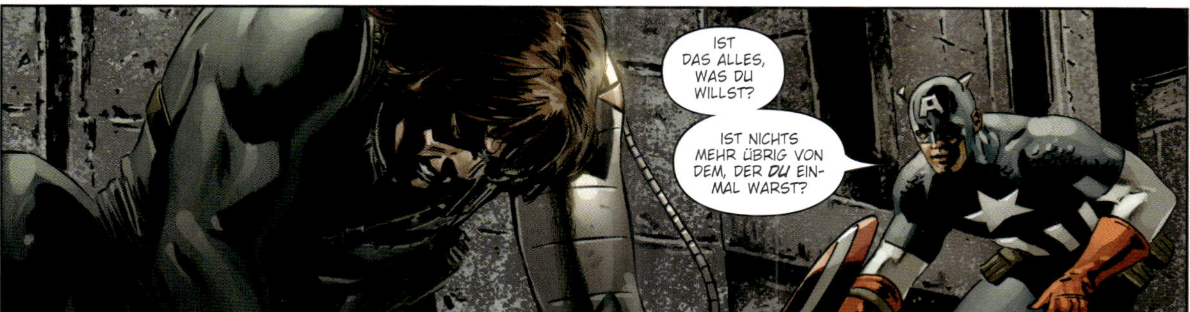
IST DAS ALLES, WAS DU WILLST?
IST NICHTS MEHR ÜBRIG VON DEM, DER DU EINMAL WARST?
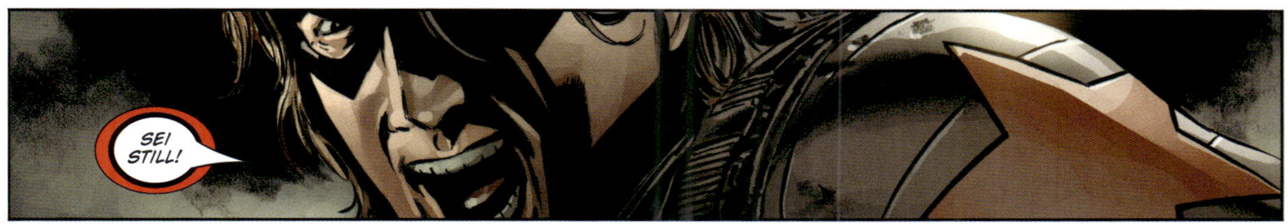
SEI STILL!
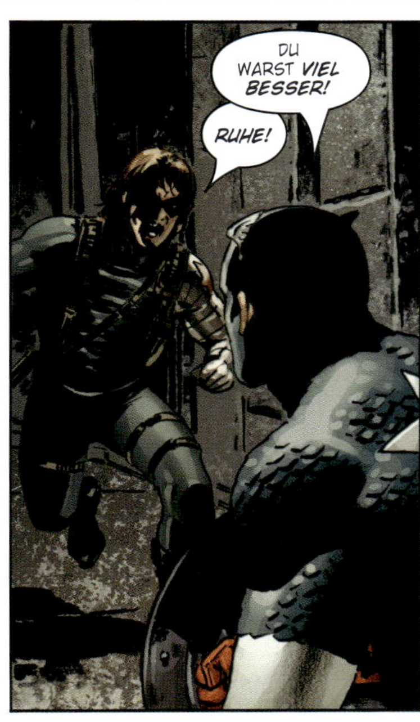
DU WARST VIEL BESSER!
RUHE!
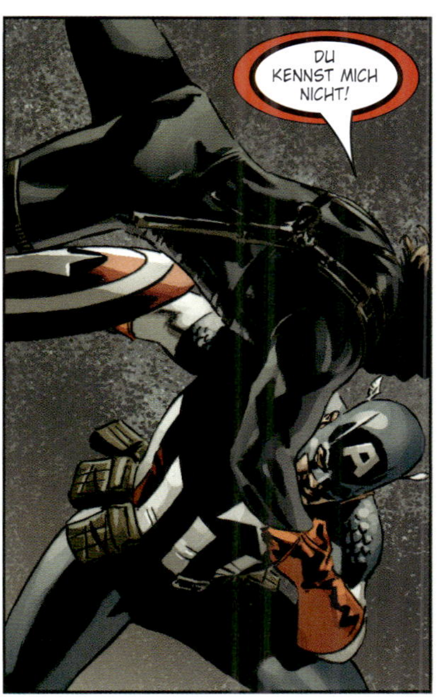
DU KENNST MICH NICHT!
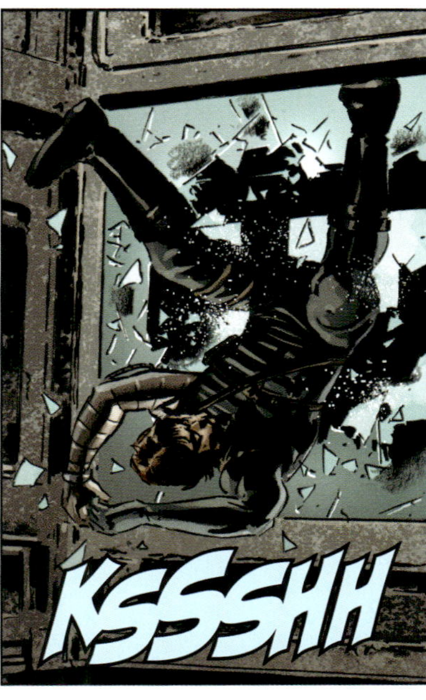
KSSSHH

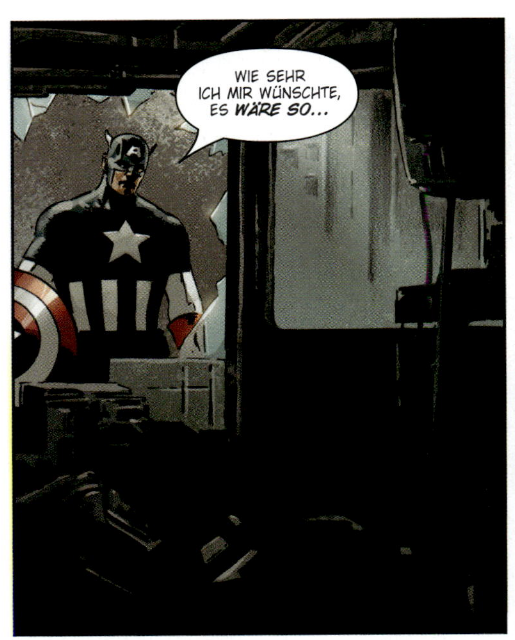
WIE SEHR ICH MIR WÜNSCHTE, ES **WÄRE SO...**

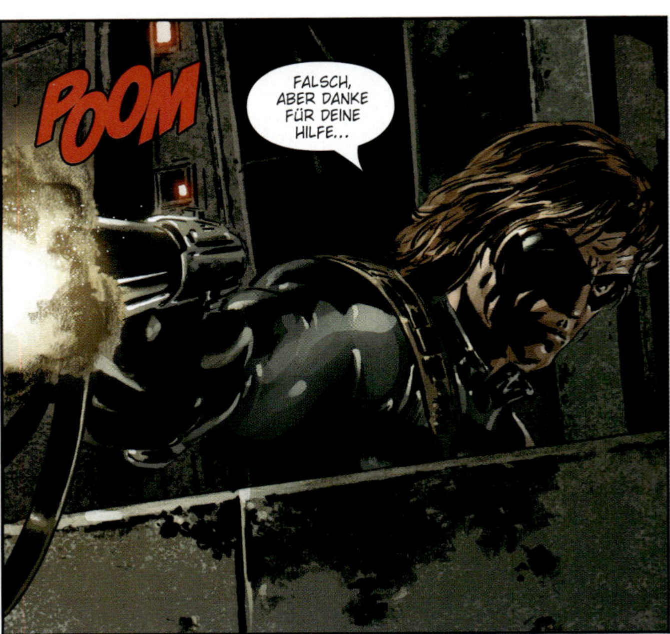
POOM
FALSCH, ABER DANKE FÜR DEINE HILFE...

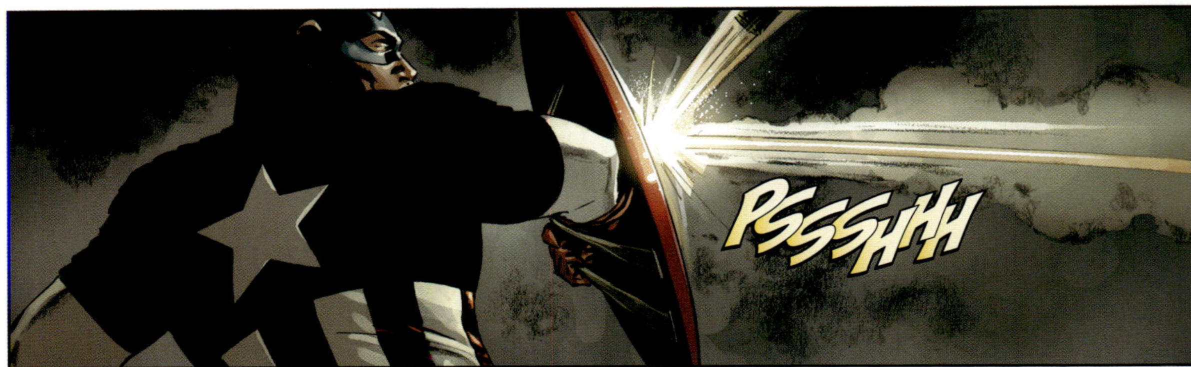
PSSSHHH

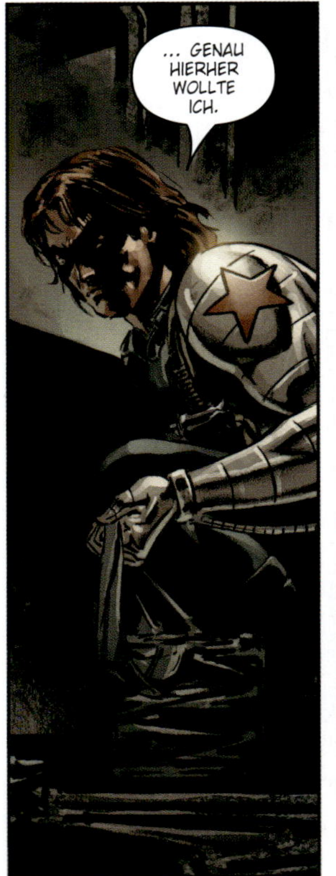
... GENAU HIERHER WOLLTE ICH.

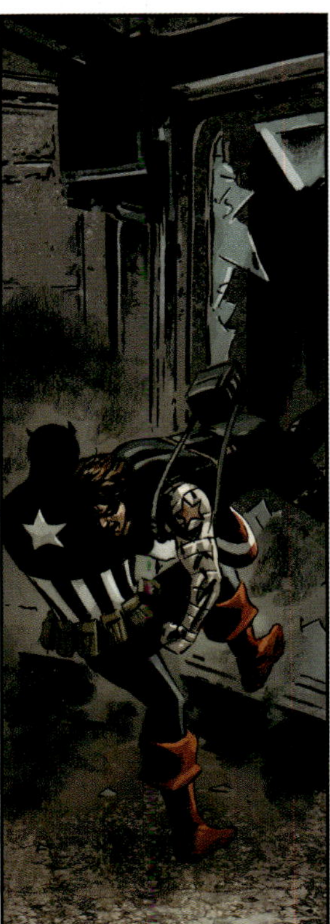

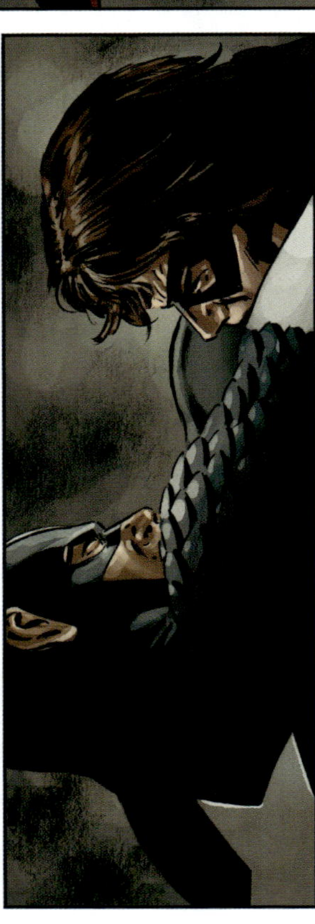

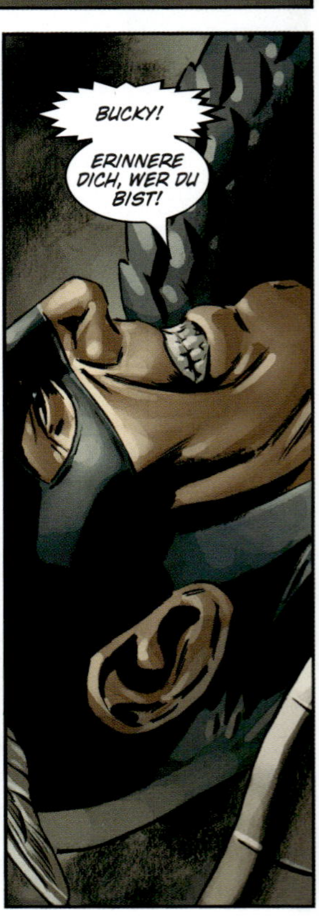
BUCKY!
ERINNERE DICH, WER DU BIST!

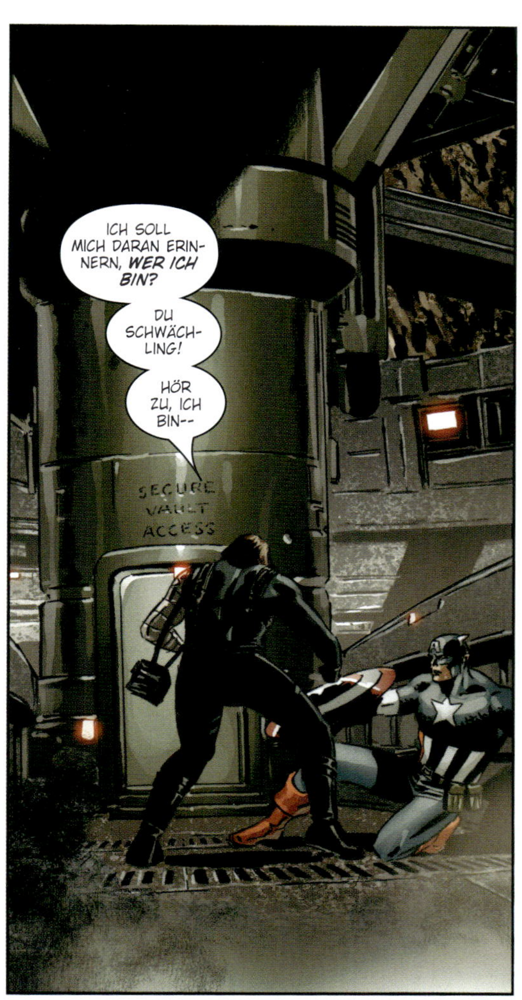
ICH SOLL MICH DARAN ERINNERN, WER ICH BIN?
DU SCHWÄCHLING!
HÖR ZU, ICH BIN--
SECURE VAULT ACCESS

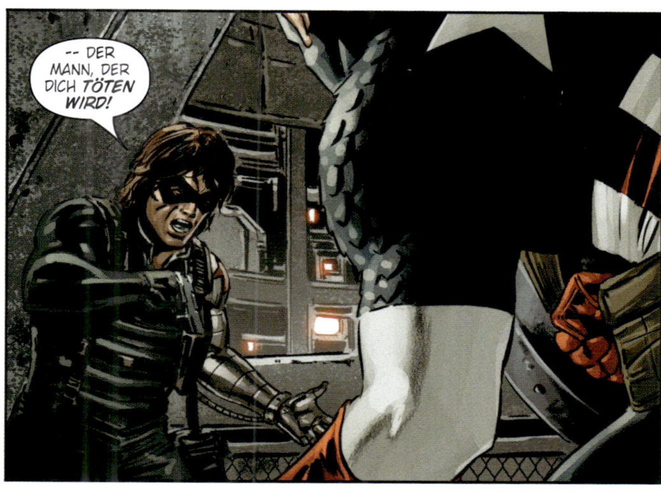
-- DER MANN, DER DICH TÖTEN WIRD!

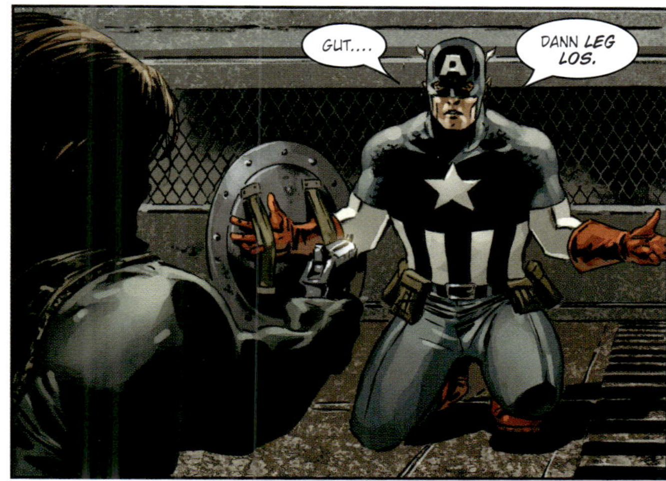
GUT....
DANN LEG LOS.

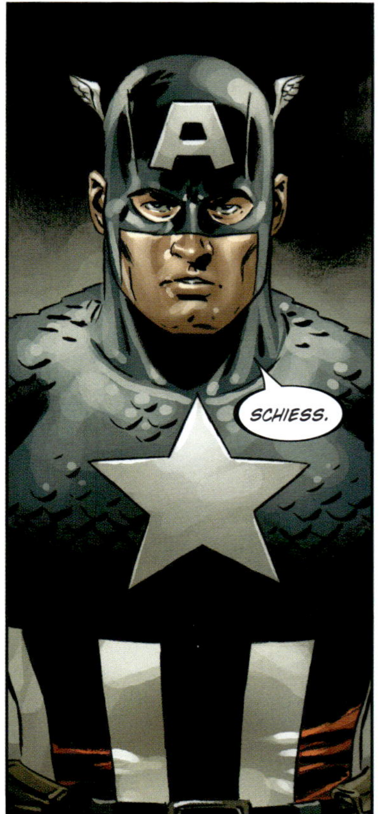
SCHIESS.

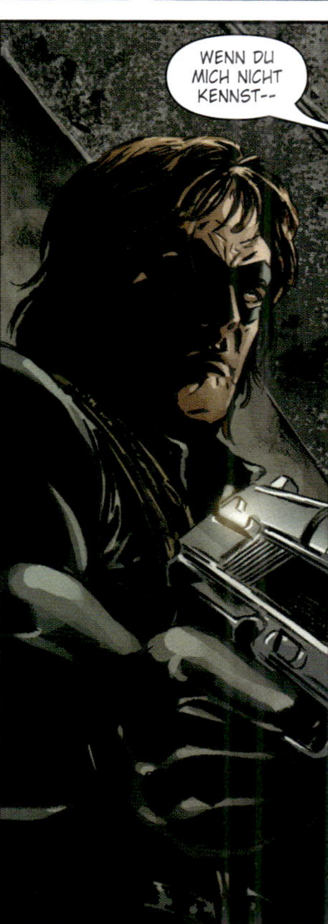
WENN DU MICH NICHT KENNST--

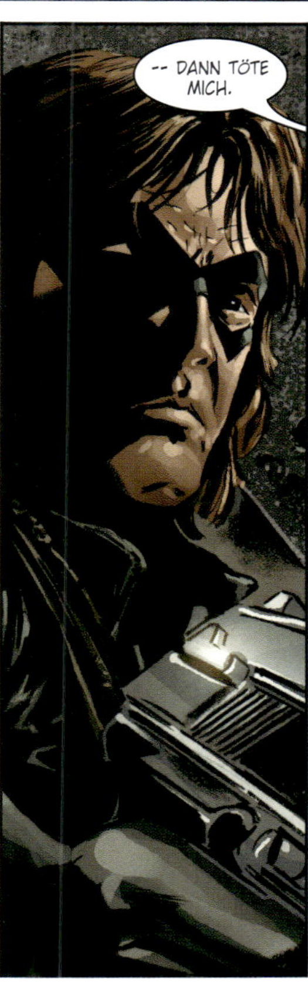
-- DANN TÖTE MICH.

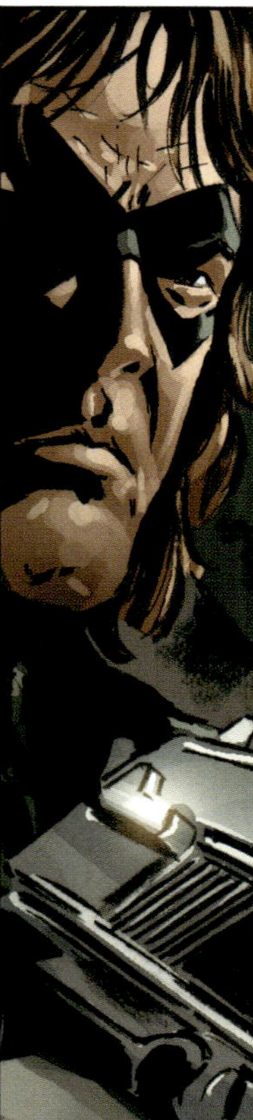

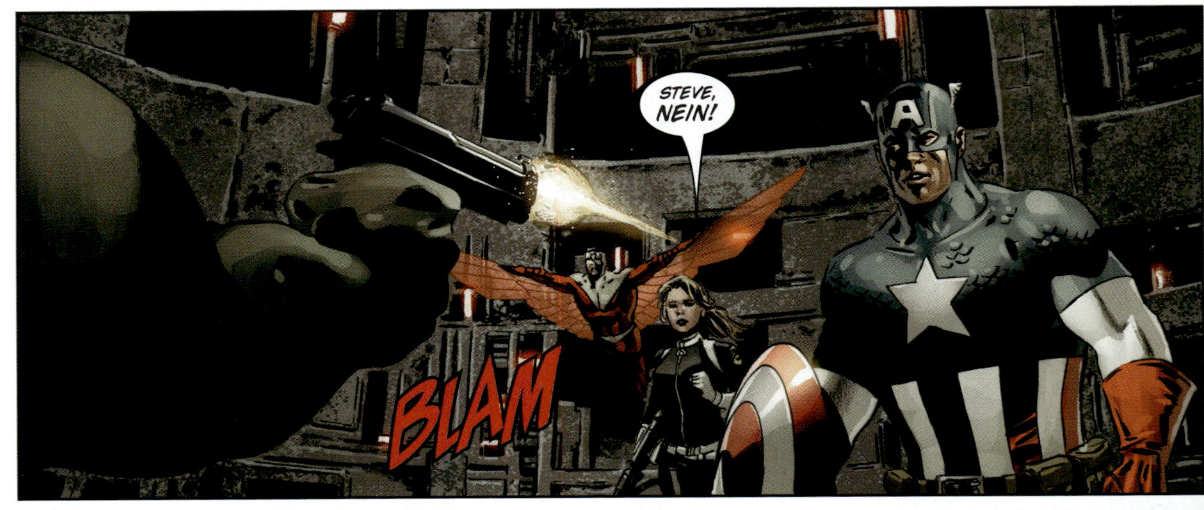
STEVE, NEIN!
BLAM
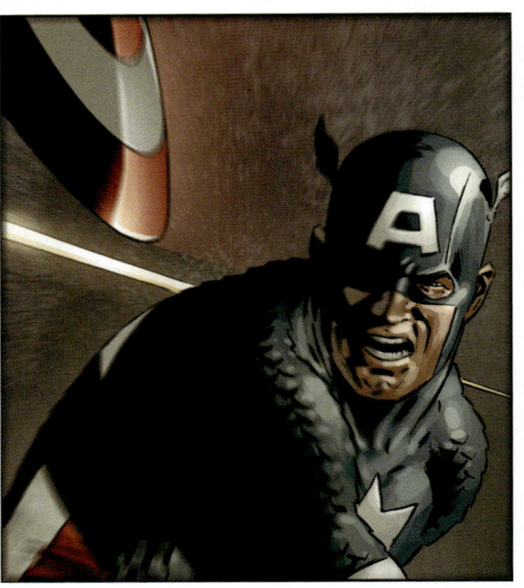
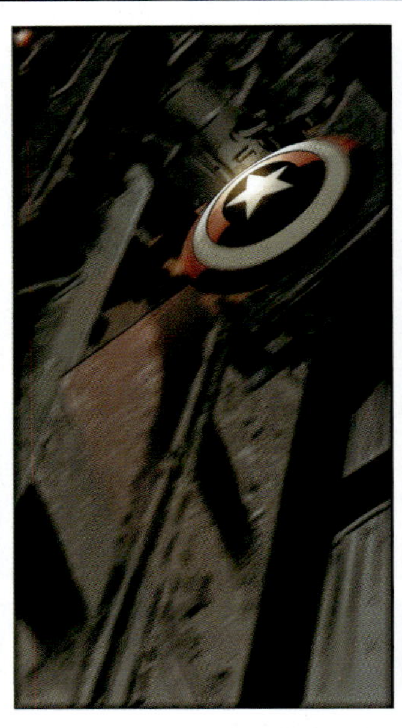
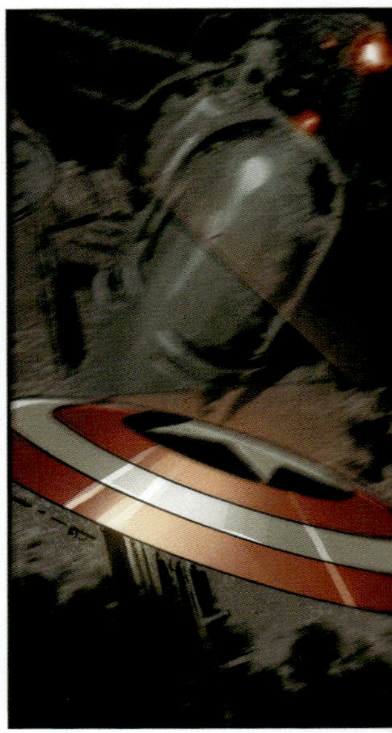
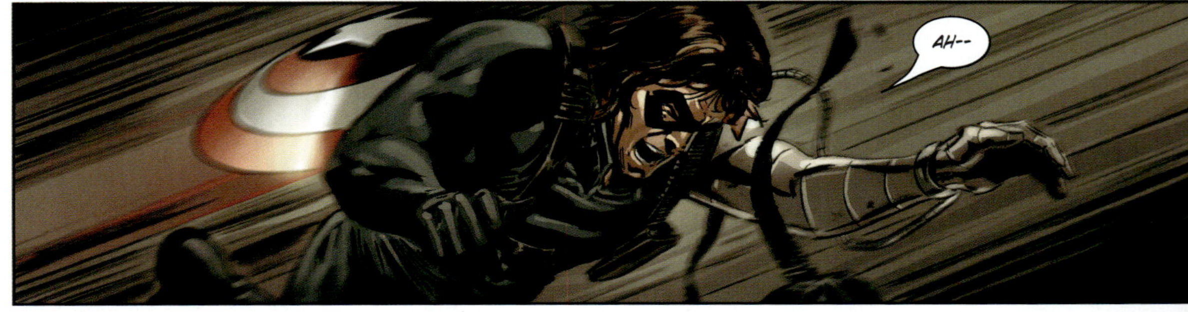
AH--
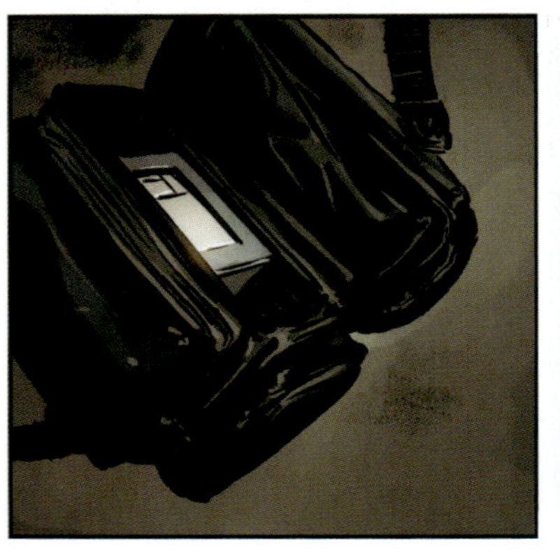
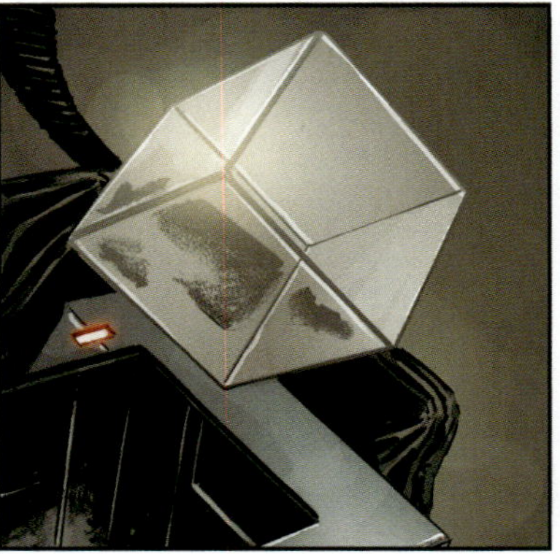
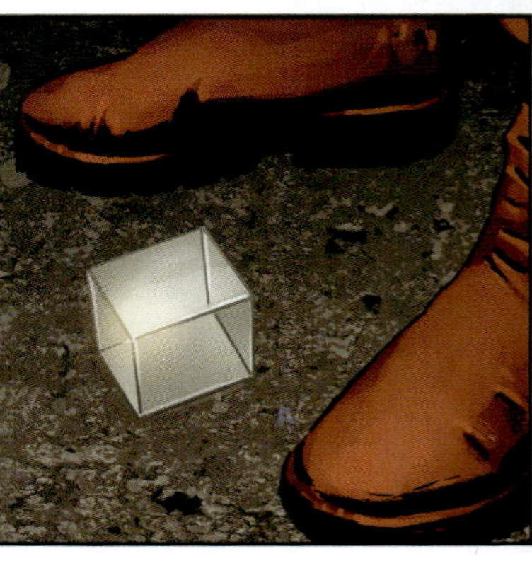

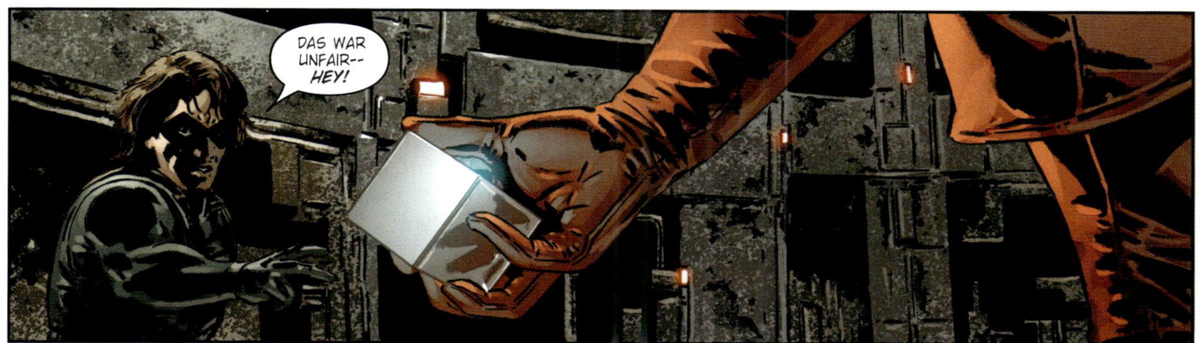
DAS WAR UNFAIR-- HEY!

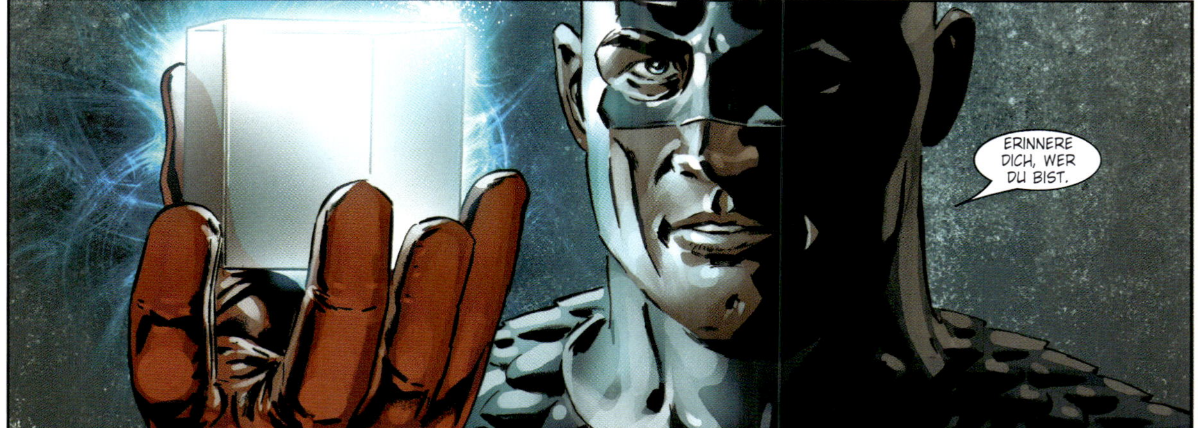
ERINNERE DICH, WER DU BIST.

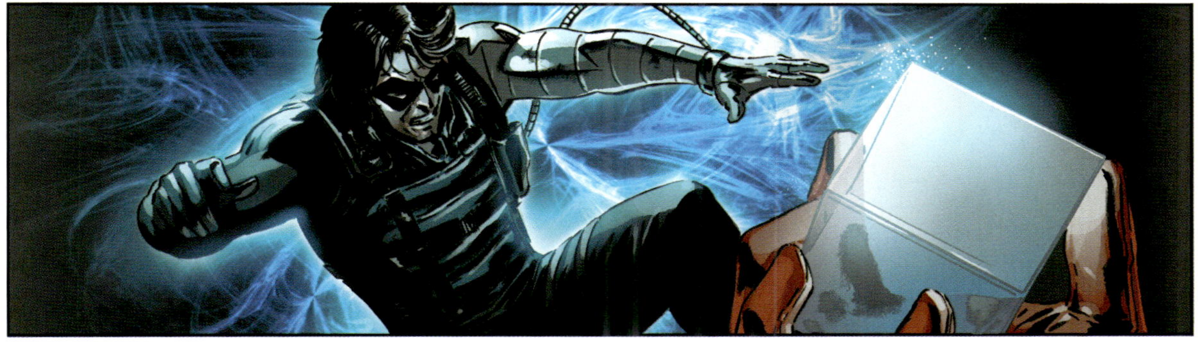

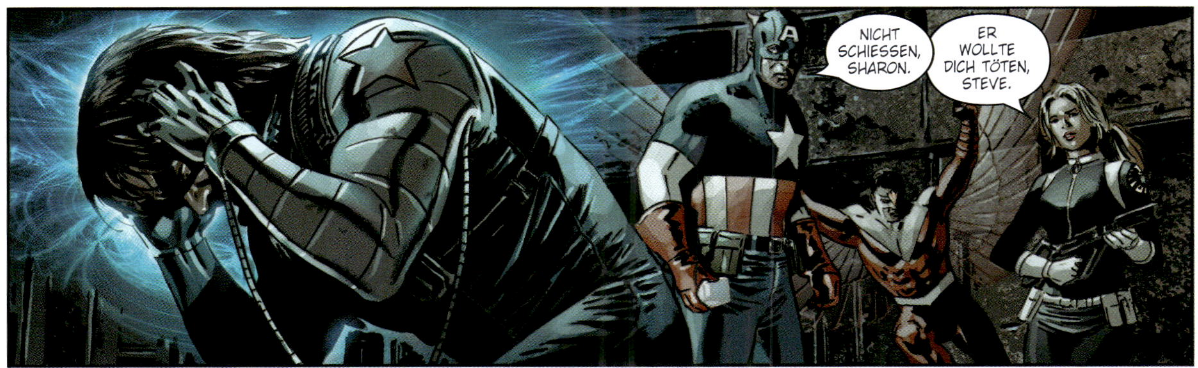
NICHT SCHIESSEN, SHARON.
ER WOLLTE DICH TÖTEN, STEVE.

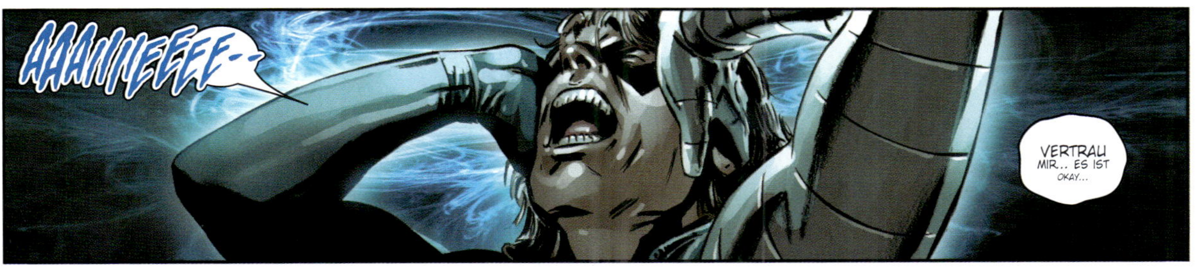
AAAIIIEEEE--
VERTRAU MIR... ES IST OKAY...

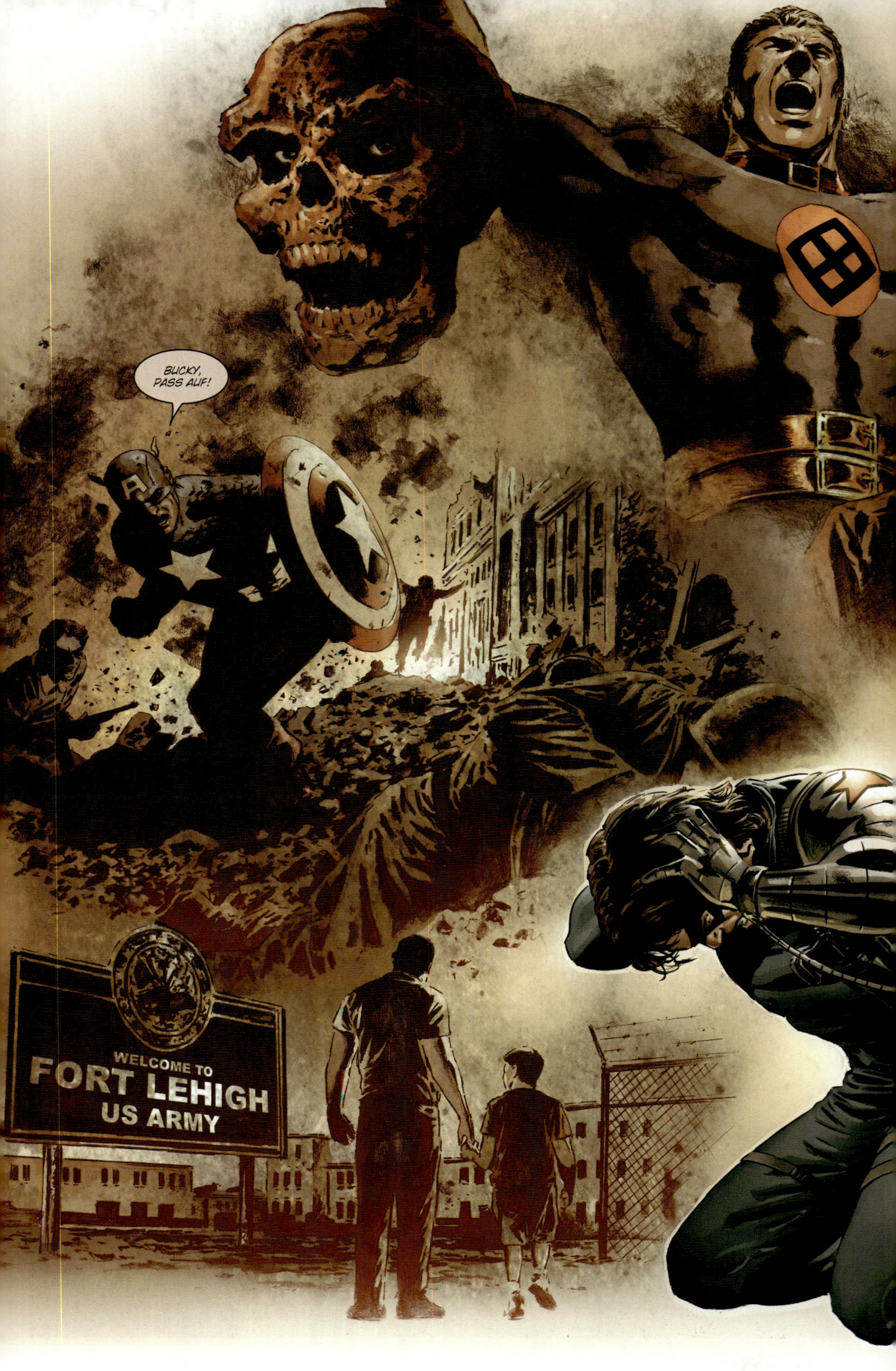
BUCKY, PASS AUF!
WELCOME TO
FORT LEHIGH
US ARMY

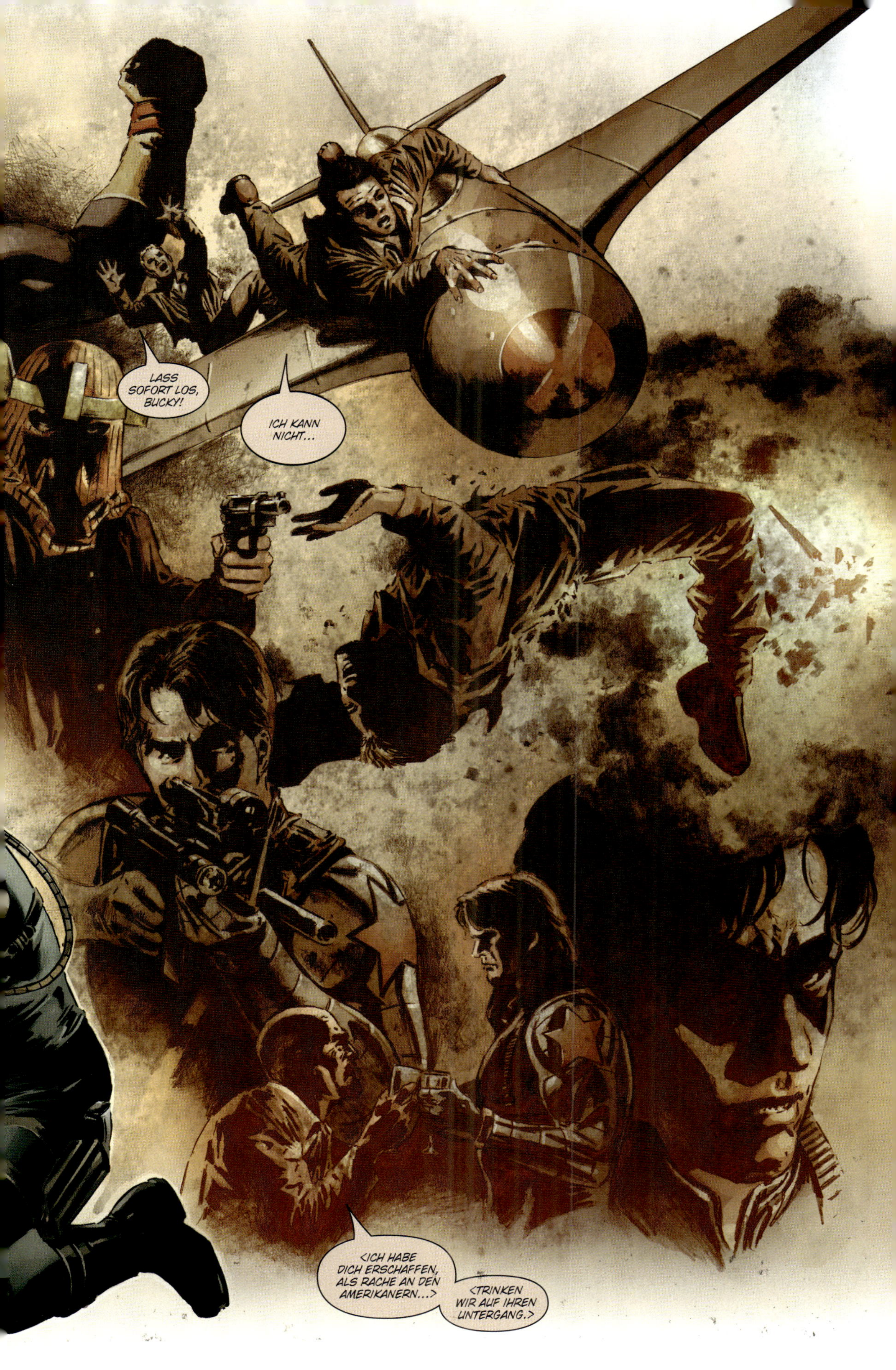
LASS SOFORT LOS, BUCKY!
ICH KANN NICHT...
<ICH HABE DICH ERSCHAFFEN, ALS RACHE AN DEN AMERIKANERN...>
<TRINKEN WIR AUF IHREN UNTERGANG.>

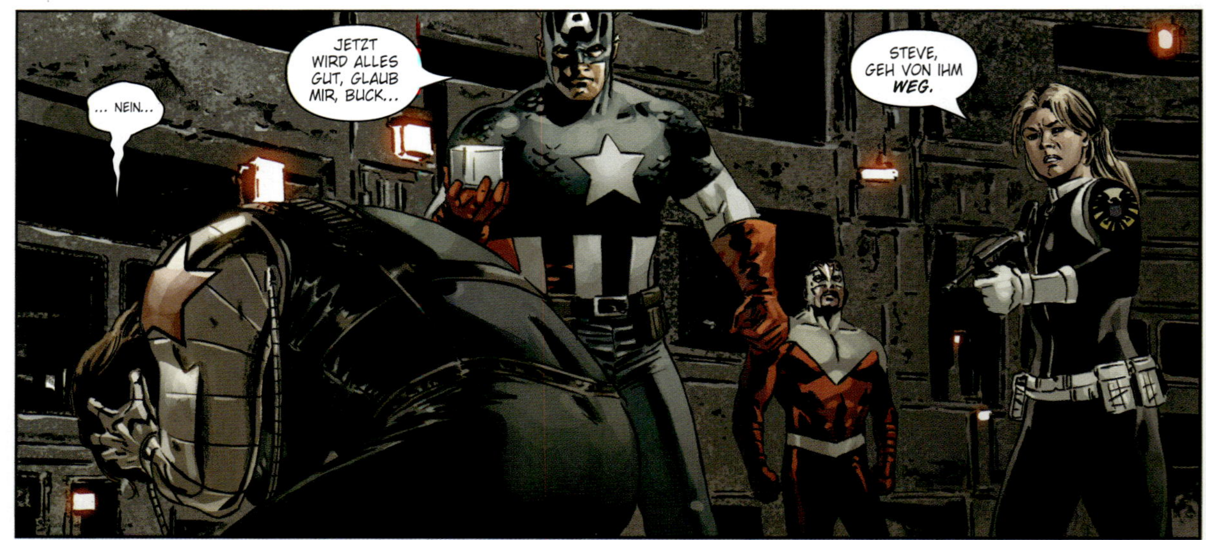
... NEIN...
JETZT WIRD ALLES GUT, GLAUB MIR, BUCK...
STEVE, GEH VON IHM WEG.

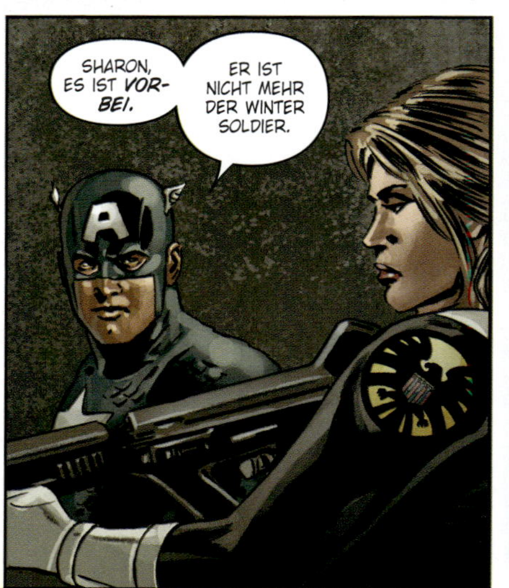
SHARON, ES IST VORBEI.
ER IST NICHT MEHR DER WINTER SOLDIER.

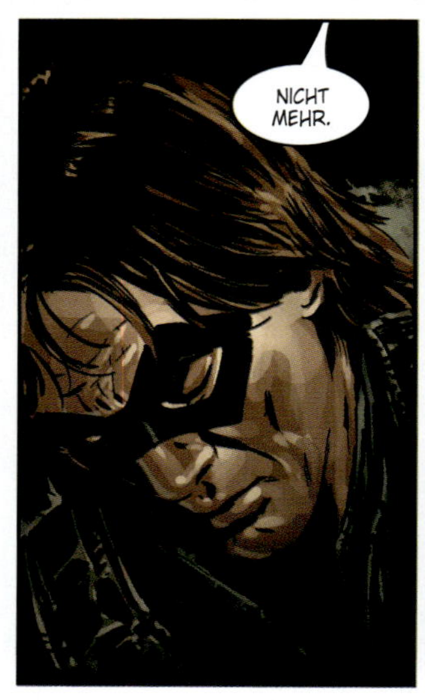
NICHT MEHR.

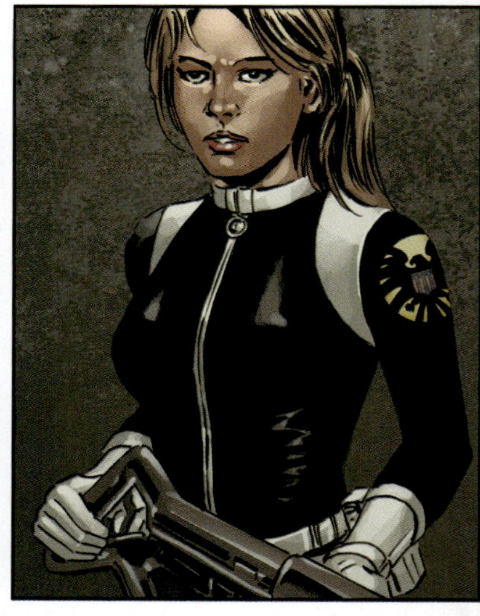

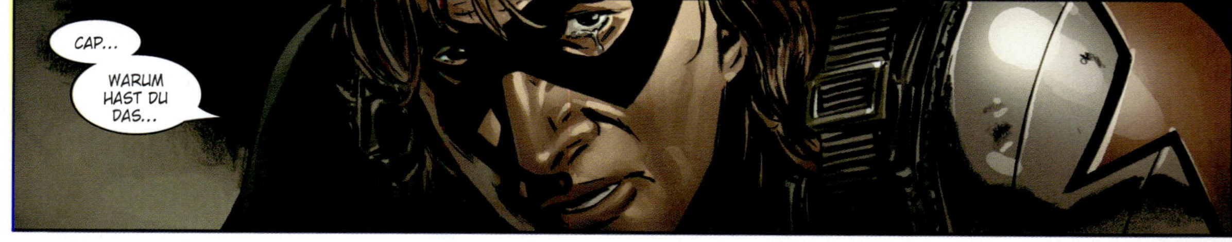
CAP...
WARUM HAST DU DAS...

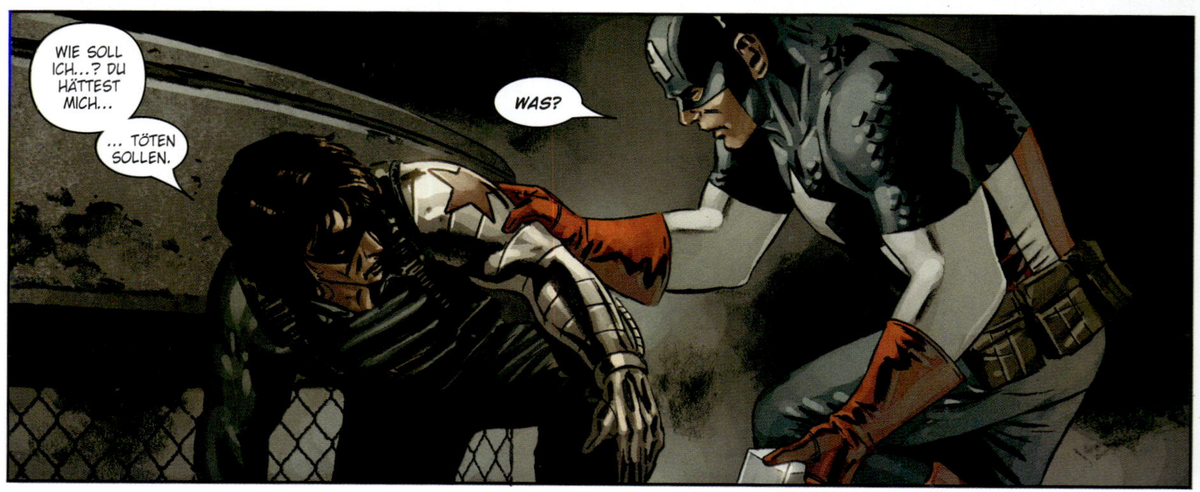
WIE SOLL ICH...? DU HÄTTEST MICH...
... TÖTEN SOLLEN.
WAS?

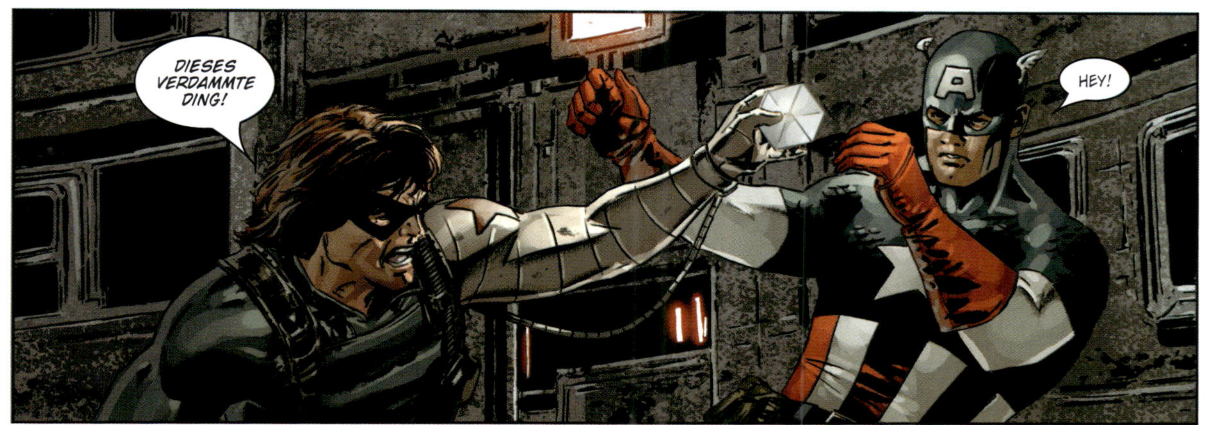
DIESES VERDAMMTE DING!
HEY!

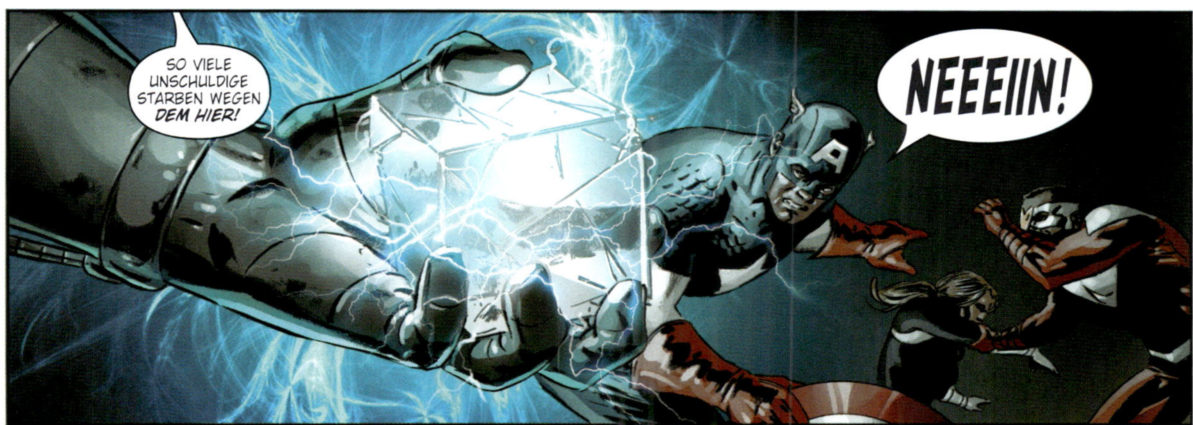
SO VIELE UNSCHULDIGE STARBEN WEGEN DEM HIER!
NEEEIIN!

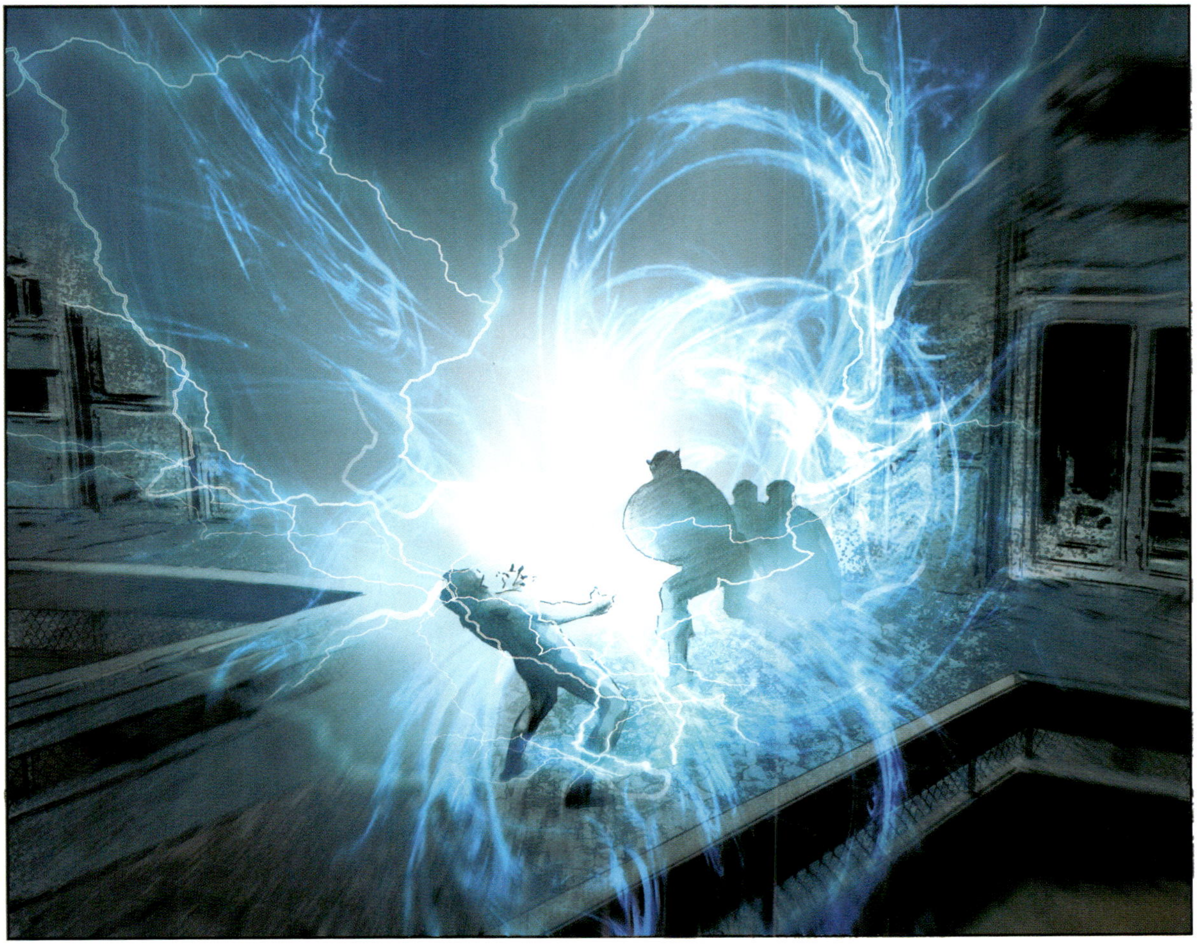

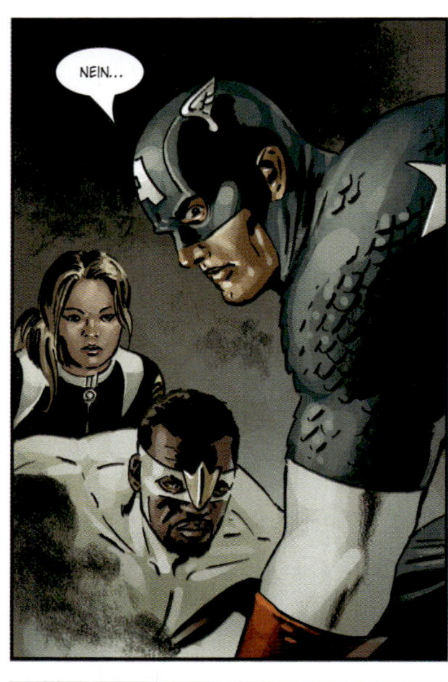
NEIN...

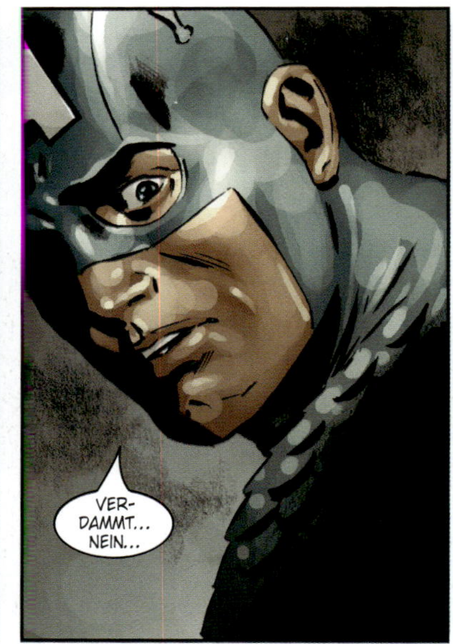
VER-
DAMMT...
NEIN...

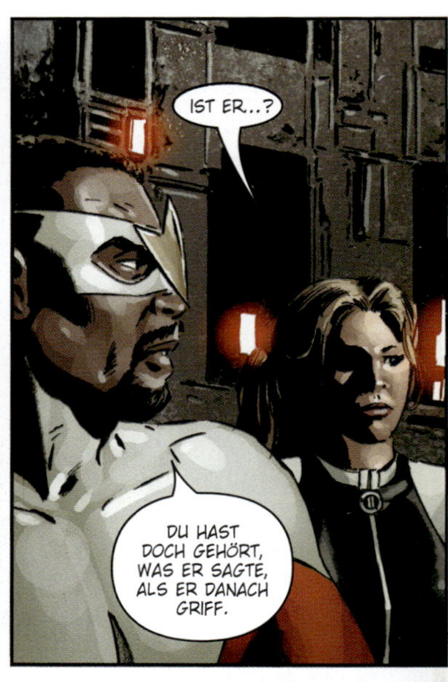
IST ER...?
DU HAST
DOCH GEHÖRT,
WAS ER SAGTE,
ALS ER DANACH
GRIFF.

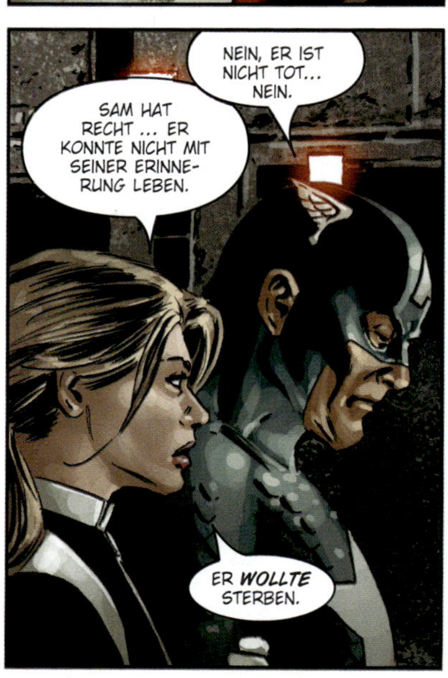
NEIN, ER IST
NICHT TOT...
NEIN.
SAM HAT
RECHT ... ER
KONNTE NICHT MIT
SEINER ERINNE-
RUNG LEBEN.
ER *WOLLTE*
STERBEN.

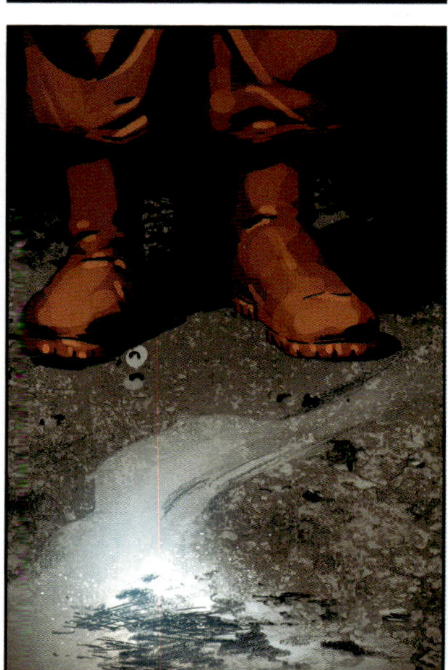

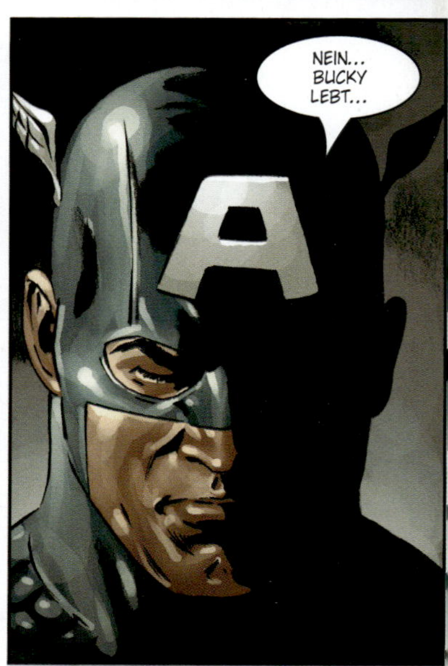
NEIN...
BUCKY
LEBT...

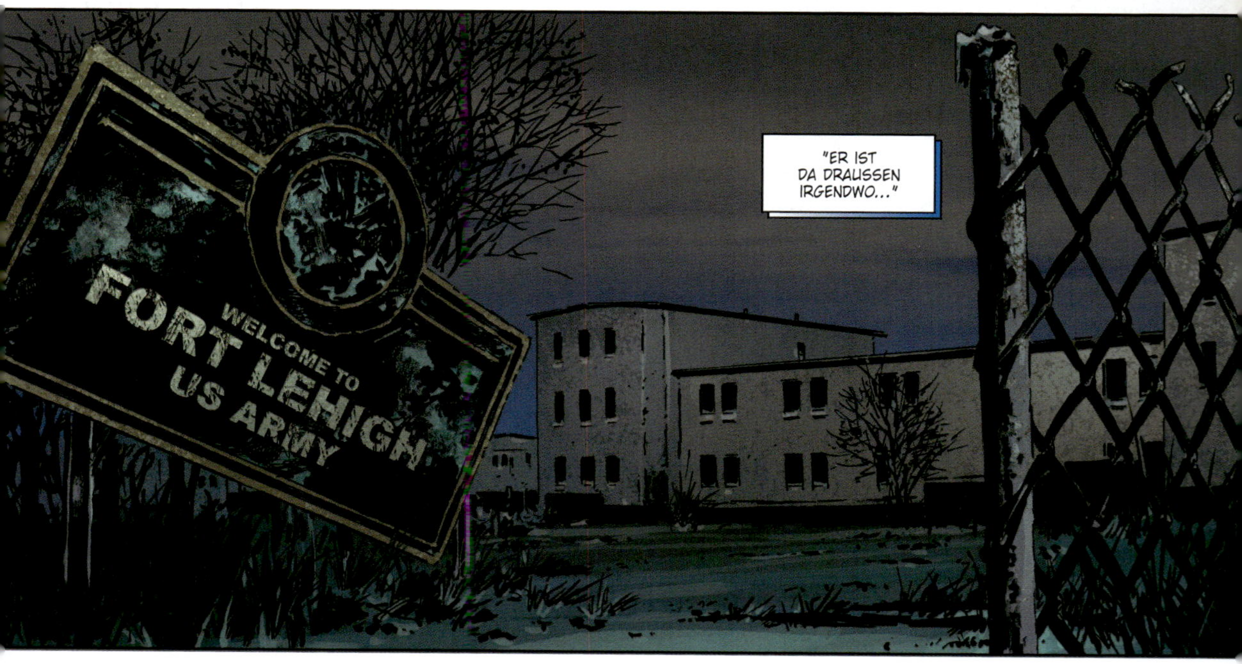
WELCOME TO
FORT LEHIGH
US ARMY
"ER IST
DA DRAUSSEN
IRGENDWO..."

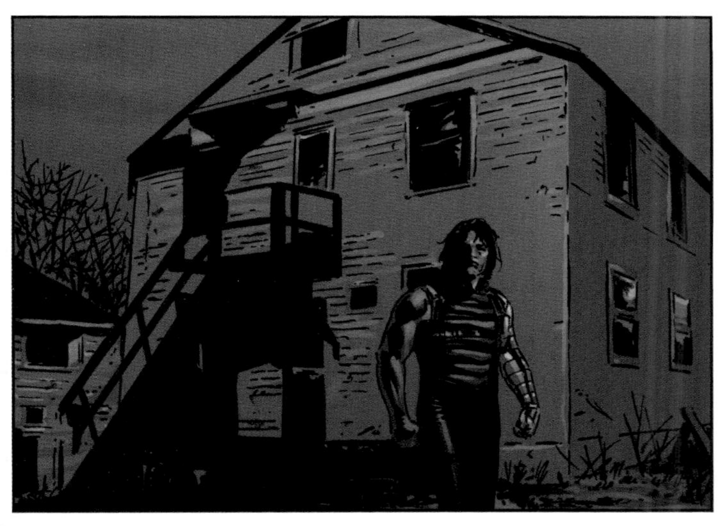

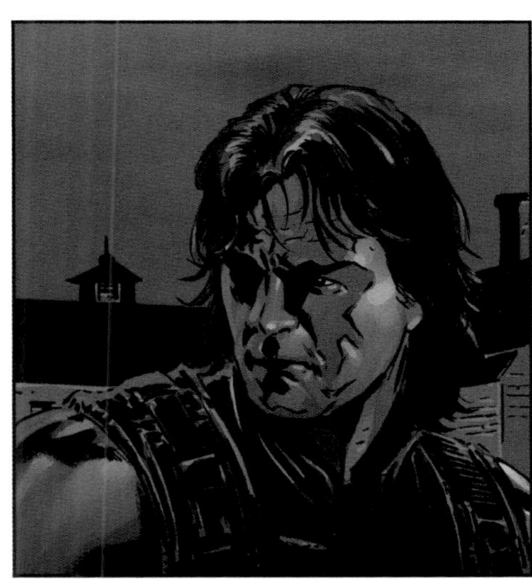

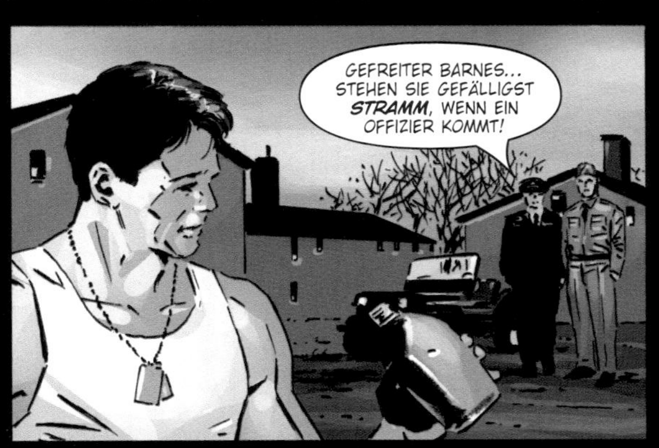
GEFREITER BARNES... STEHEN SIE GEFÄLLIGST **STRAMM**, WENN EIN OFFIZIER KOMMT!

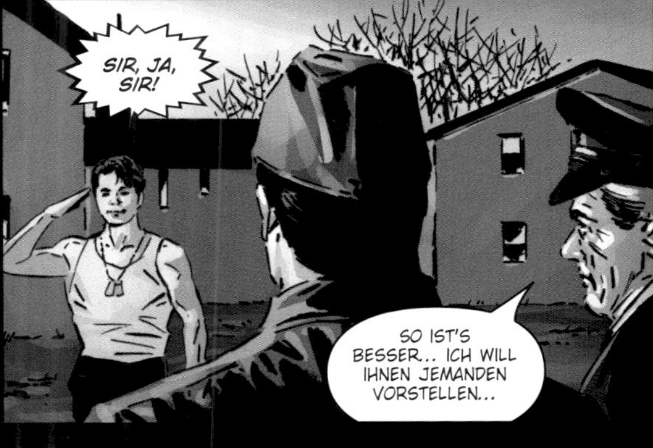
*SIR, JA, SIR!*
SO IST'S BESSER... ICH WILL IHNEN JEMANDEN VORSTELLEN...

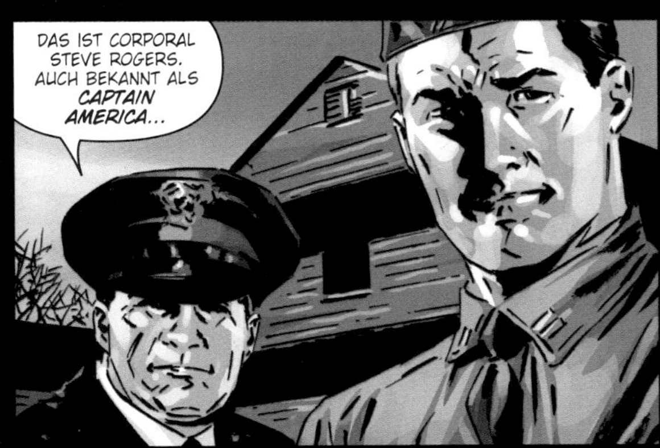
DAS IST CORPORAL STEVE ROGERS. AUCH BEKANNT ALS ***CAPTAIN AMERICA***...

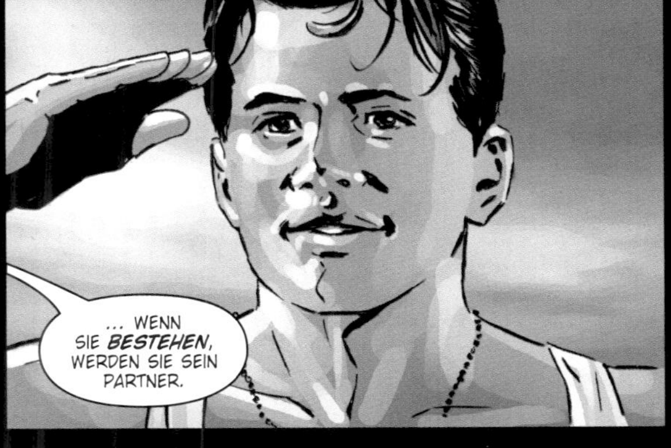
... WENN SIE ***BESTEHEN***, WERDEN SIE SEIN PARTNER.

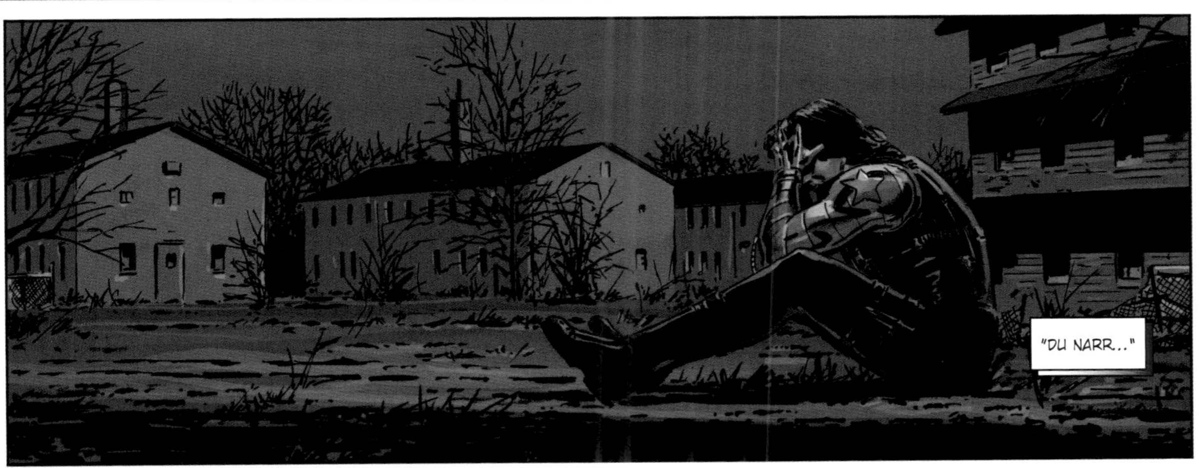
"DU NARR..."

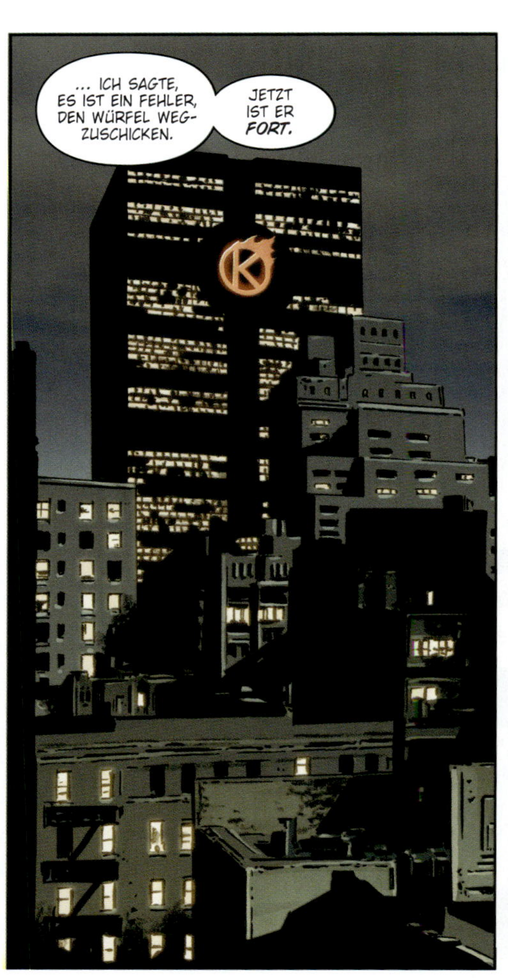
... ICH SAGTE, ES IST EIN FEHLER, DEN WÜRFEL WEG-ZUSCHICKEN.
JETZT IST ER FORT.

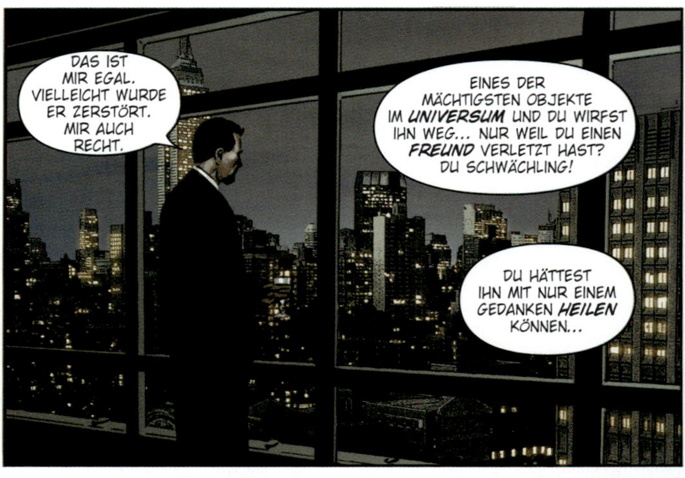
DAS IST MIR EGAL. VIELLEICHT WURDE ER ZERSTÖRT. MIR AUCH RECHT.
EINES DER MÄCHTIGSTEN OBJEKTE IM UNIVERSUM UND DU WIRFST IHN WEG... NUR WEIL DU EINEN FREUND VERLETZT HAST? DU SCHWÄCHLING!
DU HÄTTEST IHN MIT NUR EINEM GEDANKEN HEILEN KÖNNEN...

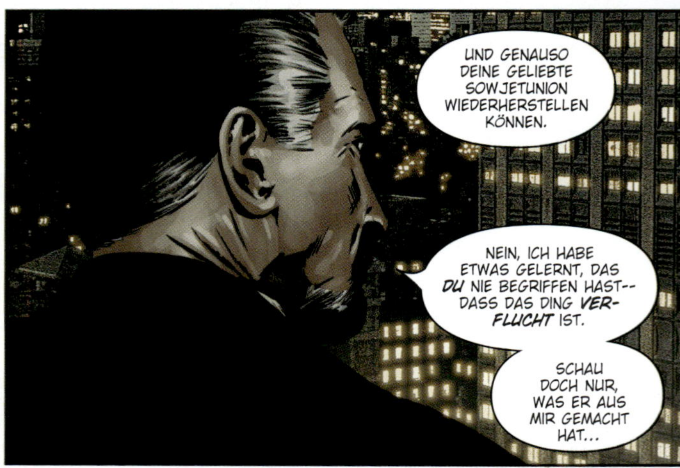
UND GENAUSO DEINE GELIEBTE SOWJETUNION WIEDERHERSTELLEN KÖNNEN.
NEIN, ICH HABE ETWAS GELERNT, DAS DU NIE BEGRIFFEN HAST-- DASS DAS DING VER-FLUCHT IST.
SCHAU DOCH NUR, WAS ER AUS MIR GEMACHT HAT...

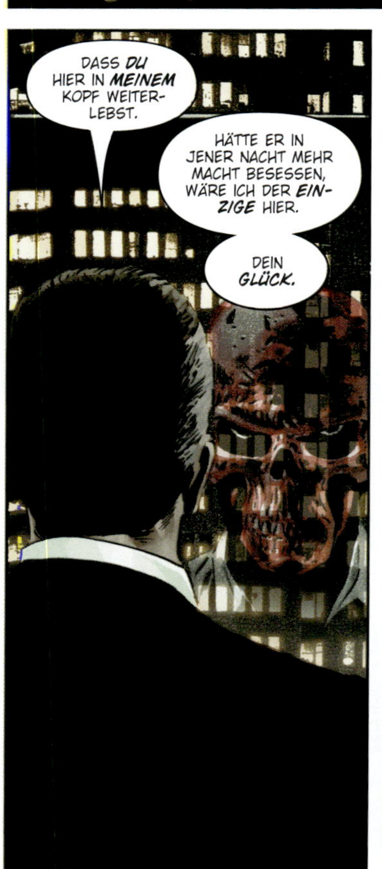
DASS DU HIER IN MEINEM KOPF WEITER-LEBST.
HÄTTE ER IN JENER NACHT MEHR MACHT BESESSEN, WÄRE ICH DER EIN-ZIGE HIER.
DEIN GLÜCK.

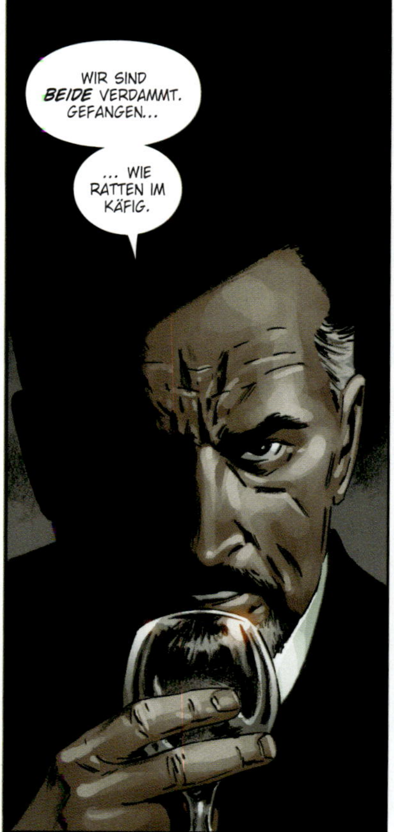
WIR SIND BEIDE VERDAMMT. GEFANGEN...
... WIE RATTEN IM KÄFIG.

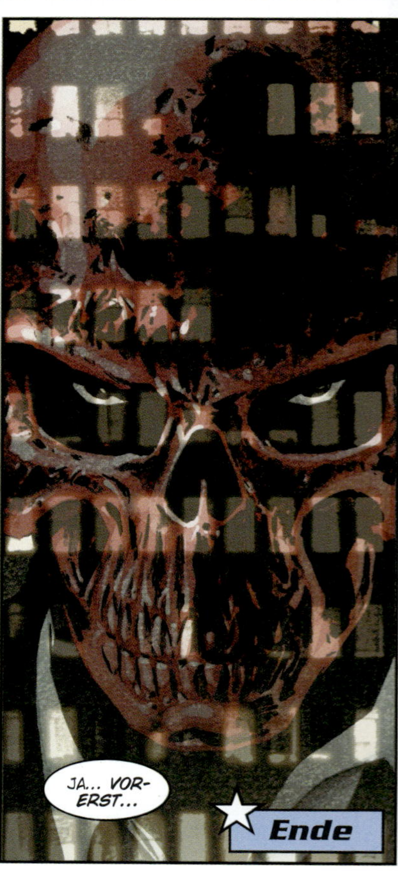
JA... VOR-ERST...
Ende

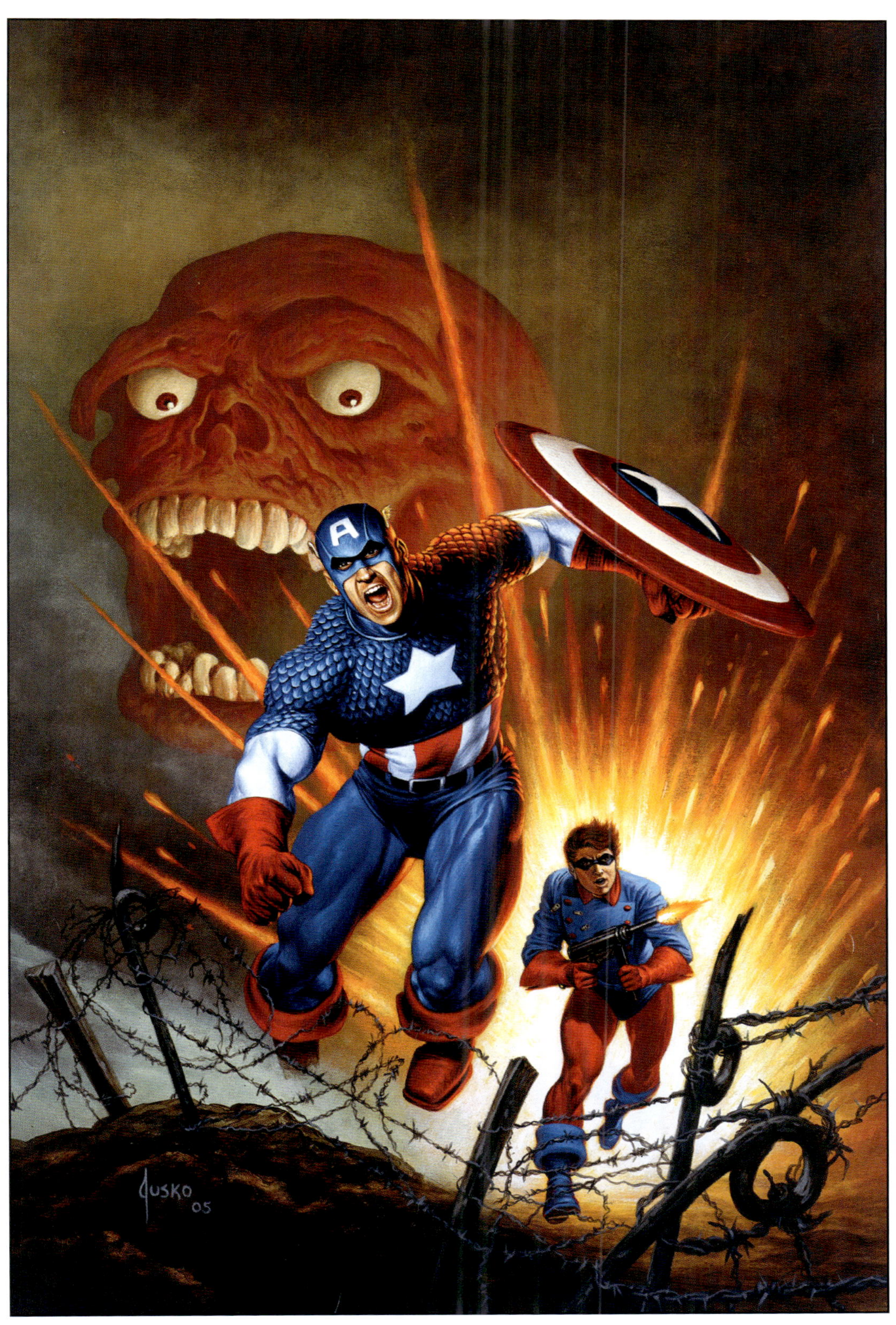


Captain America (2004) 8
Variant-Cover von **JOE JUSKO**

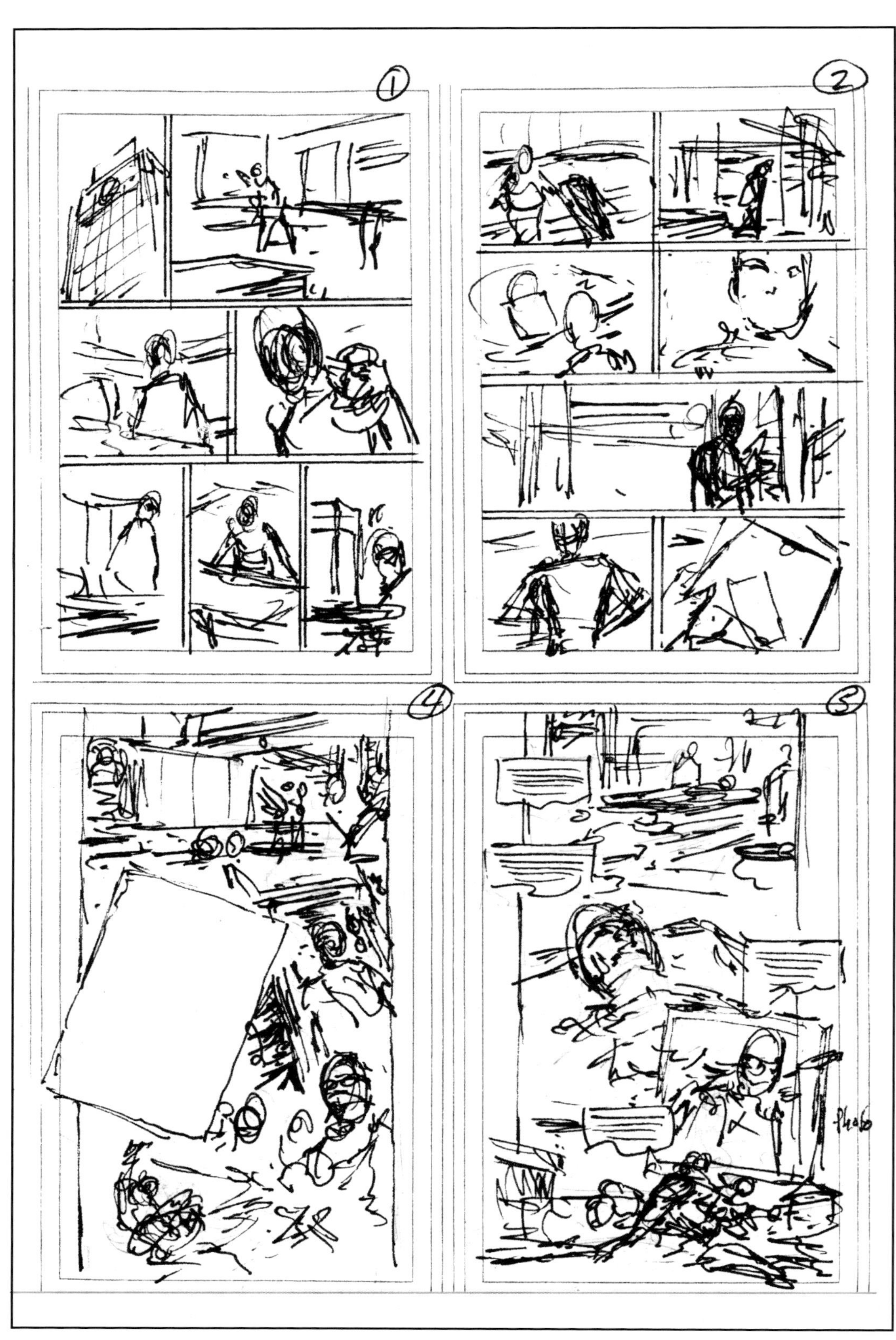

Captain America (2004) 11
Layout-Zeichnungen von **STEVE EPTING**

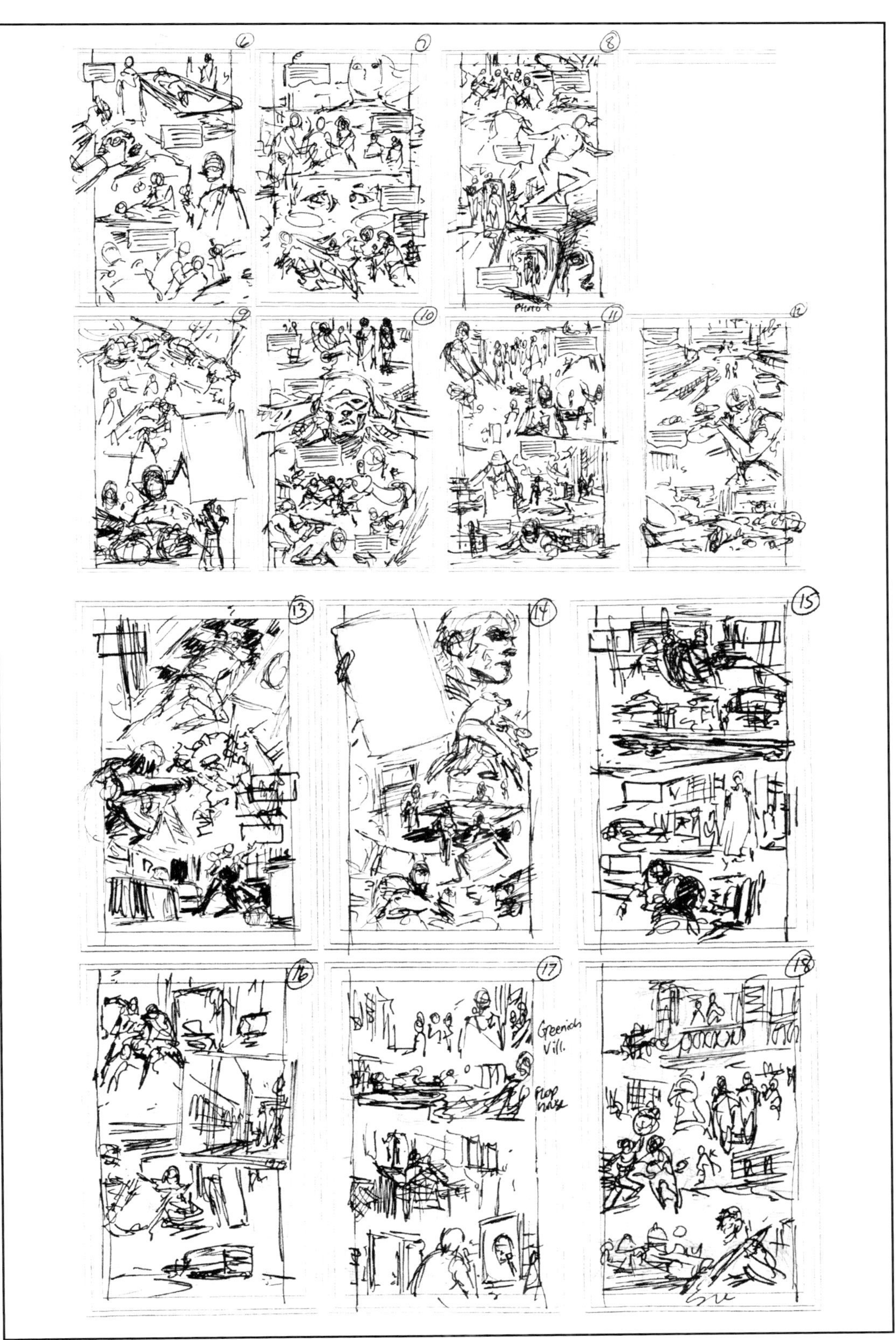


Captain America (2004) 11
Layout-Zeichnungen von **STEVE EPTING**

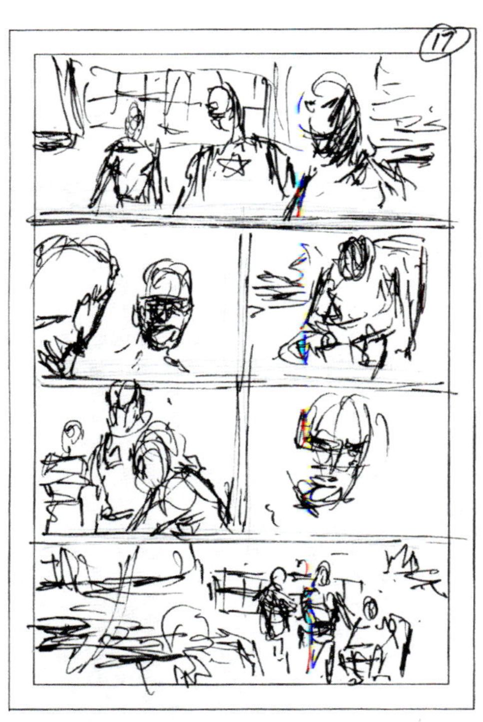


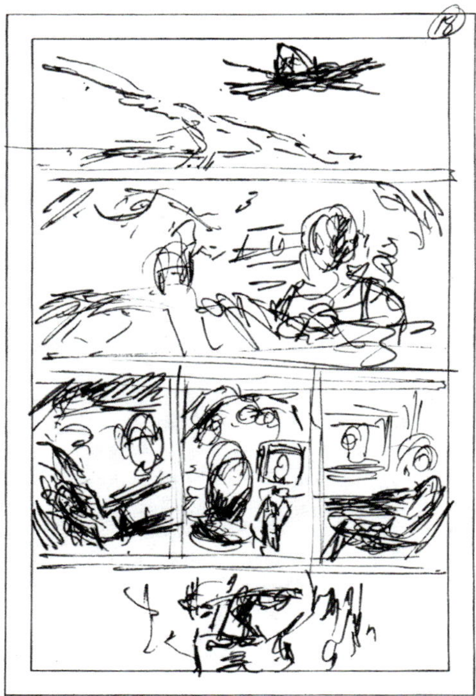


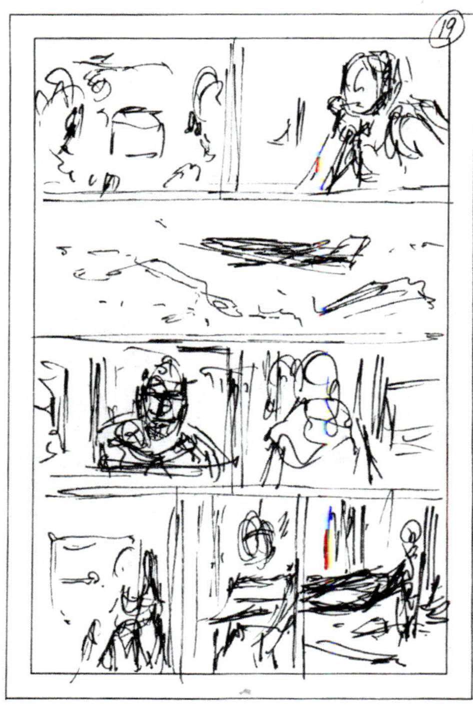


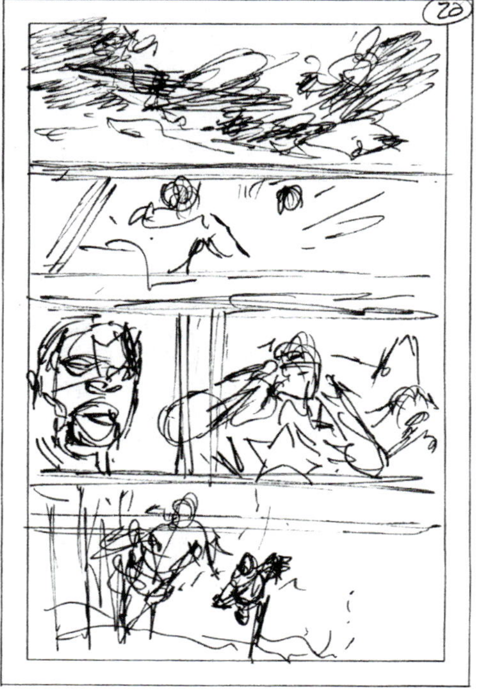


Captain America (2004) 13
Layout-Zeichnungen von **STEVE EPTING**

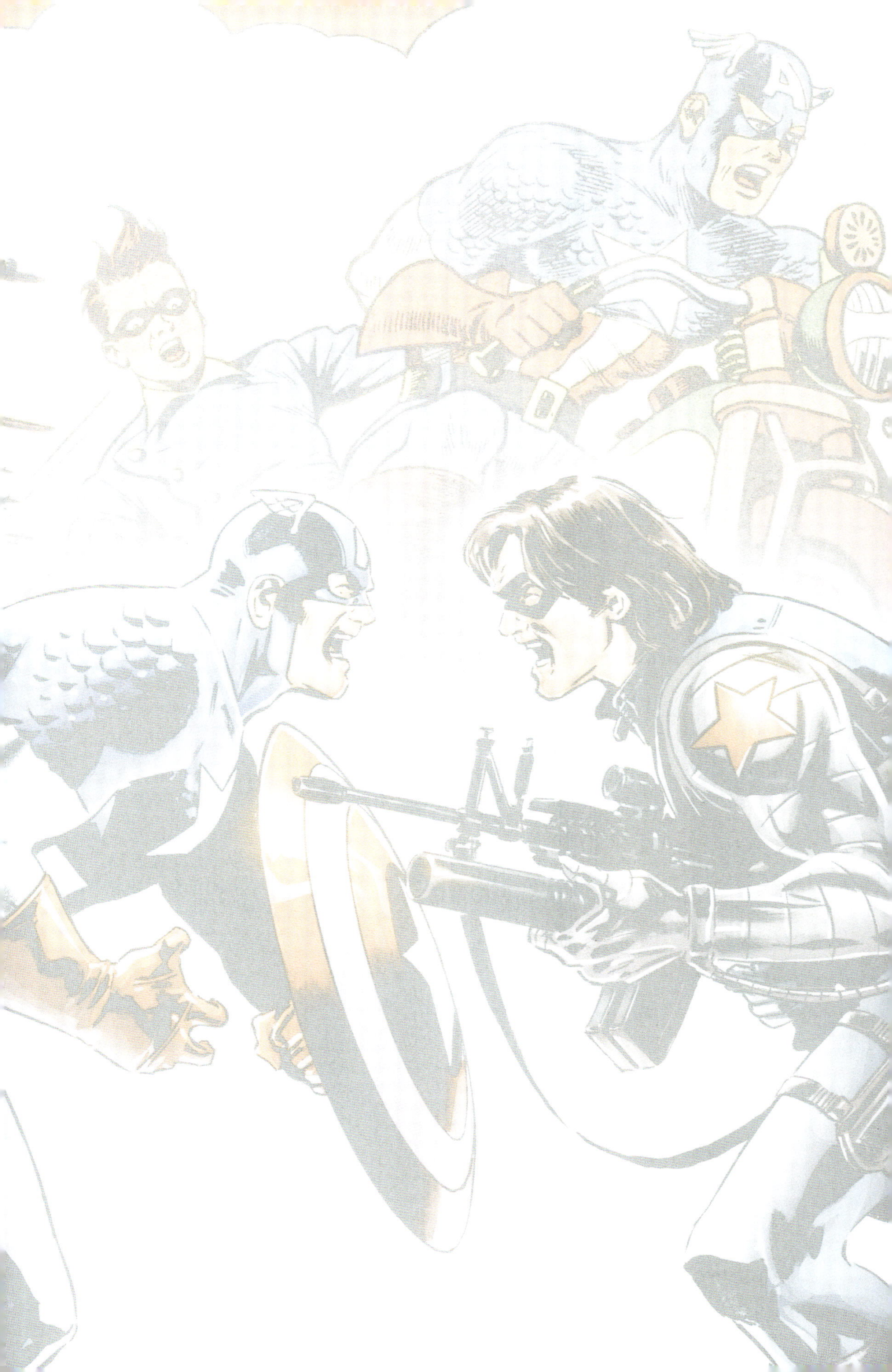

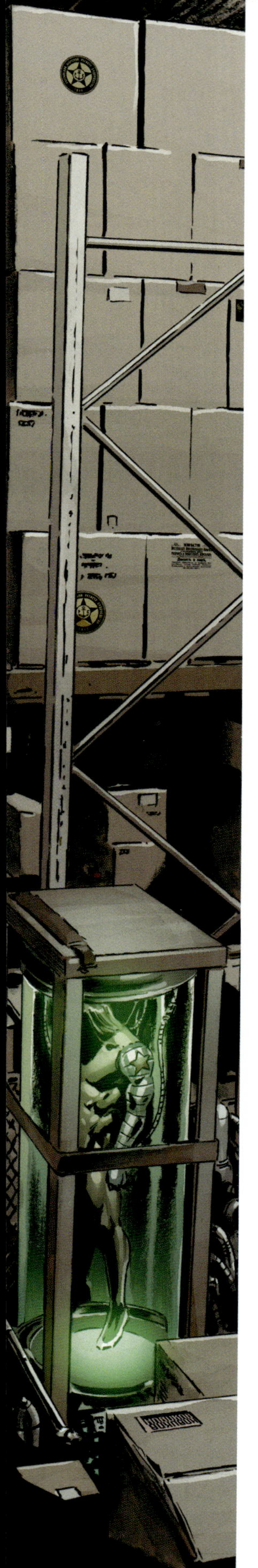

# DIE MACHER

## ED BRUBAKER

Die Karriere von Ed Brubaker begann als Zeichner diverser Independent-Comics, darunter auch die semi-autobiografische Reihe *Lowlife*. Ab 1991 steuerte er Krimis für die Anthologie *Dark Horse Presents* bei und wurde erstmals für einen Eisner Award nominiert. Zwei Arbeiten für den kleinen Verlag Alternative Comics wurden zwischen 1997 und 1998 für einen Ignatz bzw. Harvey Award vorgeschlagen. Kurz zuvor hatte Brubaker für die Vertigo-Schiene von DC die politische Satire *Prez, Smells Like Teen President* verfasst. Die Vertigo-Miniserie *Scene of the Crime* weckte 1999 das Interesse von Hollywood. Ein Jahr später unterzeichnete er einen Exklusivvertrag mit DC, brachte verschiedene Batman-Projekte zu Papier, revolutionierte Catwoman in einem eigenen Titel und landete mit Kollege Greg Rucka den Überraschungshit GOTHAM CENTRAL. Von 2004 bis 2012 führte Brubaker Captain America zu neuen Höhen. Ab 2005 war er exklusiv für Marvel tätig, er überarbeitete die Historie der neuen X-Men in der Miniserie *Deadly Genesis* und machte mit *Daredevil*, *Immortal Iron Fist* und *Uncanny X-Men* Furore. Unter Marvels Verlagslabel Icon entstanden die Krimi-Titel *Criminal* und *Incognito*, an denen ihm alle Rechte gehören. SECRET AVENGERS und WINTER SOLDIER sind seine vorerst letzten Arbeiten für das Haus der Ideen. Für Image schrieb „Bru" seither die Kriminal-Comics *Fatale*, *Velvet*, *The Fade Out* und *Kill or Be Killed*. Zwischen 2003 und 2019 hat er sieben Eisner Awards und vier weitere Auszeichnungen erhalten.

## STEVE EPTING

Er studierte Grafikdesign an der University of South Carolina. 1989 begann er, für den Verlag First Comics zur arbeiten. Dort setzte er Storys für *Nexus*, *Dreadstar* und *Whisper* um, bis der Verlag 1991 Konkurs ging. Epting wurde daraufhin von Marvel engagiert, wo er mit Autor Bob Harras und Inker Tom Palmer bis 1994 für *Avengers* verantwortlich war. Danach illustrierte er diverse Mutantentitel, unter anderem Episoden des Klassikers *Age of Apocalypse*. 1999 gelang es Marktrivale DC, ihn für die Serien *Superman* und *Aquaman* zu gewinnen. Nach einem dreijährigen Intermezzo bei CrossGen kehrte Epting 2004 für einen Neustart von CAPTAIN AMERICA mit perfektioniertem Zeichenstrich zu Marvel zurück. Es folgten die Miniserie DAS MARVELS-PROJEKT und denkwürdige Interpretationen von FANTASTIC FOUR und NEW AVENGERS mit Jonathan Hickman. An der Seite von Ed Brubaker startete er 2013 die Image-Reihe *Velvet*. Zuletzt zeichnete Epting *Action Comics*, eine neue Batwoman-Serie und *Year of the Villain: Hell Arisen* für DC.

## MICHAEL LARK

Nach kleineren Arbeiten für Caliber, wie sein Erstlingswerk *Airwaves*, schuf sich Michael Lark vor allem durch seine Tätigkeit für Marvel und DC einen Namen. In rund 30 Jahren hat er viel gepriesene Phasen von BATMAN, CAPTAIN AMERICA, DAREDEVIL, GOTHAM CENTRAL und *The Pulse* in Szene gesetzt. Für Vertigo gestaltete er *Terminal City*, *Books of Magic* und *Scene of the Crime*. Zudem adaptierte Lark Romane von Ambrose Bierce und Ray Bradbury für die sequenzielle Kunst. Mit Greg Rucka bringt er bei Image *Lazarus* heraus, ein Mix aus *Der Pate* und *Children of Men*.

# CAPTAIN AMERICA

## WINTER SOLDIER

BONUSTEIL



Es gibt nur wenige Storys in der Geschichte des Marvel-Universums, die eine ähnlich langfristige Wirkung hatten wie 2005 die *Winter Soldier*-Saga von **Ed Brubaker** und **Steve Epting** in *Captain America*. Das Team wagte nicht nur das Undenkbare und holte **Bucky Barnes** von den Toten zurück, sondern erschuf zugleich auch eine der beliebtesten und interessantesten Marvel-Figuren des 21. Jahrhunderts.

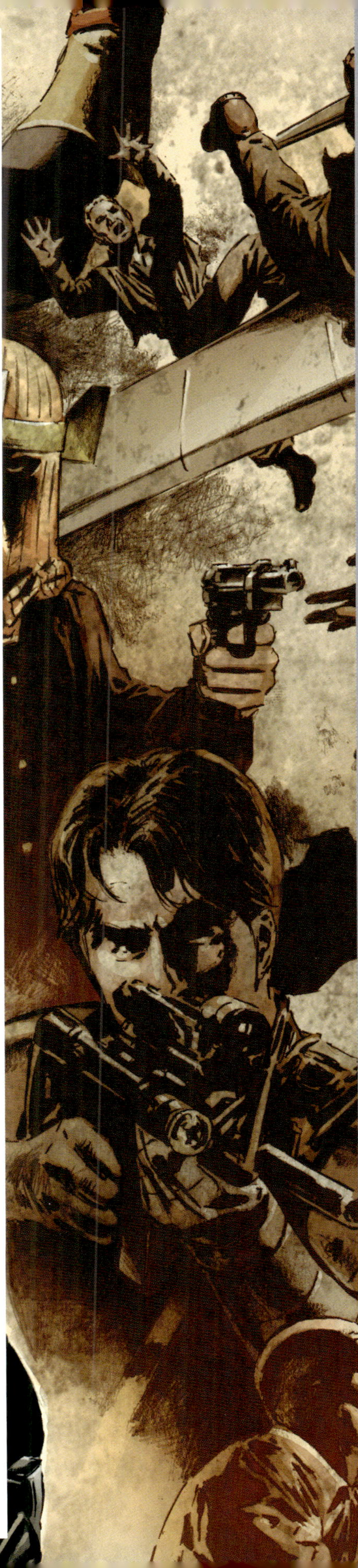

# Zerreißen wir das Regelheft

In der Welt der Superhelden-Comics ist der Tod selten von Dauer. Das Marvel-Universum ist übersät mit Helden und Schurken, die starben und irgendwie den Weg zurück ins Leben fanden. Doch es gibt ein paar Figuren, bei denen ein ungeschriebenes Gesetz zu existieren scheint, das eine Wiederauferstehung verhindert. Dazu gehört zum Beispiel **Spider-Mans Onkel Ben**, aber auch **Captain Americas** Sidekick aus der Zeit des Zweiten Weltkriegs, **Bucky Barnes**.

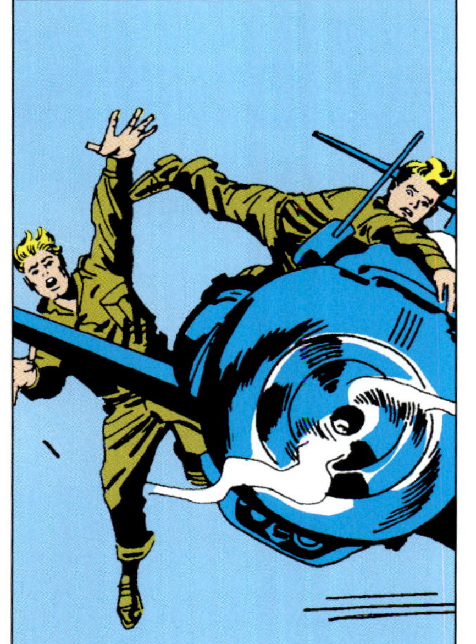

Bucky Barnes starb angeblich in den letzten Tagen des Zweiten Weltkriegs. Zeichnung von Jack Kirby.

Was die Marvel-Comics im Silver Age der US-Comics, den 1960ern, von der Konkurrenz unterschied, war ein tragisches Element, das allen Helden zu eigen war. So wurde Spider-Mans Charakter durch die Schuldgefühle geprägt, die durch den Tod des eben erwähnten Onkels ausgelöst worden waren. Als Captain America 1964 in *Avengers* 4 wieder zurückkehrte, bekam auch er eine tragische Hintergrundgeschichte. In dem Heft wurde enthüllt, dass der Wächter der Freiheit untröstlich war, weil er das Leben seines Kriegskameraden und Partners Bucky Barnes nicht retten konnte.

Seit Caps Wiedererwachen hatte man die Leser immer wieder mit der Idee gereizt, auch Bucky zurückzuholen, doch es geschah nie. Es waren immer Androiden oder Doppelgänger. Das änderte sich erst 2005, als **Ed Brubaker** begann, die Abenteuer von Cap zu verfassen.

„Ich wollte über Captain America schreiben, weil ich ein Soldatenkind bin", sagte Brubaker. „Genauer: ein Navy-Kind. Ich wurde in Gitmo (Guantanamo Bay, Kuba) eingeschult, damals, als Gitmo noch kein Thema war. Und während ich auf verschiedenen Militärstützpunkten aufwuchs, waren Comics unentbehrlich für mich. Ich war umgeben von Marineaufklärung und Marines, und aus irgendeinem Grund gefiel mir der Gedanke, in diesem Umfeld *Captain America* zu lesen. Es sprach mich wirklich an. Vielleicht, weil er ein Supersoldat war, ein Mann, der schon im Zweiten Weltkrieg gekämpft hatte."

Brubaker war fest entschlossen zu korrigieren, was er für eine große Ungerechtigkeit hielt, und Bucky Barnes ins aktuelle Marvel-Universum einzuführen. Er erinnerte sich: „Ich fand Bucky einfach

▶ **Stan Lee** war nie ein großer Fan von jugendlichen Sidekicks gewesen, wie er 1974 im Buch *Origins of Marvel Comics* eingestand: „Wäre ich ein Superheld, käme ich nicht auf die Idee, mit einem sommersprossigen Teenager auf Verbrecherjagd zu gehen. Außerdem würden die Leute sich bestimmt das Maul zerreißen." Diese Einstellung führte dazu, dass Lee und **Jack Kirby** vergangene Ereignisse änderten, als sie Captain America auftauten und bei der Gelegenheit Bucky ins Jenseits beförderten.

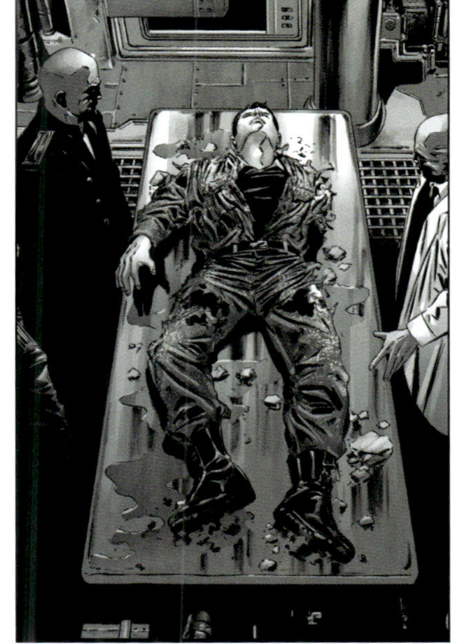

Bucky verlor sein Gedächtnis und einen Arm in der Explosion, die ihn hätte umbringen müssen. Zeichnung von **Steve Epting**.

cool. Als Soldatenbengel, der von Stützpunkt zu Stützpunkt umzog, hatte ich einen besonderen Draht zu ihm. Außerdem erschoss er Nazis … mit Maschinenpistolen." Es war vielleicht ein ungeschriebenes Gesetz, dass Bucky tot zu bleiben hatte, aber ein Gesetz, das Brubaker brechen wollte, sollte er die Gelegenheit bekommen, Autor von *Captain America* zu werden.

Schon als Kind brütete Brubaker darüber, wie man Bucky zurückbringen könnte: „Ich glaube, die Idee, dass Bucky von den Russen gefangen und dann als Agent gegen Amerika eingesetzt wird, hatte ich bereits Mitte der 1970er, während des Kalten Kriegs. Wenn man Cap seine größte Tragödie nahm, musste sie von einer anderen Tragödie ersetzt werden, das wusste ich."

Zu Brubakers Glück hatte **Joe Quesada** (Marvels damaliger Chefredakteur) bereits auf jemanden gewartet, der eine gute Idee hatte, um Bucky wiederzubeleben, und war gleich Feuer und Flamme. Der Autor machte sich dann daran, die Figur härter zu formen, denn Bucky war die Rolle zugedacht, jene Missionen durchzuführen, die für den heroischen Captain America nicht infrage kamen. Brubaker bestand darauf, dass das sehr wohl zu Buckys Darstellung im Golden Age passte. „Das Witzige ist, dass er in den Comics der 1940er tatsächlich ein ziemlicher Schuft war. Er rannte mit einem Flammenwerfer herum und warf Atombomben ab! Wenn Cap und Bucky mit dem Fallschirm hinter den feindlichen Linien absprangen, hielt Cap seinen Schild, während Bucky mit zwei MGs gleichzeitig auf die Feinde unter ihnen schoss."

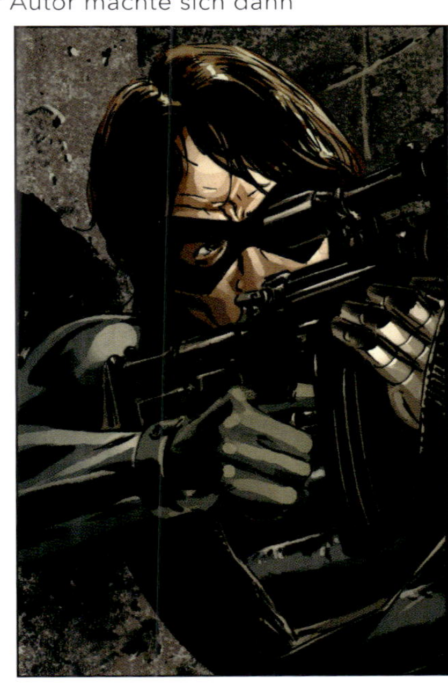

Der wiedergeborene Bucky war ein gnadenloser Profikiller. Zeichnung von Steve Epting.

Brubaker war zudem sehr darauf bedacht, Unstimmigkeiten mit den Ereignissen zu vermeiden, die in den Silver Age-Comics erzählt worden waren. „Deshalb dachten wir uns aus, dass er in die Luft gesprengt wurde und im Wasser starb, aber wieder zum Leben erweckt wurde. Wir mussten zeigen, dass er wirklich in die Luft gejagt wurde, dass er dabei vielleicht sogar einen Arm verlor. Ich hatte damals vor allem den *Six Million Dollar Man* im Kopf.

Und so kam es, dass Bucky Barnes wiedergeboren wurde, und zwar auf eine Art und Weise, die auch jenen Fans gefiel, die zunächst skeptisch gewesen waren. Bucky übernahm sogar für eine Weile den Namen und den Schild von Captain America, und seither ist er ein Held, der auf eigenen Beinen steht.

TIMELINE

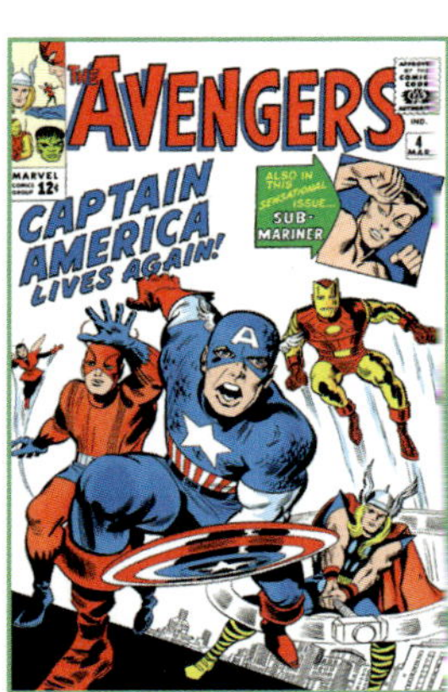


***Avengers* 4 (1964)**
STAN LEE
JACK KIRBY
*Captain America wurde im Silver Age wieder zum Leben erweckt, nachdem er Jahrzehnte im Kälteschlaf gelegen hatte. Der Tod von Bucky sollte den Wächter der Freiheit viele Jahre quälen.*

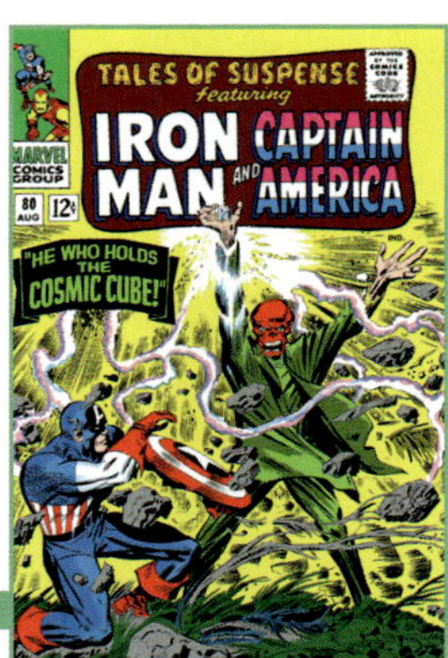


***Tales of Suspense* 80 (1966)**
STAN LEE
JACK KIRBY
*Der erste kosmische Würfel erschien erstmals in den Ausgaben 79-81 von* Tales of Suspense, *in denen Captain America seinen alten Feind **Red Skull** daran hindern will, eine ultimative Waffe zu bauen.*

## CAPTAIN AMERICA
## WINTER SOLDIER

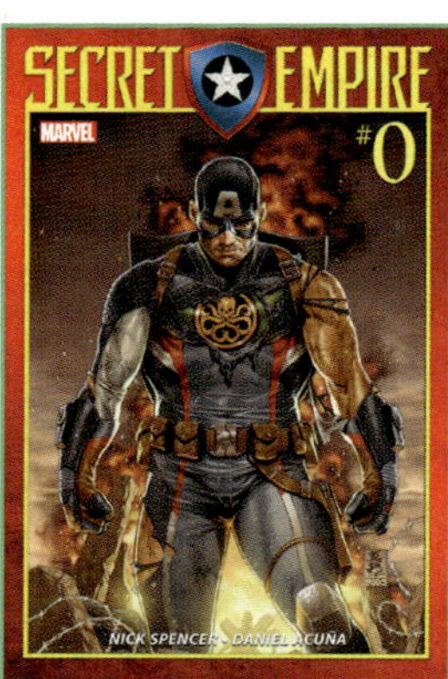


***Secret Empire* 0 (2017)**
NICK SPENCER
ROD REIS
DANIEL ACUÑA
*Bucky überlebt einen Mordversuch, der auf **Baron Zemos** Konto geht. Und es gelingt ihm, den echten Captain America und Kobik zu retten sowie Hydra im **Secret Empire**-Event zu besiegen.*

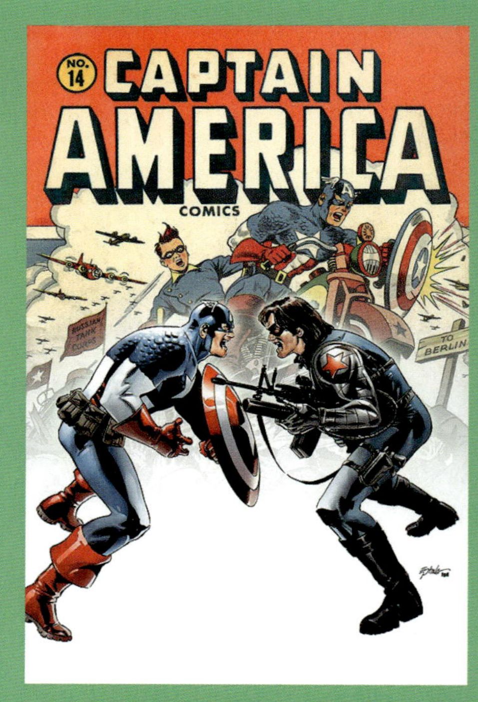


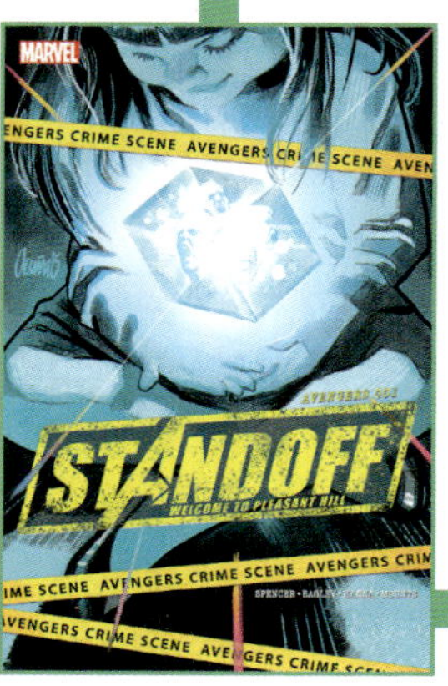


***Avengers Standoff: Welcome to Pleasant Hill* 1 (2016)**
NICK SPENCER
MARK BAGLEY
*In dieser Story lernt Winter Soldier **Kobik** kennen, einen lebenden kosmischen Würfel, der das ganze Marvel-Universum verändern wird.*

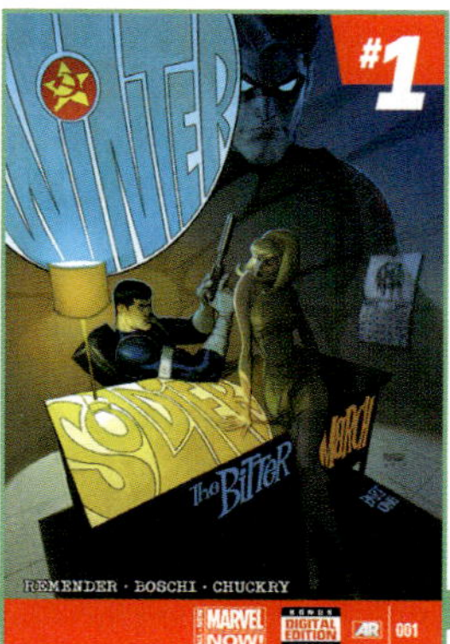


***Winter Soldier: The Bitter March* 1 (2014)**
RICK REMENDER
ROLAND BOSCHI
*Dieser 5-teilige Thriller führt uns zurück in den Kalten Krieg der 1960er. Hier hat Bucky eine Mission, in der er gegen **SHIELD** und **Hydra** zugleich antritt.*

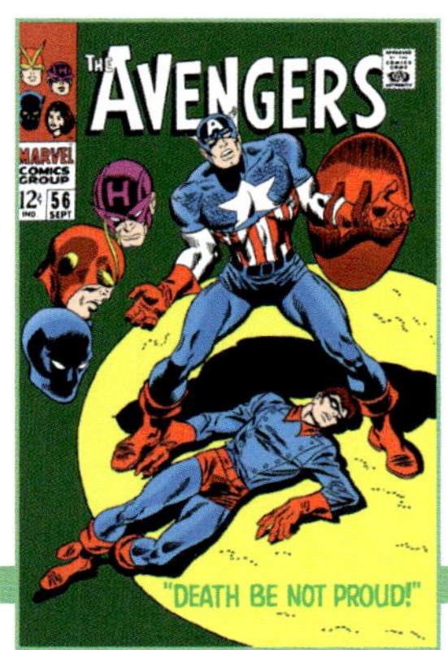


***Avengers* 56 (1968)**
ROY THOMAS
JOHN BUSCEMA
*Captain America,* ***Hawkeye****,* ***Goliath*** *und* ***Black Panther*** *besuchen mithilfe von* ***Dr. Dooms*** *Zeitmaschine den Zeitraum, der unmittelbar vor Buckys angeblichem Tod lag.*

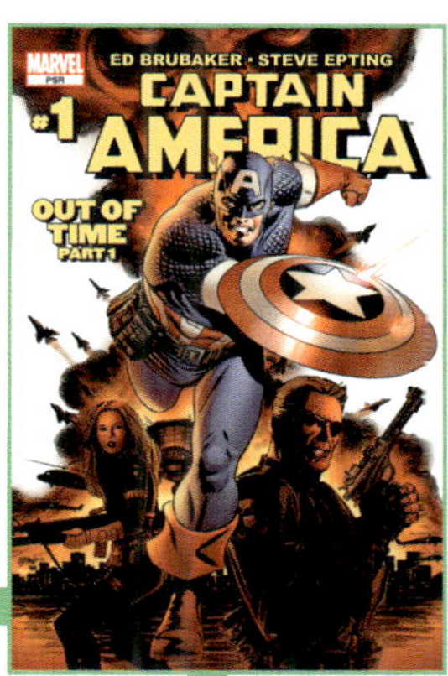


***Captain America* 1 (2004)**
ED BRUBAKER
STEVE EPTING
*Die* Out of Time*-Saga hatte einen spektakulären Start.* ***Ed Brubakers*** *Geschichte begann mit der Ermordung von Red Skull und dem ersten Auftritt eines Killers mit einem kybernetischen Arm.*

*Captain America: Winter Soldier* gilt bis heute als eine der größten **Captain America**-Geschichten aller Zeiten. Hier geschah nicht nur das Undenkbare, nämlich die Rückkehr von **Bucky Barnes**. Sie sorgte zudem dafür, dass Bucky zu einer der beliebtesten und interessantesten neuen Figuren wurde. Diese Geschichte war ein brandneues Kapitel in der Karriere von Captain America. Schon bald sollte **Winter Soldier** die in Stasis verbrachten Jahre wettmachen und sich einen Platz schaffen – nicht nur im Leben von **Steve Rogers**, sondern auch im Marvel-Universum und in den Herzen der Fans.

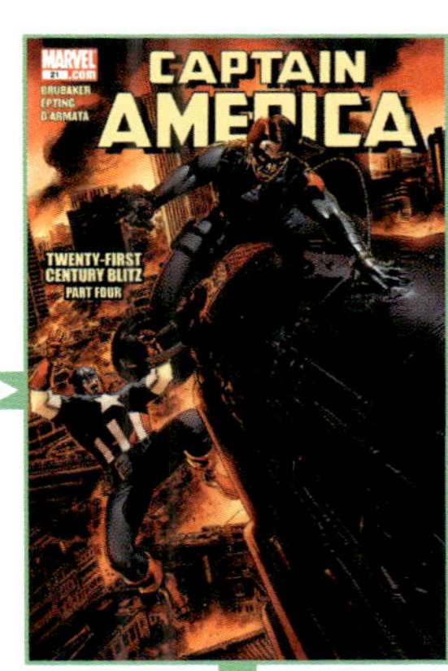


***Captain America* 21 (2006)**
ED BRUBAKER
STEVE EPTING
*Die* Twenty-First Century Blitz*-Story lief in* Captain America *(2004) 18-21 und mündete darin, dass Captain America und Bucky zum ersten Mal seit über 50 Jahren wieder zusammenarbeiten.*

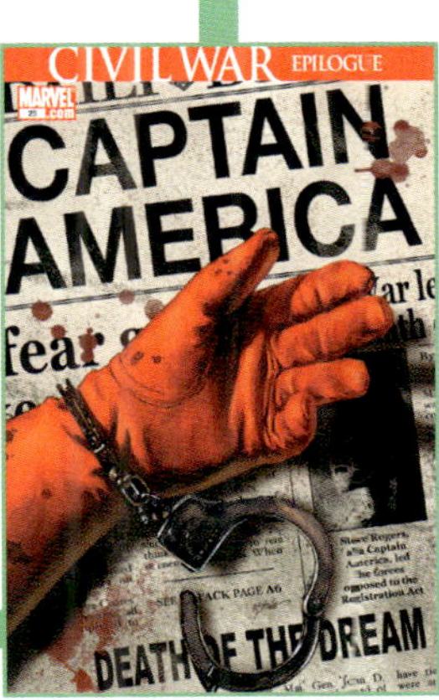


***Captain America* 25 (2007)**
ED BRUBAKER
STEVE EPTING
*Nach dem* ***Civil War****-Event wurde Captain America auf den Stufen des Gerichts scheinbar ermordet. Das führte dazu, dass Bucky für eine Weile ins Kostüm von Captain America schlüpfte.*

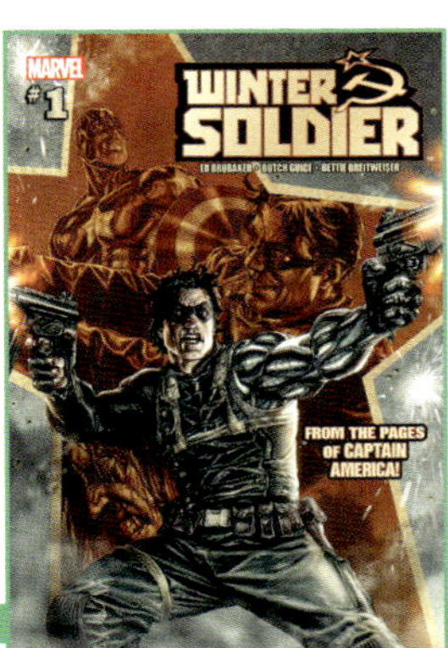


***Winter Soldier* 1 (2012)**
ED BRUBAKER
BUTCH GUICE
*Die* Winter Soldier*-Serie begann mit der* Longest Winter*-Geschichte, in der Supersoldaten aus dem Kalten Krieg,* ***Red Ghost*** *und Dr. Doom auftauchen.*

# Vorher und nachher

Um die *Winter Soldier*-Saga wirklich zu genießen, sollten die Leser sich den direkten Vorgänger zu Gemüte führen und die *Out of Time*-Story verschlingen. Denn am Anfang der bahnbrechenden *Captain America*-Strecke von **Ed Brubaker** und **Steve Epting** wurde **Red Skull** von einem geheimnisvollen Killer mit einem kybernetischen Arm getötet. Das geschah auf Befehl von **Aleksander Lukin**, der den kosmischen Würfel von Skull gestohlen hatte.

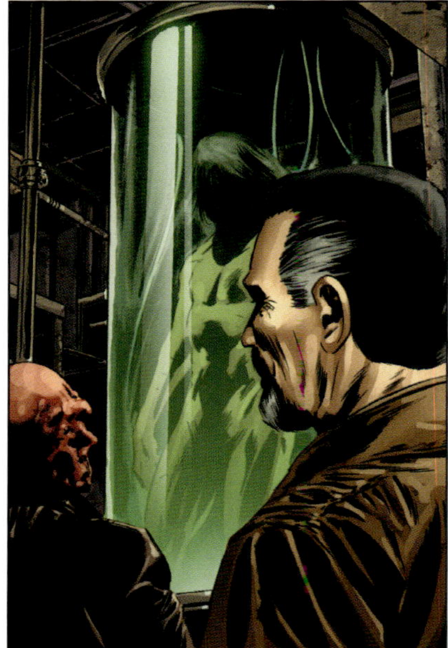

Die *Out of Time*-Story gewährte uns erstmals einen Blick auf Winter Soldier. Zeichnung von Steve Epting.

Vor seinem Tod hatte Red Skull geplant, die Welt durch eine Serie von Terroranschlägen in New York, Paris, London und anderen Metropolen in Brand zu stecken. Lukin, der – wie wir später erfahren – seinen Geist mit dem von Skull teilte, wollte **Captain America** psychisch so belasten, dass er den Verstand verlor. Lukin ließ die Gräber von zwei Captain America-Vertretern schänden, um seinen Feind zu piesacken, und setzte dann den mysteriösen Killer **Jack Monroe** auf ihn an (den langjährige Leser als den **Bucky** der 1950er erkannten, der später mit Captain America zusammenarbeiten und seine alte Identität als **Nomad** annehmen würde). Nachdem er den geistig instabilen Monroe getötet und **Sharon Carter** entführt hatte, schob der Killer, den Carter als Bucky Barnes erkannte, seinem Opfer den Mord an Red Skull und eine gigantische Explosion in Philadelphia in die Schuhe.

Nach den Ereignissen in *Winter Soldier* begab sich **Steve Rogers** auf die Suche nach Bucky, während sein ehemaliger Freund und Partner Vergeltung an Lukin üben wollte. Im Vierteiler *Twenty-First Century Blitz* kämpfte Skull um die Vorherrschaft in Lukins Geist, indem er einen neuen **Master Man** schuf und Cap sich mit **Union Jack** und **Spitfire** zusammentat. Skull legte noch eine Schippe drauf, als er den **Sleeper** weckte, eine riesige Zerstörungsmaschine. Dann endlich taten sich Bucky und Cap zum ersten Mal seit dem schicksalhaften Tag im Zweiten Weltkrieg zusammen, um den Sleeper zu besiegen. Die Geschichte endete damit, dass **Winter Soldier** sich einverstanden erklärte, für **Nick Fury** zu arbeiten. Doch noch immer war er nicht in der Lage, ein klärendes Wort mit Steve Rogers zu sprechen. Das geschah erst viel später.

▶ *Winter Soldier: The Bitter March* von **Rick Remender** und **Roland Boschi** war so glamourös wie ein Spionagefilm der 1960er. Und außerdem gestattete die Miniserie den Lesern endlich einen Blick auf die Zeit, als Bucky unter der Kontrolle der Sowjets stand. Der Thriller beleuchtete auch den Hintergrund von **SHIELD**-Agent **Shen**, der später der Schurke **Iron Nail** wird.

# Die ultimativen Waffen

Der kosmische Würfel tauchte erstmals 1966 in *Tales of Suspense* 79 auf. Die Geschichte war zudem das Debüt von **Red Skull** in einem zeitgenössischen Kontext. **AIM**-Wissenschaftler hatten den Würfel als Waffe erbaut, doch Skull verriet AIM und nahm den Würfel an sich. Damit war er in der Lage, die Realität zu ändern, aber **Captain America** konnte Skull überlisten und der Würfel fiel bei einem Kampf ins Meer. Skull sprang dem Würfel hinterher und wurde vom Gewicht seiner Rüstung in die Tiefe gezogen. Die Welt schien wenigstens für eine Weile sicher zu sein.

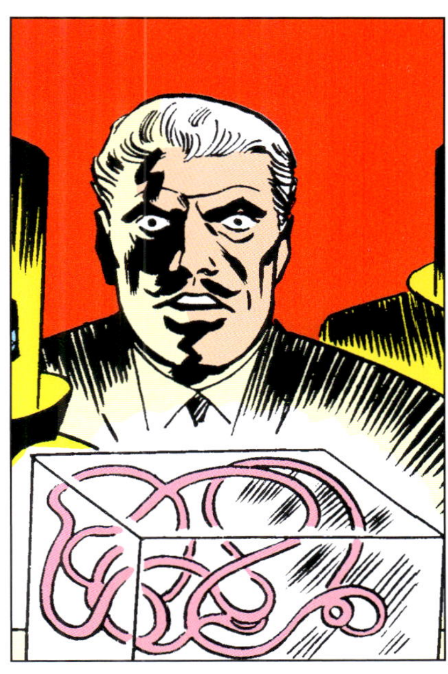

Der erste kosmische Würfel tauchte in *Tales of Suspense* 79 auf. Zeichnung von **Jack Kirby**.

Natürlich war Skull nicht tot und es kamen noch viele kosmische Würfel, um das Universum zu bedrohen. Der Würfel in *Winter Soldier* war aus Fragmenten anderer Würfel hergestellt worden und daher nicht so wirkungsvoll. **SHIELD** sollte später verschiedene Fragmente verschiedener Würfel sammeln, um die Realität manipulieren zu können. Diese Fragmente verschmolzen zu dem Wesen namens **Kobik**. Kobik veränderte die Realität, um Captain America zu einem **Hydra**-Agenten zu machen, doch sie freundete sich auch mit **Bucky Barnes** an.

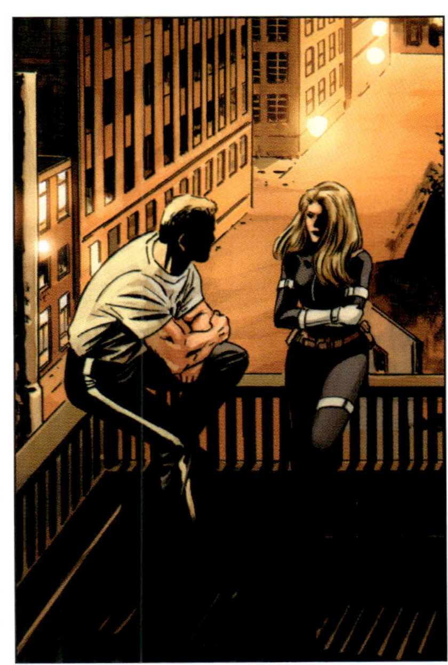

Sharon Carter und Steve Rogers haben eine lange und komplizierte Beziehung. Zeichnung von **Steve Epting**.

Red Skull setzte später Captain Americas Ex-Freundin **Sharon Carter** alias **Agent 13** als ultimative Waffe ein. Sharon ist die Nichte von **Peggy Carter**, einer alten Flamme von **Rogers** aus Kriegszeiten. Sharon debütierte 1966 in *Tales of Suspense* 75. Ihre Beziehung mit Captain America wurde intensiver, nachdem er sie aus den Klauen von AIM retten konnte.

Als **Winter Soldier** auftauchte, waren die beiden zwar kein Paar mehr, aber immer noch gute Freunde Red Skull und **Dr. Faustus** unterzogen Sharon mit einigem Vergnügen einer Gehirnwäsche, um sie dazu zu bringen, ihren Ex-Freund (scheinbar) zu töten. Nach dem Fiasko von Pleasant Hill wurde Sharon eine Zeit lang Direktorin von SHIELD, bis sie den wiederauferstandenen Steve Rogers überreden konnte, diesen Posten anzunehmen.

WEITERE MUST-HAVE-TITEL

# BEREITS ERHÄLTLICH

**CIVIL WAR**

**AVENGERS: HELDENFALL**

**SPIDER-MAN: SPIDER-VERSE**

**WOLVERINE: OLD MAN LOGAN**

**DEADPOOL KILLT DAS MARVEL-UNIVERSUM**

**THANOS: DIE GEBURT EINES MONSTERS**

**DAREDEVIL: DER MANN OHNE FURCHT**

**MILES MORALES: ULTIMATE SPIDER-MAN**

**MS. MARVEL: META-MORPHOSE**

**DER TOD VON WOLVERINE**

**INFINITY GAUNTLET: DIE EWIGE FEHDE**

**PLANET HULK**

**X-MEN: DIE DARK PHOENIX SAGA**

**VENOM: DARK ORIGIN**

**IRON MAN: EXTREMIS**

**FANTASTIC FOUR – 4**

**PUNISHER: FRANK IST ZURÜCK!**

**MARVEL KNIGHTS SPIDER-MAN**

**BLACK PANTHER: WER IST BLACK PANTHER?**

**X-MEN: EIN NEUER ANFANG**

**FANTASTIC FOUR: ALLES GELÖST?!**

**SPIDER-MAN: HEIMKEHR**

# JETZT ERHÄLTLICH

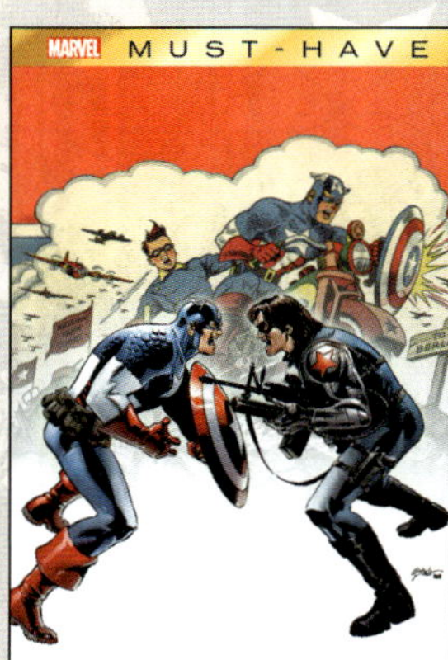


**CAPTAIN AMERICA: WINTER SOLDIER**

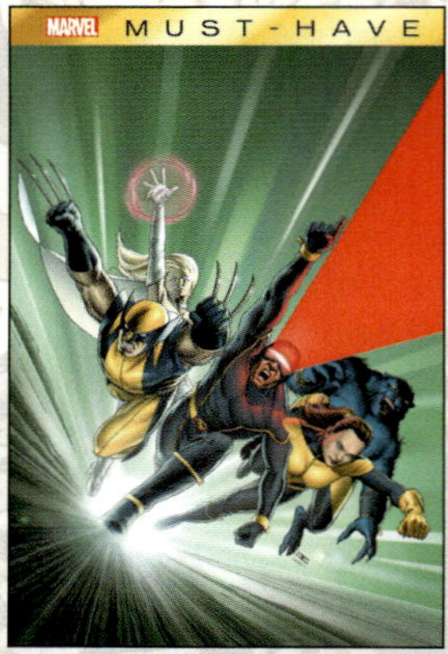


**ASTONISHING X-MEN: BEGABT**

# DEMNÄCHST

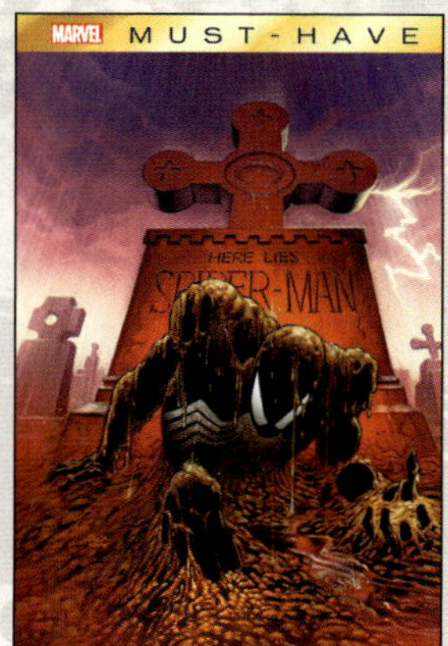


**SPIDER-MAN: KRAVENS LETZTE JAGD**

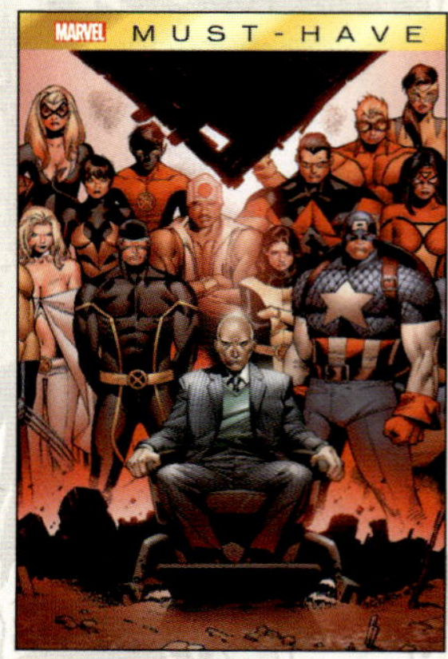


**HOUSE OF M**